히브리서 강해(개역개정판)

왜, 믿음의 주요 온전케 하시는 이인가?

히브리서 강해(개역개정판)

왜, 믿음의 주요 온전케 하시는 이인가?

초판 1쇄 인쇄일	2016년 11월 15일
초판 1쇄 발행일	2016년 11월 22일
지은이	이재실
펴낸이	최길주
펴낸곳	도서출판 BG북갤러리
등록일자	2003년 11월 5일(제318-2003-00130호)
주소	서울시 영등포구 국회대로72길 6, 405호(여의도동, 아크로폴리스)
전화	02)761-7005(代)
팩스	02)761-7995
홈페이지	http://www.bookgallery.co.kr
E-mail	cgjpower@hanmail.net

ⓒ 이재실, 2016

ISBN 978-89-6495-099-9 93230

이 도서의 국립중앙도서관 출판시도서목록(CIP)은 e-CIP홈페이지(http://www.nl.go.kr/ecip)
와 국가자료공동목록시스템(http://www.nl.go.kr/kolisnet)에서 이용하실 수 있습니다.
(CIP제어번호 : CIP2016027490)

왜, 믿음의 주요 온전케 하시는 이인가?

히브리서 강해(개역개정판)

이재실 목사 지음

BG 북갤러리

기독교가 유대교보다 모든 면에서 월등함을 설명합니다

"믿음의 주요 또 온전케 하시는 이인 예수를 바라보자…"(히 12:2)

지금까지 지켜주시고 인도하여 주신 하나님의 은혜에 먼저 감사와 영광을 돌립니다.

유대교에서 기독교로 개종한 많은 유대 그리스도인들이 유대교인들과 함께 당시 로마 황제의 핍박으로 인해 다시 유대교로 되돌아가는 이들이 많았는데 이 책은 기독교가 유대교보다 모든 면에서 월등함을 천사, 모세, 구약 대제사장을 들어 설명하고 있습니다. 그리고 믿음의 선진들을 낱낱이 예를 들어 교훈합니다.

"믿음은 바라는 것들의 실상이요 보이지 않는 것들의 증거니 선진들이 이로써 증거를 얻었다"고 합니다.(히 11:1-2)

불완전한 유대교의 죄 사함의 교리를 예수님의 십자가로 완전한 죄 사함과 참 안식 얻음을 말씀합니다.

신약에서 '사랑의 장'은 고린도 전서 13장이며, '믿음의 장'은 히브리서 11장입니다.

신학교에서 강의한 자료와 교회에서 강해 설교한 내용을 가급적 문어체가 아닌 구어체 형식으로 정리하였습니다.

  이 책이 나오기까지 노고를 아끼지 않은 도서출판 〈북갤러리〉 최길주 대표님
과 직원 여러분께 심심한 사의를 표합니다.
  이 책을 접하시는 독자 여러분께 하나님의 크신 은혜가 있기를 소망합니다.

주후 2016년 10월
〈한민선교회〉 성경공부원에서
이재실 목사

차례

1. 개요

본서는 일명 '유대교에 대한 기독교의 변증서'라고 합니다.

유대교에서 기독교로 개종한 많은 유대인 성도들은 주위 사람들로부터 받는 핍박을 피하기 위해 다시 유대교로 되돌아가고자 했습니다. 히브리서 저자는 이들에게 그리스도 안에서 성숙한 단계로 '정진해 나가도록' 권하고 있습니다. 저자의 이 같은 요청은 유대교 체제보다 더 뛰어나신 '그리스도의 우월성'에 근거하고 있고, 그리스도께서 천사들보다 뛰어나신 이유는 천사들이 그분을 섬기기 때문입니다.

모세보다 뛰어나신 이유는 모세가 그리스도로 인해 창조되었기 때문입니다. 아론 제사장보다 뛰어나신 이유는 그리스도의 희생제사는 한 번에 완전한 제사가 되었기 때문이고, 율법보다 뛰어나신 이유는 더 나은 새 언약을 세우셨기 때문입니다. 간단히 말하면 유대교에서는 많은 것을 잃고 그리스도 안에서는 많은 것을 얻는다는 것입니다.

신약에서 '사랑의 장'을 고린도전서 13장이라고 하면, '믿음의 장'은 히브리서 11장이라고 합니다. 이렇게 잘 알려진 히브리서인데도 불구하고 신약성서 중에서 가장 어렵게 각인되어 외면받기도 합니다.

2. 저자

본서의 내외증(內外證)을 모두 고려해보더라도 저자가 누구인지 확실치 않습니다. 유력한 견해는 다음과 같습니다. ① 신학사상의 유사점에 근거한 '바울의 저작설' ② 구약사상의 기독교적 접목에 근거한 '바나바 저작설' ③ 유창한 헬라어와 70인 역의 인용 등에 근거한 '아볼로 저작설'로 보지만 결론은 오리겐이 말한 바대로 "히브리서 저자는 오직 하나님만이 정확하게 아신다"라고 말할 수밖에 없습니다.

본서의 저자는 ① 구약성경을 잘 아는 유대인이었고, ② 설교를 잘하는 권면의 사람이었으며(히 13:22), ③ 율법과 복음을 알고 분별하는 사람이며, ④ 헬라사상에 능통한 자였으며(히 3:1, 8:5, 9:8), ⑤ 기독론에 확고한 자임을 추측할 수 있습니다(히 4:14, 10:23, 11:1-2).

3. 기록연대

AD 96년경 로마의 클레멘트가 본서를 인용한 사실을 비추어볼 때 본서는 그 이전에 쓰인 것이 확실합니다.

기록연대는 AD 60년대 후반(AD 64~68)으로 봅니다. 이 서신의 내용을 고려해 보면 ① 기독교에 대한 박해가 절정에 달하고 있었고, ② 디모데의 석방 기사는(히 13:23) 언급되어 있지만 ③ 예루살렘 성전의 대파괴 사건(AD 70년)에 대해서는 전혀 언급이 없습니다. 이로 보아 본서는 네로 황제(AD 54-68)의 통치 말엽에 쓰인 것임이 분명합니다.

4. 수신자

우리말 성경에 붙여진 '히브리서'의 제목은 사실상 '히브리인들에게(πρός Εβραίους)'로 되어 있습니다. 이 말은 '히브리인에게 보내는 편지'라는 뜻입니다.

본서의 수신인이 그리스도 유대인이라는 점을 가장 설득력 있게 전개되고 있다는 사실입니다. 즉, 본서의 저자는 레위 지파에 의한 제사, 유대인들에게 매우 중요한 언약, 아브라함, 모세, 여호수아 등과 같은 이스라엘의 뛰어난 신앙 위인들에 대한 이야기에 많은 지면을 할애하고 있습니다. 특히 복음을 받아들인 후 다시 옛날 상태, 즉 유대교로 돌아갈 위기에 처한 자들이 있다는 본서의 기록(6:4-6, 10:26-29)은 이 서신의 수신자들이 그리스도 유대인들임을 입증하는 충분한 근거가 됩니다.

(1) 수신지
두 곳이 크게 거론되고 있습니다.

첫째는 예루살렘설로 근거는 13:12의 '성문 밖에서'라는 말을 예루살렘 성전에 관한 곳으로 보는 견해이고, 두 번째는 로마설로 13:24의 '이달리야에서 온 자들도 너희에게 문안하느니라'는 말에 근거하고 있습니다.

이 외에도 알렉산드리아, 안디옥 등 신약성경에 나오는 거의 모든 지명들이 거론되고 있으나, 이 중에서 로마설이 가장 많은 지지를 받고 있습니다.

(2) 수신 범위

본서가 유대인 일반 신자에게 보낸 것인지 아니면 특수한 단체에 보낸 것인지에 대하여 논란이 있으나 본서에서는 '너희'라는 2인칭으로 나타나는 것과 수신자들에게 인도자에 대한 언급(13:7, 17)을 한 것 등을 보면 단체에 보낸 글인 것을 엿볼 수가 있습니다. 아마 본서는 로마에 있던 유대인 가정교회에 보내진 편지로 봅니다.

5. 기록 목적

① 고난 받는 유대인 개종자들의 흔들리는 신앙을 바로잡기 위함입니다.
② 그리스도의 구원자 되심을 변증하여 기독교의 우월성을 확신토록 하기 위함입니다.
③ 예수 그리스도의 우월하심과 직분의 영원성을 알게 하여 기독교 신앙의 확실성과 위대성을 갖도록 하기 위하여 기록되었습니다.

6. 주제

히브리서의 기본 주제는 '이보다 나은, 더 좋은'이라 말씀이 사용된 것을 중심으로 찾아 볼 수 있습니다(히 1:4, 6:9, 7:7, 19, 22, 8:6, 9:23, 10:34, 11:16, 35, 40, 12:24).

'완전한 천국'이란 단어들 역시 그리스도의 인격과 하신 일의 우월성을 설명하는 데 있어 두드러집니다. 저자는 더 좋은 계시, 위치, 제사장직, 언약, 제사 등을 제시하고 있습니다. 기독교를 버리고 옛날의 유대교체제로 돌아가는 것을 막기 위한 내용의 주제를 전개하고 있습니다.

7. 배경

당시 여러 지역에 흩어져 살던 개종한 기독교 유대인들은 말할 수 없는 핍박과 죽음의 위협을 받고 있었습니다.

동족 유대인들로부터 오는 핍박이었고, 이방 권력인 로마 당국자들로부터 사교적(邪 敎的)이라는 지적을 받아 죽음에 이르는 시련을 겪고 있었습니다. 그래서 기독 신앙을 의심하게 되고, 심지어 믿음에서 떠나는 배교행위가 있었습니다.

8. 문학형태

헬라 지역 유대 그리스도인들 사이에서 행해진 설교가 이 서신의 문학형태의 주요 한 요소라고 하는 점은 오늘날 많은 학자들의 지지를 얻고 있습니다(Thyen, Grässer, Spicq, Michel 등). 이러한 사실은 이 서신의 수신자가 디아스포라 유대인들이라는 점 과 긴밀한 연관을 가집니다.

9. 특징

① 구약의 직접 인용이 39회 이상, 정황적 인용이 35회 이상입니다.
② 저자가 인용하고 있는 구약성경이 히브리어로 된 구약성서 원전이 아니고, BC 250~150년간에 아프리카 알렉산드리아(Alexandria)에서 번역된 '70인 역' 헬라어 성서를 많이 이용하고 있습니다.
③ 믿음의 서신 성격으로, 구약 사건과 그리스도를 관련시킴으로써 그리스도께서 원천적인 믿음의 대상으로 나타냅니다.
④ 교리적 핵심은 기독론이며, 종말론 또한 상당한 비중을 담고 있습니다.

10. 내용전개

(1) 그리스도의 품성의 우월성입니다(1:1-4:13).

관용적인 인사말을 생략하고 곧바로 본서의 주제인 구약의 선지자들보다 뛰어난 그 리스도의 우월성에 대해 언급합니다(1:1-3). 그리스도는 선지자나 천사, 율법의 중보자 인 모세보다도 더 위대하신 분이며, 모든 구약적 언약의 마침이자 성취이신 그리스도의 자기 계시를 바탕으로 세워졌습니다. 이러한 사실은 그리스도의 이름, 지위, 그에 대한 천사들의 경배, 그의 성육신 등에서 더욱 분명하게 드러납니다. 그리스도께서 성육신하셔서 인간의 몸을 취하신 것은 인류로 하여금 믿음으로 구원을 얻고 영광의 기업에 참여토록 하기 위함이었습니다(2:10). 따라서 본서는 배교함으로써 하나님의 심판을 받는 일이 없도록 할 것을 권고하는 동시에 믿음을 지킴으로, 영원한 천국에 들어갈 것을 역설합니다(3:7-4:13).

(2) 그리스도 사역의 우월성입니다(4:14-10:18).

예수 그리스도가 멜기세덱의 반차를 좇는 영원한 대제사장으로서 아론 계통의 대제사장보다 우월함을 나타내고 있습니다(4:14-7:28). 왜냐하면 예수는 무죄하신 분으로 인간의 연약함을 몸소 체휼하셨을 뿐만 아니라 모든 시험을 이기신 분이기 때문입니다(4:15). 또한 유대인 성도들에게 신앙의 초보 단계에서 벗어나 그리스도의 장성한 분량에까지 성장하라고 교훈하고 있습니다(5:11-6:20). 그리스도는 죄가 없으신 분으로, 자기 몸을 단번에 속죄 제물로 바치심으로(9:1-10:18) 친히 새 언약의 중보가 되셨으며, 옛 언약을 폐하시고 새 언약을 세우셨습니다(8:6-13).

(3) 그리스도인 신앙의 우월성입니다(10:19-13:25).

유대인 성도들에게 그들의 배교의 위험성에 대해 경고함과 동시에 그리스도인 신앙의 우월성을 재확인시키고 있습니다(10:19-39). 믿음을 정의한 후(11:1-3) 구체적인 예를 들어 설명합니다(11:4-40). 성도들이 구약의 믿음과 인내를 본받아 믿음의 주요 온전케 하시는 이인 예수 그리스도를 바라봐야만 하는 것은 인류의 죄악을 속량하시기 위해 이루 말할 수 없는 고난을 견디신 것처럼 성도들도 고난을 이겨야 하기 때문입니다(12:1-13:9). 끝으로 기독교 공동체 안에서 나타나는 상호 관심과 사랑과 순종의 미덕을 강조한 후 축복으로 본서를 끝맺습니다(13:10-25).

11. 내용 분해(대분류)

① 뛰어나신 그리스도(1:1-4:13)
② 뛰어나신 그리스도의 사역(4:14-10:18)
③ 그리스도에 대한 믿음, 소망, 사랑의 능력(10:19-13:1-17)

④ 축복과 마지막 권면(13:18-25)

히브리서의 사상

첫째, 본서의 사상적 배경은 구약의 사상입니다.

본서 안에는 구약의 인용이 무려 74회에 달합니다. 그러므로 본서에는 구약의 사상이 짙게 흐르고 있습니다.

둘째, 알렉산드리아의 헬라철학이 두드러지게 나타나고 있습니다.

셋째, 본서의 사상적 배경은 바울신학에 영향을 입은 바가 큽니다.

넷째, 기독론이 일목요연하게 소개되고 있습니다.

구약에서는 천사나 모세나 제사장을 통해 역사하셨던 하나님이 신약에서는 아들을 계시하시고, 아들을 통해 역사의 종국을 맺습니다. 그리스도는 역사의 시초에서 하나님의 창조사역에 함께 하셨고, 미래 역사의 종말에도 심판자로 오셔서 역사의 매듭을 지으실 분으로 표현합니다. 반면 성경의 역사 속에 활약했던 구약의 선지자나, 제사장이나, 왕들은 모두가 그림자에 지나지 않는다는 것입니다.

다섯째, 본서의 특징으로 '믿음론'을 들 수 있습니다.

믿음을 떠나서는 아무리 위대한 신학이라 해도 무의미한 것입니다. 믿음은 이론이기보다 실천에 속하는 것입니다.

히브리인의 어원

우리가 '히브리서'를 상고하고자 할 때 '히브리인'이라는 말에 대한 분명한 이해가 필요합니다. '히브리인'이란 말은 아브라함에게 최초로 사용됩니다(창 14:13 참조). 그 후로는 그 자손들을 가리켜서 '히브리인'이라고 부릅니다(창 39:14, 출 1:15, 3:18). 그러면 '히브리인'이라는 말의 어원은 무엇인가? 여기에 대해서 여러 가지 해석이 있으나 유프라테스강 동편 지대의 명칭이었던 '에벨'(창 10:21)에서 온 것으로 봅니다.

이 '에벨'이란 말은 '강을 건넌다'는 뜻입니다. 아브라함이 갈대아 우르에서 살다가 하란에 머물다 유프라테스 강을 건너 가나안 땅으로 이거해 온 데서 유래된 명칭입니다. 그러므로 '히브리인'이라고 하면 '강을 건넌 사람'이라는 뜻입니다. 이 '에벨'은 히브리인을 가리키는 동시에 히브리어를 뜻합니다.

오늘날 '히브리어'는 이스라엘 민족의 국어로 사용되고 있으며, 히브리 민족이라는 말은 '히브리어를 사용하는 민족'이라는 뜻으로도, '강을 건넌 민족의 후손'으로도 쓰이고 있습니다.

제1장

그리스도의 선재와 우월성

I. 계시의 완성

히 1:1-3

① 옛적에 선지자들을 통하여 여러 부분과 여러 모양으로 우리 조상들에게 말씀하신 하나님이 ② 이 모든 날 마지막에는 아들을 통하여 우리에게 말씀하셨으니 이 아들을 만유의 상속자로 세우시고 또 그로 말미암아 모든 세계를 지으셨느니라 ③ 이는 하나님의 영광의 광채시요 그 본체의 형상이시라 그의 능력의 말씀으로 만물을 붙드시며 죄를 정결하게 하는 일을 하시고 높은 곳에 계신 지극히 크신 이의 우편에 앉으셨느니라

옛 계시는 예수님 오시기 전 구약 모세 오경, 역사서, 시가서, 예언서의 여러 부분과 꿈, 환상 등 여러 사건, 여러 모양으로 나타났습니다. 그런가 하면 새 계시는 하나님의 아들 안에서 최종적으로 밝히 나타났습니다. 그리고 마지막에는 만유의 상속자로 세우심을 받은 영광의 빛이시며, 본체의 형상이심을 나타내주고 있습니다.

예수님은 능력의 말씀으로 만물을 붙드시며 죄를 정결하게 하시는 일을 하시고, 하나님 보좌 우편에 앉으셨습니다. 이러한 예수 그리스도의 말씀과 선재성을 알아보며 '계시의 완성'에 대해 살펴보고자 합니다.

1. 옛 선지자들을 통해 말씀하심임

1절 "옛적에 선지자들을 통하여 여러 부분과 여러 모양으로 우리 조상들에게 말씀하신 하나님이"

구약 때 하나님 말씀을 대언하는 선지자들로, 여러 부분과 여러 모양, 곧 여러 시대, 여러 정황으로 말씀하셨습니다.

하나님의 말씀은 주로 선지자를 통해서 대언하게 하셨습니다.

옛적에 : 헬라어 '팔라이(πάλαι)'는 '지나간 시대', 즉 구약시대를 뜻함.

선지자 : 히브리어 '나비(נביא)', 헬라어 '프로페테스(προφητης)'는 하나님의 특별한 부르심을 받아 말씀을 대언하는 자임(렘 1 : 5-9).

여러 부분 : 헬라어 '폴뤼메로스(πολυμερῶς)'는 '여러 번', '여러 방법'의 뜻임. 다양한 시대적인 상황과 환경에서 계시된 말씀을 뜻함.

여러 모양 : 헬라어 '폴뤼트로포스(πολυτρόπως)'는 '다양한 방법으로 나타냄'을 뜻함. 구약 때 선지자를 통해 다양한 방법으로 계시하심을 의미합니다.

하나님께서는 구약 때 어떻게 말씀을 하셨습니까? 여러 선지자를 통하여 말씀하셨습니다.

선지자는 하나님이 주시는 말씀을 가감 없이 그대로 전하는 자입니다. 그러므로 오히려 미움을 받고 고난과 환란을 당하기도 했습니다.

선지자들은 이스라엘 백성이 하나님과의 언약 파기, 불신앙을 지적하고 회개를 촉구했습니다.

구약 때 하나님께서는 선지자를 통해 여러 부분과 여러 모양으로 말씀하셨습니다. 때로는 직접적으로 말씀하시기도 했습니다. 또한 환상과 꿈을 통해서, 때로는 천사를 통해서도 하셨습니다.

민 12:6 "이르시되 내말을 들으라 너희 중에 선지자가 있으면 나 여호와가 환상으로 나를 그에게 알리기도 하고 꿈으로 그와 말하기도 하거니와"

넓은 의미에서 선지자는 아브라함, 이삭, 야곱, 요셉, 모세입니다.

대선지자는 이사야, 예레미야, 에스겔, 다니엘입니다.

소선지자는 호세아, 요엘, 아모스, 오바댜, 요나, 미가, 나훔, 하박국, 스바냐, 학개, 스가랴, 말라기입니다(대선지자, 소선지자는 인물평이 아니고, 성경 분량에 의한 구분임).

렘 23:9 "선지자들에 대한 말씀이라 내 마음이 상하며 내 모든 뼈가 떨리며 내가 취한 사람 같으며 포도주에 잡힌 사람 같으니 이는 여호와와 그 거룩한 말씀 때문이라"

　구약성경 39권이 완성될 때까지 천오백년이 소요되었습니다. 이토록 오랜 세월에 걸쳐 기록된 구약성경의 내용이 하나의 주제, 곧 예수 그리스도를 중심으로 한 성경의 통일성입니다.

　다른 모든 책과 달리 통일성을 잃지 않고 주제를 선명히도 나타내주고 있습니다.

　하나님께서는 한 시대에 동일한 방법으로 한꺼번에 계시를 주신 것이 아니라 여러 시대에 걸쳐 그 시대적 상황에 따라서 계시를 주셨습니다. 그리고 하나님의 계시의 방편은 다양했습니다.

　성경은 율법서, 역사서, 시가서, 예언서 등 다양하게 구성되어 있습니다.

　우리가 알아야 할 것은 성경을 기록한 저자는 여러 명이었으나 궁극적인 저자는 오직 하나님 한 분이십니다.

　옛적에 선지자들을 통해 여러 부분과 여러 모양으로 말씀하신 하나님은 지금도 우리로 하여금 그 말씀을 통하여 인도하십니다.

2. 마지막에 아들로 말씀하심

　2절 "이 모든 날 마지막에는 아들을 통하여 우리에게 말씀하셨으니 이 아들을 만유의 상속자로 세우시고 또 그로 말미암아 모든 세계를 지으셨느니라"

　하나님의 아들로 모든 세계를 지으시고, 만유의 상속자로 세우셨습니다. 선지자들로 예언된 말씀이 육신이 되어 오시어 우리에게 말씀하셨습니다.

　모든 날 마지막 : 구약시대가 끝나고 새로운 때, 곧 예수님의 초림에서 재림 때까지 모든 날을 함축함.

　만유(萬有) : 헬라어 '파스(πᾶς)'의 1차적 의미는 '모든', '전부'라는 뜻이며, 확대적인 의미는 '우주', '만물'의 뜻임.

　상속자 : 헬라어 '클레로노모스(κληρονομος)'는 기업 상속을 받는 자를 뜻함. 하나님의 아들로, 만유의 상속자로 기업을 상속받음을 의미합니다.

　이 모든 날 마지막은 언제 일까요? 구약시대가 끝나고 신약시대의 시작과 점진적으로 재림 때까지의 연장선상의 어느 때를 말합니다.

구약에서는 '그때에', '마지막 때', 신약의 개념으로는 '말세', '종말 때'입니다.

욜 2:31 "여호와의 크고 두려운 날이 이르기 전에 해가 어두워지고 달이 핏빛 같이 변하려니와"

여기서 크고 두려운 날은 말일에 있을 일입니다.

요일 2:18 "아이들아 지금은 마지막 때라 적그리스도가 오리라는 말을 너희가 들은 것과 같이 지금도 많은 적그리스도가 일어났으니 그러므로 우리가 마지막 때인 줄 아노라"

이 모든 마지막은 종말의 때입니다.
예수님의 초림은 그 마지막 때의 시작이며, 재림으로 완성되는 때입니다.

2절(상) "이 모든 마지막에는 아들을 통하여 우리에게 말씀하셨으니……"

성경적 역사는 크게 아담에서 아브라함까지 2000년, 아브라함부터 예수님 탄생까지 2000년, 예수님으로부터 오늘날까지 2000년이 지난 시점입니다.
이를 생각해보면 모든 것은 마지막 어느 시점을 향해가고 있으며, 그 끝자락 어느 선상에 우리가 살고 있습니다.

"아들을 통하여 우리에게 말씀하셨으니"

이 아들은 누구입니까? 예수님이십니다.
구약 때 선지자를 통해서는 단편적으로 말씀하셨으나, 신약 때 와서는 예수 그리스도를 통하여 계시를 완전하게 그리고 전체적으로 말씀하셨습니다.
구약이 그림자로 또 모형적이라면, 신약은 본 모습 실체인 예수 그리스도이십니다.

2절(하) "…… 이 아들을 만유의 상속자로 세우시고 또 그로 말미암아 모든 세계를 지으셨느니라"

상속자란 말이 처음 쓰인 것은 구약 때 아브라함부터입니다. 아브라함이 아들이 있기 전, 집안 청지기였던 '엘리에셀'을 두고 상속자가 될 것이라 했습니다.

창 15:3 "아브라함이 또 이르되 주께서 내게 씨를 주지 아니하셨으니 내 집에서 길린 자가 내 상속자가 될 것이나이다"

상속자는 기업을 물려받는 자입니다(눅 29:14, 갈 4:1).
상속자는 또 소유자라는 뜻이 있습니다.
본문의 상속자는 기업을 잇는 소유자의 성격입니다.

"그로 말미암아 모든 세계를 지으셨느니라"

예수님으로 말미암아 세계를 지으셨고, 그가 만물보다 먼저 계셨습니다.

요 1:3 "만물이 그로 말미암아 지은바 되었으니 지은 것이 하나도 그가 없이는 된 것이 없느니라"
골 1:16-17 "만물이 그에게서 창조되되 하늘과 땅에서 보이는 것들과 보이지 않는 것들과 혹은 왕권들이나 주권들이나 통치자들이나 권세들이나 만물이 다 그로 말미암고 그를 위하여 창조되었고 또한 그가 만물보다 먼저 계시고 만물이 그 안에 함께 섰느니라"

천지만물이 하나님의 아들로 창조되었습니다. 보이는 것들과 보이지 않는 것, 다 그로 말미암아 창조되었습니다. 그리고 모든 마지막에 만유의 상속자로 세우셨습니다.

고전 8:6 "그러나 우리에게는 한 하나님 곧 아버지가 계시니 만물이 그에게서 났고 우리도 그를 위하여 있고 또한 한 주 예수 그리스도께서 계시니 만물이 그로 말미암고 우리도 그로 말미암아 있느니라"

예수님은 만유의 주이십니다. 그러므로 예수 그리스도 안에 있는 자는 기업을 얻습니다.
오늘을 살아가는 우리 모두는 주 안에서 생명을 얻되 풍성히 얻으며 살아가야 합니다.

3. 말씀으로 만물을 붙드시고 위엄의 우편에 계심

3절 "이는 하나님의 영광의 광채시요 그 본체의 형상이시라 그의 능력의 말씀으로 만물을 붙드시며 죄를 정결케 하는 일을 하시고 높은 곳에 계신 지극히 크신 이의 우편에 앉으셨느니라"

예수님은 하나님의 영광의 광채이시며, 그 본체의 형상이십니다. 능력의 말씀으로 만물을 붙드십니다.

그 한 하나님이 이 땅에 성육신하시고, 인류의 죄를 담당하시기 위해 십자가에 피 흘려 죽어 장사되신바 되었다가 부활하시고 승천하시어 하나님 우편에 계십니다.

영광 : 헬라어 '독세스(δόξης)'는, 구약에서는 하나님의 영광의 임재로(출 19:16-19, 겔 1:28), 신약에서는 하나님의 거룩하신 속성으로(마 16:27, 행 7:2, 55, 롬 1:23, 3:23, 5:2, 딤전 1:11)나타나심.

광채 : 헬라어 '아파우가스마(ἀπαύγασμα)'는 빛의 근원에서부터 나오는 빛을 말함.

본체 : 헬라어 '휘포스타세오스(ὑποστάσεως)'는 실질적인 근본 성질의 본모양 자체임.

형상 : 헬라어 '카라크테르(χαρακτήρ)'는 '본질의 본질'의 뜻으로, 모양 그대로 또는 복사된 현상 그대로임을 말함. 예수 그리스도는 하나님의 영광의 본체이심을 의미합니다.

예수님은 하나님의 본체의 형상이십니다. 왜 그런가 하면 하나님은 영이시고, 존재이시며, 빛이시고, 그 자체이기 때문입니다. 마치 태양에서 햇빛이 나오는 것처럼 그 자체의 빛이십니다. 존재로 계시는 본체의 광채이십니다.

3절(상) "이는 하나님의 영광의 광채시요……"

예수님에 대해 칼빈(Calvin)은 "하나님의 영광이 우리 눈으로 감당할 수 있게 하기 위하여 이러한 형태로 임하셨다"고 하였습니다.

예수님은 하나님의 영광의 빛이시며, 하나님의 모든 속성과 본성을 지녔습니다.

그 영광의 모습입니다.

요 1:14 "…… 우리가 그 영광을 보니 아버지의 독생자의 영광이요 은혜와 진리가 충만하더라"

하나님의 영광이 가장 완전하고, 분명하게, 예수 그리스도 안에 나타나십니다.

3절 "…… 그 본체의 형상이시라……"

본체는 실질적인 존재 양식으로 보아도 같다는 것을 뜻합니다. 형상은 마치 도장을 찍은 것처럼 판 박은 것과 같다는 것입니다.

요 14:9 "…… 나를 본 자는 아버지를 보았거늘 어찌하여 아버지를 보이라 하느냐"

하나님의 본질이 예수 그리스도 안에 나타내고 있었던 것입니다.

3절(중) "…… 그의 능력의 말씀으로 만물을 붙드시며……"

붙드신다(헬라어 페론 ; φέρων)는 '인도하다', '이끌어가다'의 어원으로 그의 능력의 말씀으로 '우주의 섭리를 운영하는 것임'을 의미합니다.
여기서 말씀은 헬라어 '레마(ῥῆμα)'의 성격으로, 이 세상을 지배하시고 관리하시는 성격입니다.
말씀에 헬라어 '로고스(λόγος)'는 하나님의 선포된 말씀이고, 레마는 활동하는 성격으로 볼 수 있습니다.
주께서는 선포된 말씀에 의하여 활동하는 말씀으로 이 세상을 관리하고 지배하고 계시는 것입니다. 그의 능력의 말씀으로 만물을 붙드시고 계시는 것입니다.

골 1:17 "또한 그가 만물보다 먼저 계시고, 만물이 그 안에 함께 섰느니라"

예수 그리스도는 만물을 주관하시며, 만유의 주가 되십니다.

3절(하) "…… 죄를 정결하게 하는 일을 하시고 높은 곳에 계신 지극히 크신 이의 우편에 앉으셨느니라"

예수 그리스도께서 인간들의 죄를 정결케 하셨다는 것은 십자가에서 죽으심입니다. 곧 속죄 사역입니다.

본서는 그리스도의 속죄적인 삶과 죽음에 관해 많이 기록하고 있습니다. 예수 그리스도는 십자가에 피 흘려 죽으심으로 우리의 죄를 정결케 하였습니다. '정결케 하다'는 것은 깨끗하게 씻는다(to clean our sins)의 뜻을 갖고 있으나, 이는 단지 깨끗케 한다는 의미가 아니고 우리의 죄악을 제거시킨다는 의미입니다.

예수님은 십자가에서 제물이 되시어 자기의 피로 단번에 우리 죄를 정결케 하시고 부활 승천하시어 하나님 보좌 우편에 앉으셨습니다.

일반적으로 '우편'은 권세의 상징입니다. 우편에 앉으셨다는 것은 하나님의 권능과 위엄, 영광 중에 계신다는 것입니다.

시 110:1 "여호와께서 내 주에게 말씀 하시기를 내가 네 원수들로 네 발판이 되게 하기까지 너는 내 오른쪽에 앉아 있으라 하셨도다"
눅 22:69 "그러나 이제부터는 인자가 하나님의 권능의 우편에 앉아 있으리라 하시니"

사도신경에 "하늘에 오르사, 전능하신 하나님 우편에 앉아 계시다가 저리로서 산 자와 죽은 자를 심판하러 오시리라"라고 되어 있습니다. 때가 이르면 영광의 모습으로 다시 오십니다.

우리 모두는 영광의 주를 바라보며, 소망하며, 말씀에 순종하는 삶을 살아가야 합니다.

구약 때는 선지자들로 여러 부분과 여러 모양으로 말씀하셨습니다. 신약에서는 아들을 통해 말씀하셨습니다. 하나님께서는 아들을 만유의 상속자로 세우시고 모든 세계를 지으셨습니다.

하나님의 아들은 영광의 광채시며, 본체의 형상이셨습니다.

지금도 능력의 말씀으로 만물을 주관하십니다.

말씀이 육신이 되어 이 땅에 오시어 인간의 죄를 위해 십자가에서 피 흘려 죽으시고, 온 인류를 구원하시고, 부활 승천하시어 하나님의 보좌 우편에 계십니다.

하나님 영광의 광채시고, 본체의 형상이신 주께 영광을 돌려야 하는 것입니다.

II. 천사와 아들

히 1:4-14

④ 그가 천사보다 훨씬 뛰어남은 그들보다 더욱 아름다운 이름을 기업으로 얻으심이니 ⑤ 하나님께서 어느 때에 천사 중 누구에게 너는 내 아들이라 오늘 내가 너를 낳았다 하셨으며 또 다시 나는 그에게 아버지가 되고 그는 내게 아들이 되리라 하셨느냐 ⑥ 또 그가 맏아들을 이끌어 세상에 다시 들어오게 하실 때에 하나님의 모든 천사들은 그에게 경배할지어다 말씀하시며 ⑦ 또 천사들에 관하여는 그는 그의 천사들을 바람으로, 그의 사역자들을 불꽃으로 삼으시느니라 하셨으되 ⑧ 아들에 관하여는 하나님이여 주의 보좌는 영영하며 주의 나라의 규는 공평한 규이니이다 ⑨ 주께서 의를 사랑하시고 불법을 미워하셨으니 그러므로 하나님 곧 주의 하나님이 즐거움의 기름을 주께 부어 주를 동류들보다 뛰어나게 하셨도다 하였고 ⑩ 또 주여 태초에 주께서 땅의 기초를 두셨으며 하늘도 주의 손으로 지으신 바라 ⑪ 그것들은 멸망할 것이나 오직 주는 영존할 것이요 그것들은 다 옷과 같이 낡아지리니 ⑫ 의복처럼 갈아입을 것이요 그것들은 옷과 같이 변할 것이나 주는 여전하여 연대가 다함이 없으리라 하였으나 ⑬ 어느 때에 천사 중 누구에게 내가 네 원수로 네 발등상이 되게 하기까지 너는 내 우편에 앉아 있으라 하셨느냐 ⑭ 모든 천사들은 섬기는 영으로서 구원 받을 상속자들을 위하여 섬기라고 보내심이 아니냐

하나님께서 지으신 피조물 중에 천사가 가장 으뜸이었습니다.

유대인들에게 천사는 영적 존재 중 하나님 다음으로 경외의 대상이었습니다. 그렇기 때문에 천사에 대한 숭배심이 아들의 숭배와 혼동하였습니다.

유대인들의 관념상 천사는 그들을 하나님과 연결시켜주는 계시의 전달자로 여겼습

니다.

그러나 예수 그리스도는 모든 계시의 절정이자 완성이므로 더 이상 계시의 전달 역할의 다른 요소는 필요 없었습니다.

더욱이 천사들은 인간과 마찬가지로 하나님의 피조물에 지나지 않습니다.

초대교회 당시에는 천사를 숭배하는 이단이 있었습니다(영지주의).

본서는 천사와 예수님의 비교를 통해 천사에 대한 그릇된 인식을 바로 잡고, 나아가 유일한 구속자이신 예수 그리스도의 우월하심을 말씀하고 있습니다.

천사보다 우월하신 그리스도의 주제를 가지고 살펴보도록 하겠습니다.

1. 하나님의 아들은 경배의 대상임

4-6절 "그가 천사보다 훨씬 뛰어남은 그들보다 더욱 아름다운 이름을 기업으로 얻으심이니 하나님께서 어느 때에 천사 중 누구에게 너는 내 아들이라 오늘 내가 너를 낳았다 하셨으며 또 다시 나는 그에게 아버지가 되고 그는 내게 아들이 되리라 하셨느냐 또 그가 맏아들을 이끌어 세상에 다시 들어오게 하실 때에 하나님의 모든 천사들은 그에게 경배할지어다 말씀하시며"

앞에서(1-3절) 구약의 모든 선지자보다 계시의 완성으로서의 예수님을 증명하였습니다.

본문은 천사보다 뛰어나신 아름다운 기업을 얻으심과 그 맏아들로 세상에 다시 오실 때 모든 천사가 경배함을 말씀합니다.

기업을 얻음 : 재산 상속의 의미임.

맏아들 : 처음 태어난 자임. 여기서는 부활의 첫 열매의 성격입니다.

경배 : '머리를 숙이다', '경외함으로 절하다'로 어떤 대상에 머리 숙임을 뜻합니다.

예수님은 하나님의 아들로 경배의 대상이 됨을 의미합니다.

천사를 어떻게 생각하십니까?

초대교회 때 예수님에 대해 '천사와 같은 분이 아닌가?' 하고 그렇게 생각한 자들도 있었습니다. 천사들을 숭배한 나머지 그렇게 한 것 같습니다.

오늘날 '여호와 증인'들은 예수님을 높은 천사들 중 한 분으로 보고 있습니다. 그러나 절대 그렇지 않습니다.

유대인들이 아무리 천사를 존경하고 모세를 숭배한다고 할지라도 하나님의 아들 예수님과는 비교도 되지 않습니다.

4절 "그가 천사보다 훨씬 뛰어남은 그들보다 더욱 아름다운 이름을 기업으로 얻으심이니"

예수님은 천사들과 본질적으로 다른 분입니다. 예수님은 아름다운 이름을 기업으로 얻는 후사의 자격과 신분입니다.

엡 1:21 "모든 통치와 권세와 능력과 주권과 이 세상뿐 아니라 오는 세상에 일컫는 모든 이름 위에 뛰어나게 하시고"

예수님은 천사와 달리 모든 이름 위에 뛰어나신 하나님의 아들이십니다.

5절(상) "하나님께서 어느 때에 천사 중 누구에게 너는 내 아들이라 오늘 내가 너를 낳았다 하셨으며……"
시 2:7 "내가 여호와의 명령을 전하노라 여호와께서 내게 이르시되 너는 내 아들이라 오늘 내가 너를 낳았도다"

하나님께서 너는 내 아들이며 내가 너를 낳았다고 하셨습니다. 하나님께서는 예수님이 이 세상에 오시기 전부터 아들임을 말씀하셨습니다.

5절(하) " ……또 다시 나는 그에게 아버지가 되고 그는 내게 아들이 되리라 하셨느냐"

하나님께서는 천사에게 "네가 내 아들이라" 하신 적이 결코 없습니다. 천사는 하나님께서 낳은 것이 아니고 지으신 것입니다.

종종 구약에서 '아들'이라고 두어 군데 나온 것은(창 6 : 2, 욥 1 : 6) 넓은 의미로, 함축적으로 사용된 것뿐입니다.

예수님은 구약의 예언대로 하나님의 아들로 이 땅에 오셨습니다.

눅 1:35 "천사가 대답하여 이르되 성령이 네게 임하시고 지극히 높으신 이의 능력이 너를 덮으시리니 이러므로 나실 바 거룩한 이는 하나님의 아들이라 일컬어지리라"

예수님이 공생애(公生涯) 시작 전, 요단강에서 세례를 받으실 때 한 말씀입니다.

마 17:5 "…… 이는 내 사랑하는 아들이요 내 기뻐하는 자니 너희는 그의 말을 들으라 하시는지라"

변화산에서 하늘의 영광을 보여 주실 때, 제자들에게 하신 말씀은 이러합니다.

벧후 1:17 "지극히 큰 영광 중에서 이러한 소리가 그에게 나기를 이는 내 사랑하는 아들이요 내 기뻐하는 자라 하실 때에 그가 하나님 아버지께 존귀와 영광을 받으셨느니라"

그러므로 예수 그리스도 안에 모든 믿는 자들이 하나님의 자녀 되게 하셨습니다.

엡 1:5-6 "그 기쁘신 뜻대로 우리를 예정하사 예수 그리스도로 말미암아 자기의 아들들이 되게 하셨으니 이는 그가 사랑하시는 자 안에서 우리에게 거저 주시는 바 그의 은혜의 영광을 찬송하게 하려는 것이라"

이로써 예수 그리스도는 천사와 비교될 수 없는 신분임을 알 수 있는 것입니다.

6절 "또 그가 맏아들을 이끌어 세상에 다시 들어오게 하실 때에 하나님의 모든 천사가 그에게 경배할지어다 말씀하시며"

맏아들은 예수 그리스도를 말합니다.

롬 8:29 "하나님이 미리 아신 자들을 또한 그 아들의 형상을 본받게 하기 위하여 미리 정하셨으니 이는 그로 많은 형제 중에서 맏아들이 되게 하려 하심이니라"

6절을 계속 보겠습니다.

28_ 왜, 믿음의 주요 온전케 하시는 이인가?

"맏아들을 이끌어 세상에 다시 들어오게 하실 때에"

두 가지 견해가 있습니다. 초림으로 오신 것인가, 아니면 재림으로 오신 것인가의 견해입니다. 문맥과 내용으로 보아 이는 재림으로 보는 것이 타당합니다.

6절(하) "…… 하나님의 모든 천사가 그에게 경배할지어다"

이는 예수님의 재림 때에 권능의 모습으로 오실 때 천사들과 성도들이 만왕의 왕, 만주의 주되신 그분께 경배하는 것입니다.

예수님은 부활의 첫 열매로 승천하시고 하나님 우편에 계시다가 장차 영광된 모습으로 오심을 믿으며, 신앙하시기를 바랍니다.

2. 천사의 사역과 아들의 나라

7-9절 "또 천사들에 관하여는 그는 그의 천사들을 바람으로, 그의 사역자들을 불꽃으로 삼으시느니라 하셨으되 아들에 관하여는 하나님이여 주의 보좌는 영영하며 주의 나라의 규는 공평한 규아니이다 주께서 의를 사랑하시고 불법을 미워하셨으니 그러므로 하나님 곧 주의 하나님이 즐거움의 기름을 주께 부어 주를 동류들보다 뛰어나게 하셨도다 하였고"

본문은 시편 45:6-7의 인용글입니다. 일반적으로 '제왕시'라고 합니다. 이 시(詩)가 천사와 아들과의 관계에서 아들이 여러 면에서 월등하다는 것을 설명하고 있습니다. 이는 사역 면에서도 천사들은 부리는 도구로, 아들은 주의 나라의 권위와 능력의 주권자임을 나타냅니다.

규 : 헬라어 '랍도스(ῥάβδος)'는 문자적으로 '막대기', '지팡이'임. 권위의 상징으로 왕권을 나타냅니다.

즐거움의 기름 : 즐거움은 '아갈리아시스(ἀγαλλίασις)'로, 원문은 강한 즐거움의 뜻임. 왕에게 기름을 부어 권한을 인정할 때 기쁨의 넘침을 뜻합니다. 예수 그리스도 주의 나라의 왕적 권위의 통치를 의미합니다.

하나님께서는 천지만물을 지으시고 섭리하시고 통치하십니다. 하나님께서 운행하실 때 천사를 부리십니다. 그의 천사들을 바람으로 삼으시고, 그의 사역자들을 불꽃으로 삼으십니다.

출 19:18 "시내 산에 연기가 자욱하니 여호와께서 불 가운데서 거기 강림하심이라 그 연기가 옹기 가마 연기 같이 떠오르고 온 산이 크게 진동하며"
시 104:4 "바람을 자기 사신으로 삼으시고 불꽃으로 자기 사역자를 삼으시며"

하나님은 천사들을 필요하실 때마다 바람으로, 불꽃으로 사용하십니다.
7절에는 천사들을 바람으로, 그의 사역자들을 불꽃으로 삼으심을 말씀합니다.

겔 1:13-14 "또 생물들의 모양은 타는 숯불과 횃불 모양 같은데 그 불이 그 생물 사이에서 오르락내리락 하며 그 불은 광채가 있고 그 가운데에서는 번개가 나며 그 생물들은 번개 모양 같이 왕래하더라"

여기서 보면 천사장급은 그 모양이 숯불과 횃불 같다고 했습니다. 불이 천사 사이로 오르락내리락합니다. 그런데 그 불이 광채가 납니다. 번개가 나고 천사장 왕래가 번개같이 빠르다 합니다.
이와 달리 아들에 관해서 본문에서는 무어라고 합니까?

8절 "아들에 관하여는 하나님이여 주의 보좌는 영영하며 주의 나라의 규는 공평한 규이나이다"

'규'는 막대기, 지팡이, 지휘봉을 의미하는 것으로 왕권을 나타내고, '보좌와 규'는 아들의 왕직과 권위와 통치력을 상징합니다.

시 103:19 "여호와께서 그의 보좌를 하늘에 세우시고 그의 왕권으로 만유를 다스리시도다"
마 25:31 "인자가 자기 영광으로 모든 천사와 함께 올 때에 자기 영광의 보좌에 앉으리니"

주께서 다시 오실 때 영광의 모습으로 오십니다.
주께서 다시 오실 때 모든 천사와 함께 오십니다.

유대인들은 모세와 다윗 왕을 가장 위대하고 훌륭한 왕으로 여기지만 그 다윗 왕이 시편에 이렇게 기록하고 있습니다.

시 45:6 "하나님이여 주의 보좌는 영원하며 주의 나라의 규는 공평한 규이나이다"

본문 8절과 같은 의미로 주의 보좌가 영영하며, 주의 나라의 홀(笏)은 공평하다고 하였습니다.

단 7:14 "그에게 권세와 영광과 나라를 주고 모든 백성과 나라들과 다른 언어를 말하는 모든 자들이 그를 섬기게 하였으니 그의 권세는 소멸되지 아니하는 영원한 권세요 그의 나라는 멸망하지 아니할 것이나라"

주의 나라의 규는 공평한 규이며, 주의 나라는 영원한 권세입니다.

9절 "주께서 의를 사랑하시고 불법을 미워하셨으니 그러므로 하나님 곧 주의 하나님이 즐거움의 기름을 주께 부어 주를 동류들보다 뛰어나게 하셨도다 하였고"

예수님은 의를 사랑하시고 불의를 미워하십니다. 성도의 의는 주의 십자가 보혈로 의롭다 함을 입은 것입니다. 이 땅의 성화의 삶도 주의 의로 힘입어 사는 것입니다.

9절(중) "…… 하나님이 즐거움의 기름을 주께 부어"

기름을 부으심은 온 우주를 다스리는 권한 부여이며, 기름 부음은 왕적 권위입니다.

"…… 주를 동류들보다 뛰어나게 하셨도다"

하나님의 뜻을 전달하는 점에서 천사는 뛰어나지만, 하나님께서는 아들을 천사보다 더 우월한 직분과 사역을 주셨습니다.
천사는 섬기는 일이나, 아들은 기업을 받음입니다.

천사는 바람으로 불꽃으로 사역하나, 아들은 주의 나라의 왕권으로 공평한 규로 다스리고 통치하는 사역입니다. 따라서 그 어떤 것보다 뛰어나십니다.

그 보좌는 영영하고, 그 나라는 영원합니다.

3. 아들의 탁월하신 신분임

10-14절 "또 주여 태초에 주께서 땅의 기초를 두셨으며 하늘도 주의 손으로 지으신 바라 그것들은 멸망할 것이나 오직 주는 영존할 것이요 그것들은 다 옷과 같이 낡아지리니 의복처럼 갈아입을 것이요 그것들은 옷과 같이 변할 것이나 주는 여전하여 연대가 다함이 없으리라 하였으나 어느 때에 천사 중 누구에게 내가 네 원수로 네 발등상이 되게 하기까지 너는 내 우편에 앉아 있으라 하셨느냐 모든 천사들은 섬기는 영으로서 구원받을 상속자들을 위하여 섬기라고 보내심이 아니냐"

이스라엘 백성들이 범죄로 인해 BC 586년에 바벨론에 의해 멸망을 당합니다. 이로 인해 포로 생활로 고난을 받으면서 조국과 예루살렘이 다시 회복되기를 기원합니다.

기원 시는 시 102:25-27입니다. 본문은 이를 인용하고 있습니다.

하나님의 영원하심과 선민의 도시 예루살렘도 영존할 것임을 의미합니다.

발등상 : 헬라어 '푸스(πούς)'는 발을 두는 상임. 정복, 승리를 상징합니다.

부라는 : '섬기는', '봉사하는' 뜻으로 섬김을 의미함.

영존 : 문자적으로 영구하게 존재함임을 뜻한 것으로, 예수 그리스도의 영원성을 강조함을 의미함.

예수 그리스도가 천사보다 우월함은 말할 것도 없습니다.

예수님은 어느 누구도 비교할 수 없는 신성을 지니셨습니다.

하나님의 아들은 그 나라 왕국의 왕이십니다. 반면, 천사는 시중드는 존재에 불과합니다.

하나님의 아들은 만물을 지으셨고, 천사는 피조물입니다.

롬 11:36 "이는 만물이 주에게서 나오고 주로 말미암고 주에게로 돌아감이라 그에게 영광이 세세에 있을지어다 아멘"

예수 그리스도는 하나님 우편에 앉아 계시사, 영광과 경배를 받으십니다.

10절 "또 주여 태초에 주께서 땅의 기초를 두셨으며 하늘도 주의 손으로 지으신 바라"

이는 시편 102장 25절의 인용구입니다.

시 102:25 "주께서 옛적에 땅의 기초를 놓으셨사오며 하늘도 주의 손으로 지으신 바니이다"

하나님께서 천지만물을 지으신 것입니다. 삼위의 하나님이 함께하셨습니다.

요 1:2-3 "그가 태초에 하나님과 함께 계셨고 만물이 그로 말미암아 지은 바 되었으니 지은 것이 하나도 그가 없이는 된 것이 없느니라"

아들은 태초에 하나님과 함께 계셨고, 만물을 지었습니다. 그러므로 만물은 없어져도 오직 주는 영존합니다.

11절 "그것들은 멸망할 것이나 오직 주는 영존할 것이요 그것들은 다 옷과 같이 낡아지리니"

그것들은 피조물입니다. 이 세상 피조된 것은 해 아래 새 것이 없습니다. 점점 낡고 없어집니다.
피조물은 가변성이나, 주는 영원하십니다. 하나님은 어제나, 오늘이나 영원토록 동일하십니다.
지음받은 피조물은 언젠가는 없어지나 오직 주는 영존합니다.

계 21:1 "또 내가 새 하늘과 새 땅을 보니 처음 하늘과 처음 땅이 없어졌고 바다도 다시 있지 않더라"

처음 하늘과 땅은 없어지고 새 하늘과 새 땅이 도래됨을 말합니다.

12절 "의복처럼 갈아입을 것이요 그것들은 옷과 같이 변할 것이나 주는 여전하여 연대가 다함이 없으리라 하였으나"

피조물은 의복처럼 갈아입을 것이고 변할 것이지만, 주는 변함이 없습니다. 연대가 다함이 없습니다.

13절 "어느 때에 천사 중 누구에게 내가 네 원수로 네 발등상이 되게 하기까지 너는 내 우편에 앉아 있으라 하셨느냐"

시편 110:1을 인용한 것입니다.

시 110:1 "여호와께서 내 주에게 말씀하시기를 내가 네 원수들로 네 발판이 되게 하기까지 너는 내 오른쪽에 앉아 있으라 하셨도다"

이 말씀은 유대인들도 메시야의 사상으로 믿고 있습니다. 이는 하나님께서 아들 성자에게 영광과 권능의 위임입니다. 내 우편에 앉음은 하나님 보좌 오른쪽에 앉음을 의미하고 원수로 발판이 되게 함은 원수들을 철저히 정복함을 뜻합니다.

예수님은 성육신하시고, 고난을 받으시고, 고난은 십자가에 피 흘려 죽으심과 장사되었다가 부활하시고, 승천하시고, 하나님 우편에 앉아 계시다가 산 자와 죽은 자를 심판하시러 다시 오십니다. 심판하실 때 원수 사탄을 정복하여 발판처럼 짓밟으실 것입니다.

14절 "모든 천사들은 섬기는 영으로서 구원 받을 상속자들을 위하여 섬기라고 보내심이 아니냐"

모든 천사들은 섬기도록 보냄을 받은 섬기는 영입니다. 구원 얻을 상속자들을 위하여 섬기라고 보내심을 받은 것입니다. 그러므로 천사숭배는 안 됩니다. 그뿐 아니라 예수님과 동일 위치에 놓으면 더더욱 안 됩니다.

예수 그리스도는 우주 만물의 주관자이십니다. 장차 심판의 주로 다시 오십니다.

천사는 섬기는 영입니다. 예수님은 아들로서 하나님 우편에 계시고, 우리를 위해 중보하고 계심을 믿으셔야 합니다.

초대교회 당시 천사를 신성시하는 유대인들에게 천사와 예수님을 비교, 천사의 존재에 대하여 그릇된 인식이 있었습니다.

성자의 참된 선재를 바로 알아야 합니다. 사실 천사와 예수님의 차이는 창조주와 피조물의 비교될 수 없는 것입니다.

예수 그리스도는 하나님의 아들로 상속자이며, 영원한 왕권을 가지고 공평과 정의로 주관하시는 분입니다.

천사들은 그분을 경배하며 섬기는 위치입니다. 천사는 하나님의 섬기는 영적 존재로 구원받은 성도를 섬기고 봉사하는 일을 합니다.

예수님은 지금도 하나님 우편에 앉아계시며 우리를 위하여 중보하고 계십니다.

때가 되면 다시 영광의 모습으로 오심을 믿고 신앙하여야 합니다.

제2장

구원의 확증과 구속 사역

I. 구원의 확증

히 2:1-4

① 그러므로 우리는 들은 것에 더욱 유념함으로 우리가 흘러 떠내려가지 않도록 함이 마땅하니라 ② 천사들을 통하여 하신 말씀이 견고하게 되어 모든 범죄함과 순종하지 아니함이 공정한 보응을 받았거든 ③ 우리가 이같이 큰 구원을 등한히 여기면 어찌 그 보응을 피하리요 이 구원은 처음에 주로 말씀하신 바요 들은 자들이 우리에게 확증한 바니 ④ 하나님도 표적들과 기사들과 여러 가지 능력과 및 자기의 뜻을 따라 성령이 나누어 주신 것으로써 그들과 함께 증언하셨느니라

초대교회 때 복음을 듣고, 개종한 자들이 많았습니다.

그런데 구원의 말씀을 등한시여기고, 교훈에 불순종하는 이들이 있었습니다. 그리하여 신앙의 표류에 대한 위험성에 대해 지적을 합니다.

흘러 떠내려가지 않도록 함이 마땅하고, 꼭 진리에서 떠나지 않도록 해야 하는 것입니다. 이는 말씀에 뿌리를 견고히 내리고 신앙하는 바른 자세가 요구됨을 말하는 것입니다.

그리고 구원을 가볍게 여기지 말며, 하나님의 뜻을 따라 성령을 나눠주신 것, 곧 은사로 그들과 함께 증언하셨습니다.

그러므로 큰 구원을 굳게 잡을 것을 권면합니다.

이에 따른 '구원의 확증'에 관한 내용을 살펴보고자 합니다.

1. 들었던 구원의 말씀을 더욱 유념하라는 것임

1절 "그러므로 우리는 들은 것에 더욱 유념함으로 우리가 흘러 떠내려가지 않도록 함이 마땅하니라"

들은 것에 더욱 유념함으로 삼가 방심하고 부주의하지 않도록 하는 것입니다. 자기도 모르는 사이에 슬그머니 빠져나가지 않도록 하는 것이 마땅합니다.

그러므로 : 헬라어 '디아 투토(διὰ τοῦτο)'는 앞의 내용을 일컫는 것임. 곧 아들은 천사보다 우월하다는 내용입니다.

들은 것 : 그리스도의 말씀, 곧 복음을 가리킴(롬 10:17).

흘러 떠내려 감 : 헬라어 '파라뤼오맨(παραρυῶμεν)'은 '흘러 떠난다'는 뜻임. '반지가 손가락에서 빠져나가다', '정박한 곳을 찾지 못하여 정처 없이 떠내려가는 배'의 의미로, 복음을 소홀히 하거나 부주의로 인해 진리에서 떠난다는 의미입니다. 이는 바로 받은 복음을 잘 간직하여야 함을 의미합니다.

복음은 이 세상에서 무엇과도 바꿀 수 없는 귀하고 귀한 것입니다. 하나님께서 예수 그리스도를 통하여 우리에게 주신 말씀인 복음은 너무나도 귀합니다. 복음을 저버리면 큰 위험에 처하게 됩니다. 우리가 복음에서 떠나도록 사탄은 언제나 기회를 노려 유혹을 합니다.

1절(상) "그러므로 우리는 들은 것에 더욱 유념함으로……"

예수님을 통해 '모든 들은 것', 곧 복음을 말합니다. 복음을 떠나 실족치 않도록 더욱 유념하라는 것입니다.

초대교회 성도 중에 구약 때 말씀을 잘못 이해하여, 복음을 저버린 자들이 많아 경각심을 주고 있는 것입니다.

예수 그리스도께서 전해주신 복음을 더욱 굳건히 붙들고, 온전하도록 권면하는 것입니다.

가룟 유다는 처음에 잘 시작하였다가 실족하고 넘어져 죄를 범하여 비참한 최후를 맞이했습니다. 바울의 제자였던 데마도 복음을 떠나 세상을 사랑하여 그만 떠나갔습니다. 오늘날에도 많은 사람이 구원의 말씀을 소홀히 하다가 실족합니다.

이러함은 성령으로 시작했다가 육체로 마치게 됩니다. 감사가 원망과 저주로, 소망이 절망의 나락으로 떨어져간 것입니다. 그러므로 더욱 유념하라는 것입니다.

1절(하) "…… 우리가 흘러 떠내려가지 않도록 함이 마땅하니라"

여기서 '흘러 떠내려가지 않도록'은 '곁으로'와 '흘러간다'는 합성어로 슬그머니 떠나는 것을 뜻합니다.

- 반지가 손가락에서 빠져나가는 것 같은…….
- 깨어진 항아리에서 물이 새는 것 같은…….
- 정박할 곳을 찾지 못하여 정처 없이 떠내려가는 배처럼 흘러 떠내려가지 않도록 함이 마땅하다는 것입니다. 이는 바로 복음을 소홀히 하면 안 된다는 것입니다.

엡 6:17 "구원의 투구와 성령의 검 곧 하나님의 말씀을 가지라"
딤후 2:10 "…… 그리스도 예수 안에 있는 구원을 영원한 영광과 함께 받게 하려 함이라"

우리는 복음을 끝까지 붙들어야 합니다. 떠내려갈까 염려함은 의도적이 아니라, 무기력하여 그렇게 되는 것을 말합니다.

그러므로 복음은 확실히 붙잡아야 합니다. 뿌리를 튼튼히 내려서 요동하지 않고 세상 풍조에 휩싸이지 말아야 하는 것입니다.

성도가 하나님 말씀을 꼭 붙들지 못하는 것은,

- 부주의하고 방심하기 때문이고,
- 바른 교훈에 착념하지 않기 때문(딤전 6:3-5)이고,
- 구원을 등한시 여겼기 때문(히 2:3)이고,
- 성령의 붙드심에 소홀히 했기 때문입니다.

어떡하든지 복음에서 떠나는 일이 없어야 합니다. 복음에 뿌리를 깊이 내리고 굳건한 신앙으로 나아가야 하는 것입니다.

2. 구원을 등한히 하면 보응(報應)을 피하지 못함

2-3(상) "천사들을 통하여 하신 말씀이 견고하게 되어 모든 범죄함과 순종하지 아니함이 공정한 보응을 받았거든 우리가 이같이 큰 구원을 등한히 여기면 어찌 그 보응을 피하리요……"

이스라엘 백성들은 옛 언약을 천사나 다른 방법으로 전해 받았습니다. 율법과 언약을 지키지 않음으로 인해서 그에 상응한 심판을 받았습니다.

그런데 지금 큰 구원을 받고도 등한히 여기면 어찌 보응을 피하겠느냐는 것입니다.

공정된 : 헬라어 '엔디코스(ενδικος)'는 'εν(엔)'과 'δικ(디케)'의 합성어로, '공정한', '정당한', '합당한'의 뜻으로 공의롭고 정당한 상태를 뜻함.

보응 : 헬라어 '미스다포도시안(μισθαποδοτιαν)'은 응당히 치려야 하는 보수(대가)를 뜻함.

큰 구원 : 예수 그리스도로 말미암은 구원임.

등한히 여긴다 : 그리스어 '아멜레산테스(όμελήσυτες)'는 '돌아보지 않는다', '신경 쓰지 않는다'의 뜻임.

큰 구원을 등한히 여기면 상응한 대가를 받음을 의미합니다.

1세기 때 유대의 위대한 사학가가 있었는데 그 이름이 '요세푸스'입니다. 그는 율법을 전해준 천사에 대해 기록했고, 유대 랍비들도 율법을 천사들이 전해준 것으로 전합니다.

율법 안에 제시된 모든 규례들은 엄격하게 지켜야 합니다.

2절 서두에 "천사들을 통하여 하신 말씀이 견고하게 되어"라고 함은 천사들을 통해 전해진 율례와 규례와 법도를 엄격히 지킴을 말합니다.

계속하여 "모든 범죄함과 순종치 아니함이 공정한 보응을 받았거든"이라고 하였습니다. 천사가 전한 율법도 지키지 않으면 반드시 그에 합당한 징계가 뒤따랐습니다.

행 7:53 "너희는 천사가 전한 율법을 받고도 지키지 아니하였도다 하니라"

천사들이 전한 율법도 철저히 지켜야 했습니다. 그렇지 않으면 그에 따른 합당한 보응을 받았습니다.

율법에 대한 모든 범죄함과 순종치 아니하므로, 그에 합당한 징계를 받았는데, 그보다 더 큰 구원에 대해 등한히 여기면 어떻게 되겠느냐는 뜻입니다.

3절(상) "우리가 이같이 큰 구원을 등한히 여기면 어찌 그 보응을 피하리요……"

구약에서 구원을 말할 때는 대개 병이나 기근에서 벗어나고, 외국의 압제에서 해방이 되는 것을 말합니다.

거기에 비해 신약에서의 구원은 예수 그리스도의 대속으로 죄 사함을 받고 구원을 얻어 하나님의 자녀가 되는 것입니다. 그렇기 때문에 구약의 구원은 다분히 현세적이고, 신약의 구원은 영원한 기업을 얻는 미래적이라고 할 수 있습니다.

본문을 보면 신약의 구원은 큰 구원이라고 표현하고 있는데 '큰 구원'이란 표현을 여기에서 쓰고 있습니다.

"우리가 이같이 큰 구원을 등한이 여기면 어찌 그 보응을 피하리요"

큰 구원은 천사가 전한 율법과는 대조되는 것으로, 예수 그리스도로 말미암아 얻는 것입니다. 바로 구원의 성취로 이루어지는 것입니다.

등한히 여긴다는 것은 돌아보지 아니함으로 슬며시 빠져나가게 되는 것을 말해줍니다.

3절(중) '피하리요'는 수사적 의문문으로 '도무지 피할 수 없다'는 부정적인 의미를 나타냅니다.

천사를 통해 전해준 율법을 거역해도, 그에 상응한 심판을 받는데 하물며 예수 그리스도로 말미암아 주어진 구원을 무시하게 되면 율법을 통해 시행되었던 공의의 심판보다 더 큰 보응을 피할 수 없음을 강조하고 있는 것입니다.

하나님의 진리를 망각하게 하거나 잃어버리게 하는 것은 사탄의 간교한 책략입니다. 그러므로 구원의 투구로 무장을 해야 합니다.

성도는 새로운 피조물로 새롭게 되어서 하나님 나라에 합당한 삶을 살아가야 합니다. 그리스도인은 각자 하나님께서 예비하신 선한 일들을 행하며, 하나님 뜻에 따라 살고, 복음을 세상에 널리 알리고, 드러내야 합니다.

하나님께서는 성도들을 완전한 구원에 이르게 하시며, 온 우주 만물이 하나님 나라의 축복 속에서 이루어지게 합니다.

우리는 하나님 나라의 백성으로서 구원의 성취로 완성되는 그날까지 믿음으로 승리하여야 합니다.

3. 구원의 확증과 증거하심임

3절(하)-4절 "······ 이 구원은 처음에 주로 말씀하신 바요 들은 자들이 우리에게 확증한 바니 하나님도 표적들과 기사들과 여러 가지 능력과 및 자기의 뜻을 따라 성령이 나누어 주신 것으로써 그들과 함께 증언하셨느니라"

구원은 처음에 주로 말씀하신 것으로 들은 자들에게 확실히 증명하여 주신 것입니다.

하나님의 뜻하신 대로, 표적과 기사와 능력과 성령으로 증거하셨습니다.

표적들 : 헬라어 '세메이오이스($\sigma\eta\mu\epsilon\acute{\iota}o\iota\varsigma$)'는 '표시', '증거'의 의미로 하나님의 목적을 드러내 전달하는 방법임.

기사들 : 헬라어 '테라신($\tau\acute{\epsilon}\rho\alpha\sigma\iota\nu$)'은 가시적으로 나타나는 신기한 일이나 놀라운 사건을 말함.

여러 가지 능력 : 헬라어 '뒤나메신($\delta\upsilon\nu\acute{\alpha}\mu\epsilon\sigma\iota\nu$)'은 본래 자연적인 현상에서 나타나는 힘을 의미했으나, 후에 표적과 기사를 내포하는 초자연적인 힘을 뜻함.

성령이 나눠 주신 것 : 여러 가지 방법으로 은사를 주신 것을 뜻함.

구원의 확증은 하나님의 뜻으로, 성령의 은사로 증명함을 의미합니다.

'이 구원은 처음에 주로 말씀하신 바요'라고 하였지요?

하나님께서 예수 그리스도를 통하여 구원을 이루셨습니다. 그러므로 구원은 궁극적으로 하나님에게서 비롯되었음을 말씀함입니다.

또 '들은 자들이'라고 하였지요? 이는 예수님으로부터 직접들은 사도들과 복음을 들은 모든 사람들입니다.

또 '우리에게 확증한 바니'라고 한 것은 구원의 복음에 대한 확실성을 강조한 것으로 처음에 구원의 말씀을 주께서 하신 것이며, 또 들은 자들이 우리에게 전하여 주신 것입니다.

눅 1:2 "처음부터 목격자와 말씀의 일꾼 된 자들이 전하여 준 그대로 내력을 저술하려고 붓을 든 사람이 많은지라"

우리는 주의 제자들이 전하여 준 성경대로 믿는 것입니다.

4절 "하나님도 표적들과 기사들과 여러 가지 능력과 및 자기의 뜻을 따라 성령이 나누어 주신 것으로써 그들과 함께 증언하셨느니라"

표적은 사건 그 자체를 뛰어넘어 하나님의 능력의 실재를 가리킵니다.
기사는 가시적으로 나타나는 신기한 일이나 놀라운 사건을 말합니다.
이적은 사건의 역동적인 성격을 나타낼 때의 표현입니다.
여러 가지 능력은 하나님의 초자연적인 이적을 통하여 하시는 일들입니다.
물론 이 모든 것은 하나님의 뜻에 따라 이뤄지는 것입니다.

행 2:22 "이스라엘 사람들아 이 말을 들으라 너희도 아는 바와 같이 하나님께서 나사렛 예수로 큰 권능과 기사와 표적을 너희 가운데서 베푸사 너희 앞에서 그를 증언하셨느니라"

본문 4절(중)에서 '성령의 나누어 주신 것'의 의미는 믿음의 분량대로 각 사람에게 성령께서 나누어주신 은사입니다.

고전 12:11 "이 모든 일은 같은 한 성령이 행하사 그의 뜻대로 각 사람에게 나누어 주시는 것이니라"

하나님의 뜻을 따라 성령께서 각 사람에게 나누어주시는 은사입니다.

"그들과 함께 증언하셨느니라"

구원의 확신이 더 보증으로 확증되어지는 것입니다.

요 14:26 "보혜사 곧 아버지께서 내 이름으로 보내실 성령 그가 너희에게 모든 것을 가르치고 내가 너희에게 말한 모든 것을 생각나게 하리라"

사람의 요구대로 성령의 은사를 주시는 것이 아닙니다. 성령 하나님의 뜻에 따라 은사를 주시는 것입니다. 모든 은사는 그리스도의 큰 구원을 증거하고 나타내는 데 사용되어야 합니다.

딤후 1:14 "우리 안에 거하시는 성령으로 말미암아 네게 부탁한 아름다운 것을 지키라"

우리 안에 거하시는 성령께 항상 함께하시고 인도하시도록 구하는 것입니다.

살후 2:13(하)-14절 "…… 하나님이 처음부터 너희를 택하사 성령의 거룩하게 하심과 진리를 믿음으로 구원을 받게 하심이니 이를 위하여 우리의 복음으로 너희를 부르사 우리 주 예수 그리스도의 영광을 얻게 하려 하심이니라"

4절을 요약해 봅니다.
복음을 선포할 때 확증시켜주는 방법은,
• 표적들과 기사들,
• 여러 가지 능력,
• 그리고 성령의 나눠주신 것입니다.
이는 성령께서 여러 가지 방법을 통해 주신 은사입니다.
우리 모두는 그리스도 안에서 구원의 확증을 가지고 성령의 은사로 복음을 증거하는 삶을 살아가야 하는 것입니다.
과거 유대인들에게 주어진 율법도 견고하여 어기지 않았습니다. 하물며 그리스도가 주신 큰 구원을 등한히 여기면서 어찌 보응을 받지 않길 바라겠습니까?
구원의 말씀은 그리스도로 말미암고 제자들과 수많은 주의 일꾼들이 전하여 준 것입니다. 하나님은 이 말씀을 증거하실 때 표적과 기사로 여러 가지 능력과 뜻에 따라 하셨습니다. 성령께서 주신 모든 은사는 그리스도의 큰 구원을 온전히 증거케 하였습니다.
그러므로 우리는 구원의 확증을 믿고 믿음에 굳게 서서 신앙하며 복음을 만방에 전파하여야 합니다.

◎ 천사에 대하여

천사를 구약에서는 히브리어 '말라크'라고 합니다. 그 뜻은 '사자'라는 뜻입니다. 신약에서는 헬라어 '앙겔로스'도 같은 '사자'라는 뜻입니다.

창조된 피조물의 종류에 따라 크게 영적 세계의 창조와 물질적 세계의 창조로 나누어집니다. 영적 세계의 창조는 그 대상이 천사인데 천사의 존재, 속성, 조직, 사역에 관해 살펴보기로 합니다.

1. 천사의 존재

천사는 세상의 창조 전에(욥 38:6, 7) 신성한 형태로(유 1:6) 하나님에 의해 창조되었음(골 1:16). 성경 66권 중 34권이 천사의 존재를 알고 나타내고 있음(마 18:10:26:53). 천사는 확실히 존재함을 알 수 있습니다.

2. 천사의 속성

(1) 인간과 같이 지(벧전 1:12), 정(눅 2:13), 의(유 1:6)를 지닌 인격적인 존재임.

(2) 인간은 영(靈)과 육(肉)을 지녔으나, 천사는 영만을 가진 존재임(히 1:14).

(3) 천사는 육이 없으므로 결혼하지 않음(마 22:30). 따라서 종족 번식의 능력이 없음(막 12:25).

(4) 천사는 영이므로 죽지 않음(눅 20:36).

(5) 천사는 하나님과 같이 무한한 지식과 능력을 지닌 것은 아니나, 인간보다는 월등한 지식과 능력을 지닌 존재임(마 24:36, 벧후 2:11).

3. 천사의 조직

'천만의 천사들'(히 12:22)이라 불릴 만큼 수효가 많은 천사는 개별적으로 창조되었으나, 독립적으로 존재하는 것이 아니라 일정한 조직을 가지고 있습니다.

(1) 천사장, 군장, 미가엘 : 악한 영계(靈界)의 권세에 대항하여 싸우는 천사임(단 10:13, 21, 유 1:9, 계 12:7).

(2) 가브리엘 : 계시를 전달하며 해석하는 천사임(단 8:16, 눅 1:19).

(3) 그룹 : 하나님의 거룩함을 수호하는 천사임(창 3:24, 출 25:18, 삼하 22:11, 왕하

19:15, 시 80:1, 사 37:16, 겔 10:1-20, 28:16).

(4) 스랍 : 인간을 하나님께 접근시키며 예배를 수종하는 천사임(사 6:2-3, 6).

(5) 수호천사 : 성도들과 어린 아이를 보호하는 천사임(히 1:14, 마 18:10).

(6) 정사, 권세, 능력, 주관하는 자, 보좌 : 천사들 중에 등급과 위엄의 차이가 있음을
보여주는 계급적 명칭임(엡 3:10, 골 1:16, 벧전 3:22).

4. 천사의 사역

천사는 하나님을 받들어 섬기고 시중드는 일 외에 다음과 같은 일을 합니다.

(1) 그리스도에 대하여

① 탄생을 예언함(눅 1:26-33).

② 탄생을 알림(눅 2:13).

③ 아기 예수를 보호함(마 4:11).

④ 시험 후 그리스도를 강하게 함(마 4:11).

⑤ 그리스도를 수호할 준비를 함(마 26:53).

⑥ 겟세마네에서 힘을 북돋아줌(눅 22:43).

⑦ 무덤의 돌을 굴려냄(마 28:2).

⑧ 부활을 알림(마 28:6).

(2) 성도에 대하여

① 일반적인 돕는 사역(히 1:14)

② 기도 응답에 관여함(행 12:15).

③ 지켜봄(고전 4:9, 딤전 5:21).

④ 위험시 용기를 줌(행 27:23, 24).

⑤ 회개와 전도 관여(눅 15:10, 행 8:26)

⑥ 사망 시 의인을 돌봄(눅 16:22, 유 1:9).

(3) 민족들에 대하여

① 미가엘은 이스라엘 민족과 특별한 관계를 가지고 있음(단 12:1).

② 천사는 하나님의 일을 수행함(단 10:21).

③ 천사는 환난의 심판에 참여하게 됨(계 8:9, 16장).

(4) 불신자에 대하여

    ① 임박한 심판을 알림(창 19:13, 계 14:6, 7).

    ② 벌을 내림(행 12:23).

    ③ 세상의 마지막 심판 때에 추수꾼으로 일함(마 13:39).

참고

벨기에 신앙고백(Belgic Confession)은 창조를 다루는 제12조에서 이렇게 말하고 있습니다. "하나님은 또한 천사도 선하게 창조하시사 주께서 선택한 사람들을 위하여 하나님의 사자로서 봉사하도록 하셨다. 그런데 어떤 천사들은 하나님이 창조해 주신 탁월한 성질에서 타락하여 영원히 멸망하게 되었다. 그리고 남은 천사들은 하나님의 은혜로 시종 여일하게 본래의 상태를 계속 유지하고 있다. 악귀들과 악령들은 타락하여서 자기들의 힘이 미치는 데까지 하나님과 모든 선한 일의 원수가 되어서 교회와 교회의 개개 회원을 유린하려고 지켜보며 또 그들의 악한 획책으로 모든 것을 파괴하려는 살인자처럼 행한다. 그리하여 자기들 자신의 악 때문에 영원한 정죄를 받아 날마다 무서운 고통을 기다리게 되었다."

5. 천사들의 타락

천사가 하나님으로부터 창조함을 받은 뒤 언제까지나 하나님의 사자로 지속하지 않고 타락한 사실이 있습니다.

사 14:12-15 "너 아침의 아들 계명성이여(Lucifer) 어찌 그리 하늘에서 떨어졌으며 너 열국을 엎은 자여 어찌 그리 땅에 찍혔는고…… 그러나 이제 네가 음부 곧 구덩이의 맨 밑에 떨어짐을 당하리로다"

여기서 보면 '계명성'이라고 되어 있으나 영어로는 루시퍼(Lucifer)로 되어 있습니다. 이 루시퍼가 무엇입니까? 이 루시퍼의 기원은 위경인 에녹서 20 : 1-7에 암시가 나옵니다. 유대인들은 하나님께서 본래 7명의 '천사장'을 지었다고 합니다. 그 7명의 천사장(The Arch-Angels)이란 우리엘(Uriel), 라파엘(Raphael), 라구엘(Raguel), 미가엘(Michael), 사리엘(Zariel), 가브리엘(Gabriel), 루시엘(Luciel)이 있음. 루시엘의 타락으로 새로이 라미엘(Ramiel)이 들어갔다고 합니다.

그러니까 사 14:12의 '루시퍼(Lucifer)'는 본래 루시엘(Luciel)로, 하나님께 충성하던 천사장 중 하나였는데 도중에 타락하였던 것입니다.

또 다른 성경을 보면,

겔 28:13-19에 "네가 옛적에 하나님의 동산 에덴에 있어서…… 네가 하나님의 성산에 있어서…… 너 지키는 그룹아 그러므로 내가 너를 더럽게 여겨 하나님의 산에서 쫓아냈고……"

여기에서도 하나님께서는 타락한 천사를 하나님 동산에서 내쫓았다고 하였습니다.

그렇다면 천사가 이렇게 타락한 시기가 어느 때일까? 그 시기는 예컨대 창 1:1과 1:2 사이가 아닌가 합니다. 그런 추측을 하는 이유는 창 1:2에 "땅이 혼돈하고 공허하며"라는 말씀을 타락한 천사의 영향으로 볼 수 있기 때문입니다.

6. 천사 타락의 결과

천사가 다 타락한 것이 아니고 부분적인 타락이었으므로 자연히 천사들은 '선한 천사'와 '악한 천사'로 나뉘게 되었습니다.

  (1) 선한 천사들 - 여기에도 몇 가지의 다른 호칭들이 있습니다.

    ① 단순히 '천사'로 호칭되는 천사(마 26:53, 계 14:6)

    ② 그룹들(The Cherubim)(창 3:24, 왕하 19:15, 겔 10:1-20, 28:14-16)

    ③ 스랍들(The Seraphim)(사 6:2, 6)

    ④ 천사장(The Arch-Angels)(눅 1:19, 26, 살전 4:16, 유 1:9, 계 12:7)

  (2) 악한 천사들

    ① 지옥에 갇힌 천사(벧후 2:4, 유1:6)

    ② 대적의 악한 천사(마 25:41, 계 12:7-9)

    ③ 마귀 또는 악령(마 25:41, 계 12:9)

    ④ 사탄(Satan), Devil, Dragon, Serpent, Beelzebub, Belial, Lucifer, 악한 자,
       시험하는 자, 이 세상의 신, 공중의 권세 잡은 자 등으로 불립니다.

II. 예수님의 비하와 존귀

히 2:5-10

⑤ 하나님이 우리가 말하는 바 장차 올 세상을 천사들에게 복종하게 하심이 아니니라 ⑥ 그러나 누구인가가 어디에서 증언하여 이르되 사람이 무엇이기에 주께서 그를 생각하시며 인자가 무엇이기에 주께서 그를 돌보시나이까 ⑦ 그를 잠시 동안 천사보다 못하게 하시며 영광과 존귀로 관을 씌우시며 ⑧ 만물을 그 발 아래에 복종하게 하셨느니라 하였으니 만물로 그에게 복종하게 하셨은즉 복종하지 않은 것이 하나도 없어야 하겠으나 지금 우리가 만물이 아직 그에게 복종하고 있는 것을 보지 못하고 ⑨ 오직 우리가 천사들보다 잠시 동안 못하게 하심을 입은 자 곧 죽음의 고난 받으심으로 말미암아 영광과 존귀로 관을 쓰신 예수를 보니 이를 행하심은 하나님의 은혜로 말미암아 모든 사람을 위하여 죽음을 맛보려 하심이라 ⑩ 그러므로 만물이 그를 위하고 또한 그로 말미암은 이가 많은 아들들을 이끌어 영광에 들어가게 하시는 일에 그들의 구원의 창시자를 고난을 통하여 온전하게 하심이 합당하도다

하나님께서는 우주 만물을 지으신 창조주이십니다. 인간을 지으시고 에덴에 거하게 하셨습니다. 하나님의 형상(창 1:26)대로 지음을 받았습니다.

그러나 언약을 어기고 죄를 범하여 심히 부패되고 오염되어 영육간 죽을 수밖에 없었습니다. 죽음에서 인간을 살리기 위해 성육신하시어 이 땅에 오신 것입니다. 인간을 죄에서 구원하시고, 살리시기 위함이었습니다.

주께서는 천사들보다 잠깐 못하게 되어 오신 것입니다. 그리고 생애의 고난과 십자가의 고난을 겪으시고 부활, 승천하셨습니다.

그리하여 영광과 존귀로 관을 쓰셨고, 하나님 보좌 우편에 계시다가 저리로서 산 자와 죽은 자를 심판하시러 다시 오십니다.

하나님께서 천지만물을 그 발 아래 복종케 하시고, 하나님의 구원계획을 온전히 이루십니다.

이제 '예수님의 낮아지심과 높아지심'에 대해 알아보고자 합니다.

1. 예수님이 인간을 돌보심

5-6절 "하나님이 우리가 말하는 바 장차 올 세상을 천사들에게 복종하게 하심이 아니니라 그러나 누구인가가 어디에서 증언하여 이르되 사람이 무엇이기에 주께서 그를 생각하시며 인자가 무엇이기에 주께서 그를 돌보시나이까"

'장차 올 세상'은 예수 그리스도의 재림 때 이루어지는 나라입니다.

다윗은 시(詩)로 안전하게 돌보아주시는 하나님을 노래했습니다(시 8:4).

장차 올 세상 : 헬라어 '텐 오이쿠메넨 텐 멜루산(τήν οἰκουμένην τήν μέλλουσαν)'은 재림으로 이루어지는 새 하늘과 새 땅임. 예수님이 인간을 생각하시고 돌보심을 의미합니다.

이 세상을 천사들은 다스릴 권한이 없음은 물론 그에게 복종해야 할 이유도 없습니다.

왜 그렇습니까? 그것은 예수 그리스도를 통해 이루신 구속 사역을 통해 구원의 성취로 이루어지는 세상이기 때문입니다.

5절을 다시 보겠습니다.

"하나님이 우리가 말하는바 장차 올 세상을 천사들에게 복종하게 하심이 아니니라"

장차 임할 세상은 천사의 지배를 받는 것이 아니라 했지요?

장차 오는 세상은 예수 그리스도께서 다스리는 세상입니다.

요 17:2 "아버지께서 아들에게 주신 모든 사람에게 영생을 주게 하시려고 만민을 다스리는 권세를 아들에게 주셨음이로소이다"

구원받은 모든 자들에게 영생을 주시고 다스리는 권세를 주셨습니다.

6절 서두를 보십시오. "그러나 누구인가가 어디에서 증언하여 이르되……"라고 하였습니다.

흠정역, K.J.V.에서는 "누군가가 성경 어디에 증거하여 말하기를……"로 되어 있습니다.

히브리인들은 성경을 비교적 잘 알고 있고, 그 구절이 어디에 있는가를 제시하지 않아도 알기 때문에 그에 해당하는 성경구절은 말하지 않은 것 같습니다.

그러나 현대어 성경에는 "그것은 다윗이 시편에서"라고 구체적으로 나타내주고 있습니다.

6절(중하) "…… 사람이 무엇이기에 주께서 그를 생각하시며 인자가 무엇이기에 주께서 그를 돌보시나이까"

시 8:4 "사람이 무엇이기에 주께서 그를 생각하시며 인자가 무엇이기에 주께서 그를 돌보시나이까"

'돌보시나이까', '조사하다', '방문하다', '돌보아주다'라는 뜻입니다.

하나님께서 사람을 돕기 위해 기억하시며 돌보기 위해 찾아오시는 분이심을 나타냅니다.

'사람이 무엇이기에.' 사실 인간은 육적으로 연약하고 보잘것없음을 뜻합니다.

주께서 저를 생각하시며, 주께서는 어찌하여 그토록 생각해 주시느냐입니다. 사람이 무엇이기에 주께서 이렇게 보살펴 주십니까입니다.

여기서 이해할 것은 '사람'과 '인자'가 동시에 쓰고 있음은 히브리 시(詩)의 병행으로 쓰는 동일한 의미를 지닙니다.

'인자, 곧 사람의 아들'에서 ……의 '아들'은 관용구로서 어떤 것의 속성을 나타냅니다. 여기서 '인자'는 '사람됨의 속성을 지닌 자', 즉 '인간'을 의미합니다.

인간의 연약성을 약 4:14 "…… 너희는 잠깐 보이다가 없어지는 안개니라"라고 하였습니다.

인자는 우주 공간에서 보면 보잘것없는 미미한 존재입니다. 그럼에도 불구하고 "주께서 저를 생각하시며"라고 하였습니다.

주께서 인간을 사랑하시는 것은 참으로 놀랍습니다. 하나님의 그 크신 은혜와 사랑은 측량할 길이 없는 것입니다.

　예수 그리스도는 만유의 주가 되시며 근본이 되십니다. 하나님의 아들이 낮아지시어 이 땅에 오셨습니다. 고난을 받으시고 승천하시어 지금 하나님 보좌 우편에 계십니다. 지금도 우리를 위해 중보하시고 지켜주시고 돌보아 주고 계시는 것입니다.

2. 예수님의 낮아지심

　7-8절 "그를 잠시 동안 천사보다 못하게 하시며 영광과 존귀로 관을 씌우시며 만물을 그 발 아래에 복종하게 하셨느니라 하였으니 만물로 그에게 복종하게 하셨은즉 복종하지 않은 것이 하나도 없어야 하겠으나 지금 우리가 만물이 아직 그에게 복종하고 있는 것을 보지 못하고"

　성자 예수님은 인간의 죄를 속하기 위하여 사람의 몸을 입고 이 땅에 오셨습니다. 잠깐 동안 천사보다 못하게 되신 것입니다.
　하나님께서는 영광과 존귀로 관 씌우시며, 만물을 그 발 아래 복종케 하셨습니다.
　천사보다 못함 : 시 8:5 인용임. 이 시편에는 "하나님보다 조금 못하게 하시고"라고 되어 있는데, 초기 역본은 '천사들보다'로 번역했음(70인 역. 벌케이트 역, 시리아 역본). 영어성경 NIV, 공동번역, 현대어에서는 '하나님보다'로 되어 있습니다.
　영광과 존귀로 관 씀 : 예수님의 왕적 권위를 말함.
　복종하고 있는 것을 보지 못함 : 미래의 왕국이 아직은 실현되지 않은 상태를 뜻함. 성자 예수님이 성육신하여 낮아지심과 장차 세울 왕국을 의미합니다.
　예수 그리스도의 낮아지심은 무엇이라 하였습니까? 간단하게 '비하(卑下 : 자기 낮추심)'라고 합니다. 우주의 통치자로 신적 권위를 포기하고 종의 형체로, 곧 인성을 취하신 것입니다. 바로 성육신하여 오신 것입니다.
　그분은 율법의 요구와 저주에 응하셨고, 십자가에서 피 흘려 죽으심으로 인류를 죄에서 구원하셨습니다.
　예수 그리스도의 낮아지심은 탄생에서 십자가 죽음과 무덤에 장사되기까지입니다.
　본문의 '천사보다 잠시 동안 못하게 하시게 하심을 입은 자를 시 8 : 5에는 '그를 하나님보다 조금 못하게 하시고'로 되어 있습니다.

7절(상) "그를 잠시 동안 천사보다 못하게 하시며 영광과 존귀로 관 씌우시며"

저를 잠시 동안 천사보다 못하게 하셨지만, 영광과 존귀로 관 씌우셨습니다. 그러므로 모든 피조물을 다스리는 주권적인 권위를 소유하십니다.

엡 1:21 "모든 통치와 권세와 능력과 주권과 이 세상뿐 아니라 오는 세상에 일컫는 모든 이름 위에 뛰어나게 하시고"

빌 2:10 "하늘에 있는 자들과 땅에 있는 자들과 땅 아래에 있는 자들로 모든 무릎을 예수의 이름에 꿇게 하시고"

우리 모두는 그의 이름을 높이고 감사와 찬양과 경배를 드려야 합니다.
그리고 온 세상을 심판하러 이 땅에 오심을 믿어야 합니다.
이제도 계시고 전에도 계시고, 장차 오실 주를 믿어야 하는 것입니다.

8절(상) "만물을 그 발 아래에 복종하게 하셨느니라 하였으니 만물로 그에게 복종하게 하셨은즉 복종하지 않은 것이 하나도 없어야 하겠으나……"

'만물'에 대해 맛소라(Massoretic) 본문에서는 "모든 우양과 들짐승이며 공중의 새와 바다의 어족과 해로에 다니는 것"으로 자세히 묘사하고 있습니다.
예수 그리스도는 영광과 존귀로 관 쓰시고 하나님 우편에 계셔서 모든 만물, 곧 온 우주를 주권으로 다스립니다.

엡 1:22 "또 만물을 그의 발 아래에 복종하게 하시고 그를 만물 위에 교회의 머리로 삼으셨느니라"

만물은 그 발 아래 복종케 하시고, 만물 위에 교회의 머리로 주셨습니다.

시 110:1 "여호와께서 내 주에게 말씀하시기를 내가 네 원수들로 네 발판이 되게 하기까지 너는 내 오른쪽에 앉아 있으라 하셨도다"

하나님께서 만물을 다스리는 권세를 주셨으므로 복종치 않은 것이 하나도 없습니다.

8절(하) "…… 지금 우리가 만물이 아직 그에게 복종하고 있는 것을 보지 못하고"

예수 그리스도께서 하나님 우편에 앉아 모든 주권으로 만물이 복종하였음에도 불구하고, 왜 그리스도인들이 그것을 보지 못할까요? 그것은 그리스도 왕국, 곧 하나님 나라가 완전히 실현되지 않았기 때문입니다. 아직 공중 권세 잡은 사탄이 이 땅에 어두움을 행사해서 주의 왕권이 가시적으로 보지 못하는 이유입니다.

엡 2:2 "그 때에 너희는 그 가운데서 행하여 이 세상 풍조를 따르고 공중의 권세 잡은 자를 따랐으니 곧 지금 불순종의 아들들 가운데서 역사하는 영이라"

예수 그리스도께서 재림하시는 날, 곧 주의 왕국이 온전히 실현되는 그때는 확연히 보게 될 것입니다.

오늘을 살아가는 성도는 예수 그리스도께서 구원의 성취로 오시는 그날을 소망하며 신앙하는 것입니다.

예수님은 높고 높은 보좌를 떠나 낮고 낮은 이 땅에 말씀이 육신이 되어 오셨던 것입니다. 바로 성령으로 잉태되어 성육신하신 것입니다. 하나님이 인간이 되신 것입니다. 잠깐 동안 천사보다 못하게 되어 오신 것입니다.

예수님은 생애의 고난과 십자가의 고난을 이기시고 부활, 승천하시어 영광과 존귀로 관 쓰시고 하나님 보좌 우편에서 만물을 다스리고 계십니다.

3. 예수님의 고난과 존귀하심

9-10절 "오직 우리가 천사들보다 잠시 동안 못하게 하심을 입은 자 곧 죽음의 고난 받으심으로 말미암아 영광과 존귀로 관을 쓰신 예수를 보니 이를 행하심은 하나님의 은혜로 말미암아 모든 사람을 위하여 죽음을 맛보려 하심이라 그러므로 만물이 그를 위하고 또한 그로 말미암은 이가 많은 아들들을 이끌어 영광에 들어가게 하시는 일에 그들의 구원의 창시자를 고난을 통하여 온전하게 하심이 합당하도다"

하나님께서는 인류의 구원을 위하여 독생자를 동정녀를 통해 탄생케 하시어, 천사보다 잠시 못하게 되셨습니다. 거기에다가 십자가의 고난을 받게 하시고, 영광과 존귀로 관 쓰시게 하였습니다. 그것은 십자가의 대속으로 구원받은 자들이 영광에 들어가게 하셨던 것입니다.

죽음의 고난 : 십자가에서 죽음임.

관 쓰신 : 예수님의 왕권을 뜻함.

많은 아들 : 구원받은 많은 자들임.

온전하게 하심 : 예수님의 고난을 통하여 구원의 완전성을 뜻함. 예수님의 십자가 고난으로 모든 자들이 구원을 받음을 의미합니다.

예수님은 인류를 구원하시기 위해 인간의 몸을 입고 죽으려 오셨습니다.

예수님은 근본 하나님의 본체이시나 자기를 비워, 우리와 같은 인간이 되어 오셨습니다(빌 2:6-7).

예수께서 공생을 시작하시기 전에 사탄의 시험을 받았습니다. 생애동안 시험과 고난을 받으셨습니다.

예수님은 머리 둘 곳이 없었고, 자기 백성에게 배척당하셨습니다.

구약 때 나무십자가는 죄로 죽음을 당한 자의 시체를 나무에 매달아서 더욱 부끄럽게 하고 경계로 삼았던 형벌이었습니다(신 21:23).

예수님 당시 로마는 정치범이나 살인강도 등 흉악범에게 행하였던 형벌로, 자기 민족에게는 행하지 않았던 저주의 형벌이었습니다. 십자가 형벌은 인류 역사상 가장 잔인한 처형이었습니다.

예수님은 제자에게 배반당하고, 이 저주의 십자가 형벌을 받았습니다.

유월절 어린 양의 피로 이스라엘 백성이 구원받은 것처럼 십자가에서 피 흘려 죽으심으로 모든 인간이 구원을 얻은 것입니다.

빌 2:8 "사람의 모양으로 나타나사 자기를 낮추시고 죽기까지 복종하셨으니 곧 십자가에 죽으심이라"

예수님께서 인간이 되심은 천사들보다 잠깐 못하게 되신 거였고, 그리고 십자가에서 고난을 받으셨습니다.

9절(중) "······ 곧 죽음의 고난 받으심으로 말미암아 영광과 존귀로 관을 쓰신 예수를 보니······"

지금까지 예수님의 모습을 요약하면 이렇습니다.

성자 하나님이 인간의 육을 입고 이 땅에 오셨고, 십자가에서 죽으시고, 장사되었습니다. 그리고 성경의 예언대로 부활하시고, 승천하시어, 하나님 보좌에 계시다가 재림하시어 새 땅과 새 하늘을 이루십니다.

9절(하) "······ 이를 행하심은 하나님의 은혜로 말미암아 모든 사람을 위하여 죽음을 맛보려 하심이라"

예수님의 십자가 대속으로 모든 사람이 구원을 얻었습니다. 이것은 하나님의 크신 사랑과 은혜 위의 은혜입니다. 하나님의 한없는 사랑이시며 은혜입니다.

예수님의 죽음을 통한 구속 사역은 사람들로 하여금 아들 됨과 영광을 경험할 수 있도록 섭리하신 하나님의 전적인 은혜입니다.

10절 "그러므로 만물이 그를 위하고 또한 그로 말미암은 이가 많은 아들들을 이끌어 영광에 들어가게 하시는 일에 그들의 구원의 창시자를 고난을 통하여 온전하게 하심이 합당하도다"

'만물이 그를 위하고'는 만물을 지으신 하나님을 의미합니다. 그로 말미암은 이는 예수님을 통하여 많은 자들을 구원케 하십니다.

영광에 들어가게 하시는 것은 구원의 주가 십자가 고난으로 말미암아 얻는 영광입니다.

구원의 주는 생명의 주시며, 믿음의 주시며, 온전케 하심입니다.

우리 모두는 믿음의 주요, 온전하게 하신 예수님을 바라보아야 합니다.

주께서는 인류를 구원하시기 위해 십자가에서 피 흘려 죽으셔야만 했습니다.

주의 십자가는 모든 사람을 죄에서 해방시키셨습니다.

그뿐 아니라 하나님의 형상대로 지음 받은 인간이 죄를 범함으로 말미암아 이지러지고, 부패하고, 오염된 인간을 본래의 모습으로 회복시키셨습니다.

예수 그리스도가 천사들보다 잠시 못하게 되신 것은 성육신하시어 이 땅에 오신 것입니다.

관을 쓰신 것은 십자가 고난을 통해 얻어진 왕직을 의미합니다. 모든 만물을 다스리시고 통치하시는 주의 나라의 왕권입니다. 구속받은 자들이 그 영광에 들어가게 되는 것입니다.

예수님은 인간과 똑같은 고난을 받으심으로, 인간 구원을 온전케 하심으로 합당하다고 하신 것입니다.

우리 모두는 예수 그리스도를 믿는 믿음 안에서 하나님 나라에 합당한 삶을 살아가는 것입니다.

'하나님이 세상을 이처럼 사랑하사 독생자를 주셨다'고 하였습니다. '저를 믿는 자마다 멸망치 않고 영생을 얻게 하려 하심'이라 하였습니다. 또 '저로 말미암아 우리를 살리려 하심'이라고 하였습니다. 저를 잠시 동안 천사보다 못하게 하시며, 곧 성육신하시고 십자가 고난을 받고 인류를 죄에서 구원하셨습니다.

그리하여 부활, 승천 하시어 하나님 보좌 우편에 계십니다. 지금도 우리를 위하여 중보하시고 계심을 믿으시길 바랍니다.

하나님 나라는 현재적이며, 미래적입니다. 주의 재림으로 그 나라는 온전히 실현되는 것입니다. 10절에 "많은 아들을 이끌어 영광에 들어가게 하시는 일에"라고 했습니다.

롬 5:17 "한 사람의 범죄로 말미암아 사망이 그 한 사람을 통하여 왕 노릇 하였은즉 더욱 은혜와 의의 선물을 넘치게 받는 자들은 한 분 예수 그리스도를 통하여 생명 안에서 왕 노릇 하리로다"

예수 안에 생명입니다. 예수 안에 영생입니다. 이 사실을 믿어야 합니다.

길이요, 진리요, 생명이신 예수님 안에 온전히 거하며 신앙하여야 하는 이유입니다.

III. 그리스도의 구속 사역

히 2:11-18

⑪ 거룩하게 하시는 이와 거룩하게 함을 입은 자들이 다 한 근원에서 난지라 그러므로 형제라 부르시기를 부끄러워하지 아니하시고 ⑫ 이르시되 내가 주의 이름을 내 형제들에게 선포하고 내가 주를 교회 중에서 찬송하리라 하셨으며 ⑬ 또 다시 내가 그를 의지하리라 하시고 또 다시 볼지어다 나와 및 하나님께서 내게 주신 자녀라 하셨으니 ⑭ 자녀들은 혈과 육에 속하였으매 그도 또한 같은 모양으로 혈과 육을 함께 지니심은 죽음을 통하여 죽음의 세력을 잡은 자 곧 마귀를 멸하시며 ⑮ 또 죽기를 무서워하므로 한평생 매여 종노릇 하는 모든 자들을 놓아 주려 하심이니 ⑯ 이는 확실히 천사들을 붙들어 주려 하심이 아니요 오직 아브라함의 자손을 붙들어 주려 하심이라 ⑰ 그러므로 그가 범사에 형제들과 같이 되심이 마땅하도다 이는 하나님의 일에 자비하고 신실한 대제사장이 되어 백성의 죄를 속량하려 하심이라 ⑱ 그가 시험을 받아 고난을 당하셨은즉 시험 받는 자들을 능히 도우실 수 있느니라

과거에 우리나라에는 양자제도가 있었습니다. 장자가 아들이 없으면, 차자 중에 한 아들이 큰 아버지 집에 들어가 양자가 되는 것입니다. 이 양자는 법적으로 상속을 받을 수 있습니다.

이와는 달리 의리관계로 맺는 형제관계가 있습니다. 삼국지에 보면 유비, 관우, 장비가 의형제를 맺고 한날한시에 죽는다는 의리적 형제관계를 맺은 것을 볼 수 있습니다.

11절에 성도와 그리스도가 모두 한 근원에서 났다고 합니다. 이는 형제적 메시지가 담긴 것입니다.

예수님은 비하(卑下)로 성육신되시어 육적 고난을 받으셨습니다. 인간을 구원하신 '그리스도의 구속 사역'의 내용에 대해 구체적으로 살펴보고자 합니다.

1. 하나에서 난 한 형제라 부르심

11-13절 "거룩하게 하시는 이와 거룩하게 함을 입은 자들이 다 한 근원에서 난지라 그러므로 형제라 부르시기를 부끄러워하지 아니하시고 이르시되 내가 주의 이름을 내 형제들에게 선포하고 내가 주를 교회 중에서 찬송하리라 하셨으며 또 다시 내가 그를 의지하리라 하시고 또 다시 볼지어다 나와 및 하나님께서 내게 주신 자녀라 하셨으니"

성도와 그리스도가 하나에서 났다는 것은 동일한 생명의 근원을 지녔음을 의미합니다. 이러한 사실은 하나님의 자녀로서 그리스도와 형제가 되었다는 것입니다.

거룩하게 하시는 자 : 주로 모세 오경에서 하나님을 지칭하나, 여기서는 예수님을 가리킴.

거룩함을 입은 자 : 구원받은 자, 곧 성도임.

형제 : 그리스도를 믿음으로 이루어지는 가족관계임(시 133:1, 막 3:35, 빌 3:1, 약 1:2, 16, 5:9, 벧후 1:7, 요일 3:13, 4:21). 성도는 그리스도 안의 한 형제임을 의미합니다.

우리는 그리스도로부터 새 생명을 얻었습니다. 이 생명은 영적인 것으로 세상 사람들이 소유하고 있는 것과는 다릅니다. 우리가 받은 새 생명은 근원이 하나님으로부터 나왔으므로 예수님과 더불어 한 아버지 하나님을 부르게 된 것입니다.

11절(상) "거룩하게 하시는 이와 거룩하게 함을 입은 자들이 다 한 근원에서 난지라……"

하나님 아들이신 그리스도와 양자된 그리스도인들의 하나 됨입니다.

비록 그리스도와 그리스도인들 사이에 질적인 차이가 있을지라도 같이 연합되어 있음을 의미합니다.

"…… 그러므로 형제라 부르시기를 부끄러워하지 아니하시고"라고 하였습니다. 여기서 형제는 영적인 의미에서 형제를 말합니다. 예수 그리스도와 믿음으로 이루어진 관계성입니다. 만일 우리에게 이 영적 생명이 없다면 예수님과 형제라 칭할 수 없습니다.

그러면 우리는 어떻게 될까요? 우리는 여전히 하나님 나라 유산을 상속받을 수 없는 존재가 되는 것입니다.

성도는 그리스도와 함께 생명을 부여받았기 때문에 영광의 나라에 거하게 되는 것입니다.

12절 "이르시되 내가 주의 이름을 내 형제들에게 선포하고 내가 주를 교회 중에서 찬송하리라 하셨으며"

시편을 인용하여 영적인 형제관계를 말합니다.

시 22:22 "내가 주의 이름을 형제에게 선포하고 회중 가운데에서 주를 찬송하리이다"

"주의 이름으로 '형제들에게' 선포한다"고 했습니다. 교회 중에서 주를 시편에서는 '회중'이라고 하였습니다.

13절(상) "또다시 내가 그를 의지하리라 하시고……"

유사한 구절로는 다음 구절이 있습니다.

사 12:2 "보라 하나님은 나의 구원이시라 내가 신뢰하고 두려움이 없으리니 주 여호와는 나의 힘이시며 나의 노래시며 나의 구원이심이라"

이와 같이 이사야 선지자가 하나님을 의지했습니다.

예수님은 그리스도인들과 형제로서 하나님을 의지함을 시사하고 있습니다.

13절(하) "…… 볼지어다 나와 및 하나님께서 내게 주신 자녀라 하셨으니"

사 8:18 "보라 나와 및 여호와께서 내게 주신 자녀들이 이스라엘 중에 징조와 예표가 되었나니 이는 시온 산에 계신 만군의 여호와께로 말미암은 것이니라"

이사야는 끝까지 신앙을 버리지 않은 자들이 하나님을 의지하는 모습을 보여주고 있습니다. 선지자의 징조와 예표를 통하여 미래 사건을 보여줍니다. 예수 그리스도의 구속의 일을 장래사로 될 것을 예시하고 있는 것입니다.

우리는 이 세상을 살아가면서 여러 일들과 분주함 때문에 우리와 함께하시며 삶을 보호하시고 살피시는 하나님을 잊고 지낼 때가 너무 많습니다. 내 삶에 주인이 되셔야 할 주님을 저만치 제쳐두고 우리 자신이 주인노릇하고 살아갑니다. 이제부터라도 내 모든 문제를 맡기고 의지하며 살아가야겠습니다.

◎ '구원은 가까이에'

어떤 남자가 칠흑 같은 어둠속에서 길을 걷고 있었습니다. 양쪽은 모두 절벽이었습니다. 조심조심 길을 가고 있는데 그만 돌에 걸려 넘어져 한 쪽으로 떨어졌습니다.

그러나 운이 좋게도 떨어지다가 나무뿌리를 잡게 되었습니다.

그 뿌리를 두 손으로 부여잡고 필사적으로 "사람 살려!" 하고 목이 터져라 소리쳤지만 그 밤에 외진 곳에 사람이 있을 리 만무했습니다.

얼마동안 소리쳤을까…… . 이윽고 힘이 다 빠진 그는 자신도 모르게 그만 그 나무뿌리를 놓고 말았습니다. 어떻게 되었을까요?

발과 그 높이는 겨우 1미터밖에 안 되었던 것입니다. 그는 나무뿌리를 놓치면 죽을 줄 알고, 그토록 두려워 떨며 발버둥 쳤던 것입니다.

우리의 구원도 자기를 내려놓고 주만 의지하는 것입니다.

주님은 우리와 한 형제라 부르시기를 부끄러워 아니한다 하였습니다. 그리고 우리와 함께 하나님을 의지한다고 하였습니다.

우리 모두는 하나님의 자녀로서 항상 믿고 의지하며, 찬송하며, 영광 돌릴 수 있어야 하는 것입니다.

2. 사망의 속박에서 벗어나게 하심

14-16절 "자녀들은 혈과 육에 속하였으매 그도 또한 같은 모양으로 혈과 육을 함께 지니심은 죽음을 통하여 죽음의 세력을 잡은 자 곧 마귀를 멸하시며 또 죽기를 무서워하므로 한평생 매여 종

노릇 하는 모든 자들을 놓아 주려 하심이니 이는 확실히 천사들을 붙들어 주려 하심이 아니요 오직 아브라함의 자손을 붙들어 주려 하심이라"

혈과 육에 함께 속하기 위해서는 한 모양으로 혈과 육을 지니셔야 했습니다.

아담의 범죄로 인하여 죽음이 왔고 죽음의 세력을 잡은 자, 곧 마귀가 있었습니다.

죽음의 세력에 매여 종노릇하는 자들을 구원하시려고 예수 그리스도께서 이 땅에 오셨습니다.

같은 모양 : 헬라어 '파라플레시오스(παρσπλησιως)'는 '같은', '동등한 것'을 가리킴.

혈과 육 : 육체와 몸 등 인간성의 표현임. 여기서는 죄 가운데 있는 연약한 인간성의 모습을 뜻합니다.

마귀 : 헬라어 '디아볼로스(διάβολος)'는 '거짓으로 고소하는 자', 분열시키는 자'임. 여기서는 하나님과 성도 사이를 이간질하는 사탄의 하수인을 뜻합니다.

인간을 향한 하나님의 구체적인 사랑은 독생자를 이 땅에 보내주신 것입니다. 바로 혈과 육에 함께 속하게 하신 것입니다.

예수님은 우리와 동일한 육신을 입고 오셨고, 인성의 삶을 사셨습니다. 그러기에 죄악된 세상으로부터 끊임없이 도전을 받으셨습니다.

14절(하)에서는 "…… 죽음을 통하여 죽음의 세력을 잡은 자 곧 마귀를 멸하시며"

인류의 조상 아담은 사탄의 유혹으로 죄를 범하게 되었고, 하나님 형상은 망가지고, 사망이 전 인류에 미치게 되었습니다.

롬 5:12 "그러므로 한 사람으로 말미암아 죄가 세상에 들어오고 죄로 말미암아 사망이 들어왔나니 이와 같이 모든 사람이 죄를 지었으므로 사망이 모든 사람에게 이르렀느니라"

알다시피 에덴에서 유혹하였던 뱀은 사탄이며, 곧 공중권세를 잡은 자였습니다.

엡 2:2 "그때에 너희는 그 가운데서 행하여 이 세상 풍조를 따르고 공중의 권세 잡은 자를 따랐으니 곧 지금 불순종의 아들들 가운데서 역사하는 영이라"

계 12:9 "큰 용이 내쫓기니 옛 뱀 곧 마귀라고도 하고 사탄이라고도 하며 온 천하를 꾀는 자라 그가 땅으로 내쫓기니 그의 사자들도 그와 함께 내쫓기니라"

마귀는 사람이 가장 무서워하는 사망의 권세를 잡고 있으므로 그 속박에서 해방시키려 십자가에서 죽음을 담당하시고, 대속하시어 사망에서 우리를 구원하셨습니다.

15절 "또 죽기를 무서워하므로 한평생 매여 종노릇 하는 모든 자들을 놓아 주려 하심이니"

죽기를 무서워하며 한평생 매여 종 노릇하는 모든 사람을 위해 말씀이 육신이 되어 이 땅에 오시어 십자가의 죽음으로 인류를 구원하셨습니다.
본문 끝에 "놓아 주려 하심이니"라고 하였습니다.
저주 아래 사망의 종노릇에서 자유롭게 하심입니다. 사탄의 권세와 죽음의 공포로부터 자유롭게 하심입니다.
십자가 대속의 죽음은 우리를 완전히 죄의 속박에서 자유롭게 하셨습니다.

롬 8:2 "이는 그리스도 예수 안에 있는 생명의 성령의 법이 죄와 사망의 법에서 너를 해방하였음이라"
요 5:24 "내가 진실로 진실로 너희에게 이르노니 내 말을 듣고 또 나 보내신 이를 믿는 자는 영생을 얻었고 심판에 이르지 아니하나니 사망에서 생명으로 옮겼느니라"

예수님은 우리의 죄를 십자가에서 담당하시고, 사망의 권세를 이기시고, 그 속박에서 자유롭게 하시고, 생명 가운데 살게 하셨습니다.

16절 "이는 확실히 천사들을 붙들어 주려 하심이 아니요 오직 아브라함의 자손을 붙들어 주려 하심이라"

예수님이 십자가에서 속죄로 죽으신 것은 천사를 붙들어 주시고자 하심이 아니었습니다. 아브라함의 자손, 즉 믿음의 모든 자를 붙들어 주시기 위함이었습니다. 믿음의 조상 아브라함의 후손된 우리는 그의 자손들입니다.

예수님은 우리를 살리려고 한 모양으로 혈육에 함께 속하셨습니다. 곧 성육신하시어 사람의 육체로 이 땅에 오셨습니다.

사망 권세를 잡은 자 마귀를 없애고, 죽음의 굴레에서 벗어나 자유롭게 함이었습니다. 아브라함의 자손인 모든 믿는 자들을 위함이었습니다.

우리를 구원하신 예수 그리스도를 믿는 믿음 안에서 승리하게 된 것입니다.

3. 구속하심과 시험과 고난 받는 자를 도우심

17-18 "그러므로 그가 범사에 형제들과 같이 되심이 마땅하도다 이는 하나님의 일에 자비하고 신실한 대제사장이 되어 백성의 죄를 속량하려 하심이라 그가 시험을 받아 고난을 당하셨은즉 시험 받는 자들을 능히 도우실 수 있느니라"

성자 예수님은 인간의 육신으로 오셨기에 범사에 형제들과 같이 되신 것입니다.

하나님의 일에 자비하고 신실한 대제사장이 되어 죄를 속량하신 것입니다.

대제사장 : 헬라어 '아르키에류스(ἀρχιερεύς)'는 제사장들을 통괄하는 수장임. 참고로 '제사장'은 성직에 임명되어 제사의식을 집전하는 사람을 말합니다.

구속하다 : 헬라어 '힐라스코마이(ἱλάσκομαι)'는 '보상하다', '화해시키다'는 뜻으로 죗값을 치루고 화목케 함을 뜻함.

예수님이 대제사장같이 화목의 역할을 담당하심을 의미합니다.

예수님은 육신의 모양을 취하시고 우리와 형제가 되셨습니다.

예수님은 범사에 형제들과 같이 되심이 마땅하도다 하셨습니다. '마땅하다'고 한 것은 '……할 의무가 있다'라는 뜻으로 책임을 강조합니다.

요일 3:16 "그가 우리를 위하여 목숨을 버리셨으니 우리가 이로써 사랑을 알고 우리도 형제들을 위하여 목숨을 버리는 것이 마땅하니라"

예수님은 우리를 살리기 위하여 우리와 같이 육신이 되셨고 범사에 형제같이 되셨습니다.

또 우리를 위하여 십자가에서 화목 제물이 되기까지 사랑하셨으니, 우리도 서로 사랑함이 마땅하다는 것입니다.

17절(하) "······ 이는 하나님의 일에 자비하고 신실한 대제사장이 되어 백성의 죄를 속량하려 하심이라"

대제사장은 하나님과 언약백성 사이의 중보적인 역할을 수행했습니다. 그리고 대속을 위한 제사 행위를 주관했습니다. 또 하나님이 택하신 백성의 성결을 보존시키며 정결케 하는 일을 하였습니다.

본문에서 '자비하고 신실한'에서 자비가 먼저 나온 것은 보다 더 강조하는 의미입니다. 이는 인류에 대한 사랑으로 그리스도께서 구속 사역을 이루셨음을 나타냅니다. 바로 신실한 대제사장으로서의 섬김을 뜻합니다.

17절 끝에 '죄를 속량하려 하심이라'는 이스라엘 백성들의 죄를 가지고 지성소에 들어가 속죄함을 받았음을 나타냅니다.

예수 그리스도는 대제사장의 직분으로 희생제물이 되시어 십자가에서 인류의 죄를 대속하셨습니다.

18절 "그가 시험을 받아 고난을 당하셨은즉 시험 받는 자들을 능히 도우실 수 있느니라"

예수님은 시험을 받으셨고, 고난을 당하셨습니다.

사 53:4-5 "그는 실로 우리의 질고를 지고 우리의 슬픔을 당하였거늘 우리는 생각하기를 그는 징벌을 받아 하나님께 맞으며 고난을 당한다 하였노라 그가 찔림은 우리의 허물 때문이요 그가 상함은 우리의 죄악 때문이라 그가 징계를 받으므로 우리는 평화를 누리고 그가 채찍에 맞으므로 우리는 나음을 받았도다"

예수님의 시험과 고난은 하나님의 뜻에 따라 십자가에서 피 흘려 죽으신 것입니다.
왜 그렇습니까? 우리를 위해서입니다.
그리스도인의 표식이 무엇인가 하면 '고난'이라고 할 수 있습니다.
어떤 이는 "기독교 신앙은 고난의 물을 먹고 자란다"라고 하기도 합니다.

사실 우리 그리스도인들은 예수 그리스도와 함께 십자가에 못박힌 것입니다.

갈 2:20 "내가 그리스도와 함께 십자가에 못 박혔나니 그런즉 이제는 내가 사는 것이 아니요 오직 내 안에 그리스도께서 사시는 것이라 이제 내가 육체 가운데 사는 것은 나를 사랑하사 나를 위하여 자기 자신을 버리신 하나님의 아들을 믿는 믿음 안에서 사는 것이라"

그러므로 이제는 내가 산 것이 아니요, 오직 내 안에 그리스도께서 사신 것입니다. 예수 그리스도 안에, 믿음 안에 사는 것입니다.

성도는 고난을 통하여 더욱 예수님의 고난에 동참하는 것입니다.

벧전 5:10 "······ 잠깐 고난을 당한 너희를 친히 온전하게 하시며 굳건하게 하시며 강하게 하시며 터를 견고하게 하시리라"

예수님은 고난을 체휼하심으로 우리의 고난을 아십니다. 이러한 주님이 우리와 함께 하시므로, 믿음으로 전진하기 바랍니다.

"고난은 변장된 축복이다"라고 하였습니다. 고난을 통하여 낮아지고 겸허한 자세가 됩니다. 낮은 자를 통하여 하나님께서 귀히 쓰시는 것입니다.

롬 8:18 "생각하건대 현재의 고난은 장차 우리에게 나타날 영광과 비교할 수 없도다"

현재의 고난이 장차 받을 영광에 비교할 수 없습니다.

그러므로 여러 가지 고난을 인내하여야 합니다. 예수님은 우리를 항상 도우시며 함께 하십니다. 고난을 이기고 승리하며 신앙하기를 바랍니다.

성자 예수님은 인류의 죄를 대속하시기 위해 성육신하셨습니다.

구약 때 대제사장이 이스라엘 백성을 위해 속죄를 드렸듯이 십자가에서 친히 제물이 되시어 대속으로 피 흘려 죽으셨습니다. 주의 속죄로 우리가 구원을 얻은 것입니다.

겸비하신 예수님은 성도를 형제라 부르시기를 부끄러워 아니하셨습니다. 혈육에 속하시어 사망권세, 공중권세 잡은 마귀를 없이 하시려 십자가 고난을 받으시고, 이기고, 승리하셨습니다. 천사를 붙들어 주려 하심이 아니고, 아브라함의 자손, 곧 믿음의 자손들을 붙들어 주기 위함입니다.

　예수 그리스도께서는 인간의 모든 연약함을 아십니다. 고난과 시험을 당하시고 친히 체휼하셨습니다. 그러므로 능히 도우시고 인도하시는 것입니다. 끝까지 붙들어 주시고 함께하심을 믿어야 하는 것입니다.

제3장

모세보다 우월하신 그리스도

I. 그리스도의 사역과 지위

히 3:1-6

① 그러므로 함께 하늘의 부르심을 받은 거룩한 형제들아 우리가 믿는 도리의 사도이시며 대제사장이신 예수를 깊이 생각하라 ② 그는 자기를 세우신 이에게 신실하시기를 모세가 하나님의 온 집에서 한 것과 같이 하셨으니 ③ 그는 모세보다 더욱 영광을 받을 만한 것이 마치 집 지은 자가 그 집보다 더욱 존귀함 같으니라 ④ 집마다 지은 이가 있으니 만물을 지으신 이는 하나님이시라 ⑤ 또한 모세는 장래에 말할 것을 증언하기 위하여 하나님의 온 집에서 종으로서 신실하였고 ⑥ 그리스도는 하나님의 집을 맡은 아들로서 그와 같이 하셨으니 우리가 소망의 확신과 자랑을 끝까지 굳게 잡고 있으면 우리는 그의 집이라

모세는 이스라엘 백성에게 아주 특별한 사람이었습니다. 이스라엘 백성을 출애굽케 하여 홍해를 건넜습니다. 하나님을 대면하고(출 33:1), 율법을 직접 수여받았습니다.

유대인들은 모세를 역사상 가장 뛰어난 지도자로 흠모하였습니다.

모세를 굳게 신봉하고 있는 유대인들에게 모세보다 더 우월하신 분이 그리스도라고 하였을 때 그들의 반응은 어떠하였겠습니까?

반면에 모세를 들어 그리스도의 우월성을 입증하면 그 효과는 배가 될 수밖에 없습니다.

본문은 두 가지 사실을 입증합니다.

첫째, 집 지은 자가 그 집보다 더욱 귀하다는 것입니다.

둘째, 모세는 하나님의 온 집의 종으로 충성하였고, 그리스도는 집을 맡은 아들로 충성하였다는 것입니다.

그러므로 무엇이라고 합니까?

우리가 소망의 담대함과 믿음의 긍지를 끝까지 견고히 잡으면, 그의 집이라 하였습니다.

'모세보다 우월하신 그리스도'에 대해 자세히 살펴보고자 합니다.

1. 예수님을 깊이 생각하라는 것임

1절 "그러므로 함께 하늘의 부르심을 받은 거룩한 형제들아 우리가 믿는 도리의 사도이시며 대제사장이신 예수를 깊이 생각하라"

예수 그리스도는 범사에 우리와 형제와 같이 되심이 마땅하다고 하였습니다. 이는 하나님의 일에 자비하고 충성된 대제사장이 되어 백성의 죄를 구속하려 하심이라 했습니다.

친히 시험을 받아 고난을 당하셨은즉, 시험받는 자들을 능히 도우신다고 하였습니다.

함께 부르심을 입은 형제들에게 말합니다. 우리가 믿는 도리의 사도시며 대제사장이신 예수님을 깊이 생각하라고 권면합니다.

믿는 도리 : 헬라어 '호몰로기아($\dot{o}\mu o\lambda o\gamma \iota\alpha$)'는 인정, 고백, 공인의 어원으로 '고백하다', '시인하다'이며, 하나님에 대한 믿음의 응답으로 예수님을 하나님의 아들로 고백하는 의미임.

사도 : 헬라어 '아포스토로스($\dot{\alpha}\pi o\sigma\tau\dot{o}\lambda o\varsigma$)'는 '보냄을 받은 자', 즉 하나님으로부터 보내심을 받은 자임.

예수님을 깊이 생각하라고 하였지요?

우리의 생활 속에서 얼마나 주님을 생각하며 사는지요?

예배 때나 식사기도 외에 얼마나 기도하는지요?

내 삶의 현장에서 얼마나 감사하며 찬양하는지요?

하나님의 말씀을 얼마나 묵상하는지요?

이러한 물음에 대해 사실 별 할 말이 없습니다.

1절에 "함께 하늘의 부르심을 받은 거룩한 형제들아"라고 하였습니다.

그리고 또 무어라고 하였습니까?

"우리가 믿는 도리의 사도이시며 대제사장이신 예수를 깊이 생각하라"고 하였습니다.

우리는 하늘의 부르심을 입은 자들입니다. 그뿐 아니라 예수님으로 말미암아 의로운 자들이 되었습니다.

우리는 믿는 도리, 곧 믿음으로 그 사실을 받아들이는 것입니다.

복음서에서는 예수님을 하나님으로부터 '보냄을 받은 자'라고 자주 표현합니다.

마 10:40 "너희를 영접하는 자는 나를 영접하는 것이요 나를 영접하는 자는 나를 보내신 이를 영접하는 것이니라"

요 5:24 "내가 진실로 진실로 너희에게 이르노니 내 말을 듣고 또 나 보내신 이를 믿는 자는 영생을 얻었고 심판에 이르지 아니하나니 사망에서 생명으로 옮겼느니라"

본문에 예수님을 사도라고 표현한 곳은 본 절뿐입니다.

여기서 예수님을 구약의 모세와 비교해 언급하고 있습니다.

출 3:10 "이제 내가 너를 바로에게 보내어……"

모세가 보냄을 받은 사도적인 성격으로 볼 수 있습니다.

'믿는 도리의 사도시며'에서 사도는 '보냄을 받은 자'로서 예수님의 역할을 언급하고 있는 것입니다.

'대제사장'은 히브리서 전체에 많이 나옵니다.

하나님께서는 죄를 지은 백성이 하나님의 거룩하심과 영광에 나아갈 수 없기 때문에 중보역할을 하는 대제사장을 세우신 것입니다.

이 대제사장은 되고 싶다고 해서 되는 것이 아닙니다. 초대는 아론 대제사장이었습니다. 그 아들로 이어져갑니다.

대제사장은 하나님의 절대 선택에 의해 세워지는 것입니다.

구약 때 대제사장은 이스라엘 백성의 죄 문제를 가지고, 1년에 하루 대속죄일에 희생의 피를 가지고 지성소의 속제소에 나아가 이스라엘 백성의 죄를 속죄했습니다.

본문에서 예수님이 대제사장이라 한 것은 직무 가운데 제의적 중보사역하심에 의한 것입니다.

1절 끝에 "예수를 깊이 생각하라"고 하였습니다. 이는 예수님을 깊이 상고하라는 의미입니다.

그러면 어떻게 깊이 생각하는 것일까요? 바로 깊이 상고하는 것입니다. 먼저 예수 그리스도의 선재성을 바로 알아야 합니다.

미 5:2 "…… 그의 근본은 상고에, 영원에 있느니라"

예수 그리스도는 상고에 영존해 있었던 것입니다.

요 1:1 "태초에 말씀이 계시니라 이 말씀이 하나님과 함께 계셨으니 이 말씀은 곧 하나님이시니라"
14 "말씀이 육신이 되어 우리 가운데 거하시매 우리가 그의 영광을 보니 아버지의 독생자의 영광이요 은혜와 진리가 충만하더라"

태초에 말씀이 계셨습니다. 이 말씀은 하나님과 함께 계셨습니다. 이 말씀이 하나님이십니다. 이 말씀이 성육신하여 세상에 거하시니 독생자의 영광으로 은혜와 진리가 넘쳐났습니다. 이러한 예수 그리스도를 깊이 상고하는 것입니다.

> 작가가 되려는 한 젊은이가 각고의 노력 끝에 습작한 작품을 가지고 셰익스피어를 찾아갔습니다. 어느 정도 자신감이 있기에 당당히 작품의 평을 해줄 것을 요구했습니다. 그 당당한 청년의 모습이 기특하여 받아들이고 셰익스피어는 작품을 보기 시작했습니다.
> 한 시간 정도 작품을 자세히 보고서, 그 젊은이에게 이렇게 말합니다.
> "자네, 글을 너무 가볍게 생각하는 것 같군! 좀 더 깊이 생각하고 글을 써야겠네. 더 깊이 연구하고 생각하게"라고 하였습니다.

우리는 예수님을 깊이 알아가야 합니다.

예수님을 깊이 상고하여야 합니다.

언제나 우리를 위하여 중보하고 계시는 예수님을 깊이 상고하는 것입니다.

우리의 믿는 도리의 사도시며 대제사장이신 예수님을 바로 알고, 깊이 알고, 보다 넓게 알아가야 합니다.

2. 집 지은 자가 집보다 존귀함(사역)

2-4절 "그는 자기를 세우신 이에게 신실하시기를 모세가 하나님의 온 집에서 한 것과 같이 하셨으니 그는 모세보다 더욱 영광을 받을 만한 것이 마치 집 지은 자가 그 집보다 더욱 존귀함 같으니라 집마다 지은 이가 있으니 만물을 지으신 이는 하나님이시라"

집 : 헬라어 '오이코스(οικος)'는 가족, 거주, 혹은 가문을 의미하나, 구약에서는 이스라엘 민족 전체를 가리킬 때 사용하였고(느 1:6), 신약에서는 하나님의 택함을 입은 거룩한 무리인 성도들의 모임으로서의 교회를 가리킬 때(엡 2:21-22, 딤전 3:15, 딤후 2:20, 벧전 4:17) 사용함.

하나님의 온 집 : 하나님의 백성 공동체임.

*4절 서두에 헬라어 '가르(γἀρ)', 즉 '왜냐하면'이 생략되었음. 이는 집 지은과 연결케 한 접속사 성격으로 원문에 있습니다. 예수님이 모세보다 우월함의 당위성을 의미합니다.

유대인들에게 가장 존경하는 조상 중 한 분을 꼽으라고 하면, 아마도 모세일 것입니다.

그런데 보세요. 하나님에 대한 모세의 충성은 민 12:7 "내 종 모세와는 그렇지 아니하니 그는 내 온 집에 충성함이라" 했습니다. 모세는 모든 사람보다 온유하고 충성된 자였습니다.

예수 그리스도의 충성에 대해서는 본문 2절에 "그는 자기를 세우신 이에게 신실하시기를 모세가 하나님의 온 집에서 한 것과 같이 하셨으니"로 되어 있습니다. 하나님의 온 집, 곧 이스라엘 백성을 가리킵니다. 하나님의 온 집은 공동체 성격입니다. 신약에서는 성도들이 모이는 공동체인 교회를 뜻합니다. 구약 때 모세와 같은 하나님의 종들은 제한된 범위 안에서 하나님께 충성하였습니다. 그러나 예수님은 하나님의 통치가 미치는 전 영역에 걸쳐 신실하였습니다.

3절 "그는 모세보다 더욱 영광을 받을 만한 것이 마치 집 지은 자가 그 집보다 더욱 존귀함 같으니라"

여기서 집은 건물 같은 공간 개념뿐 아니라, 그 속에 살고 있는 사람까지 포함한 개념입니다.

그래서 신약에서 집에 대해 넓은 의미로 쓰이고 있습니다.

딤전 3:15에 "…… 이 집은 살아계신 하나님의 교회요 진리의 기둥과 터"라고 하였습니다.

벧전 2:5에 "신령한 집"이라고 하였습니다. '신령한 집'을 건축하신 분이 예수 그리스도이십니다. 예수님은 이 집의 주인이시고 관리자입니다. 반면 모세는 이 집의 종속된 자입니다. 그러므로 예수 그리스도는 모세보다 우월하심을 표현한 것입니다.

그리고 집보다 집 지은 자가 더욱더 존귀함과 같습니다. 모세보다 예수님이 더 영광과 존귀함을 받는 것은 당연한 것입니다.

'집'은 하나님의 백성, 곧 구원받은 성도 개체입니다. 각자의 터 위에 신령한 집을 세워가는 것입니다.

고전 3:10-13 "내게 주신 하나님의 은혜를 따라 내가 지혜로운 건축자와 같이 터를 닦아 두매 다른 이가 그 위에 세우나 그러나 각각 어떻게 그 위에 세울까를 조심할지니라 이 닦아 둔 것 외에 능히 다른 터를 닦아 둘 자가 없으니 이 터는 곧 예수 그리스도라 만일 누구든지 금이나 은이나 보석이나 나무나 풀이나 짚으로 이 터 위에 세우면 각 사람의 공적이 나타날 터인데 그 날이 공적을 밝히리니 이는 불로 나타내고 그 불이 각 사람의 공적이 어떠한 것을 시험할 것임이라"

심령 집은 예수 그리스도의 터 위에 세워가는 것입니다. 나무, 풀, 짚 같이 타버리는 것이 아닌, 금, 은, 보석 같은 타지 않는 공적으로 지어가는 것입니다.

성도의 심령 안에 성령께서 한 가지로 연합하여 인도하시고, 내주하시고, 교통하십니다.

성령님은 하나님 뜻을 성취하도록 이끄시며 하나님의 영광을 위하여 인도하시는 것입니다.

고전 6:19 "너희 몸은 너희가 하나님께로부터 받은 바 너희 가운데 계신 성령의 전인 줄을 알지 못하느냐 너희는 너희 자신의 것이 아니라"

그러므로 하나님 성전인 심령 집을 잘 지어가야 합니다.

예수 그리스도의 반석위에 터를 닦고 세운 공적으로 잘 지어가는 것입니다.

4절 "집마다 지은 이가 있으니 만물을 지으신 이는 하나님이시라"

집마다 지은이가 있듯이 만물을 지으신 하나님께 맡기는 것입니다.

사 45:12 "내가 땅을 만들고 그 위에 사람을 창조하였으며 내가 내 손으로 하늘을 펴고 하늘의 모든 군대에게 명령하였노라"

만물을 지으신 창조주 하나님께 감사와 영광과 찬양을 드려야 합니다.

하나님의 말씀을 듣고 행하는 자는 그 집을 반석위에 지은 지혜로운 사람 같다고 하였습니다.

반석은 예수 그리스도입니다. 그 터 위에 집을 잘 지어 가는 것입니다.

3. 사환과 아들의 신분(지위)

5-6절 "또한 모세는 장래에 말할 것을 증언하기 위하여 하나님의 온 집에서 종으로서 신실하였고 그리스도는 하나님의 집을 맡은 아들로서 그와 같이 하셨으니 우리가 소망의 확신과 자랑을 끝까지 굳게 잡고 있으면 우리는 그의 집이라"

초대교회 유대인들은 모세를 하나님 다음으로 신봉했습니다.

당시 상황으로 모세보다 우월하신 분이 예수 그리스도라고 하려면, 여간 어려운 일이 아닐 것입니다. 그에 합당한 논증이 있어야 했을 것입니다.

모세는 하나님의 온 집에서 종으로 신실하였고, 예수님은 집 맡은 아들로 신실하였음을 비교하여 말하고 있는 것입니다.

확신함 : 헬라어 '파르레시안(παρρησιαν)'은 두려움이 없는 고백임(신뢰).

자랑 : 헬라어 '카우카오마이(καυχάομαι)'는 하나님 집에서 성도들이 갖는 신분으로서의 긍지를 뜻함. 예수님은 하나님의 아들의 신분이므로 성도는 끝까지 소망하여야 함을 의미합니다.

모세는 위대한 하나님의 사람이었습니다. 모세는 하나님의 계시에 따라 일한 충성된 자였습니다. 그러나 예수 그리스도와 비교해 볼 때 모세는 하나님 집의 종으로서의 충성입니다. 여기서 종은 청지기적 성격입니다. 주인에게 권한을 위임받은 범위 내에서 일하는 자입니다.

5절 "또한 모세는 장래에 말할 것을 증언하기 위하여 하나님의 온 집에서 종으로서 신실하였고"

'모세는 장래에 말할 것을 증언하기 위하여'에 대해 칼빈(Calvin)은 이 구절을 이렇게 해석합니다.

"모세의 역할은 하나님의 계시에 따라 그리스도를 통해 완성될 복음에 대하여 증거하는 것이었다."

즉, 장차 도래할 예수 그리스도와 그 복음을 미리 전한 소개자라는 것입니다.

하나님의 온 집은 이스라엘 백성을 총칭한 것입니다.

종은 주인의 일을 맡아 일하는 자입니다.

성경에서는 모세에 대해 종으로 나옵니다. 모세는 하나님 온 집에서 종으로 충성하였다고 합니다.

6절(상) "그리스도는 하나님의 집을 맡은 아들로서 그와 같이 하셨으니……"

모세와 그리스도는 똑같이 하나님의 온 집에 공통으로 충성하였습니다.

그런데 신분의 차이점이 있습니다. 모세는 종으로서의 신분이고, 그리스도는 집을 맡은 아들의 신분입니다. 이는 대단히 큰 차이가 있습니다.

모세는 비록 하나님과 친밀한 관계 속에 있다 할지라도 하나님의 집에서 종으로 충성하였고, 반면에 그리스도는 아들로 충성한 것입니다. 그 성격이 다릅니다.

종과 아들의 차이는 종은 매어 죽도록 일을 합니다. 그러나 자기 소유가 없습니다.

아들은 자유롭게 일합니다. 그러나 아버지의 유산을 받습니다.

6절(하) "…… 우리가 소망의 확신과 자랑을 끝까지 굳게 잡고 있으면 우리는 그의 집이라"

여기서 소망은 하나님의 뜻을 이루시는 예수님의 신실성에서 비롯됩니다.

하나님께서 하신 언약은 반드시 이루신다는 확신을 갖고 바라봄입니다. 이는 그리스도인이 지녀야 할 소망이기도 합니다.

소망의 담대함은 신뢰에서 오는 것입니다. 신앙의 불투명에 대해 확신과 믿음을 굳게 하는 것입니다. 또 소망의 자랑을 견고히 할 것을 촉구합니다.

모리스(Morris)는 "하나님의 집에서 성도들이 갖는 하나님의 백성된 신분으로서의 자랑스러움을 뜻한다"라고 하였습니다.

6절 끝에 "그의 집이라"라고 하였습니다.

'집'은 포괄적으로 구약시대에서는 하나님 백성을 뜻하였습니다. 신약시대에서는 예수 그리스도를 믿는 성도를 가리킵니다.

그리스도인들은 예수님 터 위에 집을 지어가는 자들입니다.

소망의 확신과 자랑을 끝까지 견고히 잡고 있으면 우리는 그의 집이 되는 것입니다.

그리스도인들은 하나님의 백성으로서 복음 안에서 약속하신 모든 것을 믿는 것입니다. 그 믿음에 확신을 갖는 것입니다. 견고히 붙잡고 나아감을 뜻합니다.

하나님께서는 사람의 손으로 지으신 건물에 갇혀 계신 분이 아니십니다. 하나님 백성의 회중에 계시고, 그들의 심령에 거하십니다.

행 17:24 "우주와 그 가운데 있는 만물을 지으신 하나님께서는 천지의 주재시니 손으로 지은 전에 계시지 아니하시고"

우리는 눈으로 보이는 교회 건물의 외형에 갇혀있으면 안 됩니다. 우리는 살아계신 하나님의 성전(벧전 6:16)입니다.

벧전 2:5 "너희도 산돌 같이 신령한 집으로 세워지고……"

우리는 하나님의 전을 신령스럽게 지어가는 자들입니다.

그리고 소망의 담대함을 가지고 끝까지 견고히 믿음으로 나아가는 자들입니다.

우리는 하늘의 부르심을 입은 자들입니다.

우리는 믿는 도리의 사도시며 대제사장이신 예수님을 깊이 생각하고 상고해야 합니다.

모세는 이스라엘 백성의 위대한 지도자이며, 하나님의 충성된 종이었습니다.

그러나 예수님이 모세보다 더욱 영광을 받을 만한 것은 집을 지은 자가 그 집보다 존귀한 것과 같습니다.

모세는 장래사를 증거하기 위한 하나님의 온 집에 종으로 충성했으나, 예수님은 아버지 집을 맡은 아들로서 충성하였습니다.

성도는 하나님의 백성입니다. 그리고 그의 집, 곧 성령의 전입니다.

하나님의 경륜과 계획하심이 반드시 성취할 것으로 믿고, 소망의 담대함과 견고한 믿음으로 나아가, 하늘나라의 기업을 얻는 것입니다.

II. 완고한 자의 비극

히 3:7-14

⑦ 그러므로 성령이 이르신 바와 같이 오늘 너희가 그의 음성을 듣거든 ⑧ 광야에서 시험하던 날에 거역하던 것 같이 너희 마음을 완고하게 하지 말라 ⑨ 거기서 너희 열조가 나를 시험하여 증험하고 사십 년 동안 나의 행사를 보았느니라 ⑩ 그러므로 내가 이 세대에게 노하여 이르기를 그들이 항상 마음이 미혹되어 내 길을 알지 못하는도다 하였고 ⑪ 내가 노하여 맹세한 바와 같이 그들은 내 안식에 들어오지 못하리라 하였다 하였느니라 ⑫ 형제들아 너희는 삼가 혹 너희 중에 누가 믿지 아니하는 악한 마음을 품고 살아 계신 하나님에게서 떨어질까 조심할 것이요 ⑬ 오직 오늘이라 일컫는 동안에 매일 피차 권면하여 너희 중에 누구든지 죄의 유혹으로 완고하게 되지 않도록 하라 ⑭ 우리가 시작할 때에 확신한 것을 끝까지 견고히 잡고 있으면 그리스도와 함께 참여한 자가 되리라

출애굽한 이스라엘 백성은 홍해의 이적과 광야에서 구름기둥과 불기둥으로 인도하시고, 광야 40년간 만나(Manna)를 먹이시고, 먹을 물을 주시고, 인도해 주셨던 그 하나님을 원망하고 불평했습니다.

신 8:2 "네 하나님 여호와께서 이 사십 년 동안에 네게 광야 길을 걷게 하신 것을 기억하라 이는 너를 낮추시며 너를 시험하사 네 마음이 어떠한지 그 명령을 지키는지 지키지 않는지 알려 하심이라"

하나님에게 불순종했던 이스라엘 백성은 광야에서 뼈를 묻고 말았습니다. 이는 비극 중에도 비극입니다.

이스라엘 백성들은 하나님께서 택한 선민입니다. 하나님의 백성으로서 원망과 불평 그리고 불순종은 큰 죄악입니다.

완고한 마음은 교만에서 시작됩니다. 완악(頑惡)하고 굳은 마음을 버리고 성령님의 인도를 받아야 했습니다.

1. 광야에서 시험하던 때와 같이 완고하지 말라는 것임

7-9절 "그러므로 성령이 이르신 바와 같이 오늘 너희가 그의 음성을 듣거든 광야에서 시험하던 날에 거역하던 것 같이 너희 마음을 완고하게 하지 말라 거기서 너희 열조가 나를 시험하여 증험하고 사십 년 동안 나의 행사를 보았느니라"

광야의 이스라엘 백성을 거울삼아 강퍅한 마음은 회개하고, 말씀을 굳게 잡고 성령에 의지하여 신앙하여야 함을 의미합니다.

완고 : 헬라어 '스크레루노(σκληρύνω)'는 단단하고 뻣뻣함을 뜻함. 결코 회개치 않은 완악한 심령을 의미합니다.

증험 : 시험하여 내어 보이는 것임. 마치 용광로에서 금속의 불순물을 제거하는 것 같은 행위를 뜻합니다.

행사 : 하나님이 행하셨던 일임.

출애굽한 이스라엘 백성들은 하나님의 인도하심이 없이는 살아갈 수 없었습니다. 광야에서 구름기둥과 불기둥으로 인도함을 받고, 반석에서 생수를 내어주셨고, 일용할 만나도 내려주셨습니다. 그럼에도 이스라엘 백성들은 불순종했습니다.

오늘을 사는 우리는 광야 같은 이 세상에서 성령의 인도함을 받아야 살아갈 수 있습니다.

7절 "그러므로 성령이 이르신 바와 같이 오늘 너희가 그의 음성을 듣거든"

성령의 인도함을 받지 않은 신앙은 광야 같은 이 세상에서 결코 성공적인 신앙을 할 수 없습니다. 그러므로 믿음과 순종으로 성령의 인도함을 따라야 합니다.

성령은 말씀을 통해, 꿈과 환상을 통해, 직감과 마음의 소원을 통해, 그리고 마음의 평안과 확신을 통해 갈 길을 인도하심입니다.

"······ 오늘 너희가 그 음성을 듣거든······"

오늘을 사는 우리가 성령의 음성 듣기를 귀 기울여야 합니다.

시 95:7 "그는 우리의 하나님이시요 우리는 그가 기르시는 백성이며 그의 손이 돌보시는 양이기 때문이라 너희가 오늘 그의 음성을 듣거든"
요 10:3 "문지기는 그를 위하여 문을 열고 양은 그의 음성을 듣나니 그가 자기 양의 이름을 각각 불러 인도하여 내느니라"

하나님은 우리를 양처럼 기르십니다. 우리는 그의 기르시는 양입니다.
예수님은 양의 음성을 듣고 이름을 불러 인도하여 내신다고 하였습니다.
주의 음성을 듣고 인도하심을 받아야 합니다.
하나님의 자녀로서 불순종하면 성령의 인도하시는 궤도를 이탈하게 됩니다. 열차가 궤도를 이탈하면 비극이 발생하듯 성도가 성령의 인도하심을 받지 않으면 고아처럼 버림을 당합니다.

자유주의 신학교에서 공부하던 신학생이 있었습니다. 이곳에서는 성령을 부인하고 성경을 인본주의 관점에서 해석함으로써 성경을 믿을 수 없게 되고, 예수님도 불신하게 되었습니다.
그런데 갑자기 시력이 떨어져 이 병원 저 병원을 다녀 보았으나 한결같이 시력 회복이 불가능하다는 진단을 받았습니다.
이런 절망적인 상황에 이르자 하나님께 기도하기 시작합니다.
"하나님, 제 눈을 치료해 주시면 주의 일에 충성하겠습니다."
간절히 기도했습니다.
얼마 후 눈이 회복되기 시작했습니다.
그는 살아 계신 하나님을 체험하고 그동안 잘못됨을 회개하며, 다시 성령으로 충만해졌습니다. 그는 인본주의 지식을 던져버리고 성령의 인도함을 받게 되었습니다.

예수 그리스도의 구원의 섭리로 하나님 나라의 백성된 자는 누구나 성령의 인도를 받으며 믿음의 행진을 합니다. 하나님의 은혜 가운데 성령님의 인도하심을 받는 삶을 사는 것입니다.

8절 "광야에서 시험하던 날에 거역하던 것 같이 너희 마음을 완고하게 하지 말라"

출애굽한 이스라엘 백성은 광야에서 하나님에 대한 불신앙으로 하나님의 노하심을 격동케 했습니다. 그들의 마음이 완고하여 하나님을 의심하고, 시험하고, 불순종하였습니다. 그로 말미암아 광야 1세대는 하나님의 노하심을 받아 약속의 땅에 들어가지 못하고 광야에서 다 죽는 비극을 초래했습니다. 하나님께 순종하였던 여호수아와 갈렙만이 가나안에 들어갔습니다.

예나 지금이나 완고한 마음의 불신앙은 이런 결과를 초래합니다.

출 17:1-7에서 보면 이스라엘 백성의 반역을 잘 나타내주고 있습니다.

이스라엘 백성이 르비딤(Rephidim)이란 곳에 이르러 마실 물이 없자 모세를 원망합니다.

그러자 하나님의 명으로 모세가 반석을 쳐서 물을 내어 마시게 됩니다. 물을 낸 이곳을 '맛사' 또는 '므리바'라고 합니다. 이 지명은 '다툼' 또한 '시험'의 뜻입니다.

시 95:8 "너희는 므리바에서와 같이 또 광야의 맛사에서 지냈던 날과 같이 너희 마음을 완악하게 하지 말지어다"

이스라엘 백성들의 불신앙은 광야 사십년 동안 계속하였습니다.

9절 "거기서 너희 열조가 나를 시험하여 증험하고 사십 년 동안 나의 행사를 보았느니라"

이스라엘 백성들은 광야 사십년 동안 여러 번 하나님을 시험하였습니다.

그 대표적인 것은 이렇습니다.

홍해 앞에서(출 14:11-12) : 모세 원망

마라에서(출 15:23-24) : 쓴물(모세 원망)

신광야에서(출 16:2) : 이스라엘 온회중이 모세와 아론을 원망

만나(출 16:20) : 불평

르비딤(므리바, 맛사)(출 17 : 1-3) : 모세 원망

호렙에서(출 32:7-8) : 금송아지 만듦

다베라(민 11 : 1-3) : 여호와께 악한 말로 원망

고기 불평(민 11 : 18-20) : 탐욕

가데스에서(민 14 : 1-2) : 모세 아론 원망(불신앙)

안식일의 만나(출 16 : 21-28) : 불순종

이스라엘 백성의 불순종을 들어 신약은 성도들에게 경각심을 줍니다.

강퍅한 마음은 하나님 앞에서 교만입니다. 교만한 마음을 제하고 겸손한 자세와 성령님의 인도하심을 받는 삶을 살아야 하는 것입니다.

말씀과 성령 충만, 경건한 믿음 생활로 하나님 자녀로서의 삶을 살아야 하는 것입니다.

2. 하나님 안식에 못 들어 감

10-11절 "그러므로 내가 이 세대에게 노하여 이르기를 그들이 항상 마음이 미혹되어 내 길을 알지 못하는도다 하였고 내가 노하여 맹세한 바와 같이 그들은 내 안식에 들어오지 못하리라 하였다 하였느니라"

광야에서 이스라엘 백성들이 미혹되어 하나님의 계획하심과 그 뜻을 알지 못하고 그릇되게 행하였습니다.

하나님께서는 노하시고 하나님의 안식에 들어오지 못하게 하셨습니다.

미혹되어 : 헬라어로 '플라논타이(πλανῶνται)'는 '방황하다', '속다', '잘못하다'의 뜻임. 여기서는 길을 잃고 방황함의 뜻으로 속임을 당하여 진리에서 떠나게 됨을 의미합니다.

노하여 : 11절과 달리 여기서는 죄를 싫어하시는 하나님의 진노를 뜻함.

안식 : 헬라어 '카타파우신(κατάπαυσιν)'은 창 2:2에 처음 언급되었고, 그 후 십계명 가운데 '안식일'의 규례가 제정되었음(출 20:8). 여기서 '안식'은 가나안에 들어가는 뜻입니다(신 12:9). 불순종은 하나님의 안식에 들어가지 못함을 의미합니다. 하나님께서는 인자가 무궁하시며 긍휼이 풍성하십니다.

하나님은 출애굽한 이스라엘 백성들이 가나안에 들어가시기를 원하셨습니다. 그들이 하

나님의 백성으로 순종의 삶을 원하셨습니다. 이 백성은 하나님의 뜻에 순응해야 했습니다.

그러나 이스라엘 백성들이 항상 하나님의 뜻을 거역하여 불순종했습니다. 그들은 하나님이 원하시는 방향으로 가지 않았습니다.

10절 "그러므로 내가 이 세대에게 노하여 이르기를 그들이 항상 마음이 미혹되어 내 길을 알지 못하는도다 하였고"

시편에는 이렇게 기록하고 있습니다.

시 95:10 "내가 사십 년 동안 그 세대로 말미암아 근심하여 이르기를 그들은 마음이 미혹된 백성이라 내 길을 알지 못한다 하였도다"

광야의 이스라엘 백성들은 하나님께서 지시하신 길을 가야 했습니다.

그러나 이 세대가 항상 마음이 미혹되어 그러하지 못한 것입니다.

영역본(NIV, RSV, KJV)과 공동 번역에서는 10절의 이 세대를 '그 세대'로 번역하고 있습니다. '그 세대'는 과거 광야 이스라엘 백성을 칭한 것입니다.

그 세대에게 노하심은 광야생활을 하던 이스라엘 백성들의 완고함과 불순종 때문입니다. 그들은 마음이 미혹되어 하나님의 계획하신 길을 행하지 않았습니다.

11절 "내가 노하여 맹세한 바와 같이 그들은 내 안식에 들어오지 못하리라 하였다 하였느니라"

'내가 노하여'는 인간의 모든 죄를 싫어하시는 하나님의 본성에서 비롯된 것입니다.

하나님께서는 출애굽한 이스라엘 백성들에게 가나안 길을 지시하셨으나, 그들은 거스르고 반역하고 끊임없이 불신앙으로 나아가다 결국 광야에서 모두 죽는 비극을 초래하였습니다.

"내가 노하여 맹세한 바와 같이"

하나님께서 얼마나 노하셨으면 맹세까지 하셨겠습니까?

민 14:29-30 "너희 시체가 이 광야에 엎드러질 것이라 너희 중에서 이십 세 이상으로서 계수된 자 곧 나를 원망한 자 전부가 여분네의 아들 갈렙과 눈의 아들 여호수아 외에는 내가 맹세하여 너희에게 살게 하리라 한 땅에 결단코 들어가지 못하리라"

너무나도 단호한 하나님의 말씀입니다. 출애굽하여 하나님의 선민이 되었는데도, 불순종으로 가나안 땅에 들어가지 못하는 비극이 초래된 것입니다.

시 95:11 "그러므로 내가 노하여 맹세하기를 그들은 내 안식에 들어오지 못하리라 하였도다"

이 안식에 대하여 크리소스톰(Chrysostom), 알쿠인(Alcuin)은 세 가지로 해석하고 있습니다.
첫째, 주님께서 그의 일로부터 휴식하신 안식일의 휴식이다.
둘째, 이스라엘 백성들이 고난과 비참한 상태에서 가나안에 들어감으로써 취하는 휴식이다.
셋째, 참 휴식은 하나님의 왕국에서 모든 수고와 어려움에서부터 해방되어 누리는 휴식이다.
출애굽 당시 이스라엘 백성들의 목적지는 가나안에 들어가는 것이었습니다.
그러나 신약시대의 이 안식은 영적인 의미의 안식으로 성취될 완성된 하나님의 나라를 가리킵니다. 그곳은 악의 세력이 전혀 미치지 못하는 안식이 실현되는 곳입니다.

계 21:4 "모든 눈물을 그 눈에서 닦아 주시니 다시는 사망이 없고 애통하는 것이나 곡하는 것이나 아픈 것이 다시 있지 아니하리니 처음 것들이 다 지나갔음이러라"

우리 모두는 하나님의 뜻에 순종하며, 주님 다시 오시는 그날까지 참 안식에 들어 갈 것을 소망하며, 신앙을 하는 것입니다.

3. 죄의 유혹으로 완고하게 됨을 면해야 함

12-14절 "형제들아 너희는 삼가 혹 너희 중에 누가 믿지 아니하는 악한 마음을 품고 살아 계신

하나님에게서 떨어질까 조심할 것이요 오직 오늘이라 일컫는 동안에 매일 피차 권면하여 너희 중에 누구든지 죄의 유혹으로 완고하게 되지 않도록 하라 우리가 시작할 때에 확신한 것을 끝까지 견고히 잡고 있으면 그리스도와 함께 참여한 자가 되리라"

사람이란 죄악에 빠지기가 쉽습니다. 그래서 신앙에서 떨어질까 조심해야 합니다.
믿음에서 떨어질까 염려하여 피차 권면하고 죄의 유혹으로 완고하게 됨을 면하라고 합니다. 시작할 때 견고히 잡으면 그리스도 안에 있게 됨을 말합니다.
악한 : 헬라어 '아피스티아스(απιστίας)'는 고의적인 불신의 죄임. 하나님을 거부하는 것을 뜻하며, 곧 불신앙입니다.
확실한 것 : 헬라어 '휘포스타시스(ύπόστασις)'는 본질, 본체, 실상을 뜻함. 여기서는 믿음과 경배의 대상이신 하나님임.
참여한 : 헬라어 '메 토코이(μέτοχοι)'는 그리스도 안에서 함께 나눔을 의미함. 불신앙으로 강퍅케 됨을 면하고 그리스도와 함께함을 의미합니다.
당시 유대교에서 개종한 사람 중에 기독교 신앙을 떠나 다시 유대교로 돌아가려는 무리들이 있었습니다.

12절(상) "형제들아 너희는 삼가 혹 너희 중에 누가 믿지 아니하는 악한 마음을 품고……"

신앙에는 여러 가지 어려움이 따릅니다. 그렇다고 중도 포기하면 어떻게 되겠습니까?
믿지 아니하는 악심은 배교하는 것입니다. 믿음에서 떠나는 것입니다. 타종교도 똑같이 하나님을 믿는 것으로 간주하고 떠나는 것입니다.
그러나 그것은 예수 그리스도로 말미암은 구원에서 떠나게 되는 것입니다.

민 14:35 "나 여호와가 말하였거니와 모여 나를 거역하는 이 악한 온 회중에게 내가 반드시 이같이 행하리니 그들이 이 광야에서 소멸되어 거기서 죽으리라"

악심은 고의적인 불신의 죄입니다. 이는 불신앙에서 온 것입니다.
출애굽한 이스라엘 백성이 다시 애굽으로 돌아가면 어떻게 되겠습니까?
예수 믿고 구원 받은 성도가 세상으로 돌아가는 것과 같습니다.

12절(하) "…… 살아 계신 하나님에게서 떨어질까 조심할 것이요"

하나님을 떠나면 거역되고 배교되어 그 결과는 심판이 따릅니다. 하나님으로의 분리는 곧 사망길이요, 지옥행입니다. 그러므로 하나님으로부터 떨어지지 않도록 서로 권면해야 하는 것입니다.

살전 5:14 "또 형제들아 너희를 권면하노니 게으른 자들을 권계하며 마음이 약한 자들을 격려하고 힘이 없는 자들을 붙들어 주며 모든 사람에게 오래 참으라"

우리는 서로 간 믿음에 강건해지도록 격려하고 권면하는 것입니다. 게으른 자들을 타이르고 경계해야 합니다. 마음이 약한 자들을 격려하고 붙들어 주어야 합니다.

13절 "오직 오늘이라 일컫는 동안에 매일 피차 권면하여 너희 중에 누구든지 죄의 유혹으로 완고하게 되지 않도록 하라"

성경적인 권면의 말씀을 소홀이 여기면 심령이 완고하게 되어 하나님에게서 멀어져 차츰 영적으로 죽게 됩니다. 그러므로 우리는 피차 사랑으로 권면해주어야 합니다. 하나님 중심으로 살아야 할 것을 권면해 주는 것입니다.

"오직 오늘이라 일컫는 동안에 매일 피차 권면하여"

사도들의 복음을 통해 날마다 말씀하시는 현재로서의 오늘입니다. 이는 시간의 긴박성을 암시합니다. 배교의 위험성이 있었던 당시 유대인 공동체에서 한순간이라도 놓치지 않은 긴박성을 가지고 서로 권면하여 경건한 삶을 살아갈 수 있도록 한 것입니다.

13절(하) "…… 누구든지 죄의 유혹으로 완고하게 되지 않도록 하라"

오늘날 신앙생활에서 몇 가지 주의할 것이 있습니다.
나는 무교회주의자이기 때문에 아무 데서나 예배한다, 나는 기도원에서 예배하고 기도하며 신앙한다 등. 무교회주의는 정착 없이 예배함으로 편할 것 같지만, 절대 그렇지 않습니다. 죄의 유혹에 빠지면 마음이 완고해져서 하나님을 떠나고 사망의 길로 가게 됩니다.

피차 잘 권면하여, 그 길에서 떠나 하나님을 향하게 해야 합니다.

14절 "우리가 시작할 때에 확신한 것을 끝까지 견고히 잡고 있으면 그리스도와 함께 참여한 자가 되리라"

여기서 '시작할 때'는 예수 그리스도를 처음 믿을 때입니다. 무엇이든지 처음이 중요합니다.

광야에서 이스라엘 백성이 완고하여 모세와 하나님을 불신하고 반역한 조상들의 전철을 밟지 말고, 처음 가졌던 믿음의 확신을 가지라는 것입니다.

그리스도와 함께 참여한 자는 천국을 유업으로 상속받는 자입니다. 그러기 위해서는 시작할 때 확신한 것을 끝까지 견고히 붙잡고 가야 합니다. 처음 주를 믿을 때의 초심의 순수성과 진리에 대한 확신을 갖고 믿음의 경주를 해야 합니다.

예수 그리스도의 푯대를 향해 달려가 승리하는 굳건한 신앙으로 나아가는 것입니다.

출애굽한 이스라엘 백성들은 광야 40년간 모세와 하나님을 끊임없이 거역하고, 반역하고, 불순종했습니다. 그들은 마음이 완고하여 하나님께서 뜻하시는 길을 가지 않고 불순종하고 불신앙하였습니다.

구약 이스라엘 백성의 광야에서의 불신앙을 귀감삼아 우리의 신앙을 점검해 볼 필요가 있습니다. 우리 각자를 향하신 하나님의 뜻이 무엇인지를 구하고, 우리 각자에게 비춰지는 빛이 무엇인지를 조명해 봐야 합니다.

매사 하나님 말씀 중심으로 생각하며 믿음의 길을 가야 합니다.

세상 유혹에 빠져 완고한 마음이 되지 않도록 조심하고, 믿음에 굳게 서가야 합니다.

Ⅲ. 불순종의 결과

히 3 : 15-19

⑮ 성경에 일렀으되 오늘 너희가 그의 음성을 듣거든 격노하시게 하던 것 같이 너희 마음을 완고하게 하지 말라 하였으니 ⑯ 듣고 격노하시게 하던 자가 누구냐 모세를 따라 애굽에서 나온 모든 사람이 아니냐 ⑰ 또 하나님이 사십 년 동안 누구에게 노하셨느냐 그들의 시체가 광야에 엎드러진 범죄한 자들에게가 아니냐 ⑱ 또 하나님이 누구에게 맹세하사 그의 안식에 들어오지 못하리라 하셨느냐 곧 순종하지 아니하던 자들에게가 아니냐 ⑲ 이로 보건대 그들이 믿지 아니하므로 능히 들어가지 못한 것이라

출애굽한 이스라엘 백성들은 하나님의 이적과 기사를 보고도 여전히 마음이 완고했습니다. 그들은 광야 40년 내내 하나님을 노하게 했습니다. 오늘의 세대는 과거 광야생활 세대를 보아서 하나님께 불순종하지 말 것을 말씀하고 있습니다.

출애굽한 이스라엘 백성들은 이해가 되지 않을 정도로 불순종했습니다. 그들은 애굽에서 노예생활을 벗어나 광야의 일정기간을 잘 겪으며 가나안에 들어갔습니다. 그러나 안타깝게도 이스라엘 백성은 하나님께 불순종했습니다. 마음이 완고하여 도무지 변함이 없었습니다. 그 결과 하나님의 진노를 사게 되고, 광야에서 1세대 모두가 죽는 비극을 초래했습니다.

15절 "성경에 일렀으되 오늘 너희가 그의 음성을 듣거든 격노하시게 하던 것 같이 너희 마음을

하나님께서 뜻하시고 계획하신 것은 그대로 순종해야 합니다.

신앙의 중요한 것은 하나님 말씀에 순종하느냐, 아니 하느냐이듯이 우리는 하나님 말씀에 순종하며, 하나님이 기뻐하시는 삶을 살아가야 합니다.

여기서는 '불순종의 결과'에 대하여 살펴보고자 합니다.

1. 마음을 완고하게 하지 말아야 함

15-16 "성경에 일렀으되 오늘 너희가 그의 음성을 듣거든 격노하시게 하던 것 같이 너희 마음을 완고하게 하지 말라 하였으니 듣고 격노하시게 하던 자가 누구냐 모세를 따라 애굽에서 나온 모든 사람이 아니냐"

격노케 하다 : 헬라어 '파레피크라난($\pi\alpha\rho\epsilon\pi\iota\kappa\rho\alpha\nu\sigma\nu$)'은 '화나게 하다' 혹은 '반역하다'의 뜻임.

따라 : 헬라어 '디아($\delta\iota\acute{\alpha}$)'는 '…… 통하여'의 뜻임. 모세를 통하여 애굽에서 나온 것의 의미하는 말로 성도는 불신앙으로 완고하지 말라는 의미입니다.

마음은 사람의 좌소(座所)입니다. 그 생각에 따라 모든 것이 달라집니다. 따라서 마음이 강퍅하면 부정적인 사람이 됩니다.

어떤 사람이 몸이 몹시 아파 병원을 찾았습니다. 진단 결과 간경화증이었습니다.

의사가 병을 치료하려면 술, 담배를 끊어야 한다고 하였습니다.

그런데 그 환자는 자기는 죽어도 그것을 끊을 수 없다고 합니다.

의사가 한참을 생각하더니 좋은 방법이 있다고 합니다.

무엇이냐고 물었더니 대답이 이러합니다.

"선생! 술, 담배를 자유스럽게 마음대로 하십시오! 그러면 두 달 후에는 이 세상 사람이 아닐 것입니다."

신앙생활에도 마찬가지입니다. 영혼의 의사이신 하나님 말씀에 순종해야 합니다. 하나님 말씀에 순종치 아니하면 그 간경화 환자처럼 죽게 됩니다.

15절 "성경에 일렀으되 오늘 너희가 그의 음성을 듣거든 격노하시게 하던 것 같이 너희 마음을 완고하게 하지 말라 하였으니"

이 구절의 이해를 돕기 위해 다른 성경의 내용을 보겠습니다.

현대인의 성경 : "성경에서는 오늘 너희가 그의 음성을 듣거든 반역하던 때처럼 못된 고집을 부리지 마라"

현대어 성경 : "그러므로 지금 이 시기가 중요합니다. 다음 경고를 잠시라도 잊어버리지 마십시오. 므리바에서 너희 선조가 그랬던 것처럼 그렇게 고집을 부리지 말아라. 너의 선조가 맛사에서 그랬던 것처럼 그렇게 고집을 부리지 말아라"

공동 번역 : "성서에서도 이런 말씀이 있습니다. 너희가 오늘 하나님의 음성을 듣거든 반역하던 때처럼 완악한 마음을 품지 말아라"

흠정역(KJV) : "말씀에 이른 바와 같이 오늘 너희가 그의 음성을 듣거든 격노의 때와 같이 너희 마음을 완악하게 하지 말라 하셨으니"

하나님의 음성을 들을 때 마음을 완악하게 하면 안 된다는 것이지요.
하나님 말씀에는 '아니요'가 아닌 '예'뿐입니다.
아브라함은 하나님 언약에 따랐고, 그 말씀에 순종했습니다.
이삭도 그러했고, 야곱도 그러했고, 모든 선지자도 그러했습니다.
안타깝게도 출애굽한 이스라엘 백성들은 그렇지 못했습니다. 때마다 반역하고, 원망하고, 불평하고, 불순종했습니다.
그리하여 하나님의 노하심을 격동케 하였습니다.
오늘을 사는 우리는 거울삼아 순종의 삶을 살아가야겠습니다.
하나님의 뜻과 계획하신 일에 전적으로 순종하며 살아가는 것입니다.

16절 "듣고 격노하시게 하던 자가 누구냐 모세를 따라 애굽에서 나온 모든 사람이 아니냐"

하나님의 음성을 듣고도 거역한 자들이 누구였겠습니까?

모세를 좇아 나온 이스라엘 백성들이었습니다. 그들은 하나님의 거룩하심과 위대하심을 보았으나 불신앙하였던 것입니다.

이솝 우화에 개와 수탉과 여우의 이야기가 있습니다.

개와 수탉이 함께 여행을 하던 중 날이 저물었습니다.

수탉은 나무 위로 올라가 잠을 청했고, 개는 속이 텅 빈 나무속에 들어가 잠을 청했습니다. 아침이 되자 수탉은 습관대로 큰소리로 새벽을 깨웠습니다.

그것을 알게 된 여우가 욕심이 나서 닭에게 다가가 다음과 같이 유혹했습니다.

"아름다운 목소리를 가진 수탉님! 귀한 목소리를 가진 당신을 한 번 안아보고 싶으니 내게로 내려와 주십시오."(잡아먹으려고)

그때 수탉은 욕심 많은 여우에게 "나무속에서 잠자는 문지기를 먼저 깨워주면 내려와서 당신의 품에 안기겠습니다"라고 말했습니다.

나무속에 누가 있는지 모르고 다가가 개를 깨우자 개가 즉시 여우를 덮쳐 죽였습니다. 욕심 많고 꾀가 많은 여우는 자신이 죽음의 길인 줄 모르고 행하다가 죽고 말았습니다.

사람들은 자기의 의지대로 욕심에 이끌려 나아가는 길이 사망의 길인지 모르고 나아가다가 패망에 이릅니다.

광야의 길을 걷던 이스라엘 백성의 실패를 오늘을 사는 우리는 교훈삼아 삼가 조심하여야겠습니다.

신 1:35 "이 악한 세대 사람들 중에는 내가 그들의 조상에게 주기로 맹세한 좋은 땅을 볼 자가 하나도 없으리라"

출애굽한 이스라엘 백성은 하나님의 음성을 모두 듣고, 또 구원하시는 능력을 친히 목격하였음에도 불구하고 어려움에 봉착할 때마다 하나님을 불평하고 애굽을 그리워함으로 해서 하나님을 격노케 했습니다.

오늘날도 예수 잘 믿다가 실족하는 자들이 많이 있습니다. 마지막 심판 때 반드시 그 대가를 치르게 됩니다.

2. 범죄를 회개치 않으면 그에 따른 보응이 있음

17절 "또 하나님이 사십 년 동안 누구에게 노하셨느냐 그들의 시체가 광야에 엎드러진 범죄한 자들에게가 아니냐"

이스라엘 백성의 광야 40년 가운데 하나님의 말씀에 불순종하여 하나님께서 격노하심으로 인해 안타깝게도 가나안 땅에 들어가지 못하고 다 죽음을 맞이합니다.

범죄한 : 헬라어 '하마르타노(αμαρτουω, 죄는 하마르티아 ; αμαρτια)'의 원뜻은 '과녁에서 빗나가다'임. 하나님의 법도에서 벗어남을 뜻합니다.

엎드려진 자 : 불신앙으로 죽은 자를 뜻함. 성도가 하나님의 말씀을 떠나면 죽음에 이름을 의미합니다.

광야는 삭막하고, 메마르고, 거친 땅입니다. 그 길을 가다보면 힘들고, 고달프고, 짜증납니다. 그러나 출애굽한 이스라엘 백성들은 하나님의 뜻에 순응하며 나아가야 했습니다.

하나님께서 약속하신 땅을 향해 가는 노정입니다. 그러면 하나님의 인도하심대로 말없이 순종하며 가는 것이 마땅합니다. 그러나 그러하지 못했습니다. 원망하고 불평했습니다.

민 14:27 "나를 원망하는 이 악한 회중에게 내가 어느 때까지 참으랴 이스라엘 자손이 나를 향하여 원망하는바 그 원망하는 말을 내가 들었노라"

이스라엘 백성들이 모세를 원망하며, 끊임없이 하나님에게도 거역했습니다.

17절(하) "…… 범죄한 자들……"

이스라엘 백성의 광야 40년 동안에 저질렀던 죄입니다. 시험하고 원망과 불평과 불순종한 것입니다.

모세의 인도로 가나안을 향해가던 이스라엘 백성들이 원망하고 불순종함으로 말미암아 안타깝게도 광야 1세대는 다 죽고 말았습니다.

민 14:32 "너희의 시체는 이 광야에 엎드러질 것이요"

35 "나 여호와가 말하였거니와 모여 나를 거역하는 이 악한 온 회중에게 내가 반드시 이같이 행하리니 그들이 이 광야에서 소멸되어 거기서 죽으리라"

하나님을 거역하고 불순종하며 범죄한 이스라엘 백성들이 광야에서 모두 죽고 말았습니다.

이스라엘 백성이 출애굽을 통해 구원의 은총을 체험했습니다.

예수님을 통해 유대 공동체도 구원의 체험을 깨달아 알았습니다.

그러나 초대교회 때 유대교로 뒤돌아가는 자들이 있었습니다.

본문은 구약 때 출애굽한 이스라엘 백성을 예로 들어 경각심을 주고 있는 것입니다.

출애굽한 이스라엘 민족에게 가나안에 들어가는 길을 하나님께서 열어놓았던 것입니다. 문제는 바로 그들 각자에게 있었던 것입니다.

고전 10:5-6 "그러나 그들의 다수를 하나님이 기뻐하지 아니하셨으므로 그들이 광야에서 멸망을 받았느니라 이러한 일은 우리의 본보기가 되어 우리로 하여금 그들이 악을 즐겨 한 것 같이 즐겨 하는 자가 되지 않게 하려 함이니"

주님의 말씀에 대한 의심이나 불순종을 하지 말 것을 교훈하고 있는 것입니다.

하나님께서 이스라엘 백성에게 광야 길을 걷게 한 것은 낮추시고, 시험하사 마침내 복을 주시기 위함이었는데 순종하지 않았습니다.

애굽의 모습을 가지고 가나안에 들어갈 수는 없는 것입니다. 불순종과 탐욕은 망하는 길입니다.

이솝우화에 '황금알을 낳은 거위' 이야기가 나옵니다.

옛날 어떤 가난한 농부가 자기가 기르는 거위가 번쩍번쩍 빛나는 황금알을 낳는 게 아닙니까? 믿을 수 없는 일에 너무너무 좋았습니다.

농부는 농사일도 팽개치고 황금알을 갖는 것이 중요한 일과처럼 되었습니다.

아무튼 그로 인해 농부는 큰 부자가 되었습니다.

그러나 그는 재산이 늘어가면서 더욱 탐욕스럽게 변해갔습니다.

농부는 매일 하나씩 낳는 황금알을 기다릴 수 없어서 거위를 죽여 한꺼번에 모든 황금알을 얻고 싶었습니다.

그리하여 거위를 죽이고 배를 갈랐을 때 뱃속에는 황금알이 한 개도 없었습니다.

이제 농부는 더 이상 황금알을 얻을 수 없게 되었습니다.

농부의 성급함과 탐욕으로 결국 주어진 복을 걷어차 버리고 말았던 것입니다.

민 11:34 "…… 그곳 이름을 기브롯 핫다아와라 불렀으니 욕심을 낸 백성을 거기 장사함이었더라"

광야에는 먹을 것이 없었습니다. 하나님께서 매일 만나를 내려주셨습니다. 이스라엘 백성들이 "만나 먹고는 못살겠다! 고기를 달라!" 하고 아우성을 치니까 하나님께서 메추라기를 보내 주었더니 탐욕을 부린 것입니다.

'기브롯 핫다아와'는 욕심의 무덤이란 뜻입니다. 탐욕을 부린 백성은 모두 죽었습니다. 하나님께서 이스라엘 백성이 광야의 길을 걷게 한 그 뜻을 바로 알아 순종하며 그 길을 가야 했습니다.

신 8:7 "네 하나님 여호와께서 너를 아름다운 땅에 이르게 하시나니 그곳은 골짜기든지 산지든지 시내와 분천과 샘이 흐르고"

아름다운 땅은 가나안 땅입니다.

가나안은 천국을 예표합니다.

천국의 예표인 교회생활 잘하여 천국 기업을 얻어가는 것입니다.

3. 불순종은 하나님의 안식에 못 들어감

18-19절 "또 하나님이 누구에게 맹세하사 그의 안식에 들어오지 못하리라 하셨느냐 곧 순종하지 아니하던 자들에게가 아니냐 이로 보건대 그들이 믿지 아니하므로 능히 들어가지 못한 것이라"

이스라엘 백성이 안식에 들어가지 못했던 이유가 그들의 불순종 때문이었습니다. 계속적으로 하나님을 시험하므로 인해 약속한 땅에 들어가지 못하였습니다.

순종치 아니하던 : 믿지 않았다는 것과 같은 뜻임. 하나님의 말씀에 귀 기울이지 않은 것입니다.

보건대 : 불순종한 사실을 살펴 삼가라는 뜻임(시 95편 결론). 하나님 말씀에 순종하고 불신앙하지 말 것을 의미합니다.

광야의 이스라엘 백성의 노정을 보고 그들의 불신앙을 보면서 어떠한 느낌을 받았습니까? 안타깝다는 생각이 들지 않습니까?

그렇습니다. 우리가 광야의 노정과 같은 교회 생활에 대해 시사하는 바가 큽니다. 출애굽한 이스라엘 백성들은 하나님의 음성에 진정한 의미에서 귀 기울이지 않았습니다. 이는 불순종이요, 불신앙이었습니다. 그리하여 하나님의 진노를 샀던 것입니다.

민 14:23-24 "내가 그들의 조상들에게 맹세한 땅을 결단코 보지 못할 것이요 또 나를 멸시하는 사람은 한 사람도 그것을 보지 못하리라 그러나 내 종 갈렙은 그 마음이 그들과 달라서 나를 온전히 따랐은즉 그가 갔던 땅으로 내가 그를 인도하여 들이리니 그의 자손이 그 땅을 차지하리라"

불순종했던 이스라엘 백성들은 가나안에 들어가지 못하고 광야에서 다 죽었습니다. 순종했던 여호수아와 갈렙만 가나안 복지에 들어갔습니다.

약속된 가나안 땅은 영적 안목으로 보면, 하나님의 언약을 준수하고 순종하는 자들이 들어가는 곳입니다.

본문의 경고는 오고 가는 모든 세대, 곧 모든 인류를 향한 메시지입니다.

18절 "또 하나님이 누구에게 맹세하사 그의 안식에 들어오지 못하리라 하셨느냐 곧 순종하지 아니하던 자들에게가 아니냐"

불순종은 불신앙의 정점이며, 하나님에 대한 노골적인 멸시이며, 반항입니다. 이는 약속된 안식에 들어가지 못하는 결정적인 장애였습니다.

여기서 받는 교훈은 복음을 듣고도 불순종하면 영원한 도성 천국의 안식에 들어가지 못함을 경고 받는 것입니다.

하나님 약속의 언약은 중단 없이 진행됩니다. 그러므로 끝까지 믿고 의지하며 전진해야 하는 것입니다. 성도의 말씀과 기도로 성령의 인도함을 받아 날마다 믿음으로 전진하며 신앙하는 것입니다.

하나님은 성령님으로 우리 가운데 함께하시며 말씀으로 인도하십니다. 날마다 새롭게 새 생명으로 인도하십니다. 하나님이 원하시는 길로 인도하십니다. 그러므로 성령께서 말씀으로 인도할 때 순종하며 나아가는 것입니다.

하나님 나라는 현재적이며 동시에 미래적입니다. 날마다 성령님 인도함을 받아 나아가 얻는 것입니다.

롬 14:17 "하나님의 나라는 먹는 것과 마시는 것이 아니요 오직 성령 안에 있는 의와 평강과 희락이라"

하나님 나라는 성령 안에서 의와 평강과 희락임을 믿으시기 바랍니다. 우리는 날마다 믿음으로 전진하는 것입니다.

19절 "이로 보건대 그들이 믿지 아니하므로 능히 들어가지 못한 것이라"

여기서 이로 보건대는 시편 95장 7절에서 11절에 대한 결론적인 내용입니다.

시 95:7(하) "…… 너희가 오늘 그의 음성을 듣거든"
　　8 "너희는 므리바에서와 같이 또 광야의 맛사에서 지냈던 날과 같이 너희 마음을 완악하게 하지 말지어다"
　　10(하) "…… 그들은 마음이 미혹된 백성이라 내 길을 알지 못한다 하였도다"
　　11 "그러므로 내가 노하여 맹세하기를 그들은 내 안식에 들어오지 못하리라 하였도다"

계속적으로 말한바와 같이 불순종한 이스라엘 백성은 가나안 땅에 못 들어갔습니다. 가나안 땅은 천국의 예표입니다.

어느 부자가 하나님께 자기 재산을 천국으로 가져가겠다고 졸랐습니다.
하도 졸라대는 통해 마지못해 허락하셨습니다.

"그러나 한 가지 조건이 있다! 네 재산을 가방 하나에만 담아야 하느니라."

재산을 모두 팔아 비싼 금으로 바꾼 부자는 아주 흐뭇해하며 말합니다.

"이렇게 할 줄 하나님은 모르실 거야."

드디어 천국 문에 이르니 베드로가 소지품 검사를 합니다.

가방을 열어본 베드로는 깜짝 놀라면서 "이런 도로 포장 재료는 무엇 하러 잔뜩 가져오셨소?"라고 하더랍니다.

성도는 구별된 삶을 사는 자들입니다. 하나님 말씀에 순종하고 예수 그리스도를 믿는 믿음 안에 날마다 나아가는 것입니다.

하나님의 음성을 듣고도 마음을 완고하게 했던 이스라엘 백성을 보면서, 오늘을 사는 우리는 교훈으로 삼아야 하는 것입니다.

하나님의 격노를 샀던 므리바, 곧 다툼의 일과 맛사, 곧 시험하던 일을 시편을 통해 더 자세히 알았습니다.

- 광야 이스라엘 백성이 가나안에 들어가지 못한 것은 불신앙 때문이었습니다.
- 초대교회 그리스도인에게 준 이 교훈은 오늘 우리에게도 동일합니다.
- 오늘을 사는 그리스도인들도 하나님 말씀에 순종하고 지켜 행하는 것입니다.
- 성도는 그리스도 안에 온전한 믿음으로 약속하신 참 안식에 들어가는 자들입니다.

이러한 믿음으로 나아가야겠습니다.

제4장

말씀의 능력과
대제사장 그리스도

I. 안식과 약속

히 4 : 1-11

① 그러므로 우리는 두려워할지니 그의 안식에 들어갈 약속이 남아 있을지라도 너희 중에는 혹 이르지 못할 자가 있을까 함이라 ② 그들과 같이 우리도 복음 전함을 받은 자이나 들은 바 그 말씀이 그들에게 유익하지 못한 것은 듣는 자가 믿음과 결부시키지 아니함이라 ③ 이미 믿는 우리들은 저 안식에 들어가는 도다 그가 말씀하신 바와 같으니 내가 노하여 맹세한 바와 같이 그들이 내 안식에 들어오지 못하리라 하셨다 하였으나 세상을 창조할 때부터 그 일이 이루어졌느니라 ④ 제칠일에 관하여는 어딘가에 이렇게 일렀으되 하나님은 제칠일에 그의 모든 일을 쉬셨다 하였으며 ⑤ 또 다시 거기에 그들이 내 안식에 들어오지 못하리라 하였으니 ⑥ 그러면 거기에 들어갈 자들이 남아 있거니와 복음 전함을 먼저 받은 자들은 순종하지 아니함으로 말미암아 들어가지 못하였으므로 ⑦ 오랜 후에 다윗의 글에 다시 어느 날을 정하여 오늘이라고 미리 이같이 일렀으되 오늘 너희가 그의 음성을 듣거든 너희 마음을 완고하게 하지 말라 하였나니 ⑧ 만일 여호수아가 그들에게 안식을 주었더라면 그 후에 다른 날을 말씀하지 아니하셨으리라 ⑨ 그런즉 안식할 때가 하나님의 백성에게 남아 있도다 ⑩ 이미 그의 안식에 들어간 자는 하나님이 자기의 일을 쉬심과 같이 그도 자기의 일을 쉬느니라 ⑪ 그러므로 우리가 저 안식에 들어가기를 힘쓸지니 이는 누구든지 저 순종하지 아니하는 본에 빠지지 않게 하려 함이라

사도 요한의 제자였으며, 서머나 교회의 감독이었던 폴리갑이 자고새 한 마리와 한가로이 시간을 보내고 있었습니다.

지나가던 사람이 물어봅니다.

"성자라 부르는 분이 어떻게 새와 놀며 시간을 보내시고 계십니까?"

그러자 폴리갑은 빙그레 웃으면서 말합니다.

"활도 쏘지 않을 때는 활줄을 풀어 놓아 두듯이 일과 쉼도 조화가 필요하다오."

일한 후에는 쉼이 있듯이 약속이 계속 유효하기에 완곡한 어조로 안식에 들어 갈 것을 힘쓰라고 합니다.

안식은 세상 창조 때부터 이미 베푸신 것으로, 하나님 백성에게는 계속 열려 있습니다. 열어 놓으신 안식에 들어가기만 하면 되는 것입니다.

광야에서 불순종한 이스라엘 백성의 본에 빠지지 말고 약속하신 그 길을 순종하며 나아갈 것을 권면합니다.

좀 더 깊이 '안식의 약속'에 대해 살펴보고자 합니다.

1. 믿음으로 안식에 들어감

1-3절 "그러므로 우리는 두려워할지니 그의 안식에 들어갈 약속이 남아 있을지라도 너희 중에는 혹 이르지 못할 자가 있을까 함이라 그들과 같이 우리도 복음 전함을 받은 자이나 들은 바 그 말씀이 그들에게 유익하지 못한 것은 듣는 자가 믿음과 결부시키지 아니함이라 이미 믿는 우리들은 저 안식에 들어가는 도다 그가 말씀하신 바와 같으니 내가 노하여 맹세한 바와 같이 그들이 내 안식에 들어오지 못하리라 하셨다 하였으나 세상을 창조할 때부터 그 일이 이루어졌느니라"

광야의 이스라엘 백성은 불순종으로 가나안 안식에 들어가지 못하였습니다.

그러나 안식은 여전히 유효하며 혹 미치지 못할 자가 있을까 염려를 합니다.

복음이 유익되지 못함은, 믿음에 서 있지 못하기 때문입니다.

예비하신 안식은 창조할 때부터 이루어진 것임으로 믿음으로 얻어진다는 것입니다.

이르지 못할 자 : 문자적 의미는 '목표에 도달하지 못하다'임. 안식에 들어가지 못할 자 있을까 염려함입니다.

결부시키지 아니함 : 복음을 듣고도 믿음을 등한히 여김을 의미함. 성도가 복음을 등한히 여겨 안식에 들어가지 못함을 염려하는 의미입니다.

이 땅의 삶은 힘들고 고달픕니다.

너무 복잡하고 각박한 환경 속에서는 안식을 찾기가 어렵습니다. 외적 세상 환경에서는 평안을 얻기 힘듭니다.

하나님의 하시는 일과 그 뜻에 합당한 순종과 안식은 하나님께로부터만 온다는 확신을 가지고 보다 적극적인 자세로 지향해가는 것이 중요합니다. 사실 평안은 내부로부터 오는 것입니다.

마 11:28 "수고하고 무거운 짐 진 자들아 다 내게로 오라 내가 너희를 쉬게 하리라"

주께서는 무거운 짐 진 자들이라고 합니다. 우리에게는 갖가지 짐이 있습니다. 이는 에덴에서 지은 죄로 인해 인간이 짊어진 무게입니다. 주께서 그 죄 짐을 십자가에서 담당해 주셨기에 자유함을 얻었습니다. 이 땅의 육적인 삶이 힘들어도 내적인 평안을 얻을 수 있는 이유입니다.

언제고 들어갈 참 안식을 소망하며 살아갈 때 영육 간 평강을 얻을 수 있습니다.

1절 "그러므로 우리는 두려워할지니 그의 안식에 들어갈 약속이 남아 있을지라도 너희 중에는 혹 이르지 못할 자가 있을까 함이라"

광야의 이스라엘 백성이 하나님께 불순종하므로 가나안에 못 들어간 것처럼 오늘날도 복음을 받고도 그 안식에 들어가지 못할까 염려함입니다.

현대인 성경에는 "그러므로 하나님의 안식처에 들어갈 약속은 아직도 효력이 있습니다. 여러분 가운데 아무도 그곳에 들어갈 기회를 놓치지 않도록 조심하십시오"라고 하였습니다.

하나님께서는 모든 사람들이 안식을 얻기를 원하십니다. 그러나 안식에 들어가지 못할 자가 있을까 염려함은 그럴 자가 있을 수 있다는 것입니다.

2절 "그들과 같이 우리도 복음 전함을 받은 자이나 들은 바 그 말씀이 그들에게 유익하지 못한 것은 듣는 자가 믿음과 결부시키지 아니함이라"

본문 끝에 '결부시키지 아니함'의 원문의 뜻은 삼킨 음식물이 분비액과 서로 섞여져야 하는데 섞이지 못하면 본래 기능을 발휘하지 못한 것처럼, 복음을 믿음으로 화합하지 못하면 그 효능을 발휘하지 못하고, 우리에게 유익을 줄 수 없다는 것입니다.

신약시대의 그리스도인에게나, 구약시대의 이스라엘 백성에게나 하나님께서 주신 안식에 대한 약속은 동일했습니다. 그러나 그 복음을 듣고 믿음으로 화합하지 아니했기 때문에 전혀 유익하지 못했던 것입니다.

복음을 들은 자들은 그 말씀 안에 거하고, 참 안식에 들어가 하나님이 주시는 참 평안을 누리는 복된 삶이 되어야 합니다.

3절(상) "이미 믿는 우리들은 저 안식에 들어가는 도다……"

구약 때 이스라엘 백성이 들어간 가나안의 땅이 아니라, 현재의 그리스도인들이 하나님의 안식에 들어감을 의미합니다.

이 절의 안식은 '하나님이 수여하시는 안식'을 뜻하기보다는 하나님이 취하신 안식에 동참하는 그러한 안식입니다.

3절(중하) "…… 그가 말씀하신 바와 같으니 내가 노하여 맹세한 바와 같이 그들이 내 안식에 들어오지 못하리라 하셨다 하였으나 세상을 창조할 때부터 그 일이 이루어졌느니라"

이 구절은 시 95:11의 인용입니다.

구약 때 이스라엘 백성들이 약속받은 하나님의 안식, 곧 가나안 땅에 들어갈 수 없었던 것은 그들이 마음이 완고하여져서 하나님의 길을 의도적으로 거역한 결과입니다.

그들이 안식을 누리지 못한 것은 그들의 죄악에 대한 하나님의 진노로 말미암은 것이지 결코 안식이 폐지되었거나, 혹은 안식이 완성되지 않았기 때문이 아닙니다.

하나님의 안식은 이미 하나님이 세상을 창조하실 때부터 완성되어 있었습니다.

창 2:2 "하나님이 그가 하시던 일을 일곱째 날에 마치시니 그가 하시던 모든 일을 그치고 일곱째 날에 안식하시니라"

하나님의 안식은 창세 이후로도 지속되고 있으며, 믿음으로 순종하는 모든 이에게 열려있습니다.

이스라엘 백성이 가나안 땅에 들어감으로 약속된 안식을 누렸던 것은 앞으로 올 영원한 안식의 한 그림자였습니다. 영원한 안식은 예수 그리스도께서 예비한 처소입니다.

안식일의 주인이신 예수께서 십자가에서 죽으시고, 부활하시고, 승천하심으로 이루어 놓은 것입니다(마 12:8).

계 14:13 "또 내가 들으니 하늘에서 음성이 나서 이르되 기록하라 지금 이후로 주 안에서 죽는 자들은 복이 있도다 하시매 성령이 이르시되 그러하다 그들이 수고를 그치고 쉬리니 이는 그들의 행한 일이 따름이라 하시더라"

주 안에서 죽은 자들은 수고를 그치고 쉰다고 하였습니다.

우리는 저 영원한 안식에 들어갑니다. 저 천성을 향하여 날마다 소망하며 믿음으로 나아가 참 안식 가운데 거하게 되는 것입니다.

2. 영원한 안식을 지향함

4-9절 "제칠일에 관하여는 어딘가에 이렇게 일렀으되 하나님은 제칠일에 그의 모든 일을 쉬셨다 하였으며 또 다시 거기에 그들이 내 안식에 들어오지 못하리라 하였으니 그러면 거기에 들어갈 자들이 남아 있거니와 복음 전함을 먼저 받은 자들은 순종하지 아니함으로 말미암아 들어가지 못하였으므로 오랜 후에 다윗의 글에 다시 어느 날을 정하여 오늘이라고 미리 이같이 일렀으되 오늘 너희가 그의 음성을 듣거든 너희 마음을 완고하게 하지 말라 하였나니 만일 여호수아가 그들에게 안식을 주었더라면 그 후에 다른 날을 말씀하지 아니하셨으리라 그런즉 안식할 때가 하나님의 백성에게 남아 있도다"

하나님께서 천지를 창조 하실 때 6일간 창조 사역을 마치시고 7일에 안식하셨습니다. 그 후 하나님의 계획하심에 이스라엘 백성을 모세로 하여금 인도하여 출애굽하게 합니다. 광야에서 시험과 연단 과정을 거쳐 가나안 땅을 주실 것을 약속하셨습니다. 그러나 이 가나안 땅에 들어감은 참 안식의 그림자로, 그리고 실상의 영원한 안식은 우리 앞에 남아 있다는 것입니다.

모든 일을 쉬셨다 : 일을 완전히 끝내고 만족 상태의 휴식을 뜻함.

안식할 때가 ······ 남아 있도다 : 가나안 이후에도 계속함을 뜻함. 그리스도로 인한 영원한 안식을 의미하며, 성도는 영원한 안식에 들어가 누림을 의미합니다.

실로 안식이 없는 노동, 노동을 위한 노동은 얼마나 삭막합니까?

태초에 하나님께서는 6일 동안 천지를 창조하시고 7일에는 안식하셨습니다.

이렇게 볼 때 노동도 안식도 모두 하나님의 것입니다. 하나님의 안식은 행하신 일의 완성과 성취를 의미합니다.

4절(하) "…… 하나님은 제칠일에 그의 모든 일을 쉬셨다 하였으며"

하나님이 쉬셨다는 것은 단순히 아무 일도 하지 않은 무위(無爲)의 상태를 뜻하는 것이 아닙니다. 하나님은 지금도 살아 계셔서 섭리 가운데 인간을 살피시고, 모든 만물을 통치하고 계십니다(요 5:17).

5절 "또 다시 거기에 그들이 내 안식에 들어오지 못하리라 하였으니"

구약 출애굽한 이스라엘 백성들이 불순종함으로 약속의 땅에 들어가지를 못했음을 다윗의 글을 통해 다시금 인용하여 말씀한 것입니다.

시 95:11 "그러므로 내가 노하여 맹세하기를 그들은 내 안식에 들어오지 못하리라 하였도다"
신 1:35 "이 악한 세대 사람들 중에는 내가 그들의 조상에게 주기로 맹세한 좋은 땅을 볼 자가 하나도 없으리라"

하나님께 불순종하므로 가나안 땅에 들어가지 못한 그들은 하나님이 주신 복이 얼마나 큰지 몰랐던 것입니다.

이스라엘 백성들이 거기에 들어가지 못했으나 남아 있다는 것은 무엇을 뜻합니까?

6절 "그러면 거기에 들어갈 자들이 남아 있거니와 복음 전함을 먼저 받은 자들은 순종하지 아니함으로 말미암아 들어가지 못하였으므로"

광야의 이스라엘 백성들은 불순종으로 인해 안식에 들어가지 못하였으나 하나님에게 순종하며 의지하는 그리스도인들에게는 안식에 들어가는 길이 열려있음을 뜻합니다.

하나님의 안식에 들어갈 자들은 성령의 인도하심에 귀 기울이며, 하나님의 명령에 믿음과 순종으로 응답하는 자들입니다.

오늘을 살아가는 우리에게는 여전히 하나님의 안식에 들어갈 길이 열려있는 것입니다.

[4-6절까지의 안식에 관하여]

4절에…… 제7일 안식일을 말합니다.

5절에…… 가나안에 들어가는 안식을 말합니다.

6절에…… 영원한 안식에 대해 말씀하고 있습니다.

7절 "오랜 후에 다윗의 글에 다시 어느 날을 정하여 오늘이라고 미리 이같이 일렀으되 오늘 너희가 그의 음성을 듣거든 너희 마음을 완고하게 하지 말라 하였나니"

이 말씀은 시 95:7 하반절을 인용한 것입니다.

'오랜 후'라는 것은 출애굽한 이스라엘 백성의 광야시대를 한참 지난 다윗 왕 시대를 말합니다.

'오늘날'이라고 한 것은 과거의 어느 때 들려준 날과 현재에 말씀을 들려준 날인 것입니다.

7절(하)는 하나님의 음성을 듣고도 마음을 완고하게 하지 말라는 것입니다. 순종하라는 것입니다. 과거의 과오를 답습하지 말라는 것입니다.

8절 "만일 여호수아가 그들에게 안식을 주었더라면 그 후에 다른 날을 말씀하지 아니하셨으리라"

신명기와 여호수아서에서 나타난 안식의 개념은 가나안 땅의 정착을 의미했습니다.

신 3:20 "여호와께서 너희에게 주신 것 같이 너희의 형제에게도 안식을 주시리니 그들도 요단 저쪽에서 너희의 하나님 여호와께서 그들에게 주시는 땅을 받아 기업을 삼기에 이르거든 너희는 각기 내가 준 기업으로 돌아갈 것이니라 하고"

수 1:11 "…… 이 요단을 건너 너희의 하나님 여호와께서 너희에게 주사 차지하게 하시는 땅을 차지하기 위하여 들어갈 것임이니라 하라"

하나님의 약속을 믿어 의심치 아니하였던 여호수아는 이스라엘 백성들을 인도하여 가나안에 들어갔습니다.

그러나 가나안에서의 안식은 진정한 의미의 안식이 아니라는 것입니다.

8절(하) "…… 그 후에 다른 날을 말씀하지 아니하셨으리라"

성격상 가나안에서 누린 안식은 예표이며, 진정한 안식은 그리스도 안에서 성취되기 때문입니다.

9절 "그런즉 안식할 때가 하나님의 백성에게 남아 있도다"

진정한 의미의 안식은 오고간 모든 세대, 곧 그리스도인이 들어가 누리는 곳입니다.

안식의 약속은 예수 그리스도께서 택한 백성들을 위해 예비하신 영원한 하늘나라에서의 안식을 의미합니다(요 14:1-4).

그러므로 안식에 대한 약속은 오늘날에도 계속 유효함을 뜻합니다.

하나님의 최초 안식은 천지 창조 후의 안식입니다. 이는 원형의 안식이라 합니다. 여호수아의 영도 하에 이스라엘 백성이 가나안 땅에 정착한 것은 유형적으로 안식입니다.

하나님의 창조 사역을 기념하여 안식일을 지키는 것을 대형의 안식이라 할 수 있습니다. 이는 구속사의 연장선상에 있어 예수 그리스도로 말미암아 누리는 안식과 장차 성취될 영원한 안식이 한 선상에 있습니다.

우리에게 놓여있는 장차 도래할 영원한 안식을 소망하며 신앙하여야 할 이유입니다.

3. 참 안식에 들어가기를 힘써야 함

10-11절 "이미 그의 안식에 들어간 자는 하나님이 자기의 일을 쉬심과 같이 그도 자기의 일을 쉬느니라 그러므로 우리가 저 안식에 들어가기를 힘쓸지니 이는 누구든지 저 순종하지 아니하는 본에 빠지지 않게 하려 함이라"

그리스도인들은 지금은 완전한 안식에 있지 않으나 궁극적으로 들어가 얻는 참 안식이 있습니다. 주께서 예비하신 그 안식에 들어가기를 힘써야 합니다.

초대교회 성도에게 이스라엘 백성들이 불순종한 예를 들어 가나안에 들어가지 못한 본에 빠지지 않기를 권면합니다.

힘쓸지니 : 헬라어 '스푸다소멘(σπουδάσωμεν)'은 '열심히 노력하다'의 의지를 뜻함.

본 : 헬라어 '휘포데이그마티(ὑποδείγματι)'는 '본보기', '복사'를 뜻함. 옛 이스라엘 백성의 불순종을 따르지 말 것을 의미하며, 성도는 옛것을 돌아보아 거울로 삼고 미래의 안식을 소망할 것을 의미합니다.

성도는 예수 그리스도를 통하여 하나님 안식에 들어가며, 누구든지 안식을 누리게 됩니다.

이렇게 누리게 된 안식은 하나님 나라와 마찬가지로 '이미'와 '아직' 이르지 않은 시제성을 가집니다.

안식은 안식일의 주인이신 예수 그리스도께서 오심으로 '이미' 이 땅에서 시작되었으나 '아직' 완성되지 않은 것으로 하늘나라에서 온전하게 이루어지는 때까지입니다. 이는 믿음으로 말미암아 이미 이 안식을 누리고 있으나 아직 완전한 안식을 누리는 것은 아닌 것입니다. 완전한 안식은 천국에서 누리게 됩니다.

우리는 예수님의 부활을 기념하여 안식일을 주일로 지킵니다. 주일을 지킴으로 안식을 경험하지만, 장차 도래할 하나님 나라의 영원한 안식을 고대하며 신앙합니다.

10절 "이미 그의 안식에 들어간 자는 하나님이 자기의 일을 쉬심과 같이 그도 자기의 일을 쉬느니라"

하나님께서 6일 동안 천지 만물을 지으시고 일곱째 날에 안식하였습니다.

십계명의 제4는 안식일을 기억하여 거룩히 지키라는 것입니다.

"엿새 동안은 힘써 네 모든 일을 행할 것이나, 제칠일은 너희 하나님 여호와의 안식일인즉, 너나 네 아들이나, 네 딸이나, 네 남종이나, 네 여종이나, 네 육축이나 네 문안에 유하는 객이라도 아무 일도 하지 말라. 이는 엿새 동안에 나 여호와가 하늘과 땅과 바다와 그 가운데 모든 것을 만들고 제칠일에 쉬었음이라. 그러므로 나 여호와가 안식일을 복되게 하여, 그날을 거룩하게 하였느니라"

◎ 안식일과 휴식

미국 서부개척 때 일입니다. 당시 켈리포니아의 강바닥에 사금을 채취하여 큰 부자가 되었다는 소문으로 너도나도 다투듯 서부로, 서부로 향했습니다. 남보다 더 빨리 가야 더 많은 사금을 채취할 수 있다는 생각 때문입니다.

빨리 가야만 한다는 강박관념에 쉬지 않고 달려갔습니다.

하지만 존(John)이라는 독실한 그리스도인은 그들과 달리 가족을 돌보며 천천히 갔습니다. 게다가 주일은 행진하지 않고 주일예배를 가족과 함께 드리며 보냈습니다.

이렇게 늑장을 부리면 사금은 앞서간 사람의 차지가 되겠지요?

존의 가족은 마침내 몇 주 후 드디어 목적지에 도착했습니다.

그런데 이상한 일이 일어났습니다. 사람들이 거의 보이지 않아 깜짝 놀랐습니다. 보이는 사람들도 병에 걸렸거나 과로로 쓰러져있었습니다. 절망과 고통의 모습이었습니다.

하나님의 노동의 원칙은 6일간 일하고 7일째 쉬는 것입니다.

11절 "그러므로 우리가 저 안식에 들어가기를 힘쓸지니 이는 누구든지 저 순종하지 아니하는 본에 빠지지 않게 하려 함이라"

출애굽한 이스라엘 백성은 광야를 지나면서 원망과 불평과 불순종으로 하나님께서 약속하신 가나안 복지에 들어가지 못했습니다. 오늘을 사는 우리는 이러한 사실을 알기에 하나님 말씀에 순종하며 신앙합니다.

성도는 현재와 영원, 약속과 성취 사이에 있습니다. 하나님 약속의 말씀에 대한 믿음과 순종으로 영원한 안식에 들어가기를 힘써야 합니다.

안식의 의미를 좀 더 살펴보면, 첫째 안식은 쉬는 것이며, 둘째 안식은 약속이며, 셋째 안식은 예비된 것입니다.

하나님께서 약속하신 안식을 얻음과 그 성격에 대해 살펴보고자 합니다.

안식은 믿음으로 전진해야 얻는 것입니다. 광야 2세대와 여호수아와 갈렙이 가나안에 들어갔습니다. 그들은 믿음으로 전진하여 약속한 땅에 들어갔습니다.

믿음이 없이는 하나님을 기쁘시게 할 수 없듯이 믿음은 성도가 안식을 얻는 조건입니다. 믿음은 근본적으로 하나님에서 나온 것입니다. 그 믿음을 소유한 자들이 안식을 얻을 수 있습니다. 또 이 안식은 육체적으로 힘든 일로부터의 쉼을 얻습니다.

우리가 이 땅에 살려면 일을 해야 합니다. 그러나 일한 후에는 쉼이 필요합니다.

사실 주일은 예배를 통해 쉼과 평강을 얻습니다. 예배는 천국의 예행연습이라 할 수 있습니다.

그리고 안식의 성격은 영적 평안으로부터 얻어집니다.

주께서 안식에 이르는 길을 가르쳐 주셨습니다. 주께서는 마음이 온유하고 겸손하니 나의 멍에를 메고 내게 배우라(마 11:29)고 하셨습니다. 그러면 너희 마음이 쉼을 얻는다고 하셨습니다.

세상 사람들은 예수님께서 가르쳐주신 그 안식을 알지 못하여 스스로 굽은 길을 가다 고통당합니다.

본문은 불순종한 이스라엘 백성의 본에 빠지지 않도록 하고, 참 안식에 들어가기를 힘쓸 것을 권면합니다.

세상 사람들은 의식주 문제나 자녀의 문제가 해결되면 평안할 것으로 생각합니다. 그들은 먹고 마시는 문제로 근심하며, 염려하며, 이 세상 것에 집착하며 살다보니 평안이 없습니다. 더욱이 정신적인 문제는 심각할 정도입니다. 피폐해있습니다.

반면에 성도는 위에 있는 것을 바라보며 살아가는 자들입니다. 도래할 하나님의 나라의 영원한 안식을 소망삼고 살아갑니다. 오직 하나님 나라만 진정한 안식임을 알기 때문에 이 땅의 삶에도 쉼을 얻습니다. 잠시 머물 이 세상에 집착하지 않고, 저 영원한 안식을 바라보며 신앙합니다.

출애굽한 이스라엘 백성들이 약속의 땅 가나안에 들어가지 못하고 1세대는 광야에서 죽음을 당했습니다. 그것은 완고한 마음으로 하나님을 거역하고 불순종했기 때문입니다.

안식에 들어가려면 믿음의 전진이 있어야 합니다. 하나님의 말씀에 순종하여야 합니다.

성도는 이 땅에 살면서도 참 인식에 들어가기를 힘써야 합니다.

II. 말씀의 능력

히 4:12-13

⑫ 하나님의 말씀은 살아 있고 활력이 있어 좌우에 날선 어떤 검보다도 예리하여 혼과 영과 및 관절과 골수를 찔러 쪼개기까지 하며 또 마음의 생각과 뜻을 판단하나니 ⑬ 지으신 것이 하나도 그 앞에 나타나지 않음이 없고 우리의 결산을 받으실 이의 눈앞에 만물이 벌거벗은 것 같이 드러나느니라

천지 창조 이전에 하나님은 스스로 존재로 계셨습니다.
하나님이 태초에 말씀이 있으셨습니다.

요 1:1 "태초에 말씀이 계시니라 이 말씀이 하나님과 함께 계셨으니 이 말씀은 곧 하나님이시니라"

말씀이 하나님과 함께 계셨습니다. 이 말씀은 곧 하나님이셨습니다. 그러므로 말씀이 하나님이시며, 그 하나님이 말씀하신 것입니다.

요 1:14 "말씀이 육신이 되어 우리 가운데 거하시매……"

말씀이신 하나님의 육신을 입고 오신 분이 예수 그리스도이십니다. 하나님의 아들이

성육신하시어 오신 것입니다.

말씀이 육신이 되셨고 우리 가운데 거하셨던 것입니다.

하나님은 우주 만물을 말씀으로 창조하셨습니다. 모든 피조 세계는 그분 앞에 감사와 찬양과 영광을 돌려야 합니다.

하나님은 피조된 사람의 마음과 생각과 뜻을 감찰하십니다. 오직 만물이 우리를 상관하시는 자의 눈앞에 벌거벗은 것같이 드러난다고 하였습니다.

본문을 통해 '하나님의 말씀의 능력'에 대해 살펴보고자 합니다.

1. 말씀은 살아 있고, 활력이 있고, 예리함

12절(상) "하나님의 말씀은 살아 있고 활력이 있어 좌우에 날선 어떤 검보다도 예리하여……"

하나님의 말씀은 앞에서 인용된 안식에 대한 하나님의 약속과 예수 그리스도를 통해 전해진 하나님 말씀 전체를 가리킵니다.

하나님 말씀의 능력은 살아 있고 운동력이 있습니다. 역동성을 나타내고 있습니다.

그리고 예리함을 말씀하고 있습니다.

살아 있고 : 헬라어 '조온(ζωον)'은 하나님의 말씀에 생명력이 있음을 뜻함. 말씀이 사람의 영육을 살리심(요 6:63, 벧전 1:23)을 의미합니다.

활력 : 헬라어 '에넬게스(ευνεργης)'는 살아서 움직이는 힘을 뜻함(마음에 감동과 기운찬 힘임).

검보다 예리하여 : 날이 선 칼보다 더 날카로움을 뜻함(말씀의 세밀한 힘임). 하나님 말씀의 역동성과 예리성을 의미합니다.

과거나 오늘날이나 우리들에게 요구되는 기본적인 것은, 말씀에 대한 믿음과 그 말씀에 대한 순종입니다. 믿음과 순종은 닫힌 문을 여는 열쇠와 같습니다.

12절 서두에 '하나님 말씀'은 하나님의 계시의 말씀을 뜻합니다.

이 말씀이 살아 있다고 하였습니다. 말씀이 인격성과 역동성을 지녀서 활동을 동반함을 암시합니다. 이는 하나님의 말씀이 성령의 영감으로 된 것이며 말씀의 능력을 뜻합니다.

유대인들은 말속에 힘이 있고 능력이 담겨져 있는 것으로 믿었습니다.

창 27:27-29에서 이삭이 나이가 많아 눈이 어두워졌습니다.

둘째 아들 야곱이 형 에서를 가장하여 아버지 이삭에게 별미를 드리고 아버지의 축복을 받는 장면이 나옵니다.

뒤늦게 맏아들 에서가 애써 사냥한 별미를 가지고 아버지에게 들어갑니다.

모든 사실을 안 후, 에서가 축복해줄 것을 간청했지만 허사였습니다.

앞서 야곱에게 마음껏 해준 축복에서 벗어난 다소의 축복을 해줍니다.

이와 같이 유대인에게서의 언어와 행위는 살아 있는 능력으로 보았습니다.

모든 말에는 사용하는 사람이나 민족, 국가마다 다릅니다. 그 바탕에 흐르는 어떤 얼이 담겨져 있습니다.

유대민족에게 말은 소리에 불과한 것이 아니라 말 그 자체에 능력이 있음을 믿었습니다.

우리도 흔히 말에 씨가 있다고 하지 않습니까?

하나님 말씀에 살아 있다고 하는 것은 그 말씀에 역동성을 가짐을 뜻합니다.

하나님께서 천지를 창조하실 때 "빛이 있으라" 하시니 빛이 있게 됩니다. "궁창과 물이 나누워져라"라고 말씀하니까 그렇게 되었습니다.

지금도 하나님이 말씀하시면 그대로 능력이 되어 살아 움직이는 것입니다. 그러므로 하나님의 말씀이 역사하심을 믿어야 합니다.

또 하나님의 말씀은 '활력'이 있다고 하였습니다. 활력이란 헬라어 '에네르게스'입니다. 여기서 영어 에너지(Energy)라는 말이 나왔습니다. 힘은 동력을 갖는 것입니다. 말씀이 살아 있기 때문에 자연히 운동력이 있는 것입니다.

하나님의 말씀은 살아 있을 뿐만 아니라, 활력이 있다 하였습니다.

여기서 우리가 깨달아야 할 것은 사람의 말은 미사여구로 현란해도 역시 사람의 말입니다. 보통 우리가 사용하는 말 가지고 설득이 되고 이해가 되어도 마음속 깊이 감동을 주고 변화를 주지는 못합니다.

하나님의 말씀은 운동력이 있으며 능력이 됨을 믿으시기 바랍니다.

12절(상) "하나님의 말씀은 살아 있고 활력이 있어 좌우에 날선 어떤 검보다도 예리하여……"

하나님의 말씀은 살아 있다고 하였습니다. 또 활력(운동력)이 있다고 하였습니다. 그리고 좌우에 날선 어떤 검보다도 예리하다고 하였습니다.

하나님 말씀을 칼에 비유한 것이 성경에 자주 등장합니다.

시 64:3 "그들이 칼 같이 자기 혀를 연마하며 화살 같이 독한 말로 겨누고"

시 149:6 "그들의 입에는 하나님에 대한 찬양이 있고 그들의 손에는 두 날 가진 칼이 있도다"

엡 6:17 "구원의 투구와 성령의 검 곧 하나님의 말씀을 가지라"

계 1:16 "그의 오른손에 일곱 별이 있고 그의 입에서 좌우에 날선 검이 나오고 그 얼굴은 해가 힘있게 비치는 것 같더라"

계 19:21 "그 나머지는 말 탄 자의 입으로부터 나오는 검에 죽으매 모든 새가 그들의 살로 배불리더라"

하나님 말씀의 효능이 얼마나 예리하게 나타나는가를 보여 주고 있습니다.

어거스틴(Augustine)은 좌우의 날선 검을 두 언약으로 보았습니다.

휴즈(Hughes)는 "하나님의 말씀이 좌우의 날선 검처럼 양쪽을 자르는 데 한 편으로 구원을 하기 위하여, 다른 한 편은 심판을 위해 작용하신다"라고 하였습니다.

하나님의 말씀은 좌우에 날선 어떤 검보다 예리하다고 하였습니다.

칼의 기능은 어떤 물체를 자르고 깎는 데 있습니다. 의사는 수술의 칼로 환자의 몸에 있는 암세포나 종양을 예리한 칼로 도려내고 환부를 치료합니다.

행 2:37 "그들이 이 말을 듣고 마음에 찔려 베드로와 다른 사도들에게 물어 이르되 형제들아 우리가 어찌할꼬 하거늘"

성령 충만함을 받은 베드로가 수많은 관중 앞에서 설교할 때 사람들이 마음에 찔림을 받아 "우리가 어찌할꼬"라고 하였습니다. 회개의 역사가 일어났던 것입니다.

하나님의 말씀은 인간의 마음에 내재하는 불의, 추악, 탐욕, 악의, 시기, 악독(롬 1:29) 등의 온갖 죄악을 예리하게 자르는 검이 됩니다.

하나님의 말씀은 살아 역동합니다.

하나님의 말씀은 생명력이 있습니다(요 1:1-2, 6:63).

하나님의 말씀에는 성령의 역사가 나타납니다.

벧전 1:23 "너희가 거듭난 것은 썩어질 씨로 된 것이 아니요 썩지 아니할 씨로 된 것이니 살아 우리가 거듭난 것이 하나님의 살아 있는 말씀으로 되었습니다.

하나님의 말씀은 살아 있고 활력이 있습니다.

하나님의 말씀은 좌우에 어떤 검보다도 예리합니다.

하나님의 말씀의 능력을 믿고 영원히 변치 않는 믿음 가운데 신앙하는 것입니다.

2. 말씀은 마음의 생각과 뜻을 판단함

12절(중하) "…… 혼과 영과 및 관절과 골수를 찔러 쪼개기까지 하며 또 마음의 생각과 뜻을 판단하나니"

본문은 살전 5:23과 더불어 인간 구성의 요소에서 3분설을 근거합니다.

3분설은 영, 혼, 몸으로 나누는 고대 그리스 및 알렉산드리아 교부들과 일부의 독일, 영국 학자들이 주장하는 학설입니다.

2분설은 어거스틴과 라틴 교부들, 스콜라 시대에 정설로 자리 잡고 종교 개혁 이후 현대에까지 가장 지배적인 학설입니다.

혼과 영의 원어 의미상 동의어로 봅니다. '영혼'을 하나로 보는 것입니다.

관절과 골수도 몸의 근본 부분입니다. 본성과 근본적, 수사학적 표현입니다.

인간은 본질적으로 이분적이지만, 내용상 삼분적 요소로 표현한 것입니다.

찔려 : 헬라어 '디이크누메노스(διϊκνούμενος)'는 '꿰뚫다'라는 의미임.

생각과 뜻 : 생각은 감성적인 면을, 뜻은 의지적인 면을 나타냄.

판단 : 헬라어 '크리티코스(κριτικός)'는 법적 용어로 '판단하다'는 뜻으로, 재판에서 유래됨. 정확하게 분별하고 판단하는 의미입니다. 성도의 마음을 생각하고 뜻을 잘 살펴 판단하는 의미입니다.

하나님의 말씀의 본질은 하나님의 존재 자체이십니다.

하나님께서 천지를 창조하실 때 이 말씀으로 창조하셨습니다.

아담에게 오시어 "네가 어디 있느냐" 하실 때도 이 말씀으로 하셨습니다.

히브리서에 말씀을 로고스(히 2:2, 4:2, 4:12, 5:13, 7:28, 12:19, 13:17, 13:22)로

여러 구절에서 쓰였습니다. 그리고 레마(히 1:3, 6:5, 11:3, 12:19)로도 쓰였습니다.

로고스는 '정적인 하나님의 말씀'으로, 레마는 '역동적인 말씀'으로 구분되어집니다.

우리에게 주신 성경은 기록된 문서로, 곧 하나님의 말씀입니다.

하나님 말씀은 교훈과 책망과 바르게 함과 의로 교육하기에 유익하다 하였습니다.

딤후 3:16 "모든 성경은 하나님의 감동으로 된 것으로 교훈과 책망과 바르게 함과 의로 교육하기에 유익하니"

하나님 말씀은 진리요, 그 진리로 거룩하게 합니다.

요 17:17 "그들을 진리로 거룩하게 하옵소서 아버지의 말씀은 진리니이다"

사도 바울은 말씀으로 씻어 거룩하게 하신다 하였습니다.

엡 5:26 "이는 곧 물로 씻어 말씀으로 깨끗하게 하사 거룩하게 하시고"

하나님의 말씀이 살아 있고, 운동력이 있으며, 어떤 검보다 예리함은 다음과 같습니다.

12절(중) "…… 혼과 영과 및 관절과 골수를 찔러 쪼개기까지 하며……"

여기서 혼과 영은 동의어 성격이라 하였습니다. 관절과 골수의 대치법을 사용했습니다.

이러한 표현은 인간의 내외적이고 전체적인 본성을 수사학적으로 표현한 것입니다.

찌른다는 것은 꿰뚫다의 표현으로, 하나님의 말씀이 인간의 내면을 깊은 의식까지 들추어내는 의미입니다.

그러므로 하나님 말씀 앞에는 어느 누구도 자신을 숨길 수 없으며, 죄악의 실오라기까지도 드러나게 됩니다.

우리는 그의 말씀 앞에 벌거벗은 자와 같은 존재입니다. 그리하여 하나님의 말씀에 능력으로 변하여, 새사람이 되는 것입니다.

성도는 하나님 말씀에 언제나 순종하여야 합니다. 하나님 말씀의 거울 앞에 선 자신의 죄성이 선명히 나타나기 때문에 그 말씀에 자신을 비추어 봐야 합니다.

12절(하) "…… 또 마음의 생각과 뜻을 판단하나니"

마음은 사람의 내적 중심입니다. 생각과 뜻은 인간의 내적 사상입니다.

생각은 주로 감성적인 면이고, 뜻은 의지적인 면이라 할 수 있습니다.

하나님의 말씀은 영혼과 육적 주요, 부분을 꿰뚫어 보시며, 사람의 감성적인 것과 이지적인 것을 자세히 살펴 판단하시는 것입니다. 마치 엑스레이(X-ray)로 사람의 내부를, 특히 뼈를 정확히 촬영하여 보는 것과 같습니다.

시 33:13-15 "여호와께서 하늘에서 굽어보사 모든 인생을 살피심이여 곧 그가 거하시는 곳에서 세상의 모든 거민들을 굽어살피시는도다 그는 그들 모두의 마음을 지으시며 그들이 하는 일을 굽어 살피시는 이로다"

칼빈은 "사람 속에 하나님 말씀의 효능이 파고들어 갈 수 없도록 그렇게 깊숙이 감추어진 것은 아무것도 없으며, 그렇게 단단한 것도 있을 수 없다"고 하였습니다.

하나님 말씀을 바로 알고 그 말씀 앞에 바른 자세를 가져야 합니다. 말씀 앞에 두려움과 경외하는 마음가짐을 가져야 하는 것입니다.

요 2:25 "또 사람에 대하여 누구의 증언도 받으실 필요가 없었으니 이는 그가 친히 사람의 속에 있는 것을 아셨음이니라"

하나님의 말씀은 마음의 생각과 뜻을 감찰하시는 것입니다.

시 119:105 "주의 말씀은 내 발에 등이요 내 길에 빛이니이다"

하나님 말씀은 나의 길에 등이시며 빛이십니다.

요 1:9 "참 빛 곧 세상에 와서 각 사람에게 비추는 빛이 있었나니"

예수님은 빛으로 오시고 말씀이 육신이 되어 오셨습니다.

요 1:14 "말씀이 육신이 되어 우리 가운데 거하시매……"

여기서 말씀은 그 말씀으로서 예수 그리스도 자신이십니다.
하나님 말씀의 본질은 생명입니다. 생명의 말씀(로고스, 조에스)입니다.
그러므로 하나님의 말씀은 변하지 않습니다.

사 40:8 "풀은 마르고 꽃은 시드나 우리 하나님의 말씀은 영원히 서리라 하라"
벧전 1:24-25 "그러므로 모든 육체는 풀과 같고 그 모든 영광은 풀의 꽃과 같으니 풀은 마르고 꽃은 떨어지되 오직 주의 말씀은 세세토록 있도다 하였으니 너희에게 전한 복음이 곧 이 말씀이니라"

하나님께서 약속하신 말씀은 주권적 섭리 하에 반드시 성취됩니다.
그러므로 하나님의 약속의 자녀된 성도들은 하나님 말씀에 순종하며 말씀 안에 살아 그 안에 거하여야 하는 것입니다.

3. 말씀 앞에 모든 것이 다 드러남

13절 "지으신 것이 하나도 그 앞에 나타나지 않음이 없고 우리의 결산을 받으실 이의 눈앞에 만물이 벌거벗은 것 같이 드러나느니라"

하나님 앞에는 피조된 모든 것이 드러나지 않음이 없습니다. 오직 만물이 창조주 하나님 앞에서 벌거벗은 것 같이 다 드러납니다. 인간의 마음과 생각까지도 그러합니다.
우리의 결산 : 계산을 마감하는 것을 의미함. 곧 우리와 하는 일의 결과를 판단하심을 의미합니다.
드러나느니라 : 헬라어 '테트라켈리스메나(τετραχηλισμένα)'는 도살 혹은 수술을 위하여 벌거벗긴 상태임. 곧 만물이 하나님 앞에 완전히 굴복하게 됨을 의미합니다. 하나님의 통치 앞에 완전히 드러나지 않음이 없다는 의미입니다.

유대인에게 있어서 하나님의 시야에서 모든 창조물들이 벗어 날 수 없다는 사상은 극히 상식적인 것입니다.

그렇습니다. 하나님 앞에서는 드러나지 않은 것은 없습니다.

13절(상) "지으신 것이 하나도 그 앞에 나타나지 않음이 없고……"

여기서 '지으신 것'은 보이는 세계뿐만 아니라 영적인 것까지를 포함한 모든 피조물을 가리킵니다.

'그 앞에'는 물론 하나님 앞입니다.

나타나지 않음이 없다는 것은 하나님 말씀은 전능성을 가지고 있어서 인간의 마음과 생각과 의지도 감찰하시는 그분 앞에 드러나지 않은 것이 없다는 것입니다.

피조된 모든 것은 하나님 앞에서 숨길 수 없고 그 시야에서 벗어날 길도 없습니다.

시 139:7-10 "내가 주의 영을 떠나 어디로 가며 주의 앞에서 어디로 피하리이까 내가 하늘에 올라갈지라도 거기 계시며 스올에 내 자리를 펼지라도 거기 계시니이다 내가 새벽 날개를 치며 바다 끝에 가서 거주할지라도 거기서도 주의 손이 나를 인도하시며 주의 오른손이 나를 붙드시리이다"

하나님 앞에 모든 것이 다 드러납니다. 주께서는 모든 걸 아시기 때문입니다.

하나님께서는 특별히 사람의 길을, 그 모든 걸음을 감찰하십니다.

욥 34:21 "그는 사람의 길을 주목하시며 사람의 모든 걸음을 감찰하시나니"

아간의 범죄가 여호수아 7장에 나옵니다.

수 7:1 "이스라엘 자손들이 온전히 바친 물건으로 말미암아 범죄하였으니 이는 유다 지파 세라의 증손 삽디의 손자 갈미의 아들 아간이 온전히 바친 물건을 가졌음이라 여호와께서 이스라엘 자손들에게 진노하시니라"

아이성 전투에서 패한 여호수아가 탄식하며 하나님께 간구합니다.

수 7:11 "이스라엘이 범죄하여 내가 그들에 명령한 나의 언약을 어겼으며 또한 그들이 온전히 바친 물건을 가져가고 도둑질하며 속이고 그것을 그들의 물건들 가운데에 두었느니라"

이리하여 각 지파별로 제비뽑기를 하여 아간이 뽑혔습니다.

아간이 여호수아에게 실토합니다.

노략한 물건 중에 시날 산(産)의 아름다운 외투 한 벌과 은 이백 세겔과 오십 세겔 중의 금덩이 하나를 보고 탐내어 취하였고, 장막 가운데 땅속에 감추었다고 자백합니다.

이스라엘 백성이 아간을 돌로 치고 훔친 물건도 불살랐습니다. 그리고 그 위에 돌무더기를 크게 쌓았습니다. 그리하여 그곳 이름을 '아골 골짜기'라 불렀던 것입니다.

하나님 앞에 아주 은밀히 취하고 숨겨도 확연히 드러나는 것입니다.

다윗과 밧세바 사건이 사무엘하 11-12장에 자세히 나옵니다.

삼하 11:2 "저녁 때에 다윗이 그의 침상에서 일어나 왕궁 옥상에서 거닐다가 그 곳에서 보니 한 여인이 목욕을 하는데 심히 아름다워 보이는지라"

그 여인을 알아 본 결과 우리아의 아내 밧세바였습니다.

데리고 와서 동침하여 아이를 가졌습니다. 그리하여 충성스러운 밧세바의 남편 우리아를 계획적으로 죽입니다.

이 일들을 은밀히 하였으나 하나님께서는 나단 선지자를 보내어 죄를 들추고 책망케 합니다.

다윗은 침상이 젖도록 눈물로 회개하였지만 사실 죄질이 너무 나빴습니다.

하나님 앞에서는 은밀히 하는 일을 감출 수도 없으며, 드러나지 않은 죄악이 없습니다.

13절(중하) "…… 우리의 결산을 받으실 이의 눈앞에 만물이 벌거벗은 것 같이 드러나느니라"

우리는 그 한 일 행위대로 결산을 받습니다.

공동번역에는 "…… 하나님의 눈앞에는 모든 것이 다 벌거숭이로 드러나게 마련입니다. 언젠가는 우리도 그분 앞에서 심판을 받아야 합니다"로 되어 있습니다.

이 말은 우리가 하는 일에 대해 판단하시는 심판적 성격을 가집니다.

벌거벗은 것 같이 드러난다는 것은 모든 피조물을 감찰하심에 어떤 것도 은폐될 수 없는 것을 뜻하는 것입니다. 하나님의 말씀 앞에 순종해야 함을 의미합니다.

인간이 쓴 문학작품도 감동을 줄 수 있습니다. 그러나 사람의 영혼을 변화시킬 수 없습니다. 하나님 말씀은 인간의 영혼에 변화를 일으켜 삶 자체를 변화시킵니다.

하나님의 말씀은 인간의 영혼을 새롭게 변화시키십니다. 이것은 바로 말씀이 지닌 생명력이며 역동성입니다.

요일 1:1 "태초부터 있는 생명의 말씀에 관하여는 우리가 들은 바요 눈으로 본 바요 자세히 보고 우리의 손으로 만진 바라"

예수님은 생명의 말씀입니다. 그분께 듣고, 눈으로 보고, 손으로 만졌습니다.

요 14:6 "예수께서 이르시되 내가 곧 길이요 진리요 생명이니 나로 말미암지 않고는 아버지께로 올 자가 없느니라"

하나님은 천지 만물을 지으시고 섭리하십니다. 그 앞에서 나타나지 않음이 없습니다. 하나님 앞에서 벌거벗은 것 같이 드러납니다. 그러므로 하나님 앞에서 그 말씀에 순종해야 합니다.

하나님 말씀대로 순종하며 그 뜻대로 행하여 하나님이 기뻐하시는 삶을 살아가는 것이 마땅합니다.

하나님의 말씀은 창조와 섭리와 통치하심의 근본입니다.

하나님의 말씀은 살아서 활력이 있어 역동적입니다.

하나님의 말씀은 좌우 날선 검보다 예리하여 혼과 영과 관절과 골수를 찔러 쪼개기까지 합니다.

하나님의 말씀은 인간의 마음과 생각과 뜻을 판단하십니다.

하나님의 말씀 앞에 모든 피조물은 벌거벗은 것 같이 적나라하게 드러납니다.

하나님 말씀의 본질은 생명입니다. 그러므로 우리에게 기록으로 주신 성경을 날마다 가까이 해야 합니다.

빌 2:16 "생명의 말씀을 밝혀 나의 달음질이 헛되지 아니하고 수고도 헛되지 아니함으로 그리스도의 날에 내가 자랑할 것이 있게 하려 함이라"

우리 모두는 생명의 말씀되시는 예수 그리스도 안에 거하여, 그 말씀에 순종하며 영생하는 신앙의 길을 가야 하는 것입니다.

Ⅲ. 큰 대제사장 예수님

히 4:14-16

⑭ 그러므로 우리에게 큰 대제사장이 계시니 승천하신 이 곧 하나님의 아들 예수시라 우리가 믿는 도리를 굳게 잡을지어다 ⑮ 우리에게 있는 대제사장은 우리의 연약함을 동정하지 못하실 이가 아니요 모든 일에 우리와 똑같이 시험을 받으신 이로되 죄는 없으시니라 ⑯ 그러므로 우리는 긍휼하심을 받고 때를 따라 돕는 은혜를 얻기 위하여 은혜의 보좌 앞에 담대히 나아갈 것이니라

히브리서 전체 서론은 히 1:1-4:13입니다. 본론은 히 4:14-10:18까지입니다.

본론의 서론 격은 본문 히 4:14-16입니다. 결론 부는 히 10:19-13:25까지입니다.

구약의 대제사장은 하나님의 선민들이 하나님의 축복을 받도록 가르치고 권면하며 지도했습니다.

대제사장은 성막(성전) 안의 모든 일을 총 관리하는 일을 하였습니다.

대제사장은 이스라엘 백성들로 하여금 하나님의 말씀(율법)을 주야로 묵상하며 지켜 살도록 가르치는 일을 하였습니다.

대제사장은 대를 이어 종신제의 직무를 담당하였습니다.

특별히 대제사장은 매년 한 번씩 대속죄일에 온 백성의 죄를 대신하여 희생의 피를 가지고 속죄소에 들어가 속죄하였습니다.

14절에 "우리에게 큰 대제사장이 계시니"라 하였습니다. 특이하게 '큰' 수식어를 사용했습니다. 이는 구약의 대제사장보다 우월하심을 나타냅니다.

이 큰 대제사장은 부활, 승천하신 하나님의 아들 예수님이십니다. 우리가 믿는 도리를 굳게 잡으라고 합니다. 이 대제사장은 우리의 연약함을 몸소 체험하였으며, 우리와 같이 시험을 받았습니다.

성도가 때를 따라 돕는 은혜를 얻기 위해 은혜의 보좌 앞에 담대히 나아갈 것을 권면합니다.

1. 우리에게 큰 대제사장이신 예수님이 있음

14절 "그러므로 우리에게 큰 대제사장이 계시니 승천하신 이 곧 하나님의 아들 예수시라 우리가 믿는 도리를 굳게 잡을지어다"

히 2:17에 충성된 대제사장과 히 3:1 이하에 사도시며 대제사장이신 예수님이라 했습니다. 이 절에서는 큰 대제사장이 우리에게 있는데 승천하신 자, 곧 하나님의 아들이신 예수님이라는 것입니다. 믿는 도리를 굳게 잡을 것을 권면합니다.

큰 대제사장 : 여기서 '큰'은 헬라어 '메칸($\mu\acute{\epsilon}\gamma\alpha\nu$)'으로 대제사장에 붙인 수식어임. 구약 아론의 직계 대제사장과 구별한 표현입니다.

승천 하신 자 : 헬라어 '디엘렐뤼도타 투스 우라누스($\delta\iota\epsilon\lambda\upsilon\nu\theta\acute{o}\tau\alpha~\tau o\acute{\upsilon}\varsigma~o\upsilon\rho\alpha\nu o\acute{\upsilon}\varsigma$)'의 원문의 뜻은 '하늘들을 통과해 가신 자'임. 예수님의 부활 승천을 뜻합니다. 참고로 유대인의 개념에 하늘의 하늘은 하늘들로서 통과해 가신, 하나님의 보좌가 있는 곳입니다. 신약에 예수님의 승천기록은 여러 곳에 있습니다(막 16:19, 행 1:10, 벧전 3:22).

믿는 도리 : 헬라어 '호몰로기아스($o\mu o\lambda o\gamma\acute{\iota}\alpha\varsigma$)'는 '고백'을 뜻함. 고백적 신앙을 지키는 것으로, 승천하신 예수님을 향해 굳게 나아감을 의미합니다.

우리에게 큰 대제사장이 계신다고 하였습니다.

대제사장에 '큰'자를 수식한 것은 예수님을 부각시킨 것입니다. 구약 때 아론계 대제사장보다 우월하심을 나타낸 것입니다.

히 2:17에 "신실한 대제사장이 되어 백성의 죄를 속량하려 하심이라"
히 3:1에 "우리가 믿는 도리의 사도이시며 대제사장이신 예수를 깊이 생각하라"

본문 서두에 '그러므로'는 이와 연결된 것과 앞 절의 내용을 잇는 것입니다.

14절(상) "그러므로 우리에게 큰 대제사장이 계시니……"

우리에게 있는 큰 대제사장은 물론 예수님이십니다.

구약 때 대제사장은 이스라엘 백성의 대표성을 갖고 있었으며, 제사장의 수장으로서 성막일을 총괄하였습니다. 특별히 대속죄일에 대제사장만이 지성소에 들어가 이스라엘 백성의 죄를 속죄했습니다.

1년에 한 번 대속죄일에 대제사장은 세마포를 입고 지성소에 들어갑니다. 이는 이스라엘 회중의 죄를 하나님이 임재하신 시은좌, 곧 속죄소에서 죄 사함을 고했습니다.

지성소에 들어갈 때 번제단 불을 향로에 담아 분향단 향을 넣어 연기로 속죄소를 가렸습니다. 하나님이 임재하신 곳이기 때문입니다.

처음에 속죄물로 수송아지 피를 속죄소 동편을 향해 손가락으로 그 피를 뿌리고 또 속죄소 앞에 일곱 번 뿌립니다(레 16:14).

다음에 이스라엘 백성들을 위한 속죄는 두 마리 염소에 제비를 뽑아 그 중 한 염소는 제물의 피로 속죄소 위와 아래에 뿌려졌고, 다른 한 염소는 이스라엘 백성의 모든 죄를 전가받아 광야로 보내졌습니다(레 16:6-10, 21-22). 광야에 보내진 염소를 '아사셀 염소'라고 합니다.

대속죄일을 마치고 나와서 자신과 백성을 위해 번제를 드렸습니다(레 16:23-24).

우리에게 구약의 대제사장보다 우리에게 더 큰 대제사장이신 예수님이 계시다는 것입니다.

구약의 대제사장과 큰 대제사장이신 예수님의 차이점은 이러합니다.

첫째, 죄의 속죄입니다.

대제사장은 자기와 이스라엘 백성의 속죄를 하였습니다(레 16:11, 히 5:3). 예수님은 인류의 죄를 위하여 십자가에서 친히 속죄를 이루셨습니다(롬 12:1).

둘째, 제사와 직분입니다.

대제사장은 대속죄일에 매년 반복하였으며, 직분은 직계로 이어집니다. 예수님은 십자가에서 단번에 드려졌습니다. 영원한 대제사장입니다.

셋째, 반차입니다.

대제사장은 아론의 반차를 따릅니다(히 5 : 4). 예수님은 멜기세덱의 반차를 좇습니다 (히 5 : 6).

넷째, 성소입니다.

대제사장은 섬기는 장소가 땅에 있는 성소입니다. 예수님을 섬기는 장소는 하늘 성소입니다.

다섯째, 제물의 피입니다. 대제사장은 짐승 피로 드려집니다. 예수님은 자기 자신의 피로 드려졌습니다. 속죄는 짐승 피로 계속 드렸으나 온전히 이루지 못했습니다. 그러나 예수님은 십자가에서 온전히 하나님께 드려졌습니다. 본문에서 우리에게 '큰 대제사장'이 있다는 것은 이러한 이유에서입니다.

14절(중) "…… 승천하신 이 곧 하나님의 아들 예수시라……"

예수님은 십자가에서 죽으시고 장사된바 되었다가 부활하시고 승천하시어 하나님 우편에 계시는 하나님의 아들이십니다.

우리가 익히 아는 대로 예수님은 인간이시며 하나님이십니다. 인성과 신성을 동시에 가지셨습니다.

예수님은 인간으로서 인간의 모든 연약함과 유한성이 있었고, 신성을 지닌 하나님의 아들로서 모든 행함과 약속을 지키십니다.

14절(하) "…… 우리가 믿는 도리를 굳게 잡을지어다"

부활 승천하시어 하나님 보좌 우편에 계신 하나님 아들 예수님을 믿는 그 신앙적 고백으로 굳게 나아가는 것입니다.

우리가 믿는 도리는 바로 예수 그리스도에 대한 믿음입니다. 예수 그리스도를 믿는 믿음에 굳게 서서 나아가는 것입니다.

우리에게 큰 대제사장이 있습니다. 구약의 대제사장은 성막이나 성전에서 총괄하는 직분입니다. 가장 중요한 것은 대속죄일에 이스라엘 백성의 죄 문제를 속죄했습니다.

그 대제사장보다 더 큰 이가 있으니, 곧 큰 대제사장 예수님이라는 것입니다. 이는 다른 성경에는 나오지 않은 아주 독특한 표현입니다. 이스라엘 백성들이 존경하는 모세보다, 또 대제사장보다 우월하고 크신 예수님을 나타내고 있습니다. 그 예수님을 신앙 전부로 삼아 믿음으로 굳게 잡으라는 것입니다.

2. 우리의 연약함을 체휼하신 대제사장 예수님

15절 "우리에게 있는 대제사장은 우리의 연약함을 동정하지 못하실 이가 아니요 모든 일에 우리와 똑같이 시험을 받으신 이로되 죄는 없으시니라"

성자는 하나님 본체이시나 종의 형체를 가져 우리와 같이 되셨고(빌 2:6), 인간의 연약함을 친히 몸소 체험하셨습니다. 모든 일에서 우리와 같이 시험을 받았습니다. 그러나 죄는 없으셨던 것입니다.

제사장 : 히브리어로는 '코헨(כהן)', 헬라어로는 '코헨(ιερεύς), 영어로는 사제(Priest)임. 레위 자손에서 선별되어 성막이나 성전 일에 종사하는 사람입니다.

동정하다 : 헬라어 '쉼파데오(συμπαθεω)'는 '함께 아파하다'의 뜻임. 여기서는 '몸소 체험하다'의 의미로, 예수님은 죄 없이 인간의 연약함을 몸소 체험함을 의미합니다.

인간은 강한 것 같아도 연약합니다. 죄의 유혹에도 연약합니다. 인간의 몸도 나이 먹고 늙어지면 병들고 약합니다. 하나님의 아들이면서 성육신하시어 우리와 같은 몸으로 몸소 겪으시고 체험하시므로, 누구보다 인간의 연약함을 알고 계십니다.

15절(상) "우리에게 있는 대제사장은 우리의 연약함을 동정하지 못하실 이가 아니요……"

여기서 연약함은 죄의 유혹에 대한 연약성과 인간이 지닌 모든 한계성입니다.

'동정하지 못하심이'는 몸소 겪는 불쌍함의 동정뿐 아니라, 실제적으로 행한 모든 것을 알고 있는 것입니다.

실제 겪은 시험이나 몸소 당한 고난이 많았습니다. 체험을 통해 갖는 그러한 긍휼입니다.

예수님은 광야에서 마귀에게 시험을 당하셨고, 인자는 머리 둘 곳이 없다고 하였습니다. 먹을 것, 입을 것, 심지어 잠자는 것까지 어려움을 겪었습니다. 동족의 핍박과 이방인의 멸시를 당하셨습니다. 마지막에는 십자가 고난을 당하셨습니다.

예수님은 우리의 모든 것을 아십니다. 그러므로 우리를 도우십니다.

15절(중하) "…… 모든 일에 우리와 똑같이 시험을 받으신 이로되 죄는 없으시니라"

예수님은 마귀의 시험(마 4 : 1-1)과 유대인들의 끊임없는 시험과 겟세마네의 시험(눅 22 : 39-46) 등 많은 시험을 받으셨습니다. 그리고 생애의 고난과 십자가의 고난을 당하셨습니다. 육적으로 우리와 같이 모든 일에 한결같이 시험을 받으셨던 것입니다.

그러나 예수님은 사람과 똑같이 시험을 받으셨으나 사람들처럼 시험에 넘어진 것이 아닙니다. 그 모든 시험을 이기셨습니다.

예수님은 인간과 동일하게 시험을 받아 몸소 체험하시므로, 인간들이 당하는 모든 시험을 다 아시는 것입니다.

고후 5:21 "하나님이 죄를 알지도 못하신 이를 우리를 대신하여 죄로 삼으신 것은 우리로 하여금 그 안에서 하나님의 의가 되게 하려 하심이라"
벧전 2:22 "그는 죄를 범하지 아니하시고 그 입에 거짓도 없으시며"
요일 3:5 "그가 우리 죄를 없애려고 나타나신 것을 너희가 아나니 그에게는 죄가 없느니라"

예수 그리스도께서는 세상 죄를 지고 가는 하나님의 어린 양이셨습니다. 모든 죄를 친히 자기 몸에 짊어지심으로써 우리의 죄를 사하셨습니다.

15절 끝에 '죄는 없으시니라'는 예수께서 지상사역 기간 동안만 죄로부터 자유로우셨던 것이 아니라 영원히 무죄하심을 의미합니다. 예수 그리스도께서는 죄 없으신 몸으로 우리의 죄를 담당하시고 십자가에 피 흘려 죽으셨던 것입니다.

벧전 3:18 "그리스도께서도 단번에 죄를 위하여 죽으사 의인으로서 불의한 자를 대신하셨으니 이는 우리를 하나님 앞으로 인도하려 하심이라……"

우리에게 대제사장이 있습니다. 곧 예수 그리스도이십니다. 그 대제사장은 우리의 연약함을 몸소 체험하셨기에 우리의 연약함을 아십니다. 모든 일에 우리와 한결같이 시험을 받으셨습니다.

우리는 자주 시험에 넘어지고 죄를 짓기도 합니다. 그러나 예수 그리스도는 언제나 시험을 이기셨습니다. 하나님의 아들은 빛으로 오셨고 어두움, 곧 죄는 없으셨습니다.

예수님은 우리를 위하여 구약 때 대제사장 같이 사역하시고, 십자가에서 단번에 드린 산제사로 우리를 구원하셨습니다.

3. 은혜의 보좌 앞에 담대히 나아감

16절 "그러므로 우리는 긍휼하심을 받고 때를 따라 돕는 은혜를 얻기 위하여 은혜의 보좌 앞에 담대히 나아갈 것이니라"

예수님은 우리의 모든 시험에서 우리의 도움이 되시고, 우리의 모든 연약함에 대하여 긍휼을 베푸십니다. 그뿐 아니라 때를 따라 돕는 은혜를 구하면 주십니다. 그러려면 은혜의 보좌 앞으로 담대히 나아가야 합니다.

때를 따라 : 헬라어 '유카이론(εὐκαιρον)'은 '좋게' 혹은 '옳음'을 뜻하는 '유'와 시간을 뜻하는 '카이로스'의 합성어로 '적정한 시기'라는 뜻임.

은혜의 보좌 : 헬라어 '드로노(θρονω)'의 원문은 '왕의 보좌'를 뜻함. 하나님이 현존해 계시는 곳으로 '하나님의 보좌'를 의미합니다. 하나님 보좌 우편에 예수 그리스도께서 좌정해 계십니다. 성도가 구원의 은혜로 하나님의 보좌 앞에 담대히 나아감을 의미합니다.

우리가 세상을 살다보면 연약하거나 혹은 알게 모르게 죄를 짓습니다. 여기서 중요한 것은 시험과 고난을 직접 체험하심으로 우리의 모든 것을 아시는 주께 나아가 회개하고 긍휼을 구하는 것입니다.

주께서는 자비와 도움을 필요로 하는 것을 아시고, 그리하여 시기 적절히 은혜를 베풀어 주십니다.

16절(상) "그러므로 우리는 긍휼하심을 받고 때를 따라 돕는 은혜를 얻기 위하여……"

성도도 불완전하여 때때로 죄의 유혹에 빠져 넘어지기 때문에 주의 도움이 아주 절실히 필요합니다. 이러한 우리의 모든 형편을 아시기 때문에 예수께서는 구하면 은혜를 베풀어 주십니다. 그러하므로 긍휼하심을 받고 때를 따라 도움을 받는 것입니다.

우리는 오직 주님만 바라보면서 나아가야 합니다. 우리가 어려울 때 그분께 아뢰면 때를 돕는 은혜를 얻게 되는 것입니다.

긍휼히 풍성하신 주께 모든 것을 맡기고 나아가 평안을 얻는 것입니다.

16절(하) "…… 은혜의 보좌 앞에 담대히 나아갈 것이니라"

은혜의 보좌는 하나님이 현존해 계시는 장소로서 구약 때 하나님이 거하시는 상징적인 장소인 속죄소와 연관됩니다.

출 25:22 "거기서 내가 너와 만나고 속죄소 위 곧 증거궤 위에 있는 두 그룹 사이에서 내가 이스라엘 자손을 위하여 네게 명령할 모든 일을 네게 이르리라"

대제사장은 일 년에 한 번 지성소 안에 있는 속죄소에 나아갑니다. 이스라엘 백성들의 속죄가 받아들여졌을 때 하나님께서 임재하신 속죄소에서 은혜를 베푸십니다.

레 16:16-17 "곧 이스라엘 자손의 부정과 그들이 범한 모든 죄로 말미암아 지성소를 위하여 속죄하고 또 그들의 부정한 중에 있는 회막을 위하여 그같이 할 것이요 그가 지성소에 속죄하러 들어가서 자기와 그의 집안과 이스라엘 온 회중을 위하여 속죄하고 나오기까지는 누구든지 회막에 있지 못할 것이며"

이스라엘의 모든 죄를 속죄키 위하여 대제사장은 지성소에 들어가 속죄소, 곧 시은좌에서 속죄할 때, 하나님께서는 거기서 은혜를 베푸셨던 것입니다.

구약의 대제사장은 예수 그리스도의 모형이며 예표입니다.

실상의 대제사장은 다음과 같은 특성을 가집니다.

• 무죄하신 예수님만이 하나님 앞에 나아갈 수 있습니다.
• 그리스도의 제사만이 죄를 제거하는 지속성을 가집니다.
• 그리스도만이 하나님과 인간을 화목하게 할 수 있습니다.
• 그리스도를 통해서만이 하나님의 사랑을 온전히 전달됩니다.

그러므로 예수 그리스도를 통하여 은혜의 보좌 앞에 담대히 나갈 수 있는 것입니다.

대서양에서 폭풍으로 인하여 표류하던 배 한 척이 있었습니다.

식수가 고갈된 지 오래되어 배 안의 사람들이 탈진 상태에 놓였습니다.

배는 흘러 아마존 강 하구에 이르렀습니다. 마침 배 한 척이 오고 있어 큰소리로 말합니다.

"여기요~ 식수를 구하고 싶은데 어디 마실 물을 구할 수 없소!"

대답이 들려옵니다.

"당신들은 이미 맑은 물 한복판에 있소! 물을 떠서 마시기만 하면 되오."

이와 같이 우리는 이미 하나님의 은혜 한복판에 있습니다. 물통을 내려 뜨기만 하면 되는 것입니다. 생수와 같이 넘쳐흐르는 주님의 은혜를 구하기만 하면 됩니다.

우리는 이제 하나님 은혜의 보좌 앞에 담대히 나아가기만 하면 됩니다. 주께서 열어 놓으신 그 문으로 들어가면 되는 것입니다.

예수께서 십자가에서 운명하실 때 성전의 성소와 지성소 휘장이 위로부터 아래로 찢어졌습니다. 예수님이 누구나 담대히 들어갈 수 있도록 열어 놓은 길입니다.

은혜를 얻기 위해 은혜의 보좌 앞으로 담대히 나아가기만 하면 됩니다.

우리가 믿는 도리를 굳게 잡으라고 하였습니다. 예수 그리스도를 믿는 믿음 안에 굳게 거하라는 것입니다.

우리에게 있는 대제사장은 바로 예수 그리스도이십니다.

'은혜의 보좌'는 더 이상 모세가 전하여 준 율법적인 곳이 아닙니다. 하늘에 있는 하나님 보좌를 가리킵니다. 그 우편에 예수님이 좌정해 계십니다. 그러므로 성도는 은혜를 베푸시는 하나님 보좌 앞에 담대히 나아가면 되는 것입니다.

제5장

그리스도 대제사장직과
영적 진보

I. 그리스도 대제사장직

히 5:1-10

① 대제사장마다 사람 가운데서 택한 자이므로 하나님께 속한 일에 사람을 위하여 예물과 속죄하는 제사를 드리게 하나니 ② 그가 무식하고 미혹된 자를 능히 용납할 수 있는 것은 자기도 연약에 휩싸여 있음이라 ③ 그러므로 백성을 위하여 속죄제를 드림과 같이 또한 자신을 위하여도 드리는 것이 마땅하니라 ④ 이 존귀는 아무도 스스로 취하지 못하고 오직 아론과 같이 하나님의 부르심을 받은 자라야 할 것이니라 ⑤ 또한 이와 같이 그리스도께서 대제사장 되심도 스스로 영광을 취하심이 아니요 오직 말씀하신 이가 그에게 이르시되 너는 내 아들이니 내가 오늘 너를 낳았다 하셨고 ⑥ 또한 이와 같이 다른 데서 말씀하시되 네가 영원히 멜기세덱의 반차를 따르는 제사장이라 하셨으니 ⑦ 그는 육체에 계실 때에 자기를 죽음에서 능히 구원하실 이에게 심한 통곡과 눈물로 간구와 소원을 올렸고 그의 경건하심으로 말미암아 들으심을 얻었느니라 ⑧ 그가 아들이시면서도 받으신 고난으로 순종함을 배워서 ⑨ 온전하게 되셨은즉 자기에게 순종하는 모든 자에게 영원한 구원의 근원이 되시고 ⑩ 하나님께 멜기세덱의 반차를 따른 대제사장이라 칭하심을 받으셨느니라

하나님께서는 에덴에서 아담의 범죄로 단절된 관계를 이어가기 위하며, 아브라함을 부르고 족장을 통해 이어가다가 그 택하신 백성으로 출애굽케 하시고, 시내 산에서 율법을 주시고 성막을 짓게 하셨습니다. 성막에서 이스라엘 백성을 만나 주시고 제사장과 대제사장을 세워 맡은 일을 하며 대제사장은 대속죄일에 하나님이 임재하신 지성소에 들어가 이스라엘 백성의 죄를 속죄케 했습니다. 말하자면 중보자 역할을 하였습니다.

이러한 대제사장의 일을 예수 그리스도에 적용시켜 그 직을 말씀하고 있는 것입니다.

구약의 대제사장은 예수 그리스도의 사역을 모형적으로 잘 나타내주고 있습니다. 예수 그리스도는 멜기세덱의 반차를 따른 대제사장이라 칭함을 받으셨습니다. 이러한 '그리스도 대제사장직'에 대해서 알아보고자 합니다.

1. 구약 대제사장의 자격

1-4절 "대제사장마다 사람 가운데서 택한 자이므로 하나님께 속한 일에 사람을 위하여 예물과 속죄하는 제사를 드리게 하나니 그가 무식하고 미혹된 자를 능히 용납할 수 있는 것은 자기도 연약에 휩싸여 있음이라 그러므로 백성을 위하여 속죄제를 드림과 같이 또한 자신을 위하여도 드리는 것이 마땅하니라 이 존귀는 아무도 스스로 취하지 못하고 오직 아론과 같이 하나님의 부르심을 받은 자라야 할 것이니라"

구약 때 대제사장은 아론과 그 직계에 장자를 택하여 그 직을 계속 위임하였습니다.

대제사장은 이스라엘 지파 중에서 세워졌기에 백성들의 입장과 처지를 잘 이해하였습니다. 그도 연약한 한 인간이었습니다. 그러나 하나님의 부르심을 받은 자였습니다.

대제사장은 이스라엘 백성의 대표적인 사역은 대속죄일의 속죄였습니다.

예물 : 헬라어 '도라(δῶρα)'는 '선물', '제물'이란 뜻임. 여기서는 속죄에 드린 제물인데 속죄일의 제물은 수송아지와 염소였습니다.

이 존귀 : 하나님으로부터 선택받은 대제사장 직분임.

아론 : 레위 지파로 모세의 형이었음.

대제사장은 하나님께로부터 선택받은 존귀한 직분임을 의미합니다.

대제사장의 직무는 하나님 앞에서 사람들을 중재하는 중보자의 역할을 감당하는 일입니다. 중보자적 일을 위하여 '예물과 속죄하는 제사', 곧 대속죄일에 지성소에 들어가서 자신을 포함하여 온 백성의 죄를 속죄했습니다.

레 16:11 "아론은 자기를 위한 속죄제의 수송아지를 드리되 자기와 집안을 위하여 속죄하고 자기를 위한 그 속죄제 수송아지를 잡고"
13 "여호와 앞에서 분향하여 향연으로 증거궤 위 속죄소를 가리게 할지니 그리하면 그가 죽지 아니할 것이며"

34 "······ 이스라엘 자손의 모든 죄를 위하여 일 년에 한 번 속죄할 것이니라······"

[대제사장이 대속죄일에 지성소에 들어가는 절차]
- 먼저 몸을 깨끗이 씻은 다음에 에봇과 겉옷을 벗고 세마포로 갈아입음(레 16:4).
- 자신과 권속을 위해 수송아지를 잡아 속죄하고 피를 준비함(레 16:11).
- 향을 향로에 담아 들어가 속죄소를 가려 죽음을 면함(레 16:3).
- 수송아지 피를 가지고 들어가서 손가락으로 속죄소 동편에 뿌리고 속죄소 앞에 7번 뿌림(레 16:14).
- 백성을 위해 두 마리 숫염소를 제비뽑아 하나는 피를 가지고 속죄소에 들어가 7번 뿌림.
- 또 하나는 아사셀 염소로서 이스라엘 백성의 죄를 안수로 전가시켜 미리 정한 사람으로 하여금 광야로 끌고 가서 놓았음(레 16:21-22).
- 지성소에서 나와서는 번제단에 수송아지 피와 염소의 피를 취하여 번제단 뿔에 바르고 손가락으로 번제단 위에 7번 뿌렸음.
- 절차를 마치고 세마포 옷을 벗어두고, 몸을 씻은 후 대제사장 예복을 다시 입고 자신과 백성을 위한 번제를 드림으로 모든 절차는 끝남(레 16:23-25).

1절 "대제사장마다 사람 가운데서 택한 자이므로 하나님께 속한 일에 사람을 위하여 예물과 속죄하는 제사를 드리게 하나니"

여기서 예물은 대속죄일에 드렸던 제물로 수송아지와 염소입니다. 일반적으로 번제에는 소, 양, 염소, 비둘기이고, 소제에는 곡식가루, 기름, 유황, 소금을 사용하였습니다.

대제사장은 레위지파 아론의 직계에서 위임받아 종신으로 사역한 후 그 아들로 승계하였습니다.

대제사장은 아론의 직계 가운데 선택되어 하나님께 속한 일을 제물을 가지고 속죄하는 제사를 드렸습니다.

1절에서 대제사장직의 세 가지 특성이 나타납니다.

첫째, 사람 가운데 선택된 자입니다.

둘째, 하나님과 인간과의 관계를 위해 일합니다.

셋째, 이 일을 위해 속죄하는 제사를 드립니다.

대제사장은 백성의 사정을 잘 아는 자였습니다.

2절 "그가 무식하고 미혹된 자를 능히 용납할 수 있는 것은 자기도 연약에 휩싸여 있음이라"

여기 '무식하다'는 것은 하나님을 모르는 것을 뜻하며 '미혹한 자'는 마음이 어두워 나쁜 것에 빠지는 자입니다. 또 용납할 수 있다는 것은 이해하여 용서함을 뜻합니다. '자기도 연약에 싸여 있다'는 것은 자기도 사람 중의 하나였기 때문입니다.

3절 "그러므로 백성을 위하여 속죄제를 드림과 같이 또한 자신을 위하여도 드리는 것이 마땅하니라"

대제사장은 속죄일에 먼저 자신과 가족을 위해 속죄를 하고, 그리고 이스라엘 백성 전체를 위해 속죄를 하였던 것입니다.

레 9:7 "모세가 또 아론에게 이르되 너는 제단에 나아가 네 속죄제와 네 번제를 드려서 너를 위하여, 백성을 위하여 속죄하고 또 백성의 예물을 드려서 그들을 위하여 속죄하되 여호와의 명령대로 하라"

대제사장은 자신과 이스라엘 백성의 죄를 위하여 속죄를 하였던 것입니다.

예수님은 죄가 없으심에도 인간을 위하여 십자가에서 자신의 몸으로 속죄를 드리고 인간들을 구원하셨던 것입니다.

4절 "이 존귀는 아무도 스스로 취하지 못하고 오직 아론과 같이 하나님의 부르심을 받은 자라야 할 것이니라"

대제사장은 자기 스스로가 되고 싶다고 해서 되는 것이 아닙니다.

초대 대제사장 아론도 하나님의 부르심을 받았습니다(출 29:4, 레 8:1, 민 3:10).

하나님의 소명에 따르지 않으면 화를 당합니다. 사울 왕이 제멋대로 제사를 드려 큰

화를 당한 사건이 있었습니다.

삼상 15:22-23 "사무엘이 이르되 여호와께서 번제와 다른 제사를 그의 목소리를 청종하는 것을 좋아하심 같이 좋아하시겠나이까 순종이 제사보다 낫고 듣는 것이 숫양의 기름보다 나으니 이는 거역하는 것은 점치는 죄와 같고 완고한 것은 사신 우상에 절하는 죄와 같음이라 왕이 여호와의 말씀을 버렸으므로 여호와께서도 왕을 버려 왕이 되지 못하게 하셨나이다 하니"

사울 왕은 제사장만이 할 수 있는 희생제사를 자기 임의대로 행하다가 선지자이며 제사장이었던 사무엘에게 책망을 듣고 그 일로 왕위가 다윗으로 옮겨가게 되었던 것입니다.

대제사장은 하나님께 소명된 이스라엘 백성 가운데서 선택되었습니다. 대제사장은 백성을 대표하여 하나님과 사람 관계에서 중보역할을 하였습니다. 그는 특별히 일 년에 한 차례 이스라엘 백성의 죄 문제를 하나님께 드려 속죄했습니다.

오늘날은 누구나 만인 제사장입니다. 이것은 대제사장 되시는 예수님이 십자가에서 휘장을 열어 놓아 누구나 담대히 은혜의 보좌 앞으로 나아갈 수 있게 하였기 때문입니다.

우리 모두는 주님이 열어 놓으신 그 길로 나아가 담대히 신앙하는 것입니다.

2. 그리스도의 대제사장직

5-7절 "또한 이와 같이 그리스도께서 대제사장 되심도 스스로 영광을 취하심이 아니요 오직 말씀하신 이가 그에게 이르시되 너는 내 아들이니 내가 오늘 너를 낳았다 하셨고 또한 이와 같이 다른 데서 말씀하시되 네가 영원히 멜기세덱의 반차를 따르는 제사장이라 하셨으니 그는 육체에 계실 때에 자기를 죽음에서 능히 구원하실 이에게 심한 통곡과 눈물로 간구와 소원을 올렸고 그의 경건하심으로 말미암아 들으심을 얻었느니라"

예수 그리스도께서 대제사장이 되심에 대해 시 2:7에 "…… 너는 내 아들이라 오늘 내가 너를 낳았도다" 하셨고,

시 110:4에서는 "…… 너는 멜기세덱의 서열을 따라 영원한 제사장이라 하셨도다"라고 하였습니다.

예수님은 멜기세덱의 반차를 좇는 대제사장임을 말씀합니다.

예수님은 성육신하시고 많은 고난을 받았습니다. 십자가 고난을 앞두고 심한 통곡과 간구와 소원을 눈물로 드렸으며, 그를 하나님께서 들으셨습니다.

멜기세덱 : 히브리어 '말레키체데크(מַלְכִּי־צֶדֶק)', 헬라어 '멜키세덱(Μελχισέδεκ)'은 '의의 왕'이란 의미임. 예루살렘에 있는 한 가나안 족속의 왕이며 제사장입니다. 그는 아브라함에게 십일조를 받은 자이며, 지극히 거룩한 하나님의 제사장입니다(창 14 : 17-20).

반차 : 헬라어 '탁신(ταξιν)은 '정돈', '계열', '위계'의 뜻으로 '질서 있게', '정열함'의 의미로 군대 용어임. 이는 서열, 차례를 의미하기도 합니다.

올렸고 : 헬라어 '프로세넹카스(προσενεσγκας)'는 희생제물을 '바치다'는 제의적 용어임. 기도를 드리는 인간적 고뇌를 담고 있습니다.

예수님의 대제사장직은 멜기세덱 반차를 따름과 인간적 고뇌의 간구드림을 의미합니다.

구약 때 대제사장은 사람 가운데서 선택하였습니다. 그러므로 인간의 연약함을 잘 알았습니다.

초대 대제사장은 아론이었습니다. 하나님이 택하여 지명하였습니다.

이와 같이 예수 그리스도의 대제사장직도 하나님께서 하신 것입니다.

5절 "또한 이와 같이 그리스도께서 대제사장 되심도 스스로 영광을 취하심이 아니요 오직 말씀하신 이가 그에게 이르시되 너는 내 아들이니 내가 오늘 너를 낳았다 하셨고"

예수 그리스도께서 대제사장이라 하심도 스스로 취하심이 아닙니다.

시 2:7 "…… 너는 내 아들이라 오늘 내가 너를 낳았도다'라고 하셨습니다.

예수님은 하나님의 아들로 보내심을 받으시고(요일 4 : 9-10) 인류 구원을 위해 십자가에서 속죄로 죽으심으로 대제사장의 직을 수행했습니다.

6절 "또한 이와 같이 다른 데서 말씀하시되 네가 영원히 멜기세덱의 반차를 따르는 제사장이라 하셨으니"

예수님의 대제사장직에 대해 시편 기자는 이렇게 기록하고 있습니다.

시 110:4 "…… 너는 멜기세덱의 서열을 따라 영원한 제사장이라 하셨도다"

'서열'은 차례(눅 1 : 8), 질서(고전 14 : 40), 규모(골 2 : 5) 등으로 쓰였습니다. 또는 반열, 계통의 의미로 쓰기도 했습니다.

창 14 : 18 "살렘 왕 멜기세덱이 떡과 포도주를 가지고 나왔으니 그는 지극히 높으신 하나님의 제사장이었더라"

구약에 종종 그리스도가 인간의 모습으로 나타나기도 합니다. 대표적인 것으로 다니엘의 세 친구가 풀무 불에 던져진 사건입니다. 이때 불속에 한 사람이 더 있어 이들을 보호합니다.

창세기에 나오는 멜기세덱은 왕직과 제사장을 겸하여 나옵니다. 멜기세덱은 전능하신 하나님이 부여하신 대제사장입니다.

멜기세덱은 아브라함이 전쟁에서 이기고 돌아올 때 떡과 포도주를 가지고 나와서 아브라함으로부터 십일조를 받고 축복해줍니다. 떡과 포도주는 마치 예수님의 살과 피를 연상케 합니다. 그리고 말씀과 성령을 상징케 합니다.

예수 그리스도와 멜기세덱의 유사성을 살펴봅니다.

예수 그리스도의 선재성은 존재의 시작과 끝이 없음(요 8 : 58, 계 1 : 4).

멜기세덱은 아비도 없고, 어미도 없고, 시작한 날도 없고, 생명의 끝도 없음(히 7 : 1).

예수 그리스도는 대제사장이시며 만왕의 왕이심(계 19 : 16).

멜기세덱은 지극히 높으신 하나님의 제사장이며 살렘 왕임(히 7 : 1, 창 14 : 18).

예수 그리스도는 생명의 떡과 포도주로 예표되는 자신의 몸과 피를 인류의 대속물로 주심(마 26 : 26-29).

멜기세덱은 아브라함에게 떡과 포도주를 줌(창 14 : 18).

예수 그리스도는 유다지파의 후손으로 레위지파의 제사장이 아니지만, 하나님의 소명으로 대제사장이 되십니다.

멜기세덱은 레위지파 이전의 인물로 지극히 높으신 하나님의 대제사장이 됩니다(히 7 : 1).

7절 "그는 육체에 계실 때에 자기를 죽음에서 능히 구원하실 이에게 심한 통곡과 눈물로 간구와 소원을 올렸고 그의 경건하심으로 말미암아 들으심을 얻었느니라"

예수님은 하나님의 독생자로 이 땅에 오시어 공생애의 고난을 겪으시고 십자가의 죽음을 앞두고 심한 통곡과 눈물로 간구와 소원을 하나님께 올렸습니다.

주님은 나사로의 죽음 앞에 우셨고, 예루살렘을 향해 눈물을 흘리셨습니다.

예수님은 십자가를 앞에 두고 심한 통곡과 눈물로 간구와 소원을 올렸습니다.

예수님의 심한 통곡과 눈물의 간구는 하나님으로부터의 응답으로서 쓴잔의 십자가를 감당하시고 승리하셨던 것입니다.

구약의 대제사장은 이스라엘 백성 중 아론으로부터 시작하여 그의 직계로 이어졌습니다. 그들도 연약한 인간이었기에 사람의 성정을 잘 이해했습니다. 그리고 대속죄일에는 자신과 백성 전체의 죄 문제를 대표하여 속죄했습니다. 이는 매년 반복되는 속죄였지만 예수님은 단번에 십자가에서 인류의 죄를 속죄하였습니다.

십자가를 지시기 전 하나님께 심한 통곡과 눈물로 간구하여 소원을 올렸습니다. 하나님께 경외함으로 응답을 받으셨던 것입니다.

우리는 대제사장 되시는 예수님을 의지하여 하나님 은혜의 보좌를 향해 담대히 나아가 간구하면 응답을 받을 줄 믿습니다.

하나님은 우리의 필요를 아십니다. 나아가 구하면 위로하시고, 함께하시고, 도와주십니다.

기도의 사람 조지 뮬러는 "눈물의 기도는 통과하지 못하는 관문이 없다"라고 하였습니다.

우리 모두 크고 작은 문제를 놓고 간구하고 구하여 응답을 받는 것입니다.

3. 영원한 구원의 근원이 되시는 대제사장

8-10절 "그가 아들이시면서도 받으신 고난으로 순종함을 배워서 온전하게 되셨은즉 자기에게 순종하는 모든 자에게 영원한 구원의 근원이 되시고 하나님께 멜기세덱의 반차를 따른 대제사장이라 칭하심을 받으셨느니라"

예수님은 하나님의 아들이시고 죄가 없으셨으나, 십자가의 고난을 순종하므로 온전하게 되었습니다. 그리하여 순종하는 모든 자에게 영원한 구원의 근원이 되었으며, 그러므로 멜기세덱의 반차를 좇는 대제사장이라 칭함을 받았습니다.

받으신 고난 : 예수님의 십자가에서의 죽음을 의미함.

순종하다 : 그대로 따르는 것을 의미함.

영원한 구원 : 순종함으로 얻은 구원의 영원성을 의미함. 하나님께 순종하는 자에게 주시는 구원의 영원성입니다.

순종은 제사보다 낫다고 하지 않았습니까?

우리는 믿음의 순종에도 잔머리를 굴릴 때가 많습니다. 예수님은 그러하지 않으셨습니다.

예수님은 생애의 고난과 십자가의 고난도 순종하셨습니다.

우리는 여기서 순종이라는 의미를 새롭게 생각해 보아야겠습니다. '순종'은 굴욕적이며, 수치스러운 것이 아닙니다. 가장 깊고 숭고한 것입니다.

그러므로 십자가에 피 흘려 죽기까지 순종하신 예수님의 순종을 따라야 합니다.

행 5:29 "베드로와 사도들이 대답하여 이르되 사람보다 하나님께 순종하는 것이 마땅하니라"

[불순종한 사람들]

• 아담과 하와가 하나님 말씀에 불순종하여 선악과를 따먹었습니다. 그로 인해 실로 엄청난 결과를 낳았습니다.

• 출애굽한 이스라엘 백성들의 불순종으로 광야 1세대 가나안에 들어가지 못했습니다.

• 아간의 불순종, 사울 왕의 제사 불순종, 역대 이스라엘 왕들의 불순종…… 등 불순종의 대가는 컸습니다.

예수님은 하나님의 아들이셨음에도 불구하고 순종하셨습니다.

빌 2:8 "사람의 모양으로 나타나사 자기를 낮추시고 죽기까지 복종하셨으니 곧 십자가에 죽으심이라"

우리는 그분을 따라 순종의 믿음을 가져야 합니다.

칼빈은 "그리스도께서는 자신이 친히 순종하심과 본을 보여주시어 우리에게 용기를 주셨다. 우리는 그분의 순종을 그대로 닮아가야 할 것이다"라고 하였습니다.

8절 "그가 아들이시면서도 받으신 고난으로 순종함을 배워서"

예수님은 하나님의 아들이시면서도 고난에 순응하였습니다. 고난의 과정을 거치며 행하시므로 진정한 순종을 하셨던 것입니다.

롬 5:19 "…… 한 사람이 순종하심으로 많은 사람이 의인이 되리라"

예수님의 순종은 많은 사람을 살리셨습니다. 우리도 순종을 배워 순종의 삶을 살아야 합니다.

9절 "온전하게 되셨은즉 자기에게 순종하는 모든 자에게 영원한 구원의 근원이 되시고"

'온전하게 되셨다는 것'은 성육신하시어 인간의 육체로 연약함을 몸소 겪으시고 순종하므로 온전케 되신 것입니다. 순종하여 따르는 자에게 영원한 구원의 근원이 되셨습니다. 예수님밖에 구원이 없습니다.

행 4:12 "다른 이로써는 구원을 받을 수 없나니 천하 사람 중에 구원을 받을 만한 다른 이름을 우리에게 주신 일이 없음이라 하였더라"
마 1:21 "…… 그가 자기 백성을 그들의 죄에서 구원할 자이심이라 하니라"
행 2:21 "누구든지 주의 이름을 부르는 자는 구원을 받으리라 하였느니라"

이와 같은 구원의 확신을 가지고 신앙하는 것입니다.
구원하심이 보좌에 계신 이와 어린 양께 있습니다.

엡 2:8 "너희는 그 은혜에 의하여 믿음으로 말미암아 구원을 받았으니 이것은 너희에게서 난 것이 아니요 하나님의 선물이라"

하나님의 은혜로 구원을 얻었습니다. 전적인 하나님의 선물입니다.

10절 "하나님께 멜기세덱의 반차를 따른 대제사장이라 칭하심을 받으셨느니라"

예수님은 십자가의 고난을 통해 순종하심으로 온전케 되셨습니다.

본문은 하나님께 멜기세덱의 반차를 따른 대제사장이라 칭하신 것입니다. 이 대제사장은 율법 하에 아론계의 대제사장이 아닌 약속의 은혜에 의한 대제사장이 되신 것입니다.

예수님의 대제사장직은 멜기세덱의 반차를 따른 영원한 존재로서의 대제사장입니다.

성도는 예수님의 영원하시고 온전하신 제사장 직분을 따라 하나님께 순종하며 이 땅에 주어진 사명을 다하는 것입니다.

예수님은 고난의 과정을 통해서 순종을 몸소 체험하셨습니다. 예수님은 받으신 고난을 통하여 완전케 되셨습니다. 그러므로 자기에게 순종하는 모든 사람들을 영원히 구원하실 수 있는 구세주가 되셨습니다. 예수님을 믿는 모든 자들은 그의 말씀을 듣고 순종해야하는 것입니다.

예수님의 대제사장직은 그 직분상 멜기세덱의 반차를 좇은 대제사장이라 하나님으로부터 칭함을 받은 것입니다.

구약의 대제사장은 아론계열의 하나님께서 선택한 소명자로 세웠습니다.

대제사장은 사람 가운데서 취한 자이므로 하나님께 속한 일을 하였습니다. 사람들을 위한 속죄를 드렸습니다. 곧 대속죄일에 백성의 죄를 속죄했습니다. 백성의 연약함을 자기도 연약한 인간이므로 잘 이해하고 감당하였습니다.

예수 그리스도가 대제사장이 되심도 스스로 영광을 취하심이 아닙니다. 예수님은 하나님의 아들이셨지만 성육신하시어 낮아지셨습니다.

육체로 계실 때 십자가 고난을 앞두고 심한 통곡과 눈물로 간구와 소원을 올렸습니다. 하나님의 아들로서 순종하였습니다. 온전케 되시어 자기를 순종하는 모든 자에게 영원한 구원의 근본이 되셨습니다. 그리하여 하나님께서 멜기세덱의 반차를 좇은 대제사장이라 칭하신 것입니다.

II. 영적 미성숙

히 5:11-14

⑪ 멜기세덱에 관하여는 우리가 할 말이 많으나 너희가 듣는 것이 둔하므로 설명하기 어려우니라 ⑫ 때가 오래 되었으므로 너희가 마땅히 선생이 되었을 터인데 너희가 다시 하나님의 말씀의 초보에 대하여 누구에게서 가르침을 받아야 할 처지이니 단단한 음식은 못 먹고 젖이나 먹어야 할 자가 되었도다 ⑬ 이는 젖을 먹는 자마다 어린 아이니 의의 말씀을 경험하지 못한 자요 ⑭ 단단한 음식은 장성한 자의 것이니 그들은 지각을 사용함으로 연단을 받아 선악을 분별하는 자들이니라

영적으로 미숙한 자들은 어느 때나 있었던 것 같습니다.

믿음 생활을 오래하여도 성숙하지 못하는 자들에 대해 어떻게 할 것인가?

본서에서는 당시 그리스도의 대사장직을 들어 예수님의 탁월성을 깊이 있게 전하려고 하였으나, 영적 미성숙으로 인해 전파하는 데 어려움에 부딪혔습니다.

성도들이 신앙적으로 그리스도의 장성한 분량까지 성숙해 가야 하며, 신앙의 열매도 맺어 가야 하는데 그러하지 못함을 지적하고 있습니다.

듣는 것에 둔하여 어린 신앙에 머물러 있어 젖이나 먹을 뿐 단단한 음식을 못 먹는 자가 되었다는 것입니다.

장성한 자는 지각을 사용하므로 연단을 받아 선악을 분별한다는 것입니다.

'신앙의 미성숙한 자'는 어떻게 해야 하는가에 대해 살펴보겠습니다.

1. 듣는 것이 둔한 상태에 있는 자

11-12(상) "멜기세덱에 관하여는 우리가 할 말이 많으나 너희가 듣는 것이 둔하므로 설명하기 어려우니라 때가 오래 되었으므로 너희가 마땅히 선생이 되었을 터인데 너희가 다시 하나님의 말씀의 초보에 대하여……"

유대인들은 대제사장 아론에 관계된 것은 잘 알고 있었으나, 멜기세덱의 대제사장과 예수 그리스도의 대제사장직의 대제사장 개념이 없었습니다. 믿음의 생활은 오래인데도 영적으로 미성숙에 머물러 있었고 말씀의 깊이가 없었습니다. 그래서 타성에 젖어 성숙하지 못하고 머물러 있는 고착 상태의 신앙입니다.

둔하므로 : 헬라어 '노드로이($νωθροί$)'는 '듣는 것이 무관심한' 또는 '이해력이 부족함'을 뜻함.

때가 오래이므로 : 그리스도인이 된지 오래되었음을 뜻함.

말씀의 초보 : 헬라어 '테스 아르케스 톤 로기온($τῆς ἀρχῆς τῶν λογίων$)'은 로고스($λόγος$, logos) 말씀의 지소어(指小語)로, 단순한 말씀을 의미함(기독교 신앙의 기초적인 교리).

우리가 살고 있는 이 시대는 하나님 말씀인 성경이 굉장히 열린 시대 속에 살아가고 있습니다. 특히 계시록이 그러하고 선지서가 그러합니다. 시편, 아가서 등의 시가서(詩歌書)도 그러합니다. 그러나 아직도 난해한 부분이 많이 있습니다.

본문에 예수 그리스도의 대제사장직에 대한 부분과 멜기세덱의 반차를 좇아 난 것에 대한 것의 이해는 사실상 어렵습니다.

초대교회 유대인들은 아론의 대제사장에 대해서는 잘 알고 있지만, 예수 그리스도의 그 구별된 직이 멜기세덱의 반차를 좇아 난 것에 대해서 이해하기는 어려웠던 것입니다.

예수께서 멜기세덱과 같은 대제사장에 대해 언급된 신약성경에는 유일하게 본서에만 있습니다. 물론 멜기세덱에 대해서는 시편 104:4에도 기록되어 있기는 합니다.

11절(상) "멜기세덱에 관하여는 우리가 할 말이 많으나……"

멜기세덱은 아비도 없고, 어미도 없고, 생명의 끝도 없음(히 7:3).

멜기세덱은 지극히 높으신 하나님의 제사장이면서 살렘 왕임(히 7:1, 창 14:18).

멜기세덱은 아브라함에게 떡과 포도주를 줌(창 14:18).

멜기세덱은 레위지파 이전의 인물임(히 7:1).

초대교회 때 멜기세덱이 예수 그리스도의 예표이며, 그림자라고 할 때 그 이면을 이해하기 어려웠을 것입니다. 그 영적 의미를 부여하여 설명하기는 사실상 어려웠기 때문에 더 진행치 않는 것 같습니다.

여기서 문제는 개종하여 믿은 지가 오래된 자의 신앙의 미성숙입니다.

11절(하) "…… 너희가 듣는 것이 둔하므로 설명하기 어려우니라"

듣는 것이 둔하다는 것은 못 알아듣는다는 의미입니다. 여기서의 둔하다는 것의 원문의 뜻은 날 때부터의 우둔함이 아니라 노력하지 않아서 무지한 상태에 빠진 것을 의미합니다.

바클레이(W. Barclay)는 '듣는 것이 둔하다'라는 것을 이렇게 표현했습니다.

"마음의 움직임이 둔한 것이다. 이해력이 둔한 것이다. 감수성이 둔한 것이다. 병든 동물처럼 수족이 마비되어 잘 움직이지 않은 상태이다."

곧 돌과 같이 무감각한 사람들을 의미한다고 하였습니다.

듣는 것이 둔함은 하나님 말씀을 제대로 알아듣지 못하는 것입니다. 한마디로 말해서 말귀를 알아듣지 못하는 것입니다. 아주 답답하고 불행한 일입니다.

많은 사람들이 성경을 보아도 보지 못하고, 들어도 듣지 못하는 것은 비유로 감추어져 있기 때문입니다.

하늘의 비밀은 영적으로 보아야 하기 때문에 더더욱 이해하기 어려운 것입니다. 성경에서 상징과 비유를 깊이 연구하며 묵상해야 합니다.

갈 4:22-24(상) "기록된 바 아브라함에게 두 아들이 있으니 하나는 여종에게서, 하나는 자유 있는 여자에게서 났다 하였으며 여종에게서는 육체를 따라 났고 자유 있는 여자에게서는 약속으로 말미암았느니라 이것은 비유니 이 여자들은 두 언약이라……"

아브라함의 두 아들을 비유로 감추어져 있는 것, 즉 두 언약은 옛 언약과 새 언약을 말합니다. 육체와 약속은 율법과 복음입니다.

이 시대를 살아가는 우리에게도 영맥이 여전히 어려운데, 초대교회에서는 더더욱 이해하기가 어려웠을 것입니다. 더구나 문제는 신앙을 한지 오래 되었지만 멈추어 선 상태라는 점입니다.

12절(상) "때가 오래 되었으므로 너희가 마땅히 선생이 되었을 터인데······"

다른 사람을 가르칠 만큼 신앙의 연조(年條)가 오래되었는데도 여전히 가르침을 받아야 하는 상태에 머물러 있음을 의미합니다.

12절(중) "······ 너희가 다시 하나님의 말씀의 초보에 대하여 누구에게서 가르침을 받아야 할 처지이니······"

말씀의 초보는 기독교 신앙에 있어 기본적인 진리입니다. 이는 기초적인 지식의 결핍 상태에 놓여 있음을 지적하고 있습니다. 이러한 원인은 하나님 말씀을 잘 듣지 않은 데서 기인한 것입니다.

마 13:16 "그러나 너희 눈은 봄으로, 너희 귀는 들음으로 복이 있도다"

하나님 말씀을 잘 들어야겠지요?
눈이 열려 신령한 것을 볼 수 있고, 날마다 영적 성숙으로 나아가야 합니다.

2. 젖을 먹는 어린 신앙 상태인 자

12(하), 13절 "······ 누구에게서 가르침을 받아야 할 처지이니 단단한 음식은 못 먹고 젖이나 먹어야 할 자가 되었도다 이는 젖을 먹는 자마다 어린 아이니 의의 말씀을 경험하지 못한 자요"

그리스도인이 된지 오래되어 기독교 신앙의 기본적인 진리들을 가르쳐 주는 자가 되어야 함에도 여전히 다른 사람의 가르침을 필요로 하면, 젖이나 먹고 단단한 식물을 먹지 못하는 자가 되었다는 것입니다. 어린 상태의 신앙은 진리의 깊은 의미를 경험하지 못하는 것을 말합니다.

단단한 음식 : 헬라어 '스테레아스 트로페스($\sigma\tau\epsilon\rho\epsilon\grave{\alpha}\varsigma\ \tau\rho o\varphi\acute{\eta}\varsigma$)'는 성숙한 신앙단계에 이른 자들로 '단단한 음식'에 비유한 것임.

의의 말씀 : 헬라어 '로구 디카이오쉬네스($\lambda\acute{o}\gamma ov\ \delta\iota\kappa\alpha\iota o\sigma\acute{v}\nu\eta\varsigma$)'는 예수 그리스도를 깊이 아는 것과 심오한 영적 진리를 담고 있는 교리임. 성도가 어린 신앙에 머물러 있지 않고 성숙함으로 나아가야 함을 의미합니다.

일곱 살 먹는 아이가 엄마 젖을 먹겠다고 떼를 쓰면 어떻게 되겠습니까?

혼이 나겠지요!

이 아이가 "엄마, 나는 밥이 딱딱해서 못 먹겠어! 젖 먹을래" 하고 계속 응석을 부리면 참으로 황당하겠지요?

믿음 생활을 오래하였는데 계속 기독교 신앙의 초보에 머물러 있으면 이것보다 더 답답한 노릇이 어디 있겠습니까?

12절(하) "…… 누구에게서 가르침을 받아야 할 처지이니 단단한 음식은 못 먹고 젖이나 먹어야 할 자가 되었도다"

세월이 유수같이 빨라 이런저런 믿음생활을 오래하게 되었지만 성장을 제대로 못하게 됨을 말합니다. 더군다나 터줏대감 노릇이나 하고 아는 것은 별로 없으면서 잔소리만 늘어놓으면 어떠하겠습니까? 하나님 말씀에 초보에 머물러 있으면 남은 말할 것도 없고 본인도 답답한 노릇입니다.

고린도 교회에서도 신앙이 성숙치 못한 자들이 많았던 것 같습니다.

고전 3:2 "내가 너희를 젖으로 먹이고 밥으로 아니하였노니 이는 너희가 감당하지 못하였음이거니와 지금도 못하리라"

사도 바울은 어린 신앙을 가리켜 '육신에 속한 자', 곧 신앙에서 어린아이와 같은 자라고 하였습니다. 그리하여 젖으로 먹일 수밖에 없었고, 밥을 먹게 할 수 없었다는 것입니다.

영적으로 미숙한 신자를 '아이'로 그리고 '젖을 먹는 자'로 표현한 것입니다.

> ## ◎ 어린 아이 키를 자라게 하는 것
>
> 유전 요소가 30%, 영양상태의 요소가 25%, 운동 등의 활동이 25%, 정신적인 요소가 10%, 나머지 10%는 환경적인 요인이라고 합니다.
>
> 우리가 아는 것과 달리 유전적인 요인은 30%이고, 70%가 키가 자라는 것은 후천적인 요인이라는 것입니다.
>
> 학창 시절 이야기입니다. 지방에서 고등학교 다닐 때입니다. 서울에서 고등학교를 다니던 친구를 여름방학 때 만났습니다. 키가 별반 크지 않은 친구입니다. 그가 그래요. 다음 해 여름방학 때 만나면 키가 다를 것이라고 장담합니다. 그 말대로 되었을까요?
>
> 그래요. 이듬해 만났더니 키와 덩치가 아주 커져 있었습니다. 깜짝 놀랐습니다.
>
> 그가 말하기를 규칙적인 운동과 영양가 있는 음식을 잘 먹었기 때문이랍니다.

육체적으로도 성장을 위하여 적절한 영양 섭취와 꾸준한 운동이 필요하듯이 영적 성장을 위해서도 풍성한 꼴, 곧 말씀과 성령의 도움으로 성장해가는 것입니다.

신앙은 머물러 있으면 안 되는 것입니다. 계속 전진하고 성장이 있어야 합니다.

골 2:8 "누가 철학과 헛된 속임수로 너희를 사로잡을까 주의하라 이것은 사람의 전통과 세상의 초등학문을 따름이요 그리스도를 따름이 아니니라"

철학이나 주의, 사상 등 헛된 속임수에 사로 잡히지 않도록 주의해야 합니다.

사람의 전통과 세상의 초등 학문을 따르지 말아야 합니다.

13절(상) "이는 젖을 먹는 자마다 어린 아이나……"

젖을 먹는 자는 어린아이라고 하지요, 어린아이의 원문의 뜻은 '유아'를 의미합니다. 유아는 정상적인 말을 구사하지도, 이해하지도 못합니다. 아주 기초적인 기독교 교리도 모르는 어린 신앙이 이와 같다는 것입니다.

13절(하) "…… 의의 말씀을 경험하지 못한 자요"

의의 말씀은 신약에선 이곳에만 나옵니다.

앞에서 비유한 단단한 식물은 비유나 상징 등 숨겨진 말씀을 먹는 것입니다.

※ 의의 말씀에 대해 여러 해석이 있습니다.

그리스도에 대한 지식이다, 복음을 뜻한다, 믿음으로 의롭게 되는 도리이다, 그리스도의 멜기세덱 반차를 좇는 대제사장에 대한 것이다 등입니다.

호크마 주석에는 첫째, 신자들의 올바른 삶으로서의 '의'를 의미한다. 둘째, 하나님 앞에서 그리스도가 신자들의 '의'가 된다는 측면에서의 그리스도에 관한 진리를 의미합니다.

젖을 먹는 자들은 그리스도에 관한 진리를 온전히 이해하지 못할 뿐만 아니라 그리스도인으로서 영위해야 하는 합당한 삶을 살지 못하는 것입니다.

의의 말씀, 곧 하나님 나라에 대해 깊이 이해하고 영적으로 바라보며 신앙하고, 숨겨진 하나님의 말씀을 알아 가는 것입니다.

신앙이 아주 기본적인 초보에 머물러 있으면 안 됩니다. 어린 신앙은 유혹에 쉽게 넘어지고, 환란이 오면 쉽게 무너집니다.

초신자는 기초적인 구원의 교리만 이해합니다. 심오한 영적 진리를 담고 있는 교리들을 여전히 이해하지 못하고 있습니다. 이것은 사실 우둔해서라기보다는 게으른 소치가 더 많습니다.

이와는 반대로 성숙한 신앙은 의의 말씀을 깊이 아는 것입니다. 하나님 말씀을 삶속에 적용시켜 말씀의 여러 가지 은혜와 축복을 체험합니다.

3. 연단을 받아 선악을 분별하는 자

14절 "단단한 음식은 장성한 자의 것이니 그들은 지각을 사용함으로 연단을 받아 선악을 분별하는 자들이니라"

단단한 식물을 먹는 것은 딱딱한 말씀을 받는 것으로서 연단의 과정을 통해 성숙한 영적 진리를 체험합니다. 말씀과 기도를 통해 영적 분별력을 소유하게 되고 선악을 분별하여 장성한 분량에 이르게 됩니다.

지각 : 헬라어 '아이스데테리아(αισθητηρια)'는 감각기관을 가리킴. 여기서는 영적인 분별의 감각을 뜻합니다.

연단을 받아 : '끊임없이 훈련을 받는 상태'를 뜻함.

분별(分別) : 어떤 사물이 같지 않다는 것을 알아내는 것임을 뜻함.

갓난아이가 젖을 먹다가 다른 음식은 못 먹습니다. 그러다가 조금 성장하면 죽 종류를, 그러다가 나중에 밥을 먹게 됩니다.

어른은 어떠합니까? 딱딱한 음식을 잘 먹습니다. 신앙도 이와 같아서 점점 자라갑니다. 그리하여 성숙함에 이릅니다.

문제는 신앙이 멈추어 선 자들입니다.

사실 하나님의 말씀을 이해하는 것은 쉬운 것이 아닙니다. 진리를 가르치고 배우는 데 많은 시간과 노력을 하여도 제대로 아는 데는 한계가 있습니다. 그만큼 오묘하고 방대하기 때문입니다. 그래서 대체로 진리를 들으려고도, 익히려고도, 실천하려고도 하지 않습니다. 이 무관심과 무감각은 진리를 아는 데 큰 장벽이 됩니다.

오늘날 교회가 성경공부, 제자훈련, 사경회 등 많은 노력을 기울이는 것이 사실입니다. 그러나 그것을 하고자 하는 열의와 범위와 관심이 더 중요합니다. 극히 제한된 범위에 국한되고 말기 때문에 지속하지 못합니다.

14절(상) "단단한 음식은 장성한 자의 것이나……"

단단한 음식은 먹기엔 딱딱해도 장성한 사람은 잘 씹어 먹습니다. 하나님 말씀도 이해하기 어려운 것을 깨달아 알 때 그 기쁨은 배가됩니다.

본문에서 '장성한 자의 것'은 예수 그리스도의 대제사장직과 멜기세덱의 반차를 좇아남을 더 깊이 이해하는 것을 말합니다. 이것은 초신자나 신앙에 머물러 선 자들에게는 납득하기 어려운 것입니다.

엡 4:13-15 "우리가 다 하나님의 아들을 믿는 것과 아는 일에 하나가 되어 온전한 사람을 이루어 그리스도의 장성한 분량이 충만한 데까지 이르리니 이는 우리가 이제부터 어린 아이가 되지 아니하여 사람의 속임수와 간사한 유혹에 빠져 온갖 교훈의 풍조에 밀려 요동하지 않게 하려 함이라 오직 사랑 안에서 참된 것을 하여 범사에 그에게까지 자랄지라 그는 머리니 곧 그리스도라"

우리는 다 예수 그리스도를 아는 일에 하나가 되어 그리스도를 아는 장성한 분량에까지 나아가야 합니다.

우리가 알 것은 어린아이 같은 신앙에 머물러 속임수와 간사한 유혹에 빠져 세상 풍조에 밀려 요동하는 일이 없도록 하고, 날마다 신앙이 자라 성숙하는 것입니다.

고전 14:20 "형제들아 지혜에는 아이가 되지 말고 악에는 어린 아이가 되라 지혜에는 장성한 사람이 되라"

지혜에는 아이가 되지 말라고 하였습니다.

그리고 뭐라 하였지요? 악에는 어린 아이가 되라고 했습니다.

지혜에는 장성한 사람이 되라고 권면합니다. 장성한 신앙은 연단을 받아 흔들리지 않습니다.

14절(중) "…… 그들은 지각을 사용함으로……"

흠정역에는 '지각'이 '그 말씀'으로 되어 있습니다.

지각은 감각기관을 가리키지만 여기서는 영적 분별력을 의미합니다.

사람의 감각기관에는 시각과 후각, 청각, 미각, 촉각이 있습니다. 이러한 육적 감각기관이 있듯이 영적인 것을 감지하는 영적 분별력의 지각이 있습니다. 지각은 이지적인 것과 감성적인 인지가 있습니다. 하나님의 말씀은 지혜와 지식과 총명이 작용합니다. 지각은 예민함에 반응합니다.

14절(하) "…… 연단을 받아 선악을 분별하는 자들이니라"

연단은 금은을 제련하는 것처럼, 지각 훈련을 받아 강성해지는 것입니다.

선악은, 여기서는 도덕적인 의미로 착하다, 악하다가 아닌 교리의 건전함과 타락함이 무엇인가를 분간해 아는 것입니다.

분별은, 원문은 '나누다'와 '판단하다'의 합성어로 사물의 같지 않은 것을 알아내는 것을 말합니다.

고후 1:17-18 "이렇게 계획할 때에 어찌 경솔히 하였으리요 혹 계획하기를 육체를 따라 계획하여 예 예 하면서 아니라 아니라 하는 일이 내게 있겠느냐 하나님은 미쁘시니라 우리가 너희에게 한 말은 예 하고 아니라 함이 없노라"

단단한 식물을 먹는 자는 장성한 자입니다. 훈련과 연단을 받아 지각을 사용합니다. 그것도 영적 지각을 의미합니다.

장성한 자는 배운 바를 갈고 닦아 영적 분별력을 소유합니다. 그 과정을 통하여 영적 분별력을 가져서 미혹에 빠지지 않고, 죄를 범치 않습니다. 그래서 하나님이 요구하시는 그리스도의 장성한 분량에 이르게 됩니다.

그러므로 하나님 말씀의 깊은 곳까지 깨달아 아는 자들이 되어 언제나 말씀을 묵상하고, 기도하며, 깊은 영성의 지각자들이 되어야 합니다.

교회 안에는 타성에 젖어 신앙의 나태로 기독교 교리의 초보에 머물러 있는 자들을 권면해야 합니다. 이들에게는 성경공부, 특히 교리공부와 제자훈련 등을 통해 그리고 훈련과 연단을 통해 성장할 수 있도록 하는 것입니다. 더 나아가 비유나 상징 등 숨겨진 진리를 아는 데까지 이르는 성숙한 신앙으로 나아가게 해야 합니다.

본문에서는 예수 그리스도의 대제사장직에서 멜기세덱의 반차를 좇는 대제사장을 설명하려다 듣는 것이 둔하여 해석하기 어렵다고 멈춥니다. 이는 영적 지각이 예민하여야 받아들일 수 있는 것입니다. 신앙의 연조로 보면 선생이 되어야 하나, 말씀이 초보에 머물러 있어 젖이나 먹고 단단한 식물을 못 먹는다는 것과 지각이 낮아 의의 말씀을 경험하지 못한 자라는 것입니다.

성도는 지각을 사용, 연단을 받아 영적 분별력이 있는 자들이 되어야 합니다.

신앙은 그리스도의 장성한 분량까지 나아가 성숙해 가야 합니다. 우리 모두는 신앙의 성숙을 위해 노력하며 장성한 분량까지 나아가기를 부단히 노력해야 합니다.

제6장

신앙 성숙과 소망의 풍성

I. 영적 성장의 신앙

히 6:1-8

① 그러므로 우리가 그리스도의 도의 초보를 버리고 죽은 행실을 회개함과 하나님께 대한 신앙과 ② 세례들과 안수와 죽은 자의 부활과 영원한 심판에 관한 교훈의 터를 다시 닦지 말고 완전한 데로 나아갈지니라 ③ 하나님께서 허락하시면 우리가 이것을 하리라 ④ 한 번 빛을 받고 하늘의 은사를 맛보고 성령에 참여한 바 되고 ⑤ 하나님의 선한 말씀과 내세의 능력을 맛보고도 ⑥ 타락한 자들은 다시 새롭게 하여 회개하게 할 수 없나니 이는 그들이 하나님의 아들을 다시 십자가에 못 박아 드러내 놓고 욕되게 함이라 ⑦ 땅이 그 위에 자주 내리는 비를 흡수하여 밭 가는 자들이 쓰기에 합당한 채소를 내면 하나님께 복을 받고 ⑧ 만일 가시와 엉겅퀴를 내면 버림을 당하고 저주함에 가까워 그 마지막은 불사름이 되리라

본문 서두에 "그리스도의 도의 초보를 버리고"라고 하였습니다. '그리스도 도의 초보'는 회개, 거듭남, 세례, 안수, 죽은 자의 부활, 심판 등이라 할 수 있습니다.

그리고 무어라고 합니까? 이 교훈의 터를 다시 닦지 말고 완전한 데로 나아가라 합니다. 그리스도 도의 초보는 사도들의 복음 전파 사역이 주된 내용이었습니다. 특히 4-6절 말씀은 아주 난해한 구절 중의 하나입니다. 영적 체험이 있고 성령의 실체를 어느 정도 아는 자들이 고의적으로 성령 훼방과 주를 대적하게 될 때 그들은 끝내 구원받을 수 없게 됨을 말씀합니다.

하나님의 선한 말씀과 내세의 능력을 맛보고 타락한 자들은 다시금 회개케 할 수 없

는 자가 되어 죄 사함을 받을 수 없음을 경고합니다.

배교자들은 하나님의 은사를 경멸하는 자이고, 하나님 아들을 거부하는 자들입니다. 하나님께서는 농부가 수확에 기뻐하듯 신앙의 성숙을 기대합니다. 그러나 땅에 가시와 엉겅퀴를 내면 저주를 받는다는 것인데, 이는 신앙이 성장하지 못하는 것이 아니라 배도함을 의미합니다. 그렇게 되면 그 마지막은 불사름이 된다고 하였습니다. 엄중한 심판을 받음을 뜻합니다. 배교하지 않는 방법은 결국 신앙의 성숙에 있다는 것입니다.

'어떻게 하면 신앙이 성숙하게 되는가'에 대해 자세히 알아보고자 합니다.

1. 초보적 단계를 넘는 신앙

1-3절 "그러므로 우리가 그리스도의 도의 초보를 버리고 죽은 행실을 회개함과 하나님에 대한 신앙과 세례들과 안수와 죽은 자의 부활과 영원한 심판에 관한 교훈의 터를 다시 닦지 말고 완전한 데로 나아갈지니라 하나님께서 허락하시면 우리가 이것을 하리라"

성도는 그리스도 도의 초보를 버리고 전진해야 합니다. 죽은 행실을 회개하는 것과 하나님에 대한 신앙입니다. 세례들과 안수와 죽은 자의 부활과 심판에 관한 교훈의 터를 닦지 말고 완전한 데로 나아가라는 것입니다.

도(道) : 로고스(λόγος)는 하나님 말씀임.

현대어 성경은 '진리'로, 현대인 성경은 '교훈'으로 되어 있음.

AV, RSV, KJV, 공동 번역에서는 '교리'로 되어 있음.

버리고 : 헬라어로 '아펜테스(ἀφέντες)'는 문자적으로 '남겨두다', '떠나다'임. 여기서는 '……에서 출발하여'라는 의미로 '초보'를 벗어나 신앙 성숙으로 나아감을 뜻합니다.

죽은 행실 : 헬라어 '네크론(νεκρων)', 에르곤(ἔργων)'은 죄악된 행위를 의미함. 죄성으로 비참하게 될 것을 뜻합니다.

회개 : 헬라어로 '메타노이아(μετάνοια)'는 '돌이키다'의 메타와 '마음'의 노이아의 합성어임. 마음을 돌이켜 하나님께 향함입니다. 성도가 하나님 말씀의 초보를 떠나 보다 성숙한 신앙으로 나아감을 의미합니다.

모든 것은 기초가 중요합니다. 학교 공부도 기초가 튼튼해야 하고, 운동선수도 그 기본기가 잘 다져져 있어야 합니다. 집을 지을 때는 더 말할 것 없이 모든 구조물의 기초가 튼튼해야 합니다. 모래땅 여의도 63빌딩은 기초가 지하 암석층까지 파고 들어가 세웠습니다. 신앙도 이와 같아서 처음 믿을 때 차근차근 잘 쌓아 가면 튼튼해집니다.

많은 사람들이 어린 신앙에 머물러 젖이나 먹는 상태에 머무르고 있습니다. 말하자면 '그리스도 도의 초보'에 있는 것입니다. 이는 갈라디아서(갈 4 : 3)나 골로새서(골 2 : 8,20)에서 나오는 초등학문과는 다른 성격입니다.

1절(상) "그러므로 우리가 그리스도의 도의 초보를 버리고……"

'도의 초보'는 기본으로 배우는 학습 성격입니다. 그리스도의 도의 초보를 버린다는 것은 쓸모없는 것으로 간주하여 무시해버리는 것이 아닙니다. 기본으로 아는 데서 머무르지 말고 더 나아가라는 의미입니다.

1절(하) "…… 죽은 행실을 회개함과 하나님께 대한 신앙과"

그리스도의 도(道)의 초보에 대해 알아봅니다.

1절 하반절과 2절에 세 개의 쌍으로 된 6가지로 상술되어 있습니다.

첫째, '죽은 행실'은 죽음에 이르게 하는 인간들의 실제적인 모든 악행을 가리킵니다.

둘째, '회개'는 죽을 수밖에 없었던 지난날의 행위를 뉘우치고 하나님께로 돌아서는 행위입니다.

셋째, '하나님께 대한 신앙'은 하나님의 존재에 대한 믿음 이상으로 인격적 관계 속에서 하나님을 전적으로 신뢰하는 것입니다.

하나님을 향한 믿음(행 22 : 21)과 그리스도 안에 거하는 믿음(엡 2 : 5)입니다.

2절 "세례들과 안수와 죽은 자의 부활과 영원한 심판에 관한 교훈의 터를 다시 닦지 말고 완전한 데로 나아갈지니라"

넷째, '세례들'로 2절 서두에서 복수를 쓰고 있습니다. 헬라어로 '밥티스마(βάπτισμα)' 세례를 의미하지 않습니다(롬 6 : 4, 엡 4 : 5, 골 2 : 12). 본문은 세례가 모든 의식을 대신하기 때문에 복수로 써진 것 같습니다. 유대교의 일반적인 정결의식의 성격입니다. 개종한 유대 그리스도인들은 구약적 정결의식이 아니라 하나님의 자녀가 되는 표지로 기독교 세례를 받습니다. 새로운 입교자들에 대해 성령의 내적세례에 대한 외적 증거로 행했던 의식입니다.

다섯째, '안수'는 구약시대부터 널리 시행되던 관습입니다.

- 족장들이 축복할 때(창 48:14)
- 임직할 때(민 8:10-11, 신 34:9)
- 병을 고칠 때(왕하 4:34) 안수하였습니다.

안수는 축복이나, 권위나, 능력을 전달하는 것이었습니다. 이와 같은 구약의 안수가 초대교회에도 그대로 계승되었습니다. 병 고칠 때(막 6:5, 눅 4:40), 축복할 때(막 10:13), 성직 임명할 때(행 6:6, 13:3), 개종과 성령강림을 기원할 때(행 8:17, 19, 19:6) 안수를 하였습니다. 초대교회에서는 주로 개종자들에게 행하여 성령 은사를 받도록 하였습니다.

여섯째, 죽은 자의 부활과 영원한 심판으로, 미래에 관한 것입니다. 이 주제는 유대인과 그리스도인의 중대 관심사인 종말론적인 교리입니다(사 26:19, 단 7:9-10, 12:2, 눅 20:37-38, 행 23:8).

요 5:29 "선한 일을 행한 자는 생명의 부활로, 악한 일을 행한 자는 심판의 부활로 나오리라"

십자가의 구속을 받은 자들은 영생의 부활에 참여하지만, 구원받지 못한 자는 심판의 부활로 나아오게 됩니다. 이 교리의 묶음으로 생각해 보면 회개와 신앙은 입문적 교리이며, 세례와 안수는 신앙 내면에 대한 외적 표지입니다. 또한 부활과 심판은 종말적 교리로 신앙의 결과를 말합니다. 본문은 이와 같이 초보적인 교리를 반복해서 되풀이하지 말고 보다 성숙한 진리를 향해 전진하도록 권면합니다. 그러므로 "터를 다시 닦지 말고 완전한 데로 나아갈 지니라"라고 강하게 촉구합니다. 공동체 내에서 하나님의 사역과 권한에 순종하여 나아갈 것을 권면하고 있습니다.

3절 "하나님께서 허락하시면 우리가 이것을 하리라"

앞의 모든 것을 하나님의 주권으로 도와주실 때 할 수 있는 것입니다. 우리가 완전한 데로 나아가게 해주시는 것입니다. 성도가 완전, 곧 성숙으로 나아가는 것은 사실 큰 복입니다.

신앙의 기초가 놓여졌으면 그것을 기반으로 더욱 성숙한 신앙을 향하여 나아가야 합니다. 도의 초보는 회개, 하나님께 대한 신앙, 세례, 안수, 죽은 자의 부활, 영원한 심판 등으로 열거하였는데, 이는 사도들의 복음전파 사역의 내용과 특징입니다. 문제는 회개도 했고, 세례도 받았고, 부활과 심판이 있음도 압니다. 그러나 신앙의 전진을 안 하고 거기에 머물러 있을 뿐입니다. 성도의 의의 말씀, 생명의 말씀으로 나아가 성숙해야 합니다.

우리 모두는 하나님께 순종하고 믿음으로 나아가 영적 성숙이 있어야 합니다.

2. 타락하지 않은 신앙

4-6절 "한 번 빛을 받고 하늘의 은사를 맛보고 성령에 참여한 바 되고 하나님의 선한 말씀과 내세의 능력을 맛보고도 타락한 자들은 다시 새롭게 하여 회개하게 할 수 없나니 이는 그들이 하나님의 아들을 다시 십자가에 못 박아 드러내 놓고 욕되게 함이라"

진리를 받아들이고 은사 체험과 성령을 통해 말씀과 내세의 능력을 맛보고도 타락한 자들은 배교하고 다시 새롭게 되지 못합니다. 이들은 이미 신앙에서 떠났기 때문에 오히려 타락합니다. 그리하여 하나님의 아들을 못 박던 자들과 같은 자가 되었기 때문입니다.

한 번 빛을 받고 : 빛을 받고는 헬라어 '포티스텐타스($\varphi\omega\tau\iota\sigma\theta\nu\tau\alpha$)'의 '비추다'의 동사와 '포티조($\varphi\omega\tau\iota\zeta\omega$)'의 부정과거 수동태 분사로 복음의 진리를 믿고 받아들인 상태임.

하늘의 은사를 맛보고 : 여기서는 하늘의 은사를 인격적으로 이해했다기보다는 육적인 안목으로 일시적으로 느낌을 의미함.

타락한 자들 : 헬라어 '파라핍토($\pi\alpha\rho\alpha\pi\iota\pi\tau\omega$)'는 '파라' ~로부터와 '핍토' 떨어지다의 합성어임. 문자적으로는 '곁으로 떨어진다'임. 원류에서 빗나감을 뜻하고, 구원받음에서 떨어져 나감을 뜻합니다. 성도가 복음을 알고 믿다가 타락하여 떨어져 나가게 됨을 의미합니다.

알다가도 모르는 것은 잘 믿다가 타락하여 배교하는 것입니다. 교회를 떠나는 것은 고사하고 이단에 빠지든지, 아예 세상으로 나갑니다. 이 문제는 사실 대단히 심각한 일입니다.

본문은 해석하기가 난해한 구절들입니다. 어떤 이는 끝까지 이끄심(견인)에 대하여 반대되는 견해로 보는 것입니다. 신앙을 등한시하여 신앙 밖으로 나갔다가 회개하고 다시 신앙인으로 들어오는 것은 완전 타락이라고 할 수 없다고 보는 것입니다. 그러나 문제는 고의적으로 주를 배반하고 악심으로 배교하여 타락하면 근원적인 불신앙이 되어 구제치 못하는 것입니다.

구약의 예로서는 사울 왕입니다. 신약에서는 가룟 유다 같은 자입니다. 이들은 배교와 타락으로 하나님의 회중에서 완전히 벗어난 자들입니다.

요일 2:19 "그들이 우리에게서 나갔으나 우리에게 속하지 아니하였나니 만일 우리에게 속하였더라면 우리와 함께 거하였으려니와 그들이 나간 것은 다 우리에게 속하지 아니함을 나타내려 함이니라"

애초부터 주께 속한 자가 아닌 자들은 떠날 수밖에 없는 것임을 보여줍니다.

4절 "한 번 빛을 받고 하늘의 은사를 맛보고 성령에 참여한 바 되고"

4-5절에 나오는 타락한 자들에 대한 견해는 이러합니다.

첫째, 진정으로 거듭난 자가 아니고 이름만의 신자였기 때문이라는 것입니다. 왜 그렇게 보는가 하면 하늘의 은사를 맛보았다, 또 내세의 능력을 맛보았다 하는 것은 맛만 보고 실제로 깊은 내용을 몰랐기 때문에 완전히 거듭난 자가 아니라는 것입니다.

둘째, 예정론의 근거로 설사 거듭났다 할지라도 처음부터 하나님의 택함을 받지 못하여 타락한다는 것입니다.

칼빈은 "참 그리스도인이 타락한 것이 아니고 형식적인 그리스도인이 된 자의 타락을 가리킨다"라고 하였습니다. 잘 믿는 것처럼 보여도 그저 형식적으로 믿는다는 것입니다.

'한번 빛을 받고'는 복음의 진리에 대해 지식적으로 접한 한 번의 경험이 있었으나 진정한 의미의 영적 중생(重生)의 체험은 없었던 것입니다.

또 '하늘의 은사를 맛보고'에서 은사는 선물입니다. 그러므로 하늘의 은사는 하늘에서 받는 선물이라 할 수 있습니다. 하늘의 은사는 하나님으로부터 오는 것입니다.

그리스도인은 하나님의 은혜 가운데 살아갑니다. 이것은 계속적인 것으로 4절 끝에 무어라고 합니까?

"성령에 참여한 바 되고"라고 하였습니다. 하늘의 은사는 성령을 통해 받습니다.

행 2:38 "베드로가 이르되 너희가 회개하여 각각 예수 그리스도의 이름으로 세례를 받고 죄 사함을 받으라 그리하면 성령의 선물을 받으리니"

성령을 받는다는 것은 예수 그리스도께서 보내실 약속으로 오심입니다.

요 15:26 "내가 아버지께로부터 너희에게 보낼 보혜사 곧 아버지께로부터 나오시는 진리의 성령이 오실 때에 그가 나를 증언하실 것이요"

본문에 성령에 '참여한 바 되고'는, 성령은 어떤 특정 인물에 주어지는 것이 아닙니다. 모든 믿는 성도가 다 같이 성령을 사모하면 받습니다. 그리고 누구나 교제합니다.

본문 4-5절에 대해 한국의 신학자이시며 목회자이신 박윤선 박사는 이렇게 말합니다.

"'한 번 빛을 받고'는 복음을 깨닫게 하는 성령님의 조명(照明)입니다. '하늘의 은사를 맛보고'는 그리스도께서 우리에게 주신 영적 축복을 받는 것입니다. '성령에 참여한 바 되고'는 예수를 주(主)라고 부르게 하는 영은(靈恩)에 참여함이라 하였습니다(고전 12:3)."

5절에 '하나님의 선한 말씀'은 복음을, '내세의 능력을 맛보고도'는 교회의 새로운 은혜로운 생활을 체험함이라고 설명합니다.

5절 "하나님의 선한 말씀과 내세의 능력을 맛보고도"

하나님 말씀의 귀중함을 깨달음과 내세의 능력은 미래적인 것으로 그리스도의 재림과 더불어 장차 나타날 능력입니다. 이는 예수 그리스도로 말미암아 현재에도 신앙의 공동체 안에서 실현되고 있습니다.

예수 그리스도를 주로 고백한 그리스도인들이라면 누구든지 체험할 수 있는 하나님 은사입니다. 한때는 한 번 비췸을 얻고, 하나님의 은사를 보고, 성령을 체험했지만 믿음에서 떠나 배교한 자들이 있었습니다.

6절 "타락한 자들은 다시 새롭게 하여 회개하게 할 수 없나니 이는 그들이 하나님의 아들을 다시 십자가에 못 박아 드러내 놓고 욕되게 함이라"

'타락한 자들'은 알고 지은 고의적인 죄와 모르고 지은 죄를 구별해 볼 때 고의적이고 악의적이어서 회개할 수 없는 자들입니다.

우리가 분명히 알 것은 연약함으로 신앙의 나태가 있었지만 회개하고 다시 돌아오면 하나님께서는 용서해 주십니다. 그러나 고의적이며 악의적으로 떠나 주를 부인하고 성령을 훼방하면 회개치도 않을 뿐 아니라 용서받지 못하는 것입니다.

마 12:31-32 "그러므로 내가 너희에게 이르노니 사람에 대한 모든 죄와 모독은 사하심을 얻되 성령을 모독하는 것은 사하심을 얻지 못하겠고 또 누구든지 말로 인자를 거역하면 사하심을 얻되 누구든지 말로 성령을 거역하면 이 세상과 오는 세상에서도 사하심을 얻지 못하리라"

타락하고 배교한 자들, 특히 성령을 거역한 자들은 구제불능입니다. 옛 소련 독재자 스탈린은 신학교 출신자입니다. 종의 기원의 진화론자 다윈도 기독교 신자였습니다. 북한 김일성의 부모도 기독교 신자였으며, 부수상을 지냈던 강약육은 목사였습니다. 배교하고 타락한 자들은 지옥에 떨어질 자들입니다.

우리가 영육 간 연약하여 어린 자는 격려하며, 이끌어주고, 또 성숙한 신앙으로 나아갈 수 있게 인도하는 공동체가 되는 것이 중요합니다.

3. 좋은 열매 맺는 신앙

7-8절 "땅이 그 위에 자주 내리는 비를 흡수하여 밭 가는 자들이 쓰기에 합당한 채소를 내면 하나님께 복을 받고 만일 가시와 엉겅퀴를 내면 버림을 당하고 저주함에 가까워 그 마지막은 불사름이 되리라"

앞서 언급한 내용에 대한 근거가 됨을 시사합니다. 그리고 보완 설명이라 할 수 있습니다. 그리스도인들이 배도하지 아니하고 성숙한 신앙으로 나아가면 은혜를 베풀어 주시고, 복을 주시고, 그렇지 못하고 배도하면 저주와 심판을 받게 됨을 경고합니다.

버림을 당하고 : 헬라어 '아도키모스(ἀδόκιμος)'의 원뜻은 '받아들이기에 합당치 않음'임. 즉, 자격이나 조건에 미달되는 것을 뜻합니다.

불사름 : 헬라어 '카우신(καῦαω)'은 마지막 심판 때 엄격함을 나타낸 것으로, 지옥 불에

던져져 불에 타는 것임. 성도의 신앙 상태에 따라 축복과 배교에 따른 심판을 의미합니다.

옛말에 콩 심은 데 콩 나고 팥 심은 데 팥 난다는 말이 있습니다. 그렇습니다. 심는 데로 거두는 것이지요! 선을 심으면 선이 나고, 악을 심으면 악이 나겠지요! 신앙생활을 잘하면 복을 받고, 타락하여 배도하면 벌을 받습니다. 신앙생활은 그 믿음에 따라 좋은 열매, 나쁜 열매를 맺습니다.

7절 "땅이 그 위에 자주 내리는 비를 흡수하여 밭 가는 자들이 쓰기에 합당한 채소를 내면 하나님께 복을 받고"

땅은 식물이 자라는 곳입니다. 그 위에 비가 내리면 땅에 흡수됩니다. 밭을 갈고 씨를 뿌린 후에 합당한 채소를 내면 풍요하게 됩니다. 이는 신앙의 열매를 맺어야 할 사람에게 주는 은혜의 풍성함입니다.

시 65:10 "주께서 밭고랑에 물을 넉넉히 대사 그 이랑을 평평하게 하시며 또 단비로 부드럽게 하시고 그 싹에 복을 주시나이다"

땅이 쓰기에 합당한 채소를 내면 그만큼 하나님께 복을 받는 것입니다. 밭을 가는 자가 열심을 다해 밭을 갈았을 때 밭이 그에 맞는 소출을 내면 밭을 가는 농부는 기뻐하고, 즐거워하는 것처럼 그리스도인이 배도하지 않고 성숙한 신앙으로 나아가면 풍성한 은혜 가운데 있게 됩니다. 하나님께서 베푸시고, 돌보시고, 복을 주시는 가운데 있게 됩니다.

마 7:18 "좋은 나무가 나쁜 열매를 맺을 수 없고 못된 나무가 아름다운 열매를 맺을 수 없느니라"

좋은 나무가 되어 좋은 열매를 맺도록 하는 것이 신앙입니다.

요 15:8 "너희가 열매를 많이 맺으면 내 아버지께서 영광을 받으실 것이요 너희는 내 제자가 되리라"

우리의 신앙에 열매가 많으면 하나님께서 영광을 받으십니다. 열심히 신앙하여 성령의 9가지 열매를 맺어 하나님께 영광을 돌리는 것입니다.

8절 "만일 가시와 엉겅퀴를 내면 버림을 당하고 저주함에 가까워 그 마지막은 불사름이 되리라"

이 가시와 엉겅퀴는 창 3:17-18에 아담의 불순종으로 인해 생긴 저주의 산물입니다.

창 3:18(상) "땅이 네게 가시덤불과 엉겅퀴를 낼 것이라……"

본문에서 가시와 엉겅퀴를 내면 버림을 당한다고 하였습니다. 이는 믿음에서 떠나 배도함에 따른 결과입니다.

저주함에 가까워 그 마지막은 불사름이 된다고 하였습니다. 불사름은 마지막 심판 때의 아주 엄격함을 나타낸 표현입니다. 그 불은 하나님을 대적하는 자들에게 소멸하는 도구가 됩니다.

사 24:6 "그러므로 저주가 땅을 삼켰고 그 중에 사는 자들이 정죄함을 당하였고 땅의 주민이 불타서 남은 자가 적도다"

저주는 심판에 이릅니다. 신앙의 성장이냐 아니냐는 큰 차이가 있습니다.

신앙이 성숙하면 영생의 복을 누리고, 신앙이 성장하지 못하고 초보적인 상태에 머물러 있거나 후퇴하면 유혹에 빠지기 쉽습니다. 그러다가 배도를 하게 되면 종내는 심판을 받습니다.

마틴 루터는 "신앙에는 완전 구원이거나, 아니면 불신앙으로 완전 멸망이 있을 따름이고, 그 중간 상태는 있을 수 없다"고 하였습니다.

본문에서 끊임없이 제시하는 것은 신앙 미성숙에 머물러 있지 말고 전진하여 성숙하라는 것입니다. 미적미적하다가 타락하던지 배교하면 끝장이라는 것입니다.

과거 출애굽한 이스라엘 백성을 보면 신앙의 진보를 이루지 못하고 머물러 있다가 조그마한 시련에도 견디지 못하고 모세와 하나님을 원망하며 불순종하였습니다. 심지어 애굽으로 되돌아 가고자 했습니다. 그러다가 가나안에 들어가지 못하고 광야에 엎드러짐니다.

우리가 신앙의 진보를 원하면 끊임없이 노력하여 하나님 나라에 대한 소망을 굳게 잡고 나아가야 합니다.

농부가 밭을 갈아 심고, 가꾸고 하여 소출을 내면 기뻐하고 즐거워합니다. 이와 같이 그리스도인이 신앙의 성숙과 열매를 맺으면 하나님이 기뻐하십니다. 은혜를 베푸시고 돌보신 하나님께서 그들에게 복을 주십니다.

그러하지 아니하고 그리스도인들의 신앙이 성장하지 못하고 타락하여 배도하면 그 결과는 불사름을 당하는 것입니다. 바로 마지막 심판 때 지옥 불에 떨어집니다.

오늘을 살아가는 우리는 더욱 더 신앙의 성숙을 위해 노력해야 할 때입니다.

도의 초보는 예수를 처음 믿을 때 기본적으로 배우게 된 신앙의 도리를 가리킵니다. 이 도의 초보를 버려야 한다는 것은 전혀 쓸모없는 것이기에 버리라는 것이 아닙니다. 이 말씀은 그 교훈의 터 위에 머무르지 말고 완전한 데 나아가라는 권면입니다. 성도는 어린아이 같은 신앙에 계속 머물러서는 안 되며 성숙한 신앙으로 나아가야 한다는 것입니다.

오늘날 성도들의 문제점은 어린아이의 신앙에 머물러 있으면서도 자신의 신앙이 정상적인 것으로 믿고 있다는 것입니다. 성경을 읽는 일이나 배우는 일에 전혀 힘쓰지 않는다는 것을 말합니다.

여기서 우리가 유념해 볼 것은 한 번 비춤을 얻고, 하늘의 은사를 맛보고, 성령에 참여한 바 되고, 하나님의 선한 말씀과 내세의 능력을 맛보고 타락한 자들이 큰 문제입니다. 이들은 다시 새롭게 하여 회개할 수 없다는 것입니다. 얼마나 무서운 말씀인지 모르겠습니다. 이들은 다시 예수님을 십자가에 못 박아 현저히 욕을 보임이라 하였습니다. 마치 예수님을 십자가에 못 박던 로마 병정처럼 된다는 것입니다. 신앙의 성숙함에 나가는 자는 하나님께 복을 받고, 타락하고 배도하는 자들은 가시와 엉겅퀴가 되어 불사름을 당하는 엄중한 심판을 받게 됩니다.

성도는 신앙의 성숙으로 배도하지 않고 좋은 열매를 맺어가야 하는 것입니다.

II. 소망의 풍성에 이름

히 6:9-12

⑨ 사랑하는 자들아 우리가 이같이 말하나 너희에게는 이보다 더 좋은 것 곧 구원에 속한 것이 있음을 확신하노라 ⑩ 하나님은 불의하지 아니하사 너희 행위와 그의 이름을 위하여 나타낸 사랑으로 이미 성도를 섬긴 것과 이제도 섬기고 있는 것을 잊어버리지 아니하시느니라 ⑪ 우리가 간절히 원하는 것은 너희 각 사람이 동일한 부지런함을 나타내어 끝까지 소망의 풍성함에 이르러 ⑫ 게으르지 아니하고 믿음과 오래 참음으로 말미암아 약속들을 기업으로 받는 자들을 본받는 자 되게 하려는 것이나라

앞에서 신앙 미성숙으로 타락한 자들은 종내 배교자가 되어 엄중한 심판을 받음을 경고했습니다. 이제 방향을 바꾸어 서두에 '사랑하는 자들아'라고 부드러운 어조로 위로와 격려를 하고 있습니다. 앞서의 배도한 자들이 아닌 신실한 그리스도인입니다. 그들에게는 구원받은 것의 증거가 되는 선행의 열매가 있었다고 합니다. 주의 이름을 위하여 나타낸 사랑의 섬김도 있습니다. 행함과 사랑의 두 가지는 건전한 신앙생활의 기본이 되어 구원의 확신을 더해줍니다. 또 원함은 각 사람이 동일한 부지런함을 나타내 끝까지 소망의 풍성함에 이르러 게으르지 아니하고 오래 참음으로, 약속을 기업으로 받은 자들을 본받는 자가 되라는 것입니다.

믿음의 선진들과 같이 약속하신 것을 믿고 인내하여 기업을 소유하는 자들이 되게 하려는 권면적 의지가 담겨있습니다.

1. 사랑으로 섬기는 것을 기억함

9-10절 "사랑하는 자들아 우리가 이같이 말하나 너희에게는 이보다 더 좋은 것 곧 구원에 속한 것이 있음을 확신하노라 하나님은 불의하지 아니하사 너희 행위와 그의 이름을 위하여 나타낸 사랑으로 이미 성도를 섬긴 것과 이제도 섬기고 있는 것을 잊어버리지 아니하시느니라"

사랑하는 자들아 : 헬라어 '아가페토이(ἀγαπητοί)'는 아가페적인 애정 어린 호칭임.

구원에 속한 것 : 헬라어 '에코메나 소테리아스(ἐχόμενα σωτηρίας)'의 문자적인 뜻은 '구원을 소유했다'의 의미임. 여기서는 '구원에 근접한 것', '구원에 밀착된 것'을 뜻합니다.

그의 이름 : 하나님 이름을 가리킴. 성도가 사랑과 섬김으로 구원에 가깝고 기억된 바됨을 의미합니다.

하나님을 떠나 타락하고 배도하면 어떻게 된다고 하였습니까? 다시 새롭게 되어 회개할 수 없다고 하였습니다. 이들은 연약해서 잠시 떠나 있던 자들과 달리 고의적으로 주를 부인하며 하나님을 떠나 배역하고, 성령을 훼방하는 자들입니다. 예컨대 가룟 유다 같은 사람입니다.

도덕적 범죄 행위가 아닌 교리적 배도 행위입니다. 이와 같은 자는 버림을 당하여 저주를 받아 그 마지막은 불사름이 된다고 하였습니다. 이들은 구제길이 없음을 의미합니다.

9절 "사랑하는 자들아 우리가 이같이 말하나 너희에게는 이보다 더 좋은 것 곧 구원에 속한 것이 있음을 확신하노라"

'사랑하는 자들아'는 애정 어린 호칭입니다. '이보다 더 좋은 것'은 구제치 못할 배교자들과 달리 인정받는 성도입니다. '구원에 속한 것'은 구원에 가까이 이른다는 의미보다 근본적으로 구원을 소유하고 있는 것입니다. 초대교회 때는 유대교 개종자들이 다시 되돌아가는 자도 있었음을 시사합니다. 이들과 달리 신앙에 굳게 서서 구원의 확신을 보증하고 있었습니다.

요일 5:11 "증거는 이것이니 하나님이 우리에게 영생을 주신 것과 이 생명이 그의 아들 안에 있는 그것이니라"

24 "내가 진실로 진실로 너희에게 이르노니 내 말을 듣고 또 나 보내신 이를 믿는 자는 영생을 얻었고 심판에 이르지 아니하나니 사망에서 생명으로 옮겼느니라"

우리는 구원의 확신이 있어야 합니다.

롬 5:8 "우리가 아직 죄인 되었을 때에 그리스도께서 우리를 위하여 죽으심으로 하나님께서 우리에 대한 자기의 사랑을 확증하셨느니라"

10절 "하나님은 불의하지 아니하사 너희 행위와 그의 이름을 위하여 나타낸 사랑으로 이미 성도를 섬긴 것과 이제도 섬기고 있는 것을 잊어버리지 아니하시느니라"

하나님은 공의로우시며 사랑과 은혜가 풍성하십니다. 우리의 하는 일 일거수일투족을 다 감찰하십니다. 하나님은 높으신 지존의 이름 전능하신 통치의 이름입니다.

시 8:1 "여호와 우리 주여 주의 이름이 온 땅에 어찌 그리 아름다운지요 주의 영광이 하늘을 덮었나이다"

하나님은 자비로우시고, 은혜로우시며, 사랑과 긍휼이 풍성하십니다. 하나님의 전인격적 사랑으로 서로 섬기면 하나님은 기억하십니다. 성도가 서로서로 섬기고 봉사하는 것을 하나님은 기억하십니다. 선행은 형식적이 아닌 진정으로 행해지는 것이 상급입니다.

막 9:41 "누구든지 너희가 그리스도에게 속한 자라 하여 물 한 그릇이라도 주면 내가 진실로 너희에게 이르노니 그가 결코 상을 잃지 않으리라"

이웃을 사랑으로 섬길 때 그 보상이 반드시 있음을 뜻합니다.

고전 15:58 "그러므로 내 사랑하는 형제들아 견실하며 흔들리지 말고 항상 주의 일에 더욱 힘쓰는 자들이 되라 이는 너희 수고가 주 안에서 헛되지 않은 줄 앎이라"

항상 주의 일에 힘쓰는 자가 되라는 것입니다. 그리하면 그 수고가 주 안에서 헛되지 않는다는 것입니다. 히브리인들과 그리스도인들은 신앙의 진보도 없고 어린 신앙에 머물러 책망도 받았습니다. 그와는 다른, 서로 간 섬기고 사랑을 나타냄을 기억하신 바 됨이라 하였습니다.

좀 더 알기로는 초대교인들이 믿음을 가지게 되면 그 믿음이 반드시 사랑의 행동으로 나타나며, 그 사랑의 실천 방법은 섬기는 일이었습니다. 그때에 하나님께서는 그 모든 것을 잊지 아니하시고 기억하신다는 것입니다.

4-8절에서 배도자들의 결국 어떠한 것인지 엄숙한 경고를 하였습니다.

9절에서는 그러한 배도자가 아닌 '사랑하는 자들'이라고 애정 어린 호칭으로 보아 신앙이 돈독함으로 은혜의 축복 아래 있음을 봅니다.

구원받을 증거가 되는 선행의 열매가 있었습니다. 하나님의 이름, 즉 전인격을 나타내는 사랑으로 계속적으로 섬긴 것입니다.

하나님께서는 선악간 일들을 기억하십니다. 그러므로 우리의 신앙도 이웃을 사랑하며, 섬기며, 주의 일에 봉사 헌신하며, 열심으로 신앙하여야 하는 것입니다.

2. 끝까지 소망으로 풍성에 이름

11절 "우리가 간절히 원하는 것은 너희 각 사람이 동일한 부지런함을 나타내어 끝까지 소망의 풍성함에 이르러"

이 절에서는 소망이 언급되고 있는 반면, 10절에서는 사랑을, 12절에는 믿음이 언급되고 있습니다. 이 세 가지는 여러 구절에 나타나 있습니다(롬 5:4-5, 고전 13:13, 갈 5:5-6, 골 1:4-5, 살전 1:3, 5:8, 벧전 1:21-22). 믿음, 소망, 사랑. 이 세 가지는 그리스도인들의 균형있는 신앙생활의 기본 요소입니다.

동일한 부지런함 : 같이 바라고 같이 행하는 열심임.

간절히 원하는 : 헬라어 '에피뒤무멘($\epsilon\pi i\theta\upsilon\mu\omicron\acute{\upsilon}\mu\epsilon\nu$)'은 '열렬히 바라다'임. '마음에 깊이 품은 소원'을 의미합니다.

소망의 풍성함 : 헬라어 '텐 플레로포리안 테스 엘피도스($\tau\grave{\eta}\nu\ \pi\lambda\eta\rho\omicron\varphi\omicron\rho\acute{\iota}\alpha\nu\ \tau\hat{\eta}\varsigma\ \epsilon\lambda\pi\iota\delta\omicron\varsigma$)'는 '소망이 마음에 충일한 상태', 즉 온전한 소망에 이른 상태'를 의미함. 부지런함은 일반

적으로 아주 좋은 일입니다. 그러나 그 부지런함이 어떠한 일인가에 따라 아주 다른 결과로 나타납니다.

성도가 부지런히 신앙의 진보를 이루는 과정에서 부지런함은 하나님께 영광을 돌릴 수 있습니다. 그렇지 않고 어떤 행위를 잘하는 부지런함은 이와 다릅니다. 예를 들자면 청소를 잘한다고 신앙 성숙의 진보가 되는 것은 아닙니다. 그러나 그러한 일은 복을 받습니다. 신앙의 진보를 위해 부지런히 힘쓰면서 하나님의 일을 위해서도 부지런해야 한다는 의미입니다.

11절(상) "우리가 간절히 원하는 것은 너희 각 사람이 동일한 부지런함을 나타내어······"

'간절히 원한다'는 것은 마음 깊이 바라는 것입니다. 이를 각 사람, 곧 개개인이 동일하게 부지런을 나타냅니다. 다시 정리 해보면 간절히 원하는 것이 있는데 각자 동일하게 부지런을 나타낸다는 것입니다. 이는 영적인 일을 각 사람이 같이 부지런함을 갖는다는 것을 말합니다.

사도 바울은 로마 교회에 보낸 서신에서 이렇게 권면합니다.

롬 12:11 "부지런하여 게으르지 말고 열심을 품고 주를 섬기라"

신앙의 진보를 이루기 위해서는 부지런하고, 열심을 품고 주를 섬기는 것입니다. 성도가 신앙의 진보를 위해 부지런하고 열심히 진행하면 이룬다는 의미입니다.

모두가 깨어 부지런하여서 하나님이 보시기에 부끄럼 없는 삶을 살고, 믿음에서 우러나는 선행을 행하며, 또 섬기는 삶을 열심히 살면 하나님께 영광을 돌리는 것입니다.

11절(하) "······ 끝까지 소망의 풍성함에 이르러"

소망은 어떤 일을 바라는 것입니다. 바로 미래에 대한 기대입니다.

칼빈은 "참다운 신앙은 소망과 나란히 움직인다"고 하였습니다.

소망이 없는 믿음은 허수아비와 같습니다. 진정한 의미의 믿음과 소망으로 신앙하는 것입니다.

난(Lane)이라는 신학자는 "소망에 풍성함에 이르러"는 소망이 마음에 충일한 상태를 의미한다고 했습니다.

롬 8:24-25 "우리가 소망으로 구원을 얻었으매 보이는 소망이 소망이 아니니 보는 것을 누가 바라리요 만일 우리가 보지 못하는 것을 바라면 참음으로 기다릴지니라"

성도는 구원을 얻었으면 그때부터 성령으로 말미암아 하늘 소망으로 사는 것입니다.

히 11:1의 "믿음은 바라는 것들의 실상이요 보이지 않는 것들의 증거니"

소망은 또 믿음이 없으면 이루고 성취하지 못합니다. 믿음이 소원한 바 소망을 끝까지 부여잡고 나아가면 이루어지는 것입니다. 우리 모두는 내세의 소망을 품어 끝까지 나아가는 자들입니다. 그리하여 소망의 풍성함에 이릅니다.

> 모토(Edward Moto. 1797-1874)라는 분의 이야기를 소개합니다.
> 그는 최초로 '복음성가'라는 표현을 쓴 사람입니다. 모토는 목수 일을 하였습니다. 언제나 불평하고 불만을 갖고 어린 시절을 보냈습니다.
> 그런 그가 16세 때 교회에 들어가 주님을 영접하고 변화된 삶을 살아갑니다. 그는 늘 기쁨으로 일을 하였습니다. 그는 큰 부자가 되었고, 결국 가구공장 사장이 되었습니다. 신앙도 점점 성숙해 갔습니다.
> 50세 때 가구공장을 정리하고 늦게나마 신학공부를 시작하였습니다. 그 후 그는 전적으로 교회를 섬겼고, 믿음의 소망으로 100여 편의 찬송시를 썼습니다.

우리가 소망의 풍성함에 이르기 위해서는 믿음과 오래 참음이 있어야 합니다. 믿음과 오래 참음으로 무장되어 있을 때 소망이 풍성함에 이를 수 있습니다. 하늘 소망은 신앙 성숙의 최종 목표가 되는 것입니다. 약속의 영광스러운 미래에 대한 확신을 가진 사람은 적극적으로 달려갑니다. 그러하지 못한 사람은 매사에 소극적인 신앙생활을 하게 됩니다. 끝까지 소망의 풍성함에 이르도록 경주하는 것입니다.

3. 선진들의 믿음을 본받아 기업을 얻음

12절 "게으르지 아니하고 믿음과 오래 참음으로 말미암아 약속들을 기업으로 받는 자들을 본받는 자 되게 하려는 것이니라"

소망 가운데 사는 자들은 동일한 부지런으로 끝까지 인내하여 온전히 나아갑니다.

선진들은 게으르지 아니하고 믿음과 오래 참음으로, 약속을 기업으로 받았습니다. 그러므로 우리도 그 선진들처럼 나아가 기업을 얻는 것입니다.

게으르지 아니하고 : '게으르다'는 것은 헬라어 '노드로이(νωθρός)'임. 히 5:11의 '둔하므로'와 동일한 의미를 가집니다. 부지런함의 반대어입니다. 그러므로 게으르지 않음은 부지런함입니다.

본받는 자 되게 하려는 것 : 본은 복사하는 것의 성격으로 앞서간 믿음의 선진들을 그대로 따르는 것을 의미함.

약속으로 기업을 받은 자 : 하나님의 언약을 믿고 따르는 사람임. 따르고 순종하여 나아가 얻은 약속의 기업을 받음입니다.

성도는 믿음으로 약속의 기업을 얻은 선진들을 본받아 얻음을 의미합니다.

사실 신앙을 지켜나간다는 것은 그리 쉬운 일이 아닙니다. 많은 시험과 고난이 따릅니다. 때로는 강한 도전이 기다리기도 합니다. 끝까지 인내하며 믿음으로 이겨가야 함의 이유입니다. 일찍이 우리 선진들이 이 길을 갔습니다. 하나님의 약속을 믿고 나아갔습니다. 그리고 그 언약의 말씀에 전적으로 순종하며 살았습니다. 그리하여 약속하신 바 기업을 받았습니다.

12절(하) "……약속들을 기업으로 받는 자들을 본받는 자 되게 하려는 것이니라"

우리의 신앙은 나태하거나 게으르지 말아야 합니다. 부지런한 믿음과 오래 참음으로써 마침내 약속들을 기업으로 받습니다. 게으르지 아니하고 부지런히 노력하여 소망의 풍성을 얻고, 믿음으로 오래 참음으로써 약속을 기업으로 받은 믿음의 선진들을 본받는 자가 되어야 합니다. 하늘 기업을 받는 데 믿음과 오래 참음은 필수 과정인 것 같습니다. 약속의 기업을 얻는 것은 믿음과 인내, 또한 오랜 기다림입니다.

사도 바울은 인내와 믿음과 모든 환난과 핍박을 자랑한다고 하였습니다.

살후 1:4 "그러므로 너희가 견디고 있는 모든 박해와 환난 중에서 너희 인내와 믿음으로 말미암아 하나님의 여러 교회에서 우리가 친히 자랑하노라"

누구에게나 어려움이 있고 문제가 있습니다. 그것을 어떻게 대처하고 나아가느냐에 달려 있는 것입니다.

여기서 잠시 '약속들을 기업으로 받은 자들'에 대해 살펴보고자 합니다.

13절 서두에 '하나님이 아브라함에게 약속하실 때에……'라고 합니다.

아브라함은 하나님의 약속을 믿고 갈 바를 알지 못한 가운데 믿음으로 나아갔습니다. 이삭을 번제로 드리라는 청천벽력 같은 명령에도 순종하며 믿음으로 나아갔습니다. 하나님께서는 약속의 기업을 보증하시고 큰 복을 내려 주셨습니다.

노아는 의인이요, 완전한 자입니다. 하나님께서 잣나무로 방주를 지으라고 하셨습니다. 그 크기가 장이 300규빗, 광이 50규빗, 고가 30규빗이었습니다. 내부 구조는 3층으로 하라고 하셨습니다. 어마어마한 규모였습니다. 하나님의 말씀대로 순종하여 지어나갔습니다. 세우신 언약에도 믿음과 오래 참음으로 지켜나갔던 것입니다. 믿음의 선진들은 믿음과 인내로 모두 언약을 지켜나갔던 것입니다.

히 10:36 "너희에게 인내가 필요함은 너희가 하나님의 뜻을 행한 후에 약속하신 것을 받기 위함이라"

오늘을 사는 우리도 그 믿음을 본받아 나가야 합니다. 기독교 신앙은 확실한 역사성 위에 서 있습니다. 성경의 역사성은 우리에게 거울이 되어 비춰줍니다. 이런 의미에서 보면 '약속들을 기업으로 받는 자들을 본받는 자가 되기를 바라는 것입니다.

우리는 뭐니 뭐니 해도 주님을 본받아야 합니다.

우리는 앞서간 선배들의 좋은 신앙도 본받아서 성숙으로 나아가야 합니다. 우리에게 주어진 약속의 기업을 얻도록 노력해야 합니다.

찬송가에 '나의 영원하신 기업 생명보다 귀하다'고 하였습니다. 이는 하나님께서 약속하신 기업, 곧 구원을 완전히 소유하는 것입니다.

본문은 "게으르지 아니하고 믿음과 오래 참음으로 말미암아"라고 하였습니다. 이는 부지런하게 열심히 믿음에 서서 중단 없이 나아가 성취를 이루는 것입니다. 약속을 기업으로 얻기 위해 믿음의 선진들을 본받고, 그대로 나아가는 것입니다. 그리하여 영원한 기업을 소유하는 것입니다. 믿음으로 인내하며 주의 일에 열심히 충성하여 나아가는 것입니다.

하나님께서 약속하신 일을 오래 참고, 순종하며, 믿음으로 나아가 마침내 영원한 기업을 소유하는 것입니다.

우리가 견고한 믿음의 터 위에 신앙하길 위해서는 첫째, 각 사람이 동일한 부지런함을 나타내고 또 사랑으로 섬겨야 하고, 둘째, 끝까지 소망의 풍성함에 이르도록 힘써야 합니다. 그리고 셋째, 선진들의 믿음을 본받아 약속하신 기업을 얻어야 합니다. 아무리 신앙의 진보를 위해 부지런하여도 믿음과 오래 참음이 없으면 소망의 풍성함을 이룰 수 없습니다. 그리고 보다 중요한 것은 하나님 말씀에 바로 서가야 합니다.

우리의 신앙의 잣대는 언제나 성경입니다. 하나님께서 언제나 우리를 인도하고 보호해 주심을 믿고, 부지런하고 오래참고 열심히 나아가 약속된 기업을 얻는 것입니다.

III. 하나님 약속의 확실성

히 6:13-20

⑬ 하나님이 아브라함에게 약속하실 때에 가리켜 맹세할 자가 자기보다 더 큰 이가 없으므로 자기를 가리켜 맹세하여 ⑭ 이르시되 내가 반드시 너에게 복 주고 복 주며 너를 번성하게 하고 번성하게 하리라 하셨더니 ⑮ 그가 이같이 오래 참아 약속을 받았느니라 ⑯ 사람들은 자기보다 더 큰 자를 가리켜 맹세하나니 맹세는 그들이 다투는 모든 일의 최후 확정이니라 ⑰ 하나님은 약속을 기업으로 받는 자들에게 그 뜻이 변하지 아니함을 충분히 나타내시려고 그 일을 맹세로 보증하셨나니 ⑱ 이는 하나님이 거짓말을 하실 수 없는 이 두 가지 변하지 못할 사실로 말미암아 앞에 있는 소망을 얻으려고 피난처를 찾은 우리에게 큰 안위를 받게 하려 하심이라 ⑲ 우리가 이 소망을 가지고 있는 것은 영혼의 닻 같아서 튼튼하고 견고하여 휘장 안에 들어가나니 ⑳ 그리로 앞서 가신 예수께서 멜기세덱의 반차를 따라 영원히 대제사장이 되어 우리를 위하여 들어 가셨느니라

우리가 간절히 원하는 것은 믿음과 인내로 약속의 기업을 얻는 것입니다. 끝까지 소망의 풍성함에 이르기 위해 열심히도 해야 하지만, 앞서간 믿음의 선진들을 본받아 나아가야 합니다.

대개 맹세는 자기보다 윗사람이나 또는 지위가 높은 사람에게 합니다. 구약 때 사람들은 하나님을 가리키며 맹세를 했습니다.

본문은 하나님께서 아브라함에게 약속하실 때 더 큰 이가 없으므로 자기를 가리켜 맹세를 하십니다. 그뿐 아니라 맹세로 보증까지 하십니다. 이는 변치 않는 하나님의 사랑입

니다. 그 맹세의 보증은 우리에게 큰 안위를 받게 합니다. 우리의 소망은 영혼의 닻 같아서 견고한 믿음으로 휘장 안으로 들어갑니다. 예수 그리스도가 우리를 위하여 들어가 열어 놓으신 길입니다.

이제 '하나님 약속의 확실성'에 대해 살펴보고자 합니다.

1. 약속은 맹세함에 오래 참아 받음

13-15절 "하나님이 아브라함에게 약속하실 때에 가리켜 맹세할 자가 자기보다 더 큰 이가 없으므로 자기를 가리켜 맹세하여 이르시되 내가 반드시 너에게 복 주고 복 주며 너를 번성하게 하고 번성하게 하리라 하셨더니 그가 이같이 오래 참아 약속을 받았느니라"

하나님께서 아브라함에게 약속하실 때 맹세까지 하십니다. 이는 확실케 하심입니다. 하나님께서 반드시 지켜 복을 주고 번성케 하리라는 약속입니다. 아브라함은 그 약속을 지키고 오래 참아 약속을 받았습니다. 이는 큰 복을 받음입니다.

복 : 주로 구약에서는 재물의 복(신 28 : 4-8), 번영의 복(신 28 : 1-3)이고, 신약에서는 구속으로 인해 구원받음과 하늘 기업의 복임.

번성 : 자손이 늘어서 퍼지는 것과 식물의 무성함을 뜻함. 또 다른 의미는 모든 것이 잘 되는 것입니다. 성도는 이 땅의 복과 하늘의 복을 약속으로 풍성히 받음을 의미합니다.

서로 간 약속을 할 때 어떻게 합니까? 서로 새끼손가락을 걸고 도장 찍듯 서로 엄지로 약속을 합니다. 기업을 할 때는 쌍방 간 계약을 체결합니다. 부부간 약속은 잘 지키지 않아 각서를 쓰기도 합니다.

우리가 주의할 것은 아이들과의 약속입니다. 잘 지키지 않으면서 쉽게 약속합니다. 그렇게 하면 신뢰를 못 받아 나중에 더 큰 손해를 보게 됩니다.

고대 근동에서는 개인이나 부족 사이에 계약을 체결할 때 하늘이나 절대자의 이름을 걸고 맹세를 하였습니다.

본문에서는 하나님께서 아브라함과 약속을 하시면서 자신을 가리켜 맹세하심입니다.

13절 "하나님이 아브라함에게 약속하실 때에 가리켜 맹세할 자가 자기보다 더 큰 이가 없으므로 자기를 가리켜 맹세하여"

맹세는 자기보다 높은 자에게 합니다. 그런데 보세요. 하나님께서 인간인 아브라함에게 약속하실 때 맹세를 합니다. 이는 자기보다 더 큰 이가 없으므로 자기를 가리켜 맹세를 합니다. 하나님은 신실하신 하나님이시기에 확실하게 그 약속을 지키시겠다는 의지입니다. 좋으신 하나님은 이렇게까지 약속을 하십니다.

하나님께서는 하신 약속을 반드시 성취하시고 이루십니다.

창 18:14 "여호와께 능치 못한 일이 있겠느냐 기한이 이를 때에 내가 네게로 돌아오리니 사라에게 아들이 있으리라"

하나님께서는 능치 못할 일이 없으십니다. 전지전능하신 하나님이십니다. 기한이 이르면 사라에게서 아들이 있으리라 하십니다. 그리하여 이삭이 탄생한 것입니다. 이는 신실하신 하나님의 보증의 증거입니다. 하나님께서는 아브라함에게 약속하시고, 계속하여 반복해 주어집니다. 그리고 그 약속들은 반드시 이행되어집니다.

하나님께서는 아브라함에게 약속뿐 아니라 맹세까지 하십니다. 아브라함이 사는 날 동안 복을 주심과 후손들을 번성케 해주십니다. 영적으로 그 후손을 통해 메시아가 탄생될 것을 암시해 주십니다(갈 3:8-9, 16). 이 맹세 속에는 전 세계에 신앙적 후손들이 대단히 많을 것을 예시하고 있습니다(롬 4:13).

14절 "이르시되 내가 반드시 너에게 복 주고 복 주며 너를 번성하게 하고 번성하게 하리라 하셨더니"

복과 번성을 반복적으로 말씀합니다. 이는 그렇게 하시겠다는 강한 의지입니다.

창 12:2 "내가 너로 큰 민족을 이루고 네게 복을 주어 네 이름을 창대하게 하리니 너는 복이 될지라"
창 22:17 "내가 네게 큰 복을 주고 네 씨가 크게 번성하여 하늘의 별과 같고 바닷가의 모래와 같게 하리니 네 씨가 그 대적의 성문을 차지하리라"

본문은 "네 씨로 크게 성하여"에 대해 "번성케 하고 번성케 하리라"고 하였습니다. 그러므로 번성의 의미는 잘되는 것보다 자녀의 복으로 볼 수 있습니다.

하나님께서는 아브라함에게 복을 주시며 네 씨, 곧 후손으로 크게 번성케 하신다는 것입니다.

신약에서 살펴보면 이러합니다.

행 3:25 "…… 아브라함에게 이르시기를 땅 위의 모든 족속이 너의 씨로 말미암아 복을 받으리라 하셨으니"

롬 4:13 "아브라함이나 그 후손(나나주 : 씨)에게 세상의 상속자가 되리라고 하신 언약은 율법으로 말미암은 것이 아니요 오직 믿음의 의로 말미암은 것이니라"

갈 3:16 "이 약속들은 아브라함과 그 자손(씨)에 말씀하신 것인데 여럿을 가리켜 그 자손(씨)들이라 하지 아니하시고 오직 하나를 가리켜 네 자손(씨)이라 하셨으니 곧 그리스도라"

네 자손은 구속사적으로 예수 그리스도를 칭한 것입니다.

"반드시 너를 복주고 복주며…… 번성케 하고 번성케 하리라"

거듭 거듭 반복하여 말씀하고 있는 이유가 있는 것입니다.

15절 "그가 이같이 오래 참아 약속을 받았느니라"

아브라함은 오래 참아 약속을 받았습니다. 그것은 그의 믿음 때문이었습니다. 그 약속은 이삭을 통하여 받았고, 그 후손으로 계속 이어져 갑니다.

롬 4:18 "아브라함이 바랄 수 없는 중에 바라고 믿었으니 이는 네 후손이 이같으리라 하신 말씀대로 많은 민족의 조상이 되게 하려 하심이라"

사실 약속의 완전한 성취는 궁극적으로 예수 그리스도의 오심입니다.

요 8:56 "너희 조상 아브라함은 나의 때 볼 것을 즐거워하다가 보고 기뻐하였느니라"

우리는 여기서 아브라함의 약속의 보다 깊은 의미를 알 수 있습니다.

우리는 믿음의 조상 아브라함의 약속을 믿음으로 받은 것처럼 본받아서 하나님의 말씀을 청종하며, 주의 다시 오심을 소망하며, 신앙하는 것입니다.

2. 약속을 기업으로 받은 자에게 맹세로 보증함

16-18절 "사람들은 자기보다 더 큰 자를 가리켜 맹세하나니 맹세는 그들이 다투는 모든 일의 최후 확정이니라 하나님은 약속을 기업으로 받는 자들에게 그 뜻이 변하지 아니함을 충분히 나타내시려고 그 일을 맹세로 보증하셨나니 이는 하나님이 거짓말을 하실 수 없는 이 두 가지 변하지 못할 사실로 말미암아 앞에 있는 소망을 얻으려고 피난처를 찾은 우리에게 큰 안위를 받게 하려 하심이라"

구약 성경에서 맹세는 맹세하는 사람보다 더 크고 위대한 여호와의 이름으로 되어졌습니다(신 6:13, 10:20). 만일 맹세를 하고서 이를 어기면 그것은 십계명 중 제3계명을 어기는 것이 되었습니다(출 20:7, 신 5:11, 슥 5:3-4).

맹세의 보증은 약속의 불변성을 의미합니다. 하나님께서 맹세하여 보증하신 것은 그리스도의 구속사역을 통한 성취입니다. 이는 큰 위로를 받게 되는 것입니다.

소망 : 헬라어 '엘피스(ελπις)'는 '좋은 것을 기대하는 마음'임. 이 단어의 이면에는 항상 구원이 전제합니다.

안위 : 헬라어 '파라클레신(παράκλησιν)'은 위로, 위안, 격려를 뜻함. 여기서는 소망과 더불어 격려적인 성격입니다. 성도가 하나님이 주시는 약속의 기업을 소망 중에 받음을 의미합니다.

사람과 사람의 관계 속에는 약속을 지키는 것이 대단히 중요합니다. 우리나라 사람들이 시간 약속을 잘 지키지 않는 경향이 있습니다. 오죽하면 '코리안 타임'이라고 할까요? 약속을 지킨다는 것은 신뢰를 쌓는 것으로 잘 지켜야 합니다. 아이들과의 약속은 꼭 지키고, 지키지 못할 약속은 하지 않는 것입니다. 부부간에도 마찬가지고, 친구 또 이웃과 약속한 것도 지켜야 합니다. 특히 돈 문제는 잘 지켜야 합니다. 건전한 가정, 건전한 사회, 건전한 기업, 건전한 국가는 약속을 잘 지킬 때 신뢰가 쌓여가는 것입니다. 정치인이 신뢰받지 못한 것은 거짓말과 정책 약속을 지키지 못하기 때문입니다. 우리 믿는 자는 더 신중하여 약속을 지켜야 하는 것입니다.

구약 성경에는 "맹세는 맹세하는 사람보다 더 높고 위대한 사람의 이름을 걸고"라고 하였습니다.

신 6:13 "네 하나님 여호와를 경외하며 그를 섬기며 그의 이름으로 맹세할 것이니라"

이스라엘 백성들은 아주 중요한 약속을 할 때 하나님의 이름으로 하였습니다.

16절 "사람들은 자기보다 더 큰 자를 가리켜 맹세하나니 맹세는 그들이 다투는 모든 일의 최후 확정이니라"

일반적으로 맹세는 발언한 것에 대한 결정적이고도 구속력이 있는 확증이었습니다. 맹세로 약속함은 모든 다툼과 분쟁을 종식시키는 최후의 방법이며 수단이었습니다. 구약 때는 그 책임을 가장 확실하게 묶을 수 있는 것이 맹세였습니다.

17절 "하나님은 약속을 기업으로 받는 자들에게 그 뜻이 변하지 아니함을 충분히 나타내시려고 그 일을 맹세로 보증하셨나니"

'약속을 기업으로 받은 자'라고 한 것은 아브라함을 포함한 그의 후손들을 시사하지만 영적인 후손, 즉 그리스도인들까지 받는 기업입니다. 약속을 기업으로 받은 자들에게 하나님의 뜻이 변치 않음을 나타내시려고 맹세로 보증하신 것입니다. 맹세로 한 보증은 하나님의 약속의 확실성을 의미합니다. 약속한 바를 반드시 지키겠다는 그런 보증입니다. 사람들 간에도 약속은 중요하며 지켜야 되는 것입니다.

◎ 처칠과 플레밍

제2차 세계대전 중에 영국을 승전국으로 만든 처칠 수상이 어렸을 때 템즈 강변에서 놀다가 그만 물에 빠졌습니다. 사람 살리라고 소리소리쳤습니다. 때마침 이곳을 지나던 플레밍이 목격하고 어린 처칠을 구해 주었습니다. 이 사실을 안 처칠의 할아버지가 플레밍에게 사례를 하려고 소원을 물었습니다. 그는 망설이다가 의학공부를 해서 많은 생명을 구하고 싶다고 말했습니다. 약속대로 그는 의학공부를 하였고 대성하여 페니실린을 발명하여 노벨상까지 받았습니다.

세월이 흐른 후 처칠이 1차 대전이 일어나 아프리카 출정 중에 폐병에 걸려 위독할 때 그가 발명한 페니실린을 가지고 아프리카까지 달려가 치료를 해주었습니다. 처칠의 할아버지가 약속을 지켜 그가 의학공부를 하게 하였기 때문입니다.

18절 "이는 하나님이 거짓말을 하실 수 없는 이 두 가지 변하지 못할 사실로 말미암아 앞에 있는 소망을 얻으려고 피난처를 찾은 우리에게 큰 안위를 받게 하려 하심이라"

'두 가지 변하지 못할 사실'은 하나님의 약속하심과 맹세입니다. 하나님은 거짓말 할 수 없는 이 두 가지 변치 못할 사실로 인하여 소망을 가집니다.

민 23:19 "하나님은 사람이 아니시니 거짓말을 하지 않으시고 인생이 아니시니 후회가 없으시도다 어찌 그 말씀하신 바를 행하지 않으시며 하신 말씀을 실행하지 않으시랴"

하나님께서 하신 약속과 맹세는 변하지 않으시고 지켜 행하십니다.

본문에서 '앞에 있는 소망'은 우리에게 당면한 소망과 미래적인 소망입니다. 또 '피하여 가는' 것은 정욕적인 세상에 썩어질 것들을 비껴가는 것입니다.

벧후 1:4 "이로써 그 보배롭고 지극히 큰 약속을 우리에게 주사 이 약속으로 말미암아 너희가 정욕 때문에 세상에서 썩어질 것을 피하여 신성한 성품에 참여하는 자가 되게 하려 하셨느니라"

18절(하) "…… 피난처를 찾은 우리에게 큰 안위를 받게 하려 하심이라"

안위는 위로와 위안과 격려입니다. 우리에게 이렇게 큰 용기와 위로를 갖게 합니다. 이 큰 안위는 안식과 같은 맥이라 할 수 있습니다. 하나님의 약속과 맹세를 통하여 큰 위로와 격려가 되는 것입니다.

하나님께서는 두 가지 변치 못할 약속과 맹세를 하셨습니다. 하나님께서는 식언치 않으시며 실수가 없으십니다. 하나님의 약속은 변개(變改)치 않으시고 지켜 이행하십니다.

우리는 종말론적 구원의 성취를 소망하며 살아갑니다. 우리의 삶 가운데 믿음과 용기를 주시며, 그로인해 소망을 더욱 견고케 해주십니다.

하늘의 영원한 약속의 기업을 바라며 현재의 삶 가운데서도 인도하심과 위로 가운데 살아가는 것입니다.

3. 약속된 소망의 견고성

19-20절 "우리가 이 소망을 가지고 있는 것은 영혼의 닻 같아서 튼튼하고 견고하여 휘장 안에 들어가나니 그리로 앞서 가신 예수께서 멜기세덱의 반차를 따라 영원히 대제사장이 되어 우리를 위하여 들어 가셨느니라"

삶을 '항해'에 비유하는 것은 고대 문학에서 흔히 볼 수 있습니다. 소망을 가지고 있는 것은 영혼의 닻 같아서 튼튼하고 견고함에 있음을 나타냅니다. 지성소의 휘장 안으로 들어가는 믿음의 견고성입니다. 그 길을 열어놓으신 예수님은 멜기세덱의 반차를 따라 영원한 대제사장이 되어 들어가신 것입니다.

닻 : 헬라어 '에코멘(αγκυραν)'의 문자적 어원은 '가지다', '쥐다'의 뜻임. 배를 고정하는 갈퀴입니다.

영혼 : 헬라어 '프쉬케스(ψυχής)'는 '본질적인 생명'을 뜻함.

튼튼한 : 헬라어 '아스팔레(ἀσφαλή)' 단어의 뜻은 '외적 영향력에도 불구하고 요동치 않은 것'을 의미함.

견고한 : 헬라어 '베바이안(βεβαιαν)'은 '타고난 성질 자체가 굳건한 것'을 의미함. 성도의 소망은 굳건하여 요동치 않은 생명과도 같음을 의미합니다.

바다에 떠있는 배를 안전하게 정박해 두는 것은 닻을 내려 고정하기 때문입니다. 풍랑이 이는 바다에 배가 제자리에 있게 하는 닻이 있듯이 우리에게 소망이 있는 것은 영혼의 닻이 있다는 것입니다.

세상 풍파가 일렁여도, 튼튼하고 견고한 닻같이 우리의 영혼이 안전성을 갖습니다. 하나님의 약속과 맹세가 있었기에 이 소망은 더욱 공고합니다. 닻이 배를 안전하게 하듯 예수님은 우리를 소망 가운데 안전케 하십니다. 세상 풍파가 요동쳐도 주께서 선장이신 배는 안전합니다. 결국 안전한 포구에 이릅니다.

19절 **"우리가 이 소망을 가지고 있는 것은 영혼의 닻 같아서 튼튼하고 견고하여 휘장 안에 들어가나니"**

우리에게 약속의 기업을 받는 소망이 있는 것은 배가 안전히 정박케 하는 닻이 있기 때문입니다. 이 소망은 영혼의 닻같이 튼튼하고 견고합니다.

19절(하) **"…… 휘장 안에 들어가나니"**

여기서 휘장은 성막 안에 있는 성소와 지성소를 구분 짓는 말 그대로 휘장입니다. 성소에는 떡상과 정금등대와 분향단이 있습니다. 지성소 가까이 분향단이 있는 간벽 역할을 하는 것이 바로 휘장입니다. 휘장 서쪽 안에는 지성소입니다.

대제사장이 일 년에 대속죄일에 들어가 자기를 포함, 이스라엘 전 회중의 죄를 속하는 것입니다(레 16 : 2). 대제사장은 성소에서 휘장을 열고 지성소로 들어갑니다. 휘장 안으로 들어가는 것이 소망이 있는 영혼의 닻 같다는 것은, 결국 소망은 성도가 휘장, 곧 지성소 안으로 들어가는 것을 뜻합니다. 비유컨대 현세상은 바다 같고, 영혼은 배 같고, 영혼의 소망은 그 배의 닻같습니다. 그 배가 이르는 곳이 안전한 포구이듯이 우리에겐 안전한 휘장 안 지성소가 있습니다.

성도의 영혼은 세상이라는 바다를 지나 소망으로 나아가는 지성소가 있습니다. 휘장 안은 지성소요, 지성소는 곧 하늘성소 천국입니다. 성도가 소망 가운데 이르는 곳은 영원한 안식처인 천국입니다.

세 명의 아들을 둔 목사님이 있었습니다.

그런데 큰아들이 불의의 사고로 목숨을 잃었습니다. 며칠이 지난 성탄절 아침이었습니다. 아직도 슬픔에 젖어 모두 말없이 수저를 뜨고 있는 식탁에서, 둘째 아들이 불쑥 이렇게 말합니다.

"형은 하늘나라에 가서 처음 크리스마스를 지내겠지?"

그 말에 막내 녀석이 이렇게 대답합니다.

"바보 같은 소리 마, 하늘나라에서는 매일이 크리스마스야."

어린 아이들의 이 말에 목사님은 정신이 번쩍 났습니다. 잊고 있었던 것을 기억나게 해

줬기 때문입니다.

그 큰 아들은 하늘나라에 예수님과 함께 있다는 것을……

하늘나라가 가장 좋은 큰 이유는 그곳에 예수 그리스도께서 계시기 때문입니다.

20절 "그리로 앞서 가신 예수께서 멜기세덱의 반차를 따라 영원히 대제사장이 되어 우리를 위하여 들어 가셨느니라"

예수님은 그리스도인들의 선구자로 멜기세덱의 반차를 좇아 대제사장이 되시어 휘장 안으로 들어가셨습니다. 예수 그리스도께서는 자신의 대속적인 희생을 통하여 하나님께 나아가셨습니다. 그 구속 사역을 통해 하나님 백성의 죄를 씻어 백성들로 하여금 하나님께 나아갈 수 있게 하였던 것입니다.

그리스도인들이 지닌 소망은 닻과 같이 튼튼하고 안전하여 세상의 어떠한 시련이나 유혹을 뛰어 넘어 하나님의 존전(尊前)에 나아갈 수 있도록 하십니다.

예수께서 십자가에 피 흘려 죽으실 때 지정소로 향하는 휘장이 위로부터 아래로 찢어져 열렸습니다(마 27:51). 그러므로 성도는 누구나 그의 구속에 힘입어 지성소에 들어갈 수 있게 되었습니다.

우리는 이제 담대히 하나님 보좌 앞으로 나아가게 된 것입니다. 우리 모두는 하늘 기업을 얻고 하나님 존전에 나아가는 복을 받게 된 것입니다.

하나님께서 아브라함에게 약속하실 때 어떻게 하였습니까? 하나님 자신을 가리켜 맹세하였습니다. 이 약속은 아브라함의 육신적 후손과 신앙을 가진, 모든 믿는 자들에게 하신 약속과 종국적으로 예수 그리스도의 오심에 이릅니다. 약속의 기업은 소망이 영혼의 닻 같아서 튼튼하고 견고합니다. 비유로 세상 풍파가 몰려와도 안전하고, 견고하며, 안전한 포구에 이르는 것입니다.

성막 성소의 휘장을 지나 대제사장이 들어가듯이 예수님이 십자가에서 친히 열어 놓으신 지성소에 들어가게 된 것입니다. 지성소는 곧 하늘 성소로, 하나님의 보좌가 있는 곳입니다.

우리는 이제 소망 가운데 담대히 하나님 보좌 앞에 나아갈 수 있는 길이 열렸음을 믿어야 하는 것입니다.

제7장

멜기세덱 반차의
대제사장 그리스도

I. 살렘 왕 멜기세덱

히 7:1-10

① 이 멜기세덱은 살렘 왕이요 지극히 높으신 하나님의 제사장이라 여러 왕을 쳐서 죽이고 돌아오는 아브라함을 만나 복을 빈 자라 ② 아브라함이 모든 것의 십분의 일을 그에게 나누어 주니라 그 이름을 해석하면 먼저는 의의 왕이요 그 다음은 살렘 왕이니 곧 평강의 왕이요 ③ 아버지도 없고 어머니도 없고 족보도 없고 시작한 날도 없고 생명의 끝도 없어 하나님의 아들과 닮아서 항상 제사장으로 있느니라 ④ 이 사람이 얼마나 높은가를 생각해 보라 조상 아브라함도 노략물 중 십분의 일을 그에게 주었느니라 ⑤ 레위의 아들들 가운데 제사장의 직분을 받은 자들은 율법을 따라 아브라함의 허리에서 난 자라도 자기 형제인 백성에게서 십분의 일을 취하라는 명령을 받았으나 ⑥ 레위 족보에 들지 아니한 멜기세덱은 아브라함에게서 십분의 일을 취하고 약속을 받은 그를 위하여 복을 빌었나니 ⑦ 논란의 여지 없이 낮은 자가 높은 자에게서 축복을 받느니라 ⑧ 또 여기는 죽을 자들이 십분의 일을 받으나 저기는 산다고 증거를 얻은 자가 받았느니라 ⑨ 또한 십분의 일을 받는 레위도 아브라함으로 말미암아 십분의 일을 바쳤다고 할 수 있나니 ⑩ 이는 멜기세덱이 아브라함을 만날 때에 레위는 이미 자기 조상의 허리에 있었음이라

멜기세덱의 신분은 살렘 왕이요, 하나님의 제사장입니다. 멜기세덱의 이름은 의의 왕이요, 살렘 왕이니 곧 평강의 왕입니다. 멜기세덱의 권위는 하나님 아들과 방불(彷彿)케 합니다. 멜기세덱은 아비도 어미도 없고, 족보도 없습니다. 멜기세덱은 아브라함이 얻은 재물의 십분의 일을 받고, 복을 빌어주었습니다. 낮은 자는 높은 자로 복 빎을 받습니다. 아브라함의 후손인 레위 제사장도 백성으로 십의 일을 받았습니다. 멜기세덱을 아브라함

이 만날 때, 레위는 그의 후손으로 아직 태어나지 않았습니다. 본문을 통하여 멜기세덱은 아브라함보다 우월한 존재임을 알 수 있습니다.

1. 그리스도의 예표인 멜기세덱

1-3절 "이 멜기세덱은 살렘 왕이요 지극히 높으신 하나님의 제사장이라 여러 왕을 쳐서 죽이고 돌아오는 아브라함을 만나 복을 빈 자라 아브라함이 모든 것의 십분의 일을 그에게 나누어 주니라 그 이름을 해석하면 먼저는 의의 왕이요 그 다음은 살렘 왕이니 곧 평강의 왕이요 아버지도 없고 어머니도 없고 족보도 없고 시작한 날도 없고 생명의 끝도 없어 하나님의 아들과 닮아서 항상 제사장으로 있느니라"

멜기세덱은 살렘 왕이요, 지극히 높으신 하나님의 제사장이라 하였습니다. 아브라함이 일체 십분의 일을 나눠 주었습니다. 멜기세덱의 이름을 해석하면 의의 왕이며, 살렘 왕입니다. 곧 평강의 왕입니다. 멜기세덱의 행적은 하나님의 아들이신 예수님과 아주 비슷합니다. 그리고 항상 제사장으로 있습니다.

멜기세덱 : 히브리어 '말레키체데크(מַלְכִּי־צֶדֶק)'는 왕을 뜻하는 '멜기(מַלְכִּי)'와 의를 뜻하는 '세덱(צֶדֶק)'의 합성어로 곧 '의의 왕' 혹은 '나의 왕은 의롭다'임. 헬라어로는 '멜키세덱(Μελχισεδεκ)'입니다.

살렘 : 히브리어 '살롬(שָׁלוֹם)'은 '평강'을 뜻하며 '평화'로 번역함. 헬라어 '살렘(Σαλήμ)'은 동일어근임. 또 살렘은 예루살렘의 별칭으로 쓰이기도 합니다.

닮아서 : 헬라어 '아포모이오메노스(αφωμοιωμένος)'는 '유사하다'라는 뜻으로 외형적인 형태가 거의 비슷하다는 의미임.

예수님과 멜기세덱은 유사성이 아주 많음을 의미합니다.

멜기세덱은 수수께끼 같은 인물로 오랜 역사 가운데 수없이 많은 추측을 하고 거론하였으나 뚜렷하게 증명된 것은 없습니다. 유대의 랍비들과 대부분의 유대 저작자들은 노아의 아들 셈이라고 생각하였습니다. 그러나 어디까지나 추측으로 셈이 가나안에 살았다는 확증이 설명되지 않음으로 어려운 문제입니다.

또 초대교회 교부들 중에는 멜기세덱이 에녹이었다고 추측하기도 합니다.

또 다른 이는 천사 중의 하나일거라고 보기도 합니다.

또 중세의 교부 암브로스는 멜기세덱이 그리스도 자신이었다고 주장하였습니다. 그 근거로 요 8:56-58을 들고 있습니다.

요 8:56-58 "너희 조상 아브라함은 나의 때 볼 것을 즐거워하다가 보고 기뻐하였느니라 유대인들이 이르되 네가 아직 오십 세도 못되었는데 아브라함을 보았느냐 예수께서 이르시되 진실로 진실로 너희에게 이르노니 아브라함이 나기 전부터 내가 있느니라 하시니"

이에 유대인들이 돌을 들어 치려함으로 예수님은 숨어 성전으로 나가셨습니다.

"나는 아브라함이 나기 전부터 있었느니라." 예수께서 하신 이 말씀으로 미루어 보아 구약의 멜기세덱은 예수님 자신이었을 것이라고 보는 것입니다.

또 다른 견해 하나를 들면, 예루살렘 성읍에 살던 가나안 왕일 것이라고 봅니다.

이러한 견해들은 다 가설에 불과합니다. 신비로운 인물로 우리가 더 이상 알 길이 없습니다.

다만 본문을 통하여 예수 그리스도를 당시 유대인에게 보다 더 완전하게 설명키 위해 구약 때 실존했던 인물을 들어 설명하고 있다는 것을 알뿐입니다. 멜기세덱은 예수 그리스도의 그림자이며 그 표상입니다.

1절(상) "이 멜기세덱은 살렘 왕이요 지극히 높으신 하나님의 제사장이라······"

'살렘'에 대해서는 세 가지 견해가 있습니다. '스키토폴리스(Scythopolis) 또는 세겜, 예루살렘을 가리킨다고 주장을 합니다. 이 세 가지 중에 '예루살렘'이 타당하다고 보나, 꼭 그런 것은 아닙니다.

멜기세덱은 하나님의 제사장으로서 아브라함을 축복하였고, 이에 아브라함은 십일조를 그에게 바쳤습니다(창 14:19-20).

1절(하) "······ 여러 왕을 쳐서 죽이고 돌아오는 아브라함을 만나 복을 빈 자라"

창 14:1-12에는 가나안의 큰 전쟁이 기록되어 있습니다. 그때가 BC 1913년경입니다. 당시 시날 왕, 엘라살 왕, 엘람 왕, 고임 왕의 네 나라 연합군과 소돔 왕, 고모라 왕, 아르마 왕, 소보임 왕, 소알 왕의 다섯 나라 연합군의 전쟁이었습니다. 마치 남북전쟁 같았습니다.

전쟁의 원인은 12년 동안 엘람 왕을 섬기던 소돔 왕과 고모라 왕의 배반으로 비롯되었습니다. 그 다음해에 전쟁이 발발한 것입니다.

결국 소돔 왕과 고모라 왕 등이 싯딤 골짜기에서 패합니다. 여기서 문제는 소돔 땅에 살고 있던 아브람의 조카 롯이 온 가족과 소유물을 탈취당하고 포로로 잡혀간 것입니다. 이 소식을 듣고 아브람이 집에서 훈련된 318명의 군사를 데리고 저 먼 북쪽단 호바까지 쫓아가서 조카 롯의 온 가족과 그의 소유와 탈취 물을 가지고 돌아오던 중에 멜기세덱을 만나게 됩니다.

창 14:18-20 "살렘왕 멜기세덱이 떡과 포도주를 가지고 나왔으니 그는 지극히 높으신 하나님의 제사장이었더라 그가 아브람에게 축복하여 이르되 천지의 주재이시요 지극히 높으신 하나님이여 아브람에게 복을 주옵소서 너희 대적을 네 손에 붙이신 지극히 높으신 하나님을 찬송할지로다 하매 아브람이 그 얻은 것에서 십분의 일을 멜기세덱에게 주었더라"

4세기 기독교 역사가인 유세비우스(Eusebius)의 기록에 의하면 창 14:18에 나오는 살렘은 아브람이 그리심 산에서 멜기세덱을 만난 곳으로 봅니다. 그리심 산은 맞은편 에발 산(민둥산)에 비하여 숲이 많은 축복의 산으로 표현합니다. 그리심 산은 사마리아 세겜 (요 4:5, 수가)에서 가까운 곳입니다.

2절 "아브라함이 모든 것의 십분의 일을 그에게 나누어 주니라 그 이름을 해석하면 먼저는 의의 왕이요 그 다음은 살렘 왕이니 곧 평강의 왕이요"

아브라함이 모든 것의 십분의 일을 멜기세덱에게 나눠줍니다. 이는 십일조의 시작입니다. 멜기세덱 이름의 '멜기'는 왕의 뜻이고, '세덱'은 의라는 뜻입니다. 그러므로 '의의 왕'이 되는 것입니다. 살렘은 살롬의 동의어로 쓰입니다. '살롬'은 평강, 평화의 뜻입니다.

사 9:6에서 한 아기, 곧 그리스도를 평강의 왕이라 하였습니다. 이로 미루어 보아 멜기세덱은 예수 그리스도를 예표하고 있습니다.

3절 "아버지도 없고 어머니도 없고 족보도 없고 시작한 날도 없고 생명의 끝도 없어 하나님의 아들과 닮아서 항상 제사장으로 있느니라"

멜기세덱은 아브라함 시대에 살고 있었던 실제적인 인물이었지만, 신비의 인물입니다. 그의 이름이나 왕과 제사장됨에 있어서 예수님에 대한 예언적 예표가 됩니다. 하나님 아들과 닮은 것입니다. '닮다'는 것은 '비슷하다, 유사하다'는 뜻입니다.

창세기에는 많은 족보에 대해 기술되어 있으나 멜기세덱에 관한 것은 없습니다. 성경은 이에 대해 침묵합니다. 부모나 족보도 없고, 시작한 날도 없고, 생명의 끝도 없습니다. 왕이며 제사장인 멜기세덱은 영원한 대제사장이신 하나님 아들의 모형입니다. 여기서 한 가지 주의할 점은 예수님이 멜기세덱을 닮았다는 것이 아니라 멜기세덱이 예수님을 닮았다는 점입니다.

또 중요한 것은 멜기세덱이 유대인이 존경하는 아브라함보다 우월하며, 또한 예수 그리스도가 아브라함보다 우월하심을 입증하고 있는 것입니다.

성도는 영원한 왕이시고, 선지자이시며, 대제사장되시는 예수 그리스도를 믿고 신앙하여야 하는 것입니다.

2. 레위 족보에 들지 않은 멜기세덱

4-7절 "이 사람이 얼마나 높은가를 생각해 보라 조상 아브라함도 노략물 중 십분의 일을 그에게 주었느니라 레위의 아들들 가운데 제사장의 직분을 받은 자들은 율법을 따라 아브라함의 허리에서 난 자라도 자기 형제인 백성에게서 십분의 일을 취하라는 명령을 받았으나 레위 족보에 들지 아니한 멜기세덱은 아브라함에게서 십분의 일을 취하고 약속을 받은 그를 위하여 복을 빌었나니 논란의 여지 없이 낮은 자가 높은 자에게서 축복을 받느니라"

야곱의 열두 아들 중 셋째가 레위입니다. 레위는 할아버지 이삭과 증조할아버지 아브라함의 계보입니다. 그 조상 아브라함이 멜기세덱에게 십일조를 드렸다는 것은 곧 레위 제사장이 십일조를 드린 것과 같다는 의미입니다.

이스라엘 각 지파는 레위 지파에 십일조를 줍니다(민 18:21, 24).

그리고 레위인들은 그 십일조를 제사장에게 줍니다(민 18:26).

멜기세덱은 레위 족보에 들지 않았으며, 레위의 조상 아브라함에게 십일조를 받고 복을 빌어 주었던 것입니다.

십분의 일 : 하나님께 드리는 수입의 10의 1을 말함. 아브라함이 전리품 중 10의 1을 멜기세덱에게 준 것입니다(십일조 : 모든 것이 하나님의 소유임을 인정하고 십의 일을 믿음으로 감사히 드리는 것임).

허리에서 난 자 : 허리는 힘의 근원으로 잉태와 출산에 관련된 생식기능을 의미함.

약속을 받은 자 : 하나님의 언약의 대상자인 아브라함을 가리킴. 성도가 예수 그리스도로 말미암아 복 받음을 의미합니다.

아브라함은 개인적으로 보면 족장이요, 유대인들의 조상입니다. 즉, 모든 믿는 자의 믿음의 조상입니다. 이러한 아브라함이 지극히 높으신 하나님의 제사장 멜기세덱에게 취득한 전리품 가운데 제일 좋은 것으로 십분의 일을 드립니다. 이에 멜기세덱이 아브라함에게 복을 빕니다. 이는 높은 자가 낮은 자에게 하는 것입니다. 이는 또한 멜기세덱이 레위 계통의 제사장들보다 위대하고 우월함을 나타냅니다.

4절 "이 사람이 얼마나 높은가를 생각해 보라 조상 아브라함도 노략물 중 십분의 일을 그에게 주었느니라"

멜기세덱이 높은 것은 조상 아브라함이 십일조를 드린 것입니다. 이는 구별하여 드린 것입니다. 소득의 십의 하나를 드린 것입니다.

5절 "레위의 아들들 가운데 제사장의 직분을 받은 자들은 율법을 따라 아브라함의 허리에서 난 자라도 자기 형제인 백성에게서 십분의 일을 취하라는 명령을 받았으나"

하나님께서는 아브라함의 후손 열두 지파 중에서 레위 지파를 택하여 성막 일을 하게 하고 제사장을 세웠습니다. 그리하여 아론이 초대 대제사장이 되었던 것입니다.

가나안에 입성하여 열한 지파는 각기 땅을 분배받았으나 레위 지파는 없었습니다. 열한 지파의 십일조로 레위인들이 생계와 성막 일을 하였습니다. 레위 지파는 오직 성막(성전) 일만 하여 그 직무대로 하나님을 섬겼습니다.

민 18:21 "내가 이스라엘의 십일조를 레위 자손에게 기업으로 다 주어서 그들이 하는 일 곧 회막
에서 하는 일을 갚나니"
26 "…… 너희가 그들에게서 받을 때에 그 십일조의 십일조를 거제로 여호와께 드릴 것이
라"

율법에는 이스라엘 백성들이 레위인들에게 십일조를 바칠 것을 명시하고 있습니다. 레위인들이 다시 그들의 십일조를 제사장들에게 주도록 한 것입니다.

5절(중) "…… 율법을 따라 아브라함의 허리에서 난 자라도……"

허리에서 난 자는 잉태와 출산의 의미로 아브라함의 후손을 의미합니다. 그 직계 자손이라 할지라도 레위에게는 십일조를 드린 것입니다.

6절 "레위 족보에 들지 아니한 멜기세덱은 아브라함에게서 십분의 일을 취하고 약속을 받은 그를 위하여 복을 빌었나니"

레위 계통의 제사장들은 율법에 의해 십일조를 거두었으나 멜기세덱은 레위 족보에 들지 아니하였음에도 이스라엘의 위대한 지도자 아브라함에게서 십일조를 받았습니다(2절, 창 14:18-20). 이로 보건데 레위 계통의 제사장보다 훨씬 우월한 존재임을 알 수 있습니다. '그 약속 받은 자'는 아브라함을 가리킵니다.

멜기세덱은 아브라함으로부터 십일조를 받았을 뿐 아니라 복을 빌어주었습니다. 멜기세덱은 레위 제사장과 비교할 수 없는 우월하신 분입니다. 고대사회는 신분상 높은 자가 낮은 자에게 할 수 있는 행위였습니다. 멜기세덱은 아브라함보다 우월한 존재였음을 알 수 있습니다.

7절 "논란의 여지 없이 낮은 자가 높은 자에게서 축복을 받느니라"

'논란의 여지 없이'는 말하고자 하는 바의 확실성을 강조하는 표현입니다. '높은 자에게'의 의미는 더 나은, 더욱 탁월한, 더욱 위대한 의미로 사용됩니다. 멜기세덱은 아브라함보

다 또 그 후손인 레위 제사장보다 훨씬 높은 위치에 위치한 제사장이었음을 보여주고 있습니다.

허뷰스(Herveus)는 이렇게 말했습니다.

"만약 표상이요, 그림자인 멜기세덱이 아브라함과 그 후손인 모든 레위 제사장보다 낫게 여겼다면, 진리이시고 실재이신 예수 그리스도는 어떠하랴……. 모형으로의 그가 위대하다면 약속의 언약으로 오신 그리스도 자신은 얼마나 위대하랴."

예수 그리스도의 대제사장으로서의 위대하심을 말하고 있는 것입니다.

구약의 아브라함은 이스라엘 백성 전체를 대표하는 존재입니다. 이러한 아브라함이 멜기세덱에게 십일조를 준 것은 그 후손 레위 제사장들이 조상 아브라함을 통하여 준 것과 같기 때문에 제사장직으로 보아도 멜기세덱이 위대하고 우월합니다.

멜기세덱은 아브라함으로부터 십일조를 받았을 뿐만 아니라 복을 빌어 주었습니다. 축복은 낮은 자가 높은 자로부터 복을 받는 것입니다.

우리 모두 멜기세덱의 반차를 좇아 대제사장이 되신 예수 그리스도를 높이고, 찬양하며, 영광 돌리며 신앙하는 것입니다.

3. 레위인의 십일조와 멜기세덱

8-10절 "또 여기는 죽을 자들이 십분의 일을 받으나 저기는 산다고 증거를 얻은 자가 받았느니라 또한 십분의 일을 받는 레위도 아브라함으로 말미암아 십분의 일을 바쳤다고 할 수 있나니 이는 멜기세덱이 아브라함을 만날 때에 레위는 이미 자기 조상의 허리에 있었음이라"

레위 계통의 제사장은 일정한 나이가 지나거나 죽으면 교체합니다. 레위 제사장은 백성들로부터 십일조를 받았습니다. 멜기세덱은 레위의 조상 아브라함으로부터 십의 일을 받고 복을 빌어주었습니다. 그러므로 레위인도 바친 것으로 할 수 있는 것이지, 직접 준 것은 아닙니다. 아브라함이 멜기세덱을 만날 때는 아직 그들은 태어나지 않았습니다.

여기는 : 헬라어 '호데(ὧδε)'는 레위 계통의 제사장을 뜻함.

저기는 : 헬라어 '에케이(ἐκεῖ)'는 멜기세덱을 가리킴.

왜냐하면 : 원문에는 헬라어 '가르(γαρ)'가 서두에 있음. 9절에 레위가 아브라함으로 말미암아 멜기세덱에게 십일조를 바쳤다는 것을 나타내는 이유를 뜻합니다. 레위 제사장과

멜기세덱의 십분의 일을 드림에 대해 비교함을 의미합니다.

우리의 모든 것은 하나님의 것입니다. 그러나 십분의 일은 하나님께 드리고 십 분의 구는 자신들의 삶에 쓰는 것입니다. 십분의 일이 하나님 것이라는 신앙은 십분의 구도 하나님의 것임을 고백하는 것입니다.

창 28:20-22에는 야곱이 브엘세바에서 떠나 하란으로 가던 중 한 곳에 이르러 해가 진지라 유숙하려고 그곳에 한 돌을 취하여 베개하고 누워 자는데, 꿈에 사닥다리가 땅 위에 섰습니다. 그리고 그 꼭대기가 하늘에 닿았습니다. 하나님의 사자가 그 위에서 오르락내리락합니다.

야곱이 서원을 합니다.

"나를 지키시고 먹을 양식과 입을 옷을 주사 아비 집으로 돌아가게 하시면 기둥으로 세운 이 돌이 하나님의 전이 될 것이요. 하나님께서 주신 모든 것에서 십분 일을 반드시 드리겠습니다."

8절 "또 여기는 죽을 자들이 십분의 일을 받으나 저기는 산다고 증거를 얻은 자가 받았느니라"

'여기는'은 레위 계통의 제사장입니다. 구약 레위 제사장들은 수명이 다하면 죽습니다. '저기는'은 멜기세덱 제사장입니다. '산다고 증거를 얻은 자'입니다. 레위 제사장은 이스라엘 백성으로부터 십의 일을 받았습니다. 멜기세덱은 산다고 증거를 얻은 자로서 십의 일을 받았습니다.

멜기세덱은 3절에서 "시작한 날도 없고 생명의 끝도 없어 하나님의 아들과 닮아서 항상 제사장으로 있느니라"와 동일한 의미로 '산다고 증거를 얻은 자'입니다. 죽을 수밖에 없는 레위 계통의 제사장들과 비교하여 멜기세덱이 우월한 존재임을 나타내고 있습니다.

9절 "또한 십분의 일을 받는 레위도 아브라함으로 말미암아 십분의 일을 바쳤다고 할 수 있나니"

아브라함이 멜기세덱에게 십분의 일을 드렸습니다. 레위는 아브라함의 후손입니다. 조상이 드린 것은 곧 후손이 드린 격이 되는 것입니다.

십일조는 하나님 백성들의 소유가 하나님의 것임을 인정하는 믿음의 행위입니다. 그러므로 십일조를 드릴 때는 하나님이 물질의 주인이신 것을 고백하며, 자신이 물질의 청지기임을 인정하는 믿음의 고백이 수반되어야 하는 것입니다(마 25 : 14-30). 뿐만 아니라 나머지 십의 구도 하나님의 뜻 가운데 바르게 사용하겠다는 고백이 들어 있어야 합니다.

인도의 시인 타고르는 이런 이야기를 했습니다.

한 번은 인도의 한 왕이 평복을 입고 지방을 순찰하는데 어떤 거지가 와서 무엇을 좀 달라고 손을 내밀었습니다.

그때 이 왕은 그 거지에게 말하기를 "네가 먼저 무엇을 내게 주면 나도 네게 주겠다"고 하였습니다.

그러나 거지는 왕에게 줄 것이 별로 없었습니다. 생각다 못해 앞 동네에서 받은 옥수수 한 되 가운데서 다섯 알을 집어 주면서 "제게는 이것밖에 드릴 것이 없습니다" 하며 옥수수 다섯 알을 주었습니다.

이때 그것을 받은 왕은 뒤에 따라오던 재정 대신에게 "금 자루에서 이 옥수수 알 만한 금을 5개 꺼내게"라고 한 뒤, 그것을 거지에게 주었습니다.

그 순간 거지는 속으로 크게 탄식을 했습니다.

'아하! 이럴 줄 알았으면 이 옥수수 전부를 드릴걸! 그랬으면 그만큼 금덩이를 받았을 텐데' 하고 후회를 하였다고 합니다.

그래요. 하나님께서는 복을 주시기 원하지만 복을 받을 그릇이 안 되어 못 주시는 것입니다. 복을 받을 그릇은 먼저 그릇대로 드리고 받는 것입니다.

10절 "이는 멜기세덱이 아브라함을 만날 때에 레위는 이미 자기 조상의 허리에 있었음이라"

이 본문 서두에 '왜냐하면'이 생략되어 있습니다. 앞에 언급한 '레위가 아브라함으로 말미암아 멜기세덱에게 십일조를 바쳤다'는 그 이유를 설명하기 위한 것입니다.

아브라함이 멜기세덱에게 전리품의 십분의 일을 드릴 때 그 후손인 레위는 태어나지도 않았습니다. 그러므로 레위가 직접 멜기세덱에게 십일조를 드린 것은 아닙니다.

그러나 그들의 조상인 아브라함이 십일조를 드렸으면, 그것은 곧 레위 자손이 드린 것과 같은 행위로 보는 것입니다.

말라기서에는 십일조에 대해 기록되어 있습니다.

말 3:10 "만군의 여호와가 이르노라 너희의 온전한 십일조를 창고에 들여 나의 집에 양식이 있게 하고 그것으로 나를 시험하여 내가 하늘 문을 열고 너희에게 복을 쌓을 곳이 없도록 붓지 아니하나 보라"

레위인들과 제사장이 십일조를 받기는 하였지만 그들 역시 사람인고로 죽습니다. 반면 멜기세덱은 '산다고 증거를 얻은 자입니다.

멜기세덱은 아브라함은 물론이고 모든 레위계 제사장보다 위대하고 우월합니다. 나아가 어떤 의미에서는 레위인조차도 아브라함을 통하여 멜기세덱에게 십일조를 바쳤다고 할 수 있습니다. 왜냐하면 그 당시 레위인은 현실적으로는 아직 존재하지 않았고, 다만 그 조상 아브라함 안에 잠재적인 존재로 있었기 때문입니다.

멜기세덱은 예수 그리스도의 모형입니다. 멜기세덱의 위대함과 우월성을 들어 예수 그리스도의 대제사장으로서의 논증을 하고 있습니다. 예수 그리스도는 영원한 대제사장이십니다. 만유의 주재시며 만물 위에 뛰어나신 예수 그리스도를 믿고 섬겨 복을 받는 것입니다.

멜기세덱은 살렘 왕이요, 지극히 높으신 하나님의 제사장이라 하였습니다.

아브람이 그돌라오멜과 그와 함께한 왕들을 파하고 돌아올 때 그를 만나 일체 십분의 일을 드립니다. 그리고 복 빎을 받습니다. 멜기세덱은 의의 왕이요, 평강의 왕입니다.

사 9:6 "이는 한 아기가 우리에게 났고 한 아들을 우리에게 주신 바 되었는데 그의 어깨에는 정사를 메었고 그의 이름은 기묘자라, 모사라, 전능하신 하나님이라, 영존하시는 아버지라, 평강의 왕이라 할 것임이라"

한 아들 곧 하나님의 아들로 오신 예수님은 의로우신 평강의 왕이십니다. 멜기세덱이 평강의 왕이며 대제사장이듯이 그의 반차를 좇아 대제사장이 되시는 예수님도 의로운 왕이며 평강의 왕이십니다.

우리 주 예수 그리스도께서는 하나님 보좌 우편에 계시며, 우리를 위해 중보하시며, 언제나 평강주심을 믿고 신앙하기를 바랍니다.

II. 더 좋은 언약의 보증

히 7:11-25

⑪ 레위 계통의 제사 직분으로 말미암아 온전함을 얻을 수 있었으면 (백성이 그 아래에서 율법을 받았으니) 어찌하여 아론의 반차를 따르지 않고 멜기세덱의 반차를 따르는 다른 한 제사장을 세울 필요가 있느냐 ⑫ 제사 직분이 바꾸어졌은즉 율법도 반드시 바꾸어지리니 ⑬ 이것은 한 사람도 제단 일을 받들지 않는 다른 지파에 속한 자를 가리켜 말한 것이라 ⑭ 우리 주께서는 유다로부터 나신 것이 분명하도다 이 지파에는 모세가 제사장들에 관하여 말한 것이 하나도 없고 ⑮ 멜기세덱과 같은 별다른 한 제사장이 일어난 것을 보니 더욱 분명하도다 ⑯ 그는 육신에 속한 한 계명의 법을 따르지 아니하고 오직 불멸의 생명의 능력을 따라 되었으니 ⑰ 증언하기를 네가 영원히 멜기세덱의 반차를 따르는 제사장이라 하였도다 ⑱ 전에 있던 계명은 연약하고 무익하므로 폐하고 ⑲ (율법은 아무 것도 온전하게 못할지라) 이에 더 좋은 소망이 생기니 이것으로 우리가 하나님께 가까이 가느니라 ⑳ 또 예수께서 제사장이 되신 것은 맹세 없이 된 것이 아니니 ㉑ (그들은 맹세 없이 제사장이 되었으되 오직 예수는 자기에게 말씀하신 이로 말미암아 맹세로 되신 것이라 주께서 맹세하시고 뉘우치지 아니하시리니 네가 영원히 제사장이라 하셨도다) ㉒ 이와 같이 예수는 더 좋은 언약의 보증이 되셨느니라 ㉓ 제사장 된 그들의 수효가 많은 것은 죽음으로 말미암아 항상 있지 못함이로되 ㉔ 예수는 영원히 계시므로 그 제사장 직분도 갈리지 아니하느니라 ㉕ 그러므로 자기를 힘입어 하나님께 나아가는 자들을 온전히 구원하실 수 있으니 이는 그가 항상 살아 계셔서 그들을 위하여 간구하심이라

레위 계통의 제사 직분은 온전함을 얻을 수 없습니다. 그렇다고 구약시대의 제사 직분

을 바꿀 수는 없고, 율법도 바꿀 수 없습니다. 더욱이 다른 지파의 제사장은 가능치 않습니다. 그런데 여기서 반전이 시작됩니다. 멜기세덱과 같은 별다른 한 제사장이 일어납니다.

예수 그리스도께서는 유다 지파에서 나신 것입니다. 이는 육체에 상관된 계명의 법을 좇지 아니하고 오직 무궁한 생명의 능력을 좇아 되었습니다. 옛 계명이 연약하여 무익하므로 폐해지고 더 좋은 소망으로 하나님께 나아가게 됩니다.

예수 그리스도 제사장은 레위 제사장과 달리 맹세로 세워진 대제사장직입니다. 그러므로 예수님은 더 좋은 언약의 보증이 되셨습니다.

레위 제사장은 연한이 되면 떠나고 또 늙어 죽습니다. 그러나 예수 그리스도 제사장직은 영원한 제사장이시며 하나님께 나아가는 자들을 온전케 하십니다. 그리고 항상 살아 중보하고 계시는 것입니다.

이제 '더 좋은 언약의 보증'에 대해 살펴보고자 합니다.

1. 레위계통과 유다지파 제사장

11-15절 "레위 계통의 제사 직문으로 말미암아 온전함을 얻을 수 있었으면 (백성이 그 아래에서 율법을 받았으니) 어찌하여 아론의 반차를 따르지 않고 멜기세덱의 반차를 따르는 다른 한 제사장을 세울 필요가 있느냐 제사 직분이 바꾸어졌은즉 율법도 반드시 바꾸어지리니 이것은 한 사람도 제단 일을 받들지 않는 다른 지파에 속한 자를 가리켜 말한 것이라 우리 주께서는 유다로부터 나신 것이 분명하도다 이 지파에는 모세가 제사장들에 관하여 말한 것이 하나도 없고 멜기세덱과 같은 별다른 한 제사장이 일어난 것을 보니 더욱 분명하도다"

히브리인들에게는 두 가지 절대적인 것이 있습니다. 하나는 모세 율법이고, 다른 하나는 레위 계통의 제사장 제도입니다. 그런데 이 기본 사고를 바꾸고 있습니다. 레위인 제사장들의 제사 행위로는 근본적으로 인간의 죄 문제를 해결할 수 없다는 것입니다. 율법은 사람의 죄를 깨닫게 할 수 있지만 온전케 할 수 없는 것입니다. 그리하여 하나님께서는 다른 방법으로 별다른 반차를 좇아 제사장을 세우신 것입니다.

온전함 : 헬라어 '텔레이오시스(τελείωσις)'는 문자적으로 '목적을 달성하여'라는 뜻임. 하나님과 인간간의 온전한 관계를 뜻합니다.

바꾸어졌은즉 : 헬라어 '메타티데미(μετατίθημι)'의 '메타'는 '바꾸다'이며, '티데미'는 장소를 뜻하는 합성어로 '장소가 바뀌어 상황이 변화되다'는 의미임. 구약 제사장과 그리스도의 제사장이 전혀 다른 것임을 의미합니다.

구약에서는 율법을 지키고 제사와 절기를 지키다 볼일 다 볼 정도로 그 행사가 많았습니다. 레위 제사장들의 끝임 없는 제사 행위로는 근본적으로 인간의 죄악 문제를 해결할 수 없었습니다. 왜냐하면 사람들이 받은 율법은 죄를 깨닫게 해줄 뿐 온전히 죄 문제를 해결해 주지 못하기 때문입니다. 구약시대의 제사는 주로 짐승을 죽여 죄 사함 받았습니다.

11절(상) "레위 계통의 제사 직분으로 말미암아 온전함을 얻을 수 있었으면……"

구약 레위의 제사장은 하나님과 인간관계를 온전하게 할 수 없음을 말씀합니다. 레위 제사장의 제사 행위로는 인간의 죄 문제를 근본적으로 해결할 수 없었던 것입니다. 왜냐하면 율법은 죄를 깨닫게는 하지만 그 속에 갇혀 오히려 벗어날 길이 없기 때문입니다.

롬 5:13-14 "죄가 율법 있기 전에도 세상에 있었으나 율법이 없었을 때에는 죄를 죄로 여기지 아니하였느니라 그러나 아담으로부터 모세까지 아담의 범죄와 같은 죄를 짓지 아니한 자들까지도 사망이 왕 노릇 하였나니 아담은 오실 자의 모형이라"

본문을 보면 아론을 좇는 레위 계통의 제사장은 죄의 문제를 해결하지도, 의롭다 함을 얻게 해주지도 못합니다.

(백성이 그 아래서 율법을 받았으니) 괄호 안 '그 아래서'는 레위 제사장 아래서입니다. 이는 레위 제사장 아래 곧 근거로 율법을 받았음을 뜻합니다. 이로 보아 제사장과 율법이 긴밀한 관계성을 말해주고, 이스라엘 백성들이 레위 계통의 제사장직을 근거로 하여 율법을 받음을 시사합니다.

11절(하) "…… 어찌하여 아론의 반차를 따르지 않고 멜기세덱의 반차를 따르는 다른 한 제사장을 세울 필요가 있느냐"

별다른 한 제사장은 전혀 다른 제사장입니다. 레위 계통의 제사장이 불완전하여 온전한 한 제사장을 세울 필요가 있다는 것입니다.

12절 "제사 직분이 바꾸어졌은즉 율법도 반드시 바꾸어지리니"

율법이 제사제도에 국한한 것은 물론 아닙니다. 다만 율법과 제사제도가 불가분의 관계에 놓여 있습니다. 제사 직분이 변하면 율법도 반드시 변한다는 것입니다. 레위 계통의 제사장직이 불완전하여 백성을 온전케 할 수 없기에 새로운 제사장이 요구됩니다. 제사장 제도가 바뀌면 율법도 당연히 바뀌어진다는 의미입니다.

구약의 제사는 레위 계통의 제사장이 제사 직분을 맡아 하였습니다. 다른 지파에서는 할 수 없었습니다.

그런데 보세요. 여기서 반전이 일어납니다.

13절 "이것은 한 사람도 제단 일을 받들지 않는 다른 지파에 속한 자를 가리켜 말한 것이라"

멜기세덱 반차를 좇아 난 예수 그리스도는 레위 지파가 아닌 유다 지파에서 나셨습니다. 예수 그리스도께서 유다 지파에서 나신 것은 신약성경 여러 곳에 나옵니다(마 1 : 1-2, 22:42, 눅 1:31-32, 행 2:29, 요 7:42, 롬 1:3, 딤후 2:8, 계 5:5, 22:16).

유다는 야곱의 네 번째 아들입니다. 유다 지파는 성막을 이동할 때 맨 앞에서 진행했습니다. 그 후 다윗 왕이 이스라엘의 두 번째 왕으로 등극합니다.

14절 "우리 주께서는 유다로부터 나신 것이 분명하도다 이 지파에는 모세가 제사장들에 관하여 말한 것이 하나도 없고"

예수 그리스도는 유다 지파에서 나셨습니다. 제사장 계통 레위 지파가 아닙니다. 예수 그리스도의 대제사장직은 하나님의 새로운 질서에 의해 근본적으로 세워진 것입니다.

창 49:10 "규가 유다를 떠나지 아니하며 통치자의 지팡이가 그 발 사이에서 떠나지 아니하기를 실로가 오시기까지 이르리니 그에게 모든 백성이 복종하리로다"

민 24:17 "······ 한 별이 야곱에게서 나오며 한 규가 이스라엘에게서 일어나서······"

사 11:1 "이새의 줄기에서 한 싹이 나며 그 뿌리에서 한 가지가 나서 결실할 것이요"

미 5:2 "베들레헴 에브라다야 너는 유다 족속 중에 작을지라도 이스라엘을 다스릴 자가 네게서 내게로 나올 것이라 그의 근본은 상고에, 영원에 있느니라"

예수께서 레위 지파에 속하지 않고 유다 지파에 속함은 제사장직이 혈통적인 것에 의함이 아닙니다. 근본적으로 하나님이 세운 새 질서에 의한 것입니다.

'부터나신' 것에 대해 칠십인 역에서는 '새로운 별'이 나타나거나 '가지에서 새로운 싹'이 돋아 나옴을 의미하는 메시아 탄생으로 기록된 것입니다.

렘 23:5 "여호와의 말씀이니라 보라 때가 이르리니 내가 다윗에게 한 의로운 가지를 일으킬 것이라······"

14절 하반절에서 모세는 유다 지파에서 제사장이 나온다고 말한 적이 없습니다. 오직 제사장은 레위 지파에서만 나오는 것입니다. 그럼에도 예수께서 대제사장이시라는 사실은 그리스도께서 하나님의 온전한 구속 사역을 성취하시는 메시야임을 나타내주고 있습니다.

15절 "멜기세덱과 같은 별다른 한 제사장이 일어난 것을 보니 더욱 분명하도다"

별다른 한 제사장은 예수님입니다. 더욱 분명하다는 것은 새로운 제사장이 일어남이 확실하다는 것입니다.

시 110:4 "여호와는 맹세하고 변하지 아니하시리라 이르시기를 너는 멜기세덱의 서열을 따라 영원한 제사장이라 하셨도다"

하나님께서는 맹세까지 하시고 예수님을 멜기세덱의 반차를 좇아 영원한 제사장이라 하셨습니다.

요 1:17 "율법은 모세로 말미암아 주어진 것이요 은혜와 진리는 예수 그리스도로 말미암아 온 것이라"

하나님께서는 인류 구원과 약속된 모든 성취를 위하고, 온전케 하시기 위해 예수 그리스도를 영원한 대제사장으로 세우셨던 것입니다.

2. 생명의 능력을 좇아 된 제사장

16-19절 "그는 육신에 속한 한 계명의 법을 따르지 아니하고 오직 불멸의 생명의 능력을 따라 되었으니 증언하기를 네가 영원히 멜기세덱의 반차를 따르는 제사장이라 하였도다 전에 있던 계명은 연약하고 무익하므로 폐하고 (율법은 아무 것도 온전하게 못할지라) 이에 더 좋은 소망이 생기니 이 것으로 우리가 하나님께 가까이 가느니라"

멜기세덱의 반차를 좇아 난 제사장은 율법 아래가 아닙니다. 오직 무궁한 생명의 능력으로 좇아 된 것입니다. 육적인 면으로 보면 레위와 유다는 야곱의 같은 아들이며 아브라함의 자손이지만, 제사장은 레위 지파만 계승되었습니다. 이것은 법이었습니다. 구약의 제사제도는 불완전하고 무익하므로 폐하고, 더 좋은 소망으로 예수 그리스도께서 제사장이 되신 것입니다.

계명 : 헬라어 '엔톨레(ἐντολή)'의 '엔'은 …… 안에, '텔로'는 책임을 지우다의 합성어로 마땅히 행하도록 위탁받은 명령이나 책무임. 여기서는 문맥상 제사장직을 가리키지만 넓은 의미로 모든 율법을 뜻합니다.

연약하여 : 율법 자체가 연약하기보다 사람들이 연약하여 지킬 수 없음을 뜻함.

무익하므로 : 헬라어 '아노펠레스(ἀνωφελές)'는 율법이 단지 사람의 외형적인 것만 정결케 할 뿐 그 내적 양심을 깨끗케 할 수 없음을 뜻함.

더 좋은 소망 : 새 언약을 말미암아 하나님께 가까이 나아갈 수 있는 길이 열림을 뜻함. 옛 계명을 떠나 새 계명으로 새 소망 가운데 있음을 의미합니다.

예수님은 육체에 상관된 계명을 좇지 아니했다고 합니다. 오직 무궁한 생명의 능력을 좇아 된 것이라고 하였습니다. 그리하여 이제 모든 사람은 율법, 곧 계명에 의해서가 아니라 예수님의 생명의 능력을 받아 실천하게 되었습니다. 이 생명의 능력은 가히 율법과 비교할 수 없습니다. 율법은 죄를 짓지 못하게 하지만 생명의 능력은 죄를 짓지 못하게 막을 뿐 아니라 몸소 자신의 몸을 희생하기까지 승화시키셨던 것입니다.

2차 대전 때 영국에서 있었던 일입니다.

독일군의 맹렬한 공습으로 런던 시내는 공포에 휩싸였습니다. 무엇 때문인지 히틀러는 셀 수 없는 많은 폭탄에 일일이 시한장치를 하였습니다. 공습이 끝나도 런던 시민들은 공포에 떨었습니다. 폭탄이 어느 시점에 터질지 몰랐기 때문입니다.

영국의 귀족인 써포크 공작은 비서와 운전기사와 함께 이 문제를 놓고 하나님께 기도하였습니다. 그리고 자신이 시한폭탄 장치를 해제해야 함을 느꼈습니다. 그는 유.비.에프(UBF)라는 결사대를 조직하고 시한폭탄이 투하된 지점에 가서 무려 34개의 시한폭탄을 제거했습니다. 불행히도 35개째 해체하는 순간 폭발되어 그와 동료들이 목숨을 잃었습니다. 그러나 그로 말미암아 수많은 목숨을 건졌습니다. 사실 이러한 일은 그리스도의 생명을 이어받아 그분의 말씀과 성령으로 무장한 자만이 이런 일을 할 수 있는 것입니다.

17절 "증언하기를 네가 영원히 멜기세덱의 반차를 따르는 제사장이라 하였도다"

레위 계통의 제사장은 불완전하였습니다. 계속 반복하여도 해결되지 않은 것이지만 멜기세덱의 반차를 따르는 제사장 예수 그리스도께서 완전함을 이루신 대제사장이었습니다. 예수 그리스도의 속죄 사역은 완전하였던 것입니다.

18-19절 "전에 있던 계명은 연약하고 무익하므로 폐하고 (율법은 아무 것도 온전하게 못할지라) 이에 더 좋은 소망이 생기니 이것으로 우리가 하나님께 가까이 가느니라"

유대인들은 율법이 완전하다고 믿었습니다. 율법을 통하여 의롭게 될 수 있다고 믿었던 것입니다. 그들은 율법의 조항들을 재해석하여 그들 스스로 지키는 규례들을 만들었습니다. 이것이 소위 '장로들의 유전'입니다.

유대인들은 율법을 더하여 규례나 유전으로 스스로 올무에 빠졌던 것입니다. 여기서 우리가 알아야 할 것은 율법의 불완전함에 대해 말할 때 조심하여야 한다는 사실입니다. 왜냐하면 율법은 하나님께서 수여하신 것입니다. 이것이 불완전하다고 하면 하나님이 불완전하게 되는 논리가 됩니다. 율법의 불완전한 것을 말할 때 계시의 차원에서 하여야 합니다. 예수 그리스도를 통한 하나님의 계시가 완성되기 이전의 계시로 구약의 율법은 완전한 계시가 아닌 것입니다. 다만 완전한 계시의 그림자였던 것입니다.

여기서 불완전한 옛 계명에 대해 좀 더 알아봅니다.

첫째, 옛 계명은 연약합니다. 율법에는 제사제도에 대한 것과 인간 행위에 대한 규례가 있습니다. 그 제사제도나 규례는 연약한 인간을 변화시킬 수 없었습니다.

롬 8:3 "율법이 육신으로 말미암아 연약하여……"

율법이나 계명은 인간의 행위에 대해 제재를 가할 수 있었으나 근본적인 변화를 줄 수 없는 연약성을 갖고 있습니다.

과거 오백년 동안 유교적 전통이 조선 사회를 변화시킬 것으로 알았으나 오히려 부패를 가져왔습니다. 더 나아가 지배층, 즉 가진 자들을 옹호하는 데 이용되었던 것입니다.

구약의 율법도 유대인들의 특권계층에 의해서 이용되었으며, 제도는 형식화되고 말았습니다. 여기에 옛 계명에 연약성이 있습니다.

둘째, 옛 계명은 무익합니다. 일반적으로 무익하다는 표현은 어떤 사물이나 사람이 아무런 쓸모가 없는 경우에 사용됩니다. 예수님은 짠맛을 잃은 소금을 비유로 말씀하셨습니다. 소금이 짠맛을 잃으면 소금의 기능을 상실하여 무익하다는 것입니다. 성도도 신분과 기능을 상실하면 더 이상 성도일 수 없습니다.

율법이 무익하다는 것은 더 이상 효력을 상실했기 때문입니다. 그러나 유의할 것은 율법 자체가 거룩하지 않거나 의롭지 않은 것이 아닙니다. 율법이 우리로 하여금 거룩하게 하거나 의롭게 할 수 없었던 것입니다. 율법은 우리를 정죄할 뿐이었기 때문입니다.

셋째, 옛 계명은 폐하여졌습니다. 예수님께서는 율법을 폐하려고 오신 것이 아니라 완전케 하려고 오셨습니다.

마 5:17 "내가 율법이나 선지자를 폐하러 온 줄로 생각하지 말라 폐하러 온 것이 아니요 완전하게 하려 함이라"

예수님은 율법을 폐하시기 전에 몸소 그 율법을 다 지키시므로 율법의 완전자가 되셨습니다. 율법을 폐하시지 않았습니다. 오히려 사랑의 법으로 완전케 하셨습니다.

예수님 이후의 사도들은 예수께서 율법을 완성시킨 그 의(義) 가운데 거(居)하였습니다. 우리에게도 율법의 의가 성취되기 때문에 사랑의 법을 더욱 굳게 세우는 것입니다.

롬 3:31 "그런즉 우리가 믿음으로 말미암아 율법을 파기하느냐 그럴 수 없느니라 도리어 율법을 굳게 세우느니라"

19절(중하) "…… 이에 더 좋은 소망이 생기니 이것으로 우리가 하나님께 가까이 가느니라"

율법은 그 정한 법으로는 온전케 못합니다. 그리하여 무익함으로 폐하기에 이릅니다. 이를 예수님께서 온전케 하십니다. 더 좋은 소망을 가짐은 예수 그리스도께서 성취로 오셨기에 이제 더 가까이 하나님께 나아가게 된 것입니다. 예수 안에 생명이 있고 구원이 있습니다.

3. 예수님의 제사장 직분의 영원성

20-25절 "또 예수께서 제사장이 되신 것은 맹세 없이 된 것이 아니니 (그들은 맹세 없이 제사장이 되었으되 오직 예수는 자기에게 말씀하신 이로 말미암아 맹세로 되신 것이라 주께서 맹세하시고 뉘우치지 아니하시리니 네가 영원히 제사장이라 하셨도다) 이와 같이 예수는 더 좋은 언약의 보증이 되셨느니라 제사장 된 그들의 수효가 많은 것은 죽음으로 말미암아 항상 있지 못함이로되 예수는 영원히 계시므로 그 제사장 직분도 갈리지 아니하느니라 그러므로 자기를 힘입어 하나님께 나아가는 자들을 온전히 구원하실 수 있으니 이는 그가 항상 살아 계셔서 그들을 위하여 간구하심이라"

레위 제사장의 직분을 세울 때는 율법에 의하였으나, 그리스도 제사장직은 하나님의 맹세로 세워져 영원한 제사장이 되었습니다. 이로 말미암아 더 좋은 언약의 보증이 되셨습니다. 레위 계통의 제사장은 계속 승계되었습니다. 그러나 예수 그리스도는 한 분으로 영원한 제사장입니다. 하나님께 나아가는 자들을 구원하며, 항상 살아 우리를 위하여 간구하시고 계시는 것입니다.

언약 : 헬라어 '디아테케(διαθηκη)'는 약속을 정하여 지킴을 뜻함. 구약에서는 옛 언약으로, 신약에서는 새 언약으로 세워집니다.

보증 : 헬라어 '엥귀오스(ἐγγυος)'는 법률 용어로 '재산을 바쳐 책임진다'의 언어의 의미임. 옥에 갇힌 자를 보석금으로 석방하는 뜻을 지닙니다. 또 보증은 자신의 인격과 생명을 담보하는 의미로 사용합니다.

예수님은 언약의 보증으로 영원한 제사장으로 구원하심과 중보함을 의미합니다.

인간관계에 있어 약속을 잘 지키면 신뢰를 쌓습니다. 반면에 그렇지 못하면 신뢰를 잃게 됩니다. 철석같이 약속해놓고 안 지키면 배신감도 느낍니다.

독일의 철학자 니체는 "인간은 약속을 할 수 있는 존재이다"라고 합니다.

한편, 약속은 약점일 수도 있습니다. 지키지 못하면 부메랑으로 돌아오기 때문입니다.

구속의 계시는 언약의 형태를 지닙니다. 언약은 신적 기원과 계시에서 출발합니다.

20절 "또 예수께서 제사장이 되신 것은 맹세 없이 된 것이 아나니"

하나님은 아론 계통의 제사장직을 율법으로 세웠지만, 멜기세덱의 반차를 좇아 난 예수 그리스도는 하나님께서 맹세로 세우신 영원한 제사장이십니다.

21절 "(그들은 맹세 없이 제사장이 되었으되 오직 예수는 자기에게 말씀하신 이로 말미암아 맹세로 되신 것이라 주께서 맹세하시고 뉘우치지 아니하시리라 네가 영원히 제사장이라 하셨도다)"

아론 계통의 제사장직은 규례로 세웠습니다.

멜기세덱의 반차를 좇은 제사장직은 영원한 제사장으로 세우신 것입니다. 그것도 하나님께서 친히 맹세로 세우신 것입니다. 맹세는 약속에 대한 최후 보증입니다.

22절 "이와 같이 예수는 더 좋은 언약의 보증이 되셨느니라"

구약에서는 하나님과 인간 사이에 여러 언약이 있었습니다.

창 9:9 "내가 내 언약을 너희와 너희 후손과" 노아와의 언약입니다.

창 15:18, 16:19, 17:7-9에서는 아브라함과의 언약입니다.

마 26:28, 막 14:24, 눅 22:20, 고전 11:25에서는 언약의 피로 세운 새 언약입니다.

언약에는 유언적인 성격이 있습니다.

보증은 법률적인 용어로서 그 사실에 대하여 책임을 지는 것입니다. 예수님은 더 좋은 언약의 보증이 되신 것입니다.

23-24절 "제사장 된 그들의 수효가 많은 것은 죽음으로 말미암아 항상 있지 못함이로되 예수는 영원히 계시므로 그 제사장 직분도 갈리지 아니하느니라"

레위 지파에서 제사장 직분을 받은 자가 연한이 차든지 죽으면 그 반열에서 계속 제사장을 세웠습니다. 레위 계통의 제사장은 30세 이상으로 50세까지 성막 일을 하였습니다(민 4:3). 레위인의 숫자가 줄어들면서 30세에서 25세로 낮춥니다(민 8:24). 그 후에 20세로 낮추었습니다(대상 23:27). 그뿐 아니라 50세까지 수행함을 늘려 59세까지 허용되었습니다.

이렇게 하여 후대로 계속 이어져 AD 26년부터 35년까지 대제사장으로 있던 가야바는 아론 계통의 67번째 대제사장이었습니다. AD 79년 최후의 대제사장으로 있던 파니아쓰는 아론의 반차로부터 81번째 대제사장이었습니다.

본문에서 제사장된 수효가 많다는 것은 자주 교체됨으로 수효가 많은 것으로 표현한 것입니다. 그러나 예수 그리스도의 제사장은 오직 한 분, 계시의 성취로 영원한 직분이 되신 것입니다.

25절 "그러므로 자기를 힘입어 하나님께 나아가는 자들을 온전히 구원하실 수 있으니 이는 그가 항상 살아 계셔서 그들을 위하여 간구하심이라"

수세기에 걸쳐 유대민족은 수많은 제사장들을 통하여 제사를 드렸습니다. 그러나 그 제사장들이 아무리 거룩한 일에 특별한 부름을 받았다 하여도 죽음이 그들을 번번이 가로막았습니다. 예수 그리스도는 영원히 계신고로 그 직분은 변함이 없습니다. 그러므로 구원 사역은 영원한 것입니다.

25절(중) "온전히 구원하실 수 있으니……"

여기서 '온전히'는 '충만히' 또는 '철저히' 등으로 번역하기도 합니다. 이는 인간 구원에 더 이상 필요한 것이 없음을 뜻합니다. 예수 그리스도는 인간 구원을 온전히 이루어 놓으신 것입니다. 그러므로 자기를 힘입어 하나님께 나아가는 자들은 온전히 구원하실 수 있습니다. 그뿐 아니라 항상 살아계셔서 우리를 위해 간구하고 계시는 것입니다.

롬 8:34 "…… 그는 하나님 우편에 계신 자요 우리를 위하여 간구하시는 자시니라"

예수님은 구속 사역을 완성하시고, 중재사역을 통하여 우리를 보전하시고 도우시는 것입니다.

우리는 본문을 통해 두 가지 중요한 교리를 알게 됩니다. 예수 그리스도가 영원한 대제사장이라는 사실과 그를 힘입어 하나님께 나아가는 자들이 온전히 구원을 받는다는 것입니다.

예수 그리스도는 영원한 대제사장이시므로 항상 살아계셔서 하나님께 나아가는 자들을 위하여 간구하십니다.

빌 4:6 "아무 것도 염려하지 말고 다만 모든 일에 기도와 간구로, 너희 구할 것을 감사함으로 하나님께 아뢰라"

우리의 필요를 알고 계시는 주께 구하고 기도와 간구를 드리는 것입니다. 예수 그리스도의 중재사역을 통해 하나님과의 온전한 관계를 회복하는 것입니다. 그리고 하나님께 나아가는 모든 자들에게 현재의 구원과 종말론적 구원의 보증이 되시는 것입니다.

예수님은 하나님께서 맹세로 세우신 대제사장이십니다. 구약 레위 계통의 대제사장은 한계성을 가졌으나, 예수님은 영원한 대제사장이신 것입니다. 그리하여 더 좋은 언약의 보증이 되시어 구원의 영원한 보증이 되어 주신 것입니다.

예수님으로 말미암아 하나님께 나아가는 자들을 온전케 하십니다. 예수님은 우리의 연약을 체휼하시고 아시기 때문에 우리를 위해 언제나 중보하시고 간구하십니다.

생명의 능력되시고 구원의 근본이 되시는 예수께 날마다 나아가 그 안에 거하는 것입니다.

III. 온전한 대제사장

히 7:26-28

㉖ 이러한 대제사장은 우리에게 합당하니 거룩하고 악이 없고 더러움이 없고 죄인에게서 떠나 계시고 하늘보다 높이 되신 이라 ㉗ 그는 저 대제사장들이 먼저 자기 죄를 위하고 다음에 백성의 죄를 위하여 날마다 제사 드리는 것과 같이 할 필요가 없으니 이는 그가 단번에 자기를 드려 이루셨음이라 ㉘ 율법은 약점을 가진 사람들을 제사장으로 세웠거니와 율법 후에 하신 맹세의 말씀은 영원히 온전하게 되신 아들을 세우셨느니라

그리스도의 대제사장직은 하나님의 맹세로 세웠고, 멜기세덱과 같은 별다른 한 대제사장이었습니다. 예수 그리스도의 대제사장직은 영원하며, 온전하여 더 좋은 언약의 보증이 되십니다.

하나님께 나아가는 자를 구원하시고 항상 계셔서 우리를 위하여 간구하십니다. 예수 그리스도의 대제사장은 우리에게 합당하시고, 거룩하시고, 악이 없으시고, 죄에서 떠나 계신 분입니다. 지금은 승천하시어 하나님 보좌 우편에 계십니다.

구약의 대제사장은 이스라엘 백성의 죄를 대속죄일에 먼저 자기 죄를 속하고 다음에 백성의 죄를 대속했습니다.

매년 반복적으로 드려진 제사는 이제 그리스도께서 단번에 자기를 드려 대속했습니다.

율법으로 세워진 대제사장은 인간의 연약성을 가졌으나, 율법 후에 맹세의 말씀으로 영원히 온전케 되신 아들로 대제사장으로 세우셨습니다.

'레위 대제사장과 그리스도의 대제사장'에 대해 자세히 살펴보고자 합니다.

1. 거룩하고 무흠한 대제사장

26절 "이러한 대제사장은 우리에게 합당하니 거룩하고 악이 없고 더러움이 없고 죄인에게서 떠나 계시고 하늘보다 높이 되신 이라"

예수님은 영원히 살아 계셔서 뒤를 이을 다른 대제사장은 필요치 않습니다. 예수 그리스도는 자신을 믿고 의지하며, 하나님께 나아가는 모든 자에게 현재 구원에 참여케 하며, 동시에 종말론적 구원에의 참여를 보증합니다. 이러한 대제사장은 우리에게 합당하고, 거룩하고, 악이 없고, 죄인에게서 떠나 계시고 승천하시어 하나님 존전에 나아가신 대제사장입니다.

합당하니 : 헬라어 '프레포($\pi\rho\epsilon\pi\omega$)'는 '뛰어나다', '구별되다'의 뜻임. 아주 적합한 상태를 의미합니다.

더러움이 없고 : 헬라어 '아미안토스($\dot{\alpha}\mu\iota\alpha\nu\tau\circ\varsigma$)'는 '더럽혀지지 않은', '순결한' 뜻이 제의(祭義)적으로 깨끗함을 의미함.

하늘보다 높이 : 헬라어 '휩셀로테로스 톤 우라논($\dot{\upsilon}\psi\eta\lambda\acute{o}\tau\epsilon\rho\circ\varsigma$ $\tau\acute{\omega}\nu$ $\circ\dot{\upsilon}\rho\alpha\nu\acute{\omega}\nu$)'은 하나님의 보좌를 가리킴. 예수님은 승천하시어 하늘에 계심을 의미합니다.

예수님의 거룩하고, 무흠(無欠)하시며, 합당한 대제사장으로 하늘에 계심을 의미합니다.

사람이 죄를 지은 상태로 지극히 거룩하신 하나님께 나아갈 수 없습니다. 하나님과 인간관계의 연결 고리가 필요했습니다.

구약에 출애굽한 이스라엘 백성을 성민 삼으시고 성막을 짓게 했습니다. 광야 교회에서 각종 제사제도와 절기를 지킬 때 제사장이 있어야 했습니다. 또 성막의 여러 일을 제사장들이 수행하여야 했습니다. 대제사장은 이스라엘의 백성 전체의 죄를 위해 일 년에 한 차례 지성소에 들어가 송아지와 염소의 피로 속죄 제사를 드렸습니다. 문제는, 제사장은 제한된 정년과 죽으므로 순차적으로 바뀌었습니다. 아론 계통의 대제사장도 계속 바뀌어 승계되었던 것입니다.

신약에서는 예수 그리스도께서 이러한 반복된 속죄를 단번에 자기를 드려 속죄하여 이루고 완성하였습니다. 하나님의 아들은 맹세로 세워진 영원한 대제사장이 되시는 것입니다.

26절(상) "이러한 대제사장은 우리에게 합당하니……"

이러한 대제사장은 앞에서 언급한 영원한 대제사장 예수 그리스도이십니다. 항상 계셔서 우리를 위해 하나님께 중보하시는 예수 그리스도 대제사장이십니다. 이러한 대제사장을 어떠한 분이라 하고 있습니까?

26절(중하) "………… 거룩하고 악이 없고 더러움이 없고 죄인에서 떠나 계시고 하늘보다 높이되신 이라"

구원의 모든 조건을 충족시키신 예수 그리스도 대제사장에 대해 묘사하고 있습니다.

신학자 학크(Hauck)는 그리스도께서 새 언약의 대제사장으로 지녀야 할 성품과 지위를 다섯 가지로 잘 나타내고 있다고 하였습니다. 본문에서 다섯 가지를 요약 정리해 봅니다.

첫째, 거룩함입니다. 제사장이 갖추어야 할 첫째 요건입니다. 매일 수송아지 하나로 속죄하기 위하여 속죄제를 드리며, 또 단을 위하여 속죄하여 깨끗케 하고, 그것에 기름을 부어 거룩하게 합니다(출 29:36).

눅 1:75 "종신토록 주의 앞에서 성결과 의로 두려움이 없이 섬기게 하리라 하셨도다"

70인 역에는 '거룩함'을 '충실한' 의미로 사용합니다(시 12:1). 이는 그리스도께서 공생애 가운데 보여준 하나님께 대한 순종을 나타낸 것입니다.

둘째, 악이 없습니다. 대인관계에서의 악의가 없는 것을 의미합니다. 예수님은 무흠하시며 악이 없으십니다.

렘 2:19 "네 악이 너를 징계하겠고 네 반역이 너를 책망할 것이라 그런즉 네 하나님 여호와를 버림과 네 속에 나를 경외함이 없는 것이 악이요 고통인 줄 알라 주 만군의 여호와의 말씀이니라"

하나님을 떠나 경외치 않음이 악이라 하였습니다.

셋째, 더러움이 없습니다. 헬라어 '아미안토스(ἀμίαντος)'는 '더럽혀지지 않은', '순결한'이라는 뜻으로 제의적 순결성을 의미합니다. 레위 계통의 제사장들은 제의의식을 통해서 외적으로 더럽혀진 자신을 깨끗케 하였습니다(예 : 물두멍). 예수 그리스도는 내외적으로 온전히 순결하십니다. 구약 때 제물은 흠이 있으면 안 되듯이 오직 흠 없고 정결한 자만이 하나님 앞으로 나아갈 수 있는 것입니다.

넷째, 죄에서 떠나 계십니다. 앞의 세 가지 성품과 연결되어 인간과 구별되는 성격입니다. 성령으로 잉태되어 오신 분으로, 인간의 모습으로 오셨지만 근본 죄의 유전으로 오신 분이 아닙니다. 그리고 참다운 인간이시되 모든 죄의 유혹을 이겨내셨습니다.

다섯째, 하늘보다 높이 계신 자입니다. '하늘보다 높이'의 어원은 하늘 보좌를 가리킵니다. 예수님은 레위 계통의 제사장과는 달리 승천하시어 곧바로 하나님 존전에 나아가 대제사장으로서 완전한 중재자가 되십니다.

엡 4:9-10 "올라가셨다 하였은즉 땅 아래 낮은 곳으로 내리셨던 것이 아니면 무엇이냐 내리셨던 그가 곧 모든 하늘 위에 오르신 자니 이는 만물을 충만하게 하려 하심이라"

모든 하늘 위에 높이 오르시어 만물을 충만케 합니다. 이는 궁극적으로 우리의 소망이 되시는 것입니다. 하나님 보좌 우편에 계셔서 우리를 위하여 간구하시며 중보하고 계시는 것입니다.

우리에게 합당하신 대제사장이신 예수 그리스도는 거룩하십니다, 악이 없으십니다, 더러움이 조금도 없으십니다. 죄인에게서 떠나계십니다. 이는 참 인간이시되 죄에서 떠나계신 분입니다. 우리의 죄를 위하여 십자가에 피 흘려 대속하여 죽으시고 무덤에 장사된 바 되시어, 죽음의 사탄, 권세 사망을 이기시고, 부활, 승천하시어, 하나님의 보좌 우편에 계십니다.

영원한 구원의 근본이 되시며, 소망이 되시는 주께 날마다 나아가 참 소망 가운데 살아가는 것입니다.

2. 단번에 드려 이루신 대제사장

27절 "그는 저 대제사장들이 먼저 자기 죄를 위하고 다음에 백성의 죄를 위하여 날마다 제사 드리는 것과 같이 할 필요가 없으니 이는 그가 단번에 자기를 드려 이루셨음이라"

구약 때 대제사장은 일 년 중 대속죄일에 이스라엘 백성의 죄 문제를 가지고 속죄를 할 때 먼저 자기의 죄를 송아지 피로 속죄하였습니다. 그리고 이스라엘 백성의 죄는 두 마리의 염소를 선택하여 하나는 염소 피로 백성의 죄를 속하였고, 다른 한 염소는 아사셀 염소로 광야에 내어보냈습니다.

그는 : 예수 그리스도 대제사장임.

저 대제사장 : 아론 계통의 대제사장임.

그가 단번에 : 예수께서 십자가에서 죽으심임. 예수님이 십자가에서 단번에 드려 속죄 사역을 완성하심을 의미합니다.

구약의 대제사장은 이스라엘 백성의 죄를 위하여 속죄 사역을 담당하는 의식의 중심이었습니다. 백성의 죄 문제를 가지고 일 년 중 한 차례 대속죄일에 지성소에 들어갑니다. 먼저 자신의 죄를 위해 속죄 제물의 피를 가지고 들어갑니다. 이 일의 시작 전에 목욕을 하고 세마포 옷으로 갈아입고 들어갑니다.

이때 대제사장이 지성소 안에서 드린 기도문의 내용입니다(이상근 저, 《신약주해》 p.261).

"오오! 야훼 하나님, 나는 악을 행하였으며, 나는 과오를 범하였으며, 내 집은 죄를 지었나이다. 오오! 야훼여, 간구하옵나니 나와 내 집이 주 앞에 범한 악과 과오를 가리워주옵소서."

레 16:11-16 "아론은 자기를 위한 속죄제의 수송아지를 드리되 자기와 집안을 위하여 속죄하고 자기를 위한 그 속죄제 수송아지를 잡고 향로를 가져다가 여호와 앞 제단 위에서 피운 불을 그것에 채우고 또 곱게 간 향기로운 향을 두 손에 채워 가지고 휘장 안에 들어가서 여호와 앞에서 분향하여 향연으로 증거궤 위 속죄소를 가리게 할지니 그리하면 그가 죽지 아니할 것이며 그는 또 수송아지의 피를 가져다가 손가락으로 속죄소 동쪽에 뿌리고 또 손가락으로 그 피를 속죄소 앞에 일곱 번 뿌릴 것이며 또 백성을 위한 속죄제 염소를 잡아 그 피를 가지고 휘장 안에 들어가서 그 수송아지 피로 행함 같이 그 피로 행하여 속죄소 위와 속죄소 앞에 뿌릴지니 곧 이스라엘 자손의 부정과 그들이 범한 모든 죄로 말미암아 지성소를 위하여 속죄하고 또 그들의 부정한 중에 있는 회막을 위하여 그같이 할 것이요"

지성소에는 대제사장 한 사람만 들어가는 것입니다. 이는 인류의 죄를 담당하기 위해 십자가에서 산 제물이 되시어 피 흘려 인류를 구원하시는 모습입니다.

구약의 짐승의 피로 반복적인 속죄를 하였지만, 신약에서는 예수 그리스도의 십자가의 피로 영원한 속죄를 이루신 것입니다.

참고로 두 염소에 대해 살펴봅니다.

대제사장은 두 제비를 두 염소 머리에 댑니다. 그리고 말합니다.

"하나님을 위하여 속죄제를 드립니다."

이때 둘러서 있는 사람들은 "하늘의 이름이 영원 영원토록 영광을 받으시옵소서"라고 화답합니다.

제비를 뽑은 후에 '하나님을 위한 염소'에는 진홍색 끈으로 목을 감습니다. 그리고 '아사셀을 위한 염소'에는 진홍색 끈으로 뿔에 감습니다.

아사셀 염소는 산 채로 두었다가 머리에 안수하여 죄를 전가시키고 미리 정한 사람에 의해 광야로 보내집니다.

예수 그리스도께서 우리의 모든 죄를 담당하시기 위해 속죄양으로 피 흘려 십자가에서 죽으시고 아사셀 염소가 광야로 보내진 것 같이 우리의 죄를 멀리 하였습니다.

27절(상) "그는 저 대제사장들이 먼저 자기 죄를 위하고 다음에 백성의 죄를 위하여 날마다 제사 드리는 것과 같이 할 필요가 없으니……"

여기서 '날마다 제사를 드리는 것'에 대해 브루스라는 사람은 대제사장이 제사를 매일 드렸다는 의미보다는 그가 부주의로 죄를 범했을 때 매번 속죄제사를 드려야 할 필요가 있음을 지적하는 것이라고 하였습니다.

그보다 필자의 의견으로는 매년 속죄일에 반복적으로 드리는 것을 두고 한 말로 봅니다. 이유는 매년 그날에 반복적으로 드리는 것이기 때문입니다.

27절(하) "…… 이는 그가 단번에 자기를 드려 이루셨음이라"

구약의 속죄제사는 반복되었습니다. 그러나 예수 그리스도의 속죄 사역은 송아지나 염소의 피로 드리지 않고 오직 자신의 몸, 의로운 피로 십자가에서 피 흘려 온전한 속죄를 드렸습니다. 이 속죄는 십자가에서 단번에 드려진 것으로 반복은 필요 없는 것입니다. 이제는 구약의 반복된 속죄제사는 필요 없게 된 것입니다.

우리는 죄로 말미암아 영원히 죽을 수밖에 없었습니다. 사탄의 권세 아래 놓여있었기 때문입니다. 죽을 수밖에 없었던 우리를 위하여 예수님은 우리를 살리려 십자가에 피 흘려 죽어 우리를 살리셨습니다. 십자가에서 몸이 찢기시고, 피 흘려 드려진 단 한 번의 속죄는 온전하고 영원한 것이었습니다.

아론 계통의 대제사장은 속죄일에 백성의 죄를 위해 속죄제사를 드렸습니다. 속죄제사를 드리기에 앞서 먼저 자기 죄를 위한 속죄를 하였습니다. 왜냐하면 그도 역시 죄를 지을 수 있는 연약한 인간이기 때문입니다. 구약의 대제사장은 매년 반복적인 속죄제사를 드렸습니다.

예수님은 죄가 없으심으로 자신을 위한 속죄는 필요치 않았습니다. 그리고 다른 사람들을 위해 반복적인 속죄도 할 필요가 없습니다. 죄 없으신 예수 그리스도께서 자신을 제물로 드린 속죄 사역은 단번에 자신의 피로 드려진 것으로, 완전하고 영구적인 것입니다.

십자가의 대속의 피로 인류를 구원케 하시고, 그 속죄는 이제 영원한 속죄로 담대히 하나님께 나아가게 된 길을 열어 놓으신 것입니다.

3. 맹세의 말씀으로 온전케 된 대제사장

28절 "율법은 약점을 가진 사람들을 제사장으로 세웠거니와 율법 후에 하신 맹세의 말씀은 영원히 온전하게 되신 아들을 세우셨느니라"

율법으로 레위 계통의 사람을 제사장으로 세웠습니다. 인간으로서의 연약함을 가져 육적으로 죄를 지을 수 있는 사람으로 세움을 입었던 것입니다.

율법 후에는 하나님의 맹세로 세우신 별다른 대제사장, 곧 독생자로 세우셨습니다. 그분은 맹세의 말씀으로 영원히 온전케 되신 예수 그리스도 대제사장입니다.

약점 : 헬라어 '아스데네오(ἀσθενέω)'의 원어적 의미는 '힘이 없음'임. 몸이 매우 쇠약하여 거동할 수 없는 상태입니다. 여기서는 연약한 인간성을 의미합니다.

온전 : '완전히', '충만히', '절대적으로'의 뜻임. 구약의 대제사장의 연약성과 하나님 맹세

로 세우신 온전한 대제사장의 성격을 의미합니다.

출애굽한 이스라엘 백성이 홍해를 건너 마라를 지나, 엘림에서, 신광야로, 르비딤을 지나 시내 산에 도착합니다. 애굽에서 나온 지 석 달 만입니다.

시내 산에서 십계명을 비롯하여 여러 가지 규례와 율법을 받게 됩니다.

시내 산에서 일 년을 머물면서 모세는 하나님께서 보여준 식양대로 성막을 짓게 됩니다.

이스라엘은 성막에서 하나님께 경배하고 성막을 중심으로 살았습니다. 성막은 하나님 임재의 처소였습니다. 이스라엘 백성들은 성막에서 각종 제사를 통해 죄를 용서받았습니다. 성막에서 모든 기구와 제사는 영적 의미가 담겨져 있습니다. 이 성막에서 일하는 제사장을 레위 계통에서 세우게 하였습니다. 특별히 대제사장은 아론의 직계로 이어졌습니다.

레 8:6-9 "모세가 아론과 그의 아들들을 데려다가 물로 그들을 씻기고 아론에게 속옷을 입히며 띠를 띠우고 겉옷을 입히며 에봇을 걸쳐 입히고 에봇의 장식 띠를 띠워서 에봇을 몸에 매고 흉패를 붙이고 흉패에 우림과 둠밈을 넣고 그의 머리에 관을 씌우고 그 관 위 전면에 금 패를 붙이니 곧 거룩한 관이라 여호와께서 모세에게 명령하신 것과 같았더라"

레위 제사장의 주된 임무는 성소와 제단을 관리하고 각종 제사임무를 담당하는 것이었습니다.

28절(상) "율법은 약점을 가진 사람들을 제사장으로 세웠거니와……"

율법으로 제사장을 세웠지만 그들도 사람인고로 연약하고 죄를 지었습니다. 그리하여 자기 죄를 사하기 위해 짐승을 잡아 제사를 드려야 했습니다. 그리고 연한이 차거나 늙어 죽기도 하였습니다.

본문은, 율법은 약점을 가진 사람들을 제사장으로 세웠다는 것입니다.

28절(하) "…… 율법 후에 하신 맹세의 말씀은 영원히 온전하게 되신 아들을 세우셨느니라"

율법 후는 복음입니다. 신약에서 하신 말씀은 영원히 온전하게 되신 아들을 맹세로 세우셨습니다. 예수 그리스도는 하나님의 아들로 영원한 대제사장이 되신 것입니다.

율법에 속한 제사장과 율법 후의 제사장의 차이점에 대해서 요약 정리해보고자 합니다.

첫째, 율법과 맹세의 말씀의 차이입니다. 옛 율법에 속한 레위 제사장은 율법에 근거하여 제사장직을 위임받았으나, 그리스도께서는 하나님께서 맹세하셔서 약속하신 말씀에 근거하여 멜리세덱의 반차를 좇는 영원한 제사장입니다. 율법의 제사장은 반복 또 반복되었지만, 율법 후의 제사장은 단번에 세워졌습니다. 그 한 번으로 영원히 세워진 것입니다.

둘째, 사람과 하나님 아들의 차이입니다. 옛 언약의 제사장은 죄로 유전된 인간으로 유한한 존재입니다. 죽으면 계속 승계되는 것입니다. 하나님의 아들은 성육신하시어 십자가의 속죄로 단번에 드려 영원히 언약의 중보로 계시는 것입니다.

셋째, 약점을 가진 자와 온전케 되신 자의 차이입니다. 옛 언약의 제사장은 약점, 곧 육을 가진 자로 불완전합니다. 곧 온전히 그 직을 행할 수 없었던 것입니다. 그러나 하나님의 아들은 말씀이 육신이 되어 오셨고, 고난 가운데서도 순종하심으로 십자가에서 온전히 이루신 것입니다.

딤전 2:6 "그가 모든 사람을 위하여 자기를 대속물로 주셨으니 기약이 이르러 주신 증거니라"

예수 그리스도는 모든 사람을 위하여 속전으로, 곧 값없이 대속해 주셨습니다. 약속된 때가 이르면 보증하여 주십니다.

구약 때 율법에 의해 세워진 제사장은 인간의 연약성을 가졌습니다. 그러한 율법에 의하지 않고 세워진 제사장은 온전하고 영원합니다.

사도 바울은 말합니다.

롬 6:14 "죄가 너희를 주장하지 못하리니 이는 너희가 법 아래에 있지 아니하고 은혜 아래에 있음이라"

그러므로 우리는 주께 나아가기만 하면 되는 것입니다. 예수님은 고난 가운데서도 온전히 순종하심으로 모든 믿는 사람의 구원의 주가 되셨던 것입니다. 그뿐 아니라 예수 그리스도께서는 중재 사역을 통하여 지금도, 앞으로도 계속 우리를 위해 중보하고 계시는 것입니다.

예수 그리스도만이 우리를 온전케 하십니다.

제8장

새 언약의 중보이신 그리스도

I. 새 언약의 중보자

히 8:1-6

① 지금 우리가 하는 말의 요점은 이러한 대제사장이 우리에게 있다는 것이라 그는 하늘에서 지극히 크신 이의 보좌 우편에 앉으셨으니 ② 성소와 참 장막에서 섬기는 이시라 이 장막은 주께서 세우신 것이요 사람이 세운 것이 아니니라 ③ 대제사장마다 예물과 제사 드림을 위하여 세운 자니 그러므로 그도 무엇인가 드릴 것이 있어야 할지니라 ④ 예수께서 만일 땅에 계셨더라면 제사장이 되지 아니하셨을 것이니 이는 율법을 따라 예물을 드리는 제사장이 있음이라 ⑤ 그들이 섬기는 것은 하늘에 있는 것의 모형과 그림자라 모세가 장막을 지으려 할 때에 지시하심을 얻음과 같으니 이르시되 삼가 모든 것을 산에서 네게 보이던 본을 따라 지으라 하셨느니라 ⑥ 그러나 이제 그는 더 아름다운 직분을 얻으셨으니 그는 더 좋은 약속으로 세우신 더 좋은 언약의 중보자시라

인간이 하나님의 형상대로 지음 받아 에덴동산에서 하나님과 교제하며, 하나님 앞으로 나아가며, 또 하나님이 찾아오시는 최초의 장소가 곧 에덴동산이었습니다. 그런 의미에서 에덴동산은 최초의 성소였습니다.

그런데 인간은 범죄로 말미암아 그 좋은 장소에서 추방당하였습니다. 그리하여 인간은 하나님과 만날 수 있는 성소를 상실한 것입니다.

오래고 오랜 세월 후 하나님께서 인간을 찾아 오셔서 성소를 회복하시고자 하셨습니다. 그것이 곧 광야에 세워진 '성막'이었던 것입니다.

출애굽한 이스라엘 백성이 광야 사십년 동안 성막을 중심으로 살고 이동하였습니

다. 그리하여 가나안에 정착을 하면서 성전을 짓고 성전을 중심으로 하여 생활을 하게 됩니다.

신약에 와서 성전 되신 예수님께서 구약의 외형적인 성전을 헐고 영적인 성전을 세우셨습니다. 놀랍고 고마우신 것은 성도들로 하여금 하늘에 참 장막인 하늘 성소에 들어가게 하신 것입니다. 이제는 보이는 건물을 신성시하거나 숭배하는 잘못에서 벗어나야 합니다.

우리에게 대제사장이 있습니다. 그분은 하늘 보좌에 앉아 계십니다.

하늘 참 장막은 영원하고, 실재이며, 영적인 것입니다.

이 땅의 성막과 성전은 하늘에 있는 것의 모형이며, 그림자였던 것입니다.

구약의 대제사장은 예수 그리스도의 표상으로 사역하였던 것입니다. 이제는 더 좋은 약속으로 세우신 더 좋은 언약의 중보로 예수님이 사역하십니다.

1. 참 장막에서 섬기는 자

1-2절 "지금 우리가 하는 말의 요점은 이러한 대제사장이 우리에게 있다는 것이라 그는 하늘에서 지극히 크신 이의 보좌 우편에 앉으셨으니 성소와 참 장막에서 섬기는 이시라 이 장막은 주께서 세우신 것이요 사람이 세운 것이 아니니라"

말하고자 하는 요점은, 이러한 대제사장이 우리에게 있고, 이 대제사장은 하늘에서 하나님의 보좌 우편에 앉아서 하늘 참 장막을 섬기고 있다는 것입니다. 이 장막은 인간이 세우신 것이 아닌 주께서 세우신 것입니다.

요점 : 헬라어 '케팔라이온(χεφάλαιον)'은 '머리 케팔레(χεφάλη)'에서 나온 단어임. 그 뜻은 '요점', '핵심'을 의미합니다.

성소와 참 장막 : 그리스도께서 중보사역을 행하시는 하늘 처소, 곧 실제적인 '하늘 성소의 성격임.

섬기는 이 : 헬라어로 '레이투르고스(λειτουργός)'는 직역하면 '공무를 수행하는 자'로서 '사역자' 혹은 '종'을 뜻함. 의역으로 '섬기는', '봉사하는' 것으로 '하나님을 섬기며 경배'하는 의미입니다. 참고로 공동번역에서는 '맡아 보는 자'의 의미로 되어 있습니다. 예수 그리스도 대제사장은 하늘 성소를 섬기는 분임을 말합니다.

본문 '이러한 대제사장' 중 '이러한' 것에 대해 두 가지 견해가 있습니다. 하나는 앞에서 지금까지 언급한 것입니다(길게는 1-7장 내용임). 또 하나는 다음에 계속 이어지는 말로 '하늘에서 위엄의 보좌 우편에 앉으신 대제사장'이 있다는 것으로 보는 것입니다.

1절(상) "지금 우리가 하는 말의 요점은 이러한 대제사장이 우리에게 있다는 것이라……"

이제 하고자 하는 것의 요점은 이러한 대제사장이 우리에게 있다는 것이요, 그 대제사장은 하늘에서 위엄의 보좌 우편에 앉으셨다는 것입니다.

1절(하) "…… 그는 하늘에서 지극히 크신 이의 보좌 우편에 앉으셨으니"

히 7:28에서 율법은 약점을 가진 사람들을 제사장으로 세웠거니와 율법 후에 하신 맹세의 말씀은 영원히 온전하게 되신 아들을 세웠다고 하였습니다.
이제 요점으로 말하자면 이러한 대제사장이 우리에게 있는데, 그분은 하나님 보좌 우편에 앉으셨다는 것입니다.

시 110:1 "…… 너는 내 오른쪽에 앉아 있으라 하셨도다"
막 16:19 "주 예수께서 말씀을 마치신 후에 하늘로 올려지사 하나님 우편에 앉으시니라"
골 3:1-2 "그러므로 너희가 그리스도와 함께 다시 살리심을 받았으면 위의 것을 찾으라 거기는 그리스도께서 하나님 우편에 앉아 계시느니라 위의 것을 생각하고 땅의 것을 생각하지 말라"
롬 8:34 "…… 그는 하나님 우편에 계신 자요……"
히 10:12 "오직 그리스도는 죄를 위하여 한 영원한 제사를 드리시고 하나님 우편에 앉으사"

예수님은 인류의 죄를 위하여 십자가에서 피 흘려 죽으셨습니다. 우리 죄를 대속하시고 무덤에 장사되신바 되셨다가 삼일 만에 부활하시어 지상에 40일 동안 계시다가 구름을 타고 하늘에 오르사 하늘 성소에 들어가셨습니다.
한 영원한 제사를 드리고 위엄의 보좌 우편에 앉아 계십니다. 이는 지존의 영광의 자리에 계시는 것이며, 예수 그리스도의 우주적 왕권을 의미합니다(계 19:16).
예수 그리스도는 우주 만물을 통치하고 계시고, 우리를 위해 중보하고 계십니다. 그리고 때가 되면 재림하시어 의로 이 세상을 다스릴 것입니다(계 20:4).

2절 "성소와 참 장막에서 섬기는 이시라 이 장막은 주께서 세우신 것이요 사람이 세운 것이 아니니라"

성소(τών ἁγίων)와 참 장막(ἀληθινῆς(참), σκηνῆς(천막))은 같은 어원입니다. 예수 그리스도께서 중보 사역을 행하고 계시는 하늘 처소를 가리킵니다. 이 처소를 말하는 의미로 같은 말의 어원이지만 각각의 그 강조점은 다릅니다.

첫째, 성소입니다. 예수님의 사역이 지상에 있는 성막 또는 성전의 성소가 아니고 '하늘 나라 성전의 성소'임을 말씀하고 있는 것입니다.

둘째, 참 장막입니다. 구약 때, 모세에 의해 세워졌던 성막이 그림자로 세워졌다면 하늘에 있는 장막은 실체의 성전으로 존재하고 있는 것입니다.

셋째, 주께서 베푸신 장막입니다. 이는 사람의 손으로 세워진 것이 아니요, 주께서 직접 지으신 하늘 장막, 곧 천국의 실상의 처소입니다.

성소와 참 장막을 부리는 자에서 '부리는 자'는 두 가지 성격을 가깁니다.

첫째, 다스리고, 관리하고, 통치하는 성격입니다.

둘째, '하나님을 섬기는', '봉사하는' 그리고 '하나님을 경배하는' 의미입니다.

헬라어로 레이투르고스(λειτουργός)는 공식적인 일을 수행하는 자로서 '사역자' 혹은 '종'을 뜻합니다. 종합적인 관점으로 보아 '섬기는 자'로 보는 것이 좋을 듯합니다.

윌리엄 바클레이(William Barclay)는 '예수님이 성소에서 섬기고 계시다'로 해석했습니다.

참 장막에서 '참'은 헬라어의 어원인 '원형' 혹은 '영원한' 뜻을 지닙니다.

예수 그리스도께서는 사람의 손으로 지은 지상의 장막과는 다른 주께서 직접 이루신 하늘 처소에서 지금도 또 앞으로도 성도를 위해 중보 사역을 행하시고 계심을 믿어야 합니다.

요 17:24 "아버지여 내게 주신 자도 나 있는 곳에 나와 함께 있어 아버지께서 창세 전부터 나를 사랑하시므로 내게 주신 나의 영광을 그들로 보게 하시기를 원하옵나이다"

우리에게 있는 대제사장 되시는 예수님은 선지자직과 제사장직과 왕직을 가지신 분입니다. 지금도 우리를 위하여 천국에서 간구하시는 분입니다.

우리에게 있는 대제사장은 어떤 분입니까?

그분은 하늘에서 위엄의 보좌 우편에 앉아 계시는 분입니다. 예수님은 지존한 영광의 자리에 계십니다. 그리고 예수 그리스도께서는 성소와 참 장막에서 부리시는 분입니다. 하늘에 있는 '실체적 성전'에서 섬기시는 분입니다.

그러므로 성도는 항상 그리스도 안에, 그리스도께서 내 안에 거하는 삶을 살아 그분 안에 온전히 연합되어 이루어 가야 합니다.

우리 모두는 그리스도 안에 거하는 삶을 살아 영원한 복을 받는 것입니다.

2. 구약의 대제사장과 예수님

3-4절 "대제사장마다 예물과 제사 드림을 위하여 세운 자니 그러므로 그도 무엇인가 드릴 것이 있어야 할지나라 예수께서 만일 땅에 계셨더라면 제사장이 되지 아니하셨을 것이니 이는 율법을 따라 예물을 드리는 제사장이 있음이라"

구약의 대제사장과 예수 그리스도는 유사점도 있고, 중요한 차이점도 있습니다. 죄의 속죄와 반복적인 제사 그리고 반차를 좇는 문제 등입니다.

예수께서는 본문과 같은 제사장이 되지 아니하였습니다. 왜냐하면 율법과 복음이 다른 성격이기 때문입니다.

예물 : 죄를 속량하기 위해 드리는 제사용 제물임(레 1:2-17). 예물과 제물은 율법에 따르면 동의어로 사용합니다.

무엇인가 드릴 것 : 백성을 위하여 예물과 속죄하는 제사임.

율법 : 인간에게 주어진 여러 지킬 규범임. 인간의 속죄를 위한 율법적 방법이 아닌 새로운 사역을 의미합니다.

이스라엘 백성의 광야 생활 가운데 가장 중심적이고 중요한 일은 성막을 중심으로 하여 살았던 일입니다. 그래서 성막은 광야 교회라고 합니다.

행 7:38 "시내 산에서 말하던 그 천사와 우리 조상들과 함께 광야 교회에 있었고 또 살아 있는

말씀을 받아 우리에게 주던 자가 이 사람이라"(모세)

44 "광야에서 우리 조상들에게 증거의 장막이 있었으니 이것은 모세에게 말씀하신 이가 명하사 그가 본 그 양식대로 만들게 하신 것이라"

모세가 본 양식대로 장막을 지었습니다. 이 장막은 곧 성막입니다.

성막 일은 레위지파 제사장들이 하였습니다. 성막의 여러 기구에 대한 일들과 제사 의식이었습니다.

그리고 대제사장은 속죄일에 자신과 이스라엘 백성의 죄를 위하여 예물과 속죄하는 제사를 드리는 일을 행했습니다. 제물은 주로 수소, 숫양, 숫염소, 비둘기 같은 짐승이었습니다. 소제는 물론 곡식가루로 드렸습니다.

구약의 대제사장은 사람과 하나님 사이의 중보적인 역할을 했습니다. 이스라엘 백성이 제사장 나라가 되고 거룩한 백성을 삼기 위한 하나님의 계획하심과 방법이었습니다.

출 19:5-6 "세계가 다 내게 속하였나니 너희가 내 말을 잘 듣고 내 언약을 지키면 너희는 모든 민족 중에서 내 소유가 되겠고 너희가 내게 대하여 제사장 나라가 되며 거룩한 백성이 되리라 너는 이 말을 이스라엘 자손에게 전할지니라"

하나님께서는 이스라엘 백성을 성민 삼고, 제사장 나라가 되고, 거룩한 백성을 삼기 위하여 광야 교회를 세우시고, 율례와 계명과 법도를 세우셨던 것입니다.

3절 "대제사장마다 예물과 제사 드림을 위하여 세운 자니 그러므로 그도 무엇인가 드릴 것이 있어야 할지니라"

구약의 대제사장은 제물과 그 짐승의 피로 제사를 드리기 위하여 세운 자입니다. 예수 그리스도께서도 무엇인가 드릴 것이 있어야 합니다.

예수 그리스도께서는 무엇을 드릴 수 있었을까요?

예수 그리스도께서 대제사장으로서 드려야 할 것은 흠 없는 자신이었습니다(7:27, 9:14).

예수 그리스도께서는 아무 흠 없고 정결한 피로 단번에 산제물이 되시어 십자가에서 피 흘려 죽으셨던 것입니다. 그리하여 영원한 제사, 가장 완전한 제사를 드렸던 것입니다. 이는 모든 인간을 죄에서 구원하시기 위한 하나님의 계획이었습니다.

요 3:16-17 "하나님이 세상을 이처럼 사랑하사 독생자를 주셨으니 이는 그를 믿는 자마다 멸망하지 않고 영생을 얻게 하심이라 하나님이 그 아들을 세상에 보내신 것은 세상을 심판하려 하심이 아니요 그로 말미암아 세상이 구원을 받게 하려 하심이라"

하나님께서 예수 그리스도로 말미암아 구원을 얻게 하심이었습니다.

4절 "예수께서 만일 땅에 계셨더라면 제사장이 되지 아니하셨을 것이니 이는 율법을 따라 예물을 드리는 제사장이 있음이라"

모세로 의해 율법으로 좇아 레위 지파에서 제사장을 세웠습니다.
예수께서는 유다 지파로, 구약적인 성격으로는 제사장이 될 수 없습니다.
레위 제사장은 이스라엘 백성을 대표하여 제사를 집례하였습니다. 그는 성소에서 여러 일을 봉사하였습니다.
다윗 왕 때 제사장은 24반으로 나누어 일주일을 봉사케 했습니다. 안식일 저녁에서부터 다음번과 교대했습니다(대상 24:1-19). 그리고 큰 절기 때에는 모든 제사장들이 함께 봉사했습니다.

[제사장의 주된 임무]
- 하나님의 성소나 제단을 관리하고 제사를 담당함(민 16:46).
- 하나님의 율법을 가르쳤음(대하 15:3).
- 문둥병자를 가려내는 일(레 14:2)과 간음한 자를 검증했음(민 5:11-31).
- 재판관의 역할도 함(신 17:8-9, 대하 19:8-11).
- 제사장들은 축제일이나 전쟁을 알리는 나팔을 불었음.
- 하나님의 이름으로 축복하기도 했음(민 6:22-27).

대제사장은 대속죄일에 거룩한 세마포 속옷과 고의를 입고, 세마포 띠를 띠며, 세마포

관을 썼습니다. 물론 입기 전에 물로 몸을 씻고 입었습니다(레 16:4).

먼저 자신의 죄와 권속의 죄를 수송아지의 피로 속죄한 후 이스라엘 백성을 위해 염소 두 마리 중에 제비를 뽑아 한 마리는 속죄제물로 그 피를 지성소에 가지고 들어가고, 한 마리는 광야로 보내졌습니다.

땅에 속한 제사장은 이러한 일들을 하였기 때문에 예수님은 여기에 속하지 않은 것임을 의미하고 있습니다.

구약의 대제사장은 속죄제물과 제사 드림을 위해 세운 자였습니다.

그러면 예수 그리스도의 대제사장 직분은 무얼 드릴 수 있습니까?

그리스도 자신, 곧 몸을 드려 십자가에서 피 흘려 드렸습니다. 그 속죄는 영원한 속죄로 구약 그림자를 실체로 드러내셨던 것입니다.

구약의 대제사장은 속죄일에 짐승 피를 가지고 지성소에 들어가 속죄 제사를 반복적으로 드렸습니다.

예수 그리스도께서는 십자가에서 대속의 피를 흘려 단번에 드려 완성하였던 것입니다. 그리고 부활 승천하시어 하늘에 있는 참 장막에서 섬기며, 제사장으로서 중보 사역을 수행하고 계시는 것입니다.

3. 더 좋은 언약의 중보

5-6절 "그들이 섬기는 것은 하늘에 있는 것의 모형과 그림자라 모세가 장막을 지으려 할 때에 지시하심을 얻음과 같으니 이르시되 삼가 모든 것을 산에서 네게 보이던 본을 따라 지으라 하셨느니라 그러나 이제 그는 더 아름다운 직분을 얻으셨으니 그는 더 좋은 약속으로 세우신 더 좋은 언약의 중보자시라"

하나님께서는 이스라엘 백성이 시내 산에 머물게 될 때 모세에게 보여주신 식양대로 성막을 짓게 하셨습니다. 솔로몬 성전 때도 다윗이 영감으로 받은 설계도 대로 지었던 것입니다(대상 28 : 11-19).

성전의 규모는 컸지만 기본 구조는 성막과 같았습니다. 사실 이 형태는 하늘에 있는 것의 모형과 그림자였습니다.

성막이나 성전에서 일하는 것은 레위 지파의 제사장이었습니다. 이 구약의 제사장보다 더 좋은 언약의 중보자가 예수 그리스도의 제사장직입니다.

모형 : 헬라어 '휘포데이그마(ύπόδειγμα)'는 원형을 본떠서 만든 것으로 모조 혹은 복사품을 뜻함.

본 : 헬라어 '튀폰(Τυφών)'은 히브리어 '탑니트(תבנית : 출 25:40)' '식양'과 동일한 성격임. 그대로 그리거나 같은 모양대로 실사하는 것입니다.

중보 : 헬라어 '메시테스(μεσίτης)'는 문자적으로는 '계약 이행의 보증'을 뜻함. 또 '중간'이라는 뜻으로 두 사람 사이를 화해시킴을 의미하며, 예수님에 의해 새롭게 세워진 화해와 중보를 의미합니다.

이스라엘 백성들은 출애굽하여 홍해를 건넜습니다. 마라를 지나 엘림을 지나 시내광야 르비딤을 지나 시내 산에 도착했습니다. 하나님께서는 그곳에서 이스라엘 백성들이 거할 성소를 지으라고 명령했습니다.

> 출 25:8-9 "내가 그들 중에 거할 성소를 그들이 나를 위하여 짓되 무릇 내가 네게 보이는 모양대로 장막을 짓고 기구들도 그 모양을 따라 지을지니라"
> 40 "너는 삼가 이 산에서 네게 보인 양식대로 할지니라"

하나님께서는 하늘의 참 장막의 모습을 모세에게 보여주셨습니다. 그대로의 형태로 축소하여 또 이 땅에 맞게 그렇게 의도하신 것으로 보입니다.

모세는 하나님께서 보여주신 그대로 성막을 짓기 시작하였습니다. 백성이 가져온 헌물과 재능 있는 자를 뽑아 지어 나갔던 것입니다. 이 성막, 곧 장막은 하늘에 있는 것의 모형으로 지었던 것입니다.

성막의 완공된 시기는 그들이 출애굽하던 밤부터 시작하여 두 주가 빠지는 2년이 되고, 두 번째 해의 정월 초하루가 되는 날이었습니다. 성막을 짓는 대로 약 6개월이 소요되었습니다.

> 출 40:16-17 "모세가 그같이 행하되 곧 여호와께서 자기에게 명령하신 대로 다 행하였더라 둘째 해 첫째 달 곧 그 달 초하루에 성막을 세우니라"

성막은 하나님의 임재의 처소요, 인간과 만나주시는 유일한 곳입니다.

5절 "그들이 섬기는 것은 하늘에 있는 것의 모형과 그림자라 모세가 장막을 지으려 할 때에 지시하심을 얻음과 같으니 이르시되 삼가 모든 것을 산에서 네게 보이던 본을 따라 지으라 하셨느니라"

저희가 섬기는 것은 레위 제사장이 성막에서 섬기는 것입니다. 이 성막은 하늘에 있는 것의 모형과 그림자라는 것입니다.

하늘에 있는 것은 하늘 성소입니다. 모형은 원형을 본떠 만든 것이므로 실상은 아닙니다. 그림자도 실상과 닮아 있으나 허상일 뿐입니다.

유대인들은 지상에 있는 성막이나 성전이 하늘에 있는 것의 모형이라는 뿌리 깊은 인식을 갖고 있습니다.

성막은 시내 산에서 하나님께서 모세에게 지시하고 보여주신 본을 따라 지은 것입니다.

본은 식양과 같은 어원입니다. 곧 식양대로, 본 대로 지은 것입니다.

땅의 성소와 하늘 성소, 곧 모세가 세운 장막과 하늘의 장막을 비교해봅니다.

	모세의 장막(모형)	하늘 장막(실체)
장소	땅 위(8:4-5, 9:6)	하늘(8:1)
세운 자	사람이 세움(8:2).	하나님이 세움.
방법	손으로 지은 성소(9:24) 이 세상의 방법에 속함(9:11).	손으로 짓지 아니한 성소(9:24) 이 세상의 방법에 속하지 아니함(9:11).
조형자	모든 식양을 하나님이 지시하심(8:5).	하나님께서 모형과 그림자로 미리 예표하심(8:5).
형상	모형과 그림자임(8:5, 9:24).	참 형상 장막(8:2), 더 크고 온전함(9:11).

6절 "그러나 이제 그는 더 아름다운 직분을 얻으셨으니 그는 더 좋은 약속으로 세우신 더 좋은 언약의 중보자시라"

이제 예수 그리스도께서 구약 대제사장보다 더 아름다운 직분을 가지셨습니다. 이는 더 좋은 약속으로 세우신 것입니다. 새로운 언약으로 세우신 것입니다.

또 더 좋은 언약이 더 좋은 약속을 근거합니다. 더 좋은 언약은 새 언약입니다.

렘 31:31-33 "여호와의 말씀이니라 보라 날이 이르리니 내가 이스라엘 집과 유다 집에 새 언약을 맺으리라 이 언약은 내가 그들의 조상들의 손을 잡고 애굽 땅에서 인도하여 내던 날에 맺은 것과 같지 아니할 것은 내가 그들의 남편이 되었어도 그들이 내 언약을 깨뜨렸음이라 여호와의 말씀이니라 그러나 그 날 후에 내가 이스라엘 집과 맺을 언약은 이러하니 곧 내가 나의 법을 그들의 속에 두며 그들의 마음에 기록하여 나는 그들의 하나님이 되고 그들은 내 백성이 될 것이라 여호와의 말씀이니라"

본문에서 예수님이 '더 아름다운 직분, 더 좋은 약속, 더 좋은 언약의 중보이시라'는 것입니다. 이 '중보이시라'는 사실에 유의해야 합니다. '중보'는 속죄의 주로서 중재하시는 것으로 더 좋은 언약의 중보요, 새 언약의 중보입니다.

새로운 언약의 시대, 곧 새 언약의 도래입니다. 새 언약은 과거에 맺었던 옛 언약과는 비교할 수 없는 새로운 차원의 언약입니다. 곧 예수 그리스도께서 십자가를 통해 이루신 구원 사역으로의 성취입니다.

중보자란 새로운 계약이 반드시 이행되도록 보증하는 것입니다. 예수님은 새 언약의 중보가 되셨습니다. 그리하여 더 좋은 언약의 중보가 되시는 것입니다.

구약 때 제사장들이 성막에서 섬긴 것은 하늘에 있는 것의 모형과 그림자였습니다. 원형의 성소는 하늘에 있는 참 장막이 실체인 것입니다. 하나님의 지시로 모세가 장막을 지을 때 시내 산에서 보여주신 식양대로 지었습니다. 이같이 지어진 성막과 모든 기구들은 예수 그리스도를 나타내는 것입니다. 상징적인 모형이나 그림자는 실체가 나타나면 대체되는 것입니다. 이 땅의 제사장보다 예수님이 더 아름다운 직분을 얻었다고 하는 것은 하늘 성소에서의 직분이기 때문입니다.

더 좋은 약속으로 세우신 더 좋은 언약의 중보가 되심은 새 언약의 성취로 이루어진 것입니다.

딤전 2:5 "하나님은 한 분이시요 또 하나님과 사람 사이에 중보자도 한 분이시니 곧 사람이신 그리스도 예수라"

주께서는 하나님과 인간 사이의 중보이시며, 보증이 되어 주십니다. 예수 그리스도의 구원사역은 대속사역이시며, 동시에 화해사역인 것입니다.

우리는 주님께 온전히 의지하며, 섬기며, 믿음으로 신앙하는 것입니다.

줄곧 해온 말의 핵심은 인간의 속죄를 위해 십자가에서 산제물로 드려 대속하신 대제사장이 우리에게 있다는 것입니다. 그 대제사장은 하늘에 위엄의 보좌 우편에 계십니다. 그 대제사장은 하늘 성소와 참 장막에서 섬기고 계십니다.

구약 때 대제사장은 속죄제물과 제사를 반복해 드렸습니다. 그와 달리, 그리스도 대제사장은 자신을 십자가에서 드렸습니다.

구약 때 계속적으로 드렸던 제사는 이제는 필요가 없습니다. 하나님의 아들이신 예수님이 십자가에서 피 흘려 단번에 드렸기 때문입니다.

성막에서 섬기는 것은 하늘에 있는 것의 모형과 그림자였습니다. 모세로 하여금 지시한 대로 식양대로 성막을 짓게 했습니다. 모형과 그림자는 일시적인 것으로 원형의 실체가 오면 필요가 없습니다.

예수 그리스도께서 섬기는 참 장막은 영원한 것이요, 실재이며, 영적인 것입니다. 그러므로 예수 그리스도의 대제사장 직분은 더 좋은 직분을 가지신 것입니다. 더 좋은 약속으로 세우신 더 좋은 언약의 중보입니다. 더 좋은 언약은 곧 새 언약입니다.

지금도 하늘 성소에서 우리를 위하여 중보하고 계시는 주께 감사와 찬양을 드리는 것이 마땅합니다.

II. 새 언약의 필요성

히 8:7-13

⑦ 저 첫 언약이 무흠하였더라면 둘째 것을 요구할 일이 없었으려니와 ⑧ 그들의 잘못을 지적하여 말씀하시되 주께서 이르시되 볼지어다 날이 이르리니 내가 이스라엘 집과 유다 집과 더불어 새 언약을 맺으리라 ⑨ 또 주께서 이르시기를 이 언약은 내가 그들의 열조의 손을 잡고 애굽 땅에서 인도하여 내던 날에 그들과 맺은 언약과 같지 아니 하도다 그들은 내 언약 안에 머물러 있지 아니하므로 내가 그들을 돌보지 아니하였노라 ⑩ 또 주께서 이르시되 그 날 후에 내가 이스라엘 집과 맺을 언약은 이것이니 내 법을 그들의 생각에 두고 그들의 마음에 이것을 기록하리라 나는 그들에게 하나님이 되고 그들은 내게 백성이 되리라 ⑪ 또 각각 자기 나라 사람과 각각 자기 형제를 가르쳐 이르기를 주를 알라 하지 아니할 것은 그들이 작은 자로부터 큰 자까지 다 나를 앎이라 ⑫ 내가 그들의 불의를 긍휼히 여기고 그들의 죄를 다시 기억하지 아니하리라 하셨느니라 ⑬ 새 언약이라 말씀하셨으매 첫 것은 낡아지게 하신 것이니 낡아지고 쇠하는 것은 없어져 가는 것이니라

언약은 쌍방 간에 맺어지는 협정입니다. 처음 맺은 언약에 하자가 없으면 다시 새로운 언약이 요구되지 않을 것입니다. 시간이 지나면서 불이행이 생겼습니다. 다시 언약을 세울 필요가 생겼습니다. 상대방이 약속을 지키지 않았기 때문입니다. 이스라엘 백성이 하나님께서 세운 언약에 머물러 있지 않았으므로 인해 언약을 다시 세우게 된 것입니다. 새롭게 세울 법을 저희 생각에 두고 마음에 기록하겠다는 것입니다. 그리하여 작은 자로부터 큰 자까지 모두 하나님을 알게 된다는 것입니다.

새로운 언약을 세우면 죄를 기억치 않고, 용서해 주시는 언약입니다. 옛 것은 낡아지

고, 쇠하고, 없어져가는 것입니다.

이러한 새로운 언약에 대해 살펴봅니다.

1. 옛 언약의 불이행으로 새 언약이 요구됨

7-9절 "저 첫 언약이 무흠하였더라면 둘째 것을 요구할 일이 없었으려니와 그들의 잘못을 지적하여 말씀하시되 주께서 이르시되 볼지어다 날이 이르리니 내가 이스라엘 집과 유다 집과 더불어 새 언약을 맺으리라 또 주께서 이르시기를 이 언약은 내가 그들의 열조의 손을 잡고 애굽 땅에서 인도하여 내던 날에 그들과 맺은 언약과 같지 아니 하도다 그들은 내 언약 안에 머물러 있지 아니하므로 내가 그들을 돌보지 아니하였노라"

하나님과의 언약은 이스라엘 백성들이 지켜야 하는 것임에도 그러하지 못했습니다. 저희의 잘못을 지적하여 말씀하시고 '보라'는 것입니다. 날이 이르면 이스라엘과 유다 집으로 새 언약을 세우시겠다는 것입니다. 과거에 세운 언약과 같지 않다는 것입니다. 이스라엘 백성이 과거에 맺은 언약 안에 머물지 않으므로 돌아보지 아니 하였다는 것입니다.

날이 이르리니 : 미래에 도래할 메시야 시대를 뜻함.

맺으리라 : 새 언약이 하나님의 주권에 의해 세워짐을 뜻함.

인도하여 : 헬라어 '엑사고(ἐξάγω)'는 '바깥으로 이끌다'의 뜻으로, 죄에서 이끌어 내거나 목자가 양을 위험한 지경에서 안전한 곳으로 끌어낼 때 주로 사용함(시 23:2-3). 때가 이르면 예수 그리스도로 인해 새 언약을 세울 것을 의미합니다.

약속은 두 당사자가 서로를 위해 어떤 일을 하기로 합의하여 이루어집니다. 언약도 이와 같아서 서로에게 지키기로 협약하는 것입니다. 둘 다 한 쪽이 어기거나 파기하면 효력을 잃게 됩니다.

고대 근동에서 쌍방 간 계약을 할 때는 그냥 약속과는 다르게 합의 서명을 하여 각각 하나씩 가졌습니다.

언약은 히브리어로 '베리트(בְּרִית)'라고 하는데, 이는 계약을 맺을 때 짐승을 둘로 절단하여 엄숙한 의식을 행한 데서 유래된 것입니다.

구약 성경에는 세 가지의 언약의 형태를 볼 수 있습니다.

먼저 양쪽이 동등한 입장에서 맺는 언약입니다.

삼상 18:3 "요나단은 다윗을 자기 생명 같이 사랑하여 더불어 언약을 맺었으며"

그리고 유력한 쪽에서 일방적으로 맺는 언약입니다.

겔 17:13 "그 왕족 중에서 하나를 택하여 언약을 세우고 그에게 맹세하게 하고 또 그 땅의 능한 자들을 옮겨 갔나니"

끝으로 하나님께서 맺으신 언약입니다.

하나님과 사람 간에 맺는 언약은 하나님께서 주권적으로 행하시는 피로 맺은 은혜로운 약정이었습니다. 그 주도권은 언제나 하나님께 있고, 사람은 받는 자가 되는 형태입니다. 하나님께서 인간에게 일방적으로 세우시는 약속이었습니다.

하나님께서는 이스라엘 백성과 시내 산에서 첫 언약을 세우셨습니다.

출 24:7-8 "언약서를 가져다가 백성에게 낭독하여 듣게 하니 그들이 이르되 여호와의 모든 말씀을 우리가 준행하리이다 모세가 그 피를 가지고 백성에게 뿌리며 이르되 이는 여호와께서 이 모든 말씀에 대하여 너희와 세우신 언약의 피니라"

7절 "저 첫 언약이 무흠(無欠)하였더라면 둘째 것을 요구할 일이 없었으려니와"

첫 언약이 만약에 흠이 없었다면 둘째 것이 필요 없었을 것인데, 그러하지 못함을 지적한 것입니다. 여기서 첫 언약은 모세를 통하여 이스라엘 백성들과 맺었던 계약입니다. 이는 유대인들과 율법과 규례와 계명을 가리킵니다. 둘째 것은 다음에 나타나는 새 언약입니다.

8절 "그들의 잘못을 지적하여 말씀하시되 주께서 이르시되 볼지어다 날이 이르리니 내가 이스라엘 집과 유다 집과 더불어 새 언약을 맺으리라"

하나님께서 애굽의 노예와 같은 처지에 있던 이스라엘 열조들의 손을 붙잡고 애굽 땅에서 인도하여 내셨습니다.

그런데 보세요! 하나님의 크신 은혜를 저버리고 언약을 준행치 아니하였습니다. 따라서 어떻게 되었습니까? 하나님과 이스라엘 백성들 간에 맺었던 옛 언약은 효력을 상실하고 말았습니다. 그리하여 더 이상 하나님의 돌보심을 받지 못하였습니다.

하나님께서 예레미야 선지자를 통하여 '새 언약'에 대해 말씀하셨습니다. 사실 첫 언약은 예레미야로부터 그날을 조망(眺望)하였던 것입니다.

렘 31:31 "여호와의 말씀이니라 보라 날이 이르리니 내가 이스라엘 집과 유다 집에 새 언약을 맺으리라"

날이 이른다는 것은 예수 그리스도의 초림입니다.

이스라엘 집과 유다 집은 예레미야 당시 이스라엘이 분열된 남과 북 왕국입니다. 이스라엘 집과 유다 집은 이스라엘 백성 전부에게 세우신 언약입니다. 패역한 이스라엘을 회복시키기 위해 하나님께서 주권적으로 개입하신 것, 곧 새 언약입니다.

롬 11:26-27 "그리하여 온 이스라엘이 구원을 받으리라 기록된 바 구원자가 시온에서 오사 야곱에게서 경건하지 않은 것을 돌이키시겠고 내가 그들의 죄를 없이 할 때에 그들에게 이루어질 내 언약이 이것이라 함과 같으니라"

새 언약을 세우신다는 것은 반드시 그렇게 하시겠다는 것입니다. 강한 성취적인 말씀입니다.

출 19:5 "세계가 다 내게 속하였나니 너희가 내 말을 잘 듣고 내 언약을 지키면 너희는 모든 민족 중에서 내 소유가 되겠고"

하나님께서 새 언약을 세움은 세계 만민에게 구원을 얻게 하시겠다는 의지입니다. 하나님께서는 옛 언약을 지키지 않고 불완전하여 새 언약을 세워 온전케 하시겠다는 의지입니다.

하나님께서 이스라엘 백성이 출애굽할 때 마치 손을 잡고 인도하듯 하였습니다. 마치 독수리가 새끼를 등에 업듯 인도하였습니다.

광야에서 저희를 위하여 공의로 언약을 세웠건만 그 안에 머물지 않았습니다. 그리하여 하나님께서는 새로운 계획을 준비하셨습니다(9절).

하나님께서 날이 이르면 이스라엘 집과 유다 집으로 새 언약을 세우시겠다고 예레미야 선지자를 통하여 맺었던 옛 언약과는 비교할 수 없는 새로운 차원의 언약입니다. 예수께서 십자가에서 인류 구원을 위해 피로 이루시는 새로운 언약입니다.

우리 모두는 예수 그리스도 구속 사역에 동참하고 언약 안에 있어야 할 것입니다.

2. 새 언약의 내면적 성격

10-12절 "또 주께서 이르시되 그 날 후에 내가 이스라엘 집과 맺을 언약은 이것이니 내 법을 그들의 생각에 두고 그들의 마음에 이것을 기록하리라 나는 그들에게 하나님이 되고 그들은 내게 백성이 되리라 또 각각 자기 나라 사람과 각각 자기 형제를 가르쳐 이르기를 주를 알라 하지 아니할 것은 그들이 작은 자로부터 큰 자까지 다 나를 앎이라 내가 그들의 불의를 긍휼히 여기고 그들의 죄를 다시 기억하지 아니하리라 하셨느니라"

새 언약은 옛 언약에 비해 우월합니다. 그래서 새 언약은 생각에 두고 마음에 기록합니다. 이는 백성에게 하나님이 되고, 가르쳐 이르지 않아도 하나님을 아는 것입니다. 그리고 누구나 알되 영적으로 아는 것입니다.

그날 후에 : 1차적으로 분열된 이스라엘 왕국이 하나가 될 때이며, 2차적으로 영적으로 메시야의 도래와 그 후의 일을 예언한 표현입니다.

앎이라 : 헬라어 '에이데수신(εἰδησυσιν)은 초경험적 직관을 통해 아는 지식으로, 하나님에 대한 직접적이고도 실제적으로 아는 것을 뜻함. 새 언약을 통하여 구체적으로 아는 것을 의미합니다.

인간을 향한 하나님의 사랑은 변함이 없는 사랑이십니다.

하나님의 사랑은 말로 형용을 못한다 했습니다.

하나님의 크신 사랑은 측량을 다 못한다고 했습니다.

하나님의 사랑은 본질이시며, 진실하고 영원합니다.

하나님의 사랑은 무가치한 자에게 무조건 값없이 은혜를 베푸시는 그런 사랑입니다. 그리고 패역하고 죄악 길에서 헤매고 있는 인생을 구속하시고 구원의 약속을 하십니다.

하나님께서는 유대인이든 이방인이든 구별 없이 영적으로 예수 그리스도 안에서 하나가 된 자들에게 세우시는 약속입니다.

사 59:21 "여호와께서 이르시되 내가 그들과 세운 나의 언약이 이러하니 곧 네 위에 있는 나의 영과 네 입에 둔 나의 말이 이제부터 영원하도록 네 입에서와 네 후손의 입에서와 네 후손의 후손의 입에서 떠나지 아니하리라 하시니라 여호와의 말씀이니라"

이는 하나님께서 이사야를 통해 이스라엘에게 세운 언약이며, 대대로 떠나지 않을 것을 약속하시는 것입니다.
하나님께서 예레미야를 통해 언약에 대해 말씀하셨습니다.

렘 31:33 "그러나 그 날 후에 내가 이스라엘 집과 맺을 언약은 이러하니 곧 내가 나의 법을 그들의 속에 두며 그들의 마음에 기록하여 나는 그들의 하나님이 되고 그들은 내 백성이 될 것이라 여호와의 말씀이니라"

본문 10절은 앞서 읽은 예레미야서를 인용한 것입니다.

10절 "또 주께서 이르시되 그 날 후에 내가 이스라엘 집과 맺을 언약은 이것이니 내 법을 그들의 생각에 두고 그들의 마음에 이것을 기록하리라 나는 그들에게 하나님이 되고 그들은 내게 백성이 되리라"

'그날 후에'는 구약시대가 다 끝난 후 메시야가 오심과 관련된 날이고 새 언약이 맺어지는 날을 가리킵니다. 더 나아가 세상 마지막 때 주의 재림의 날과도 맞물려 있습니다.
그날 후에 세울 언약은 무어라고 하였습니까?
"내 법을 그들의 생각에 두고 그들의 마음에 이것을 기록하리라."

하나님께서 모세를 통하여 주신 율법은 외적인 것으로 돌판에 새겨진 것입니다(출 32:15-16).
새롭게 세울 언약은 내면적인 것으로 생각에 새기고 마음에 기록하는 것입니다.
'생각과 마음'은 인간의 내적 본성인 지성과 감성과 의지적인 총체입니다.

하나님의 법을 생각에 두고 마음에 기록한 것은 마음 판에 각인하는 것입니다.

새로운 언약은 눈에 보이는 돌비(碑)에 새긴 게 아니라 마음에 새기는 심비(心碑)입니다. 이는 곧 내적이고 신령한 것입니다.

고후 3:3 "너희는 우리로 말미암아 나타난 그리스도의 편지니 이는 먹으로 쓴 것이 아니요 오직 살아 계신 하나님의 영으로 쓴 것이며 또 돌판에 쓴 것이 아니요 오직 육의 마음판에 쓴 것이라"

새 언약은 마음에 새기는 것입니다. 옛 언약은 돌판에 새겨져 있어 보지 않으면 그 언약의 내용을 읽을 수 없었으나, 새 언약은 마음에 새겨져 있기에 언제든지 그 내용을 기억할 수 있습니다.

성령께서는 성도들을 위해서 이런 사역을 담당하고 계십니다.

요 14:26 "보혜사 곧 아버지께서 내 이름으로 보내실 성령 그가 너희에게 모든 것을 가르치고 내가 너희에게 말한 모든 것을 생각나게 하리라"

성령께서 우리로 하여금 새 언약을 따라 살게 하심을 믿으시기 바랍니다.

11절 "또 각각 자기 나라 사람과 각각 자기 형제를 가르쳐 이르기를 주를 알라 하지 아니할 것은 그들이 작은 자로부터 큰 자까지 다 나를 앎이라"

이 본문은 렘 31:34 상-중반절까지의 인용문입니다.

출애굽한 이스라엘 백성들은 하나님께서 하신 일과 모세를 통하여 내리신 계시로 하나님을 알 수 있었습니다.

여호수아의 인도 아래 가나안 땅에 들어간 세대 이후는 하나님께서 그간 행하신 일을 알지 못하였습니다. 그러나 새로운 언약 아래 있는 믿음의 공동체는 개개인이 하나님을 아는 지식을 소유하게 됩니다.

새 언약의 백성은 '나를 앎'이라는 하나님에 대한 직접적이고 실제적으로 아는 것을 가리킵니다. 하나님의 법을 생각과 마음으로 알게 되므로 작은 자로부터 큰 자까지 다 하나님을 알게 되는 것입니다.

12절 "내가 그들의 불의를 긍휼히 여기고 그들의 죄를 다시 기억하지 아니하리라 하셨느니라"

예레미야서에는 본문 11-12절처럼 나누어져 있지 않고, 34절 한 절로 되어 있습니다.

예수 그리스도는 십자가에서 모든 죄를 속하는 산제사를 드렸기 때문에 새 언약에 참여하는 사람들의 죄를 다시 기억치 않습니다. 그러므로 구약에 드려졌던 제사는 이제 필요 없게 되었고, 다만 회개와 용서를 구하면 되는 것입니다.

옛 언약보다 새 언약의 우월성 몇 가지로 살펴보면 이러합니다.

새 언약은 내적이며, 힘 있는 언약으로 우리 영혼 깊숙이 하나님을 떠나지 않도록 경외심을 심어주며, 마음을 깨끗케 합니다.

새 언약은 확고한 관계성입니다. 예수 그리스도께서는 우리와 함께하십니다.

새 언약은 하나님을 아는 지식을 가집니다. 성령이 심령 속에 직접 오셔서 말씀을 생각나게 하시며, 가르치시고 증명케 합니다.

또 예수님이 십자가에서 속죄로 인해 하나님께서 죄를 기억치 않으시고 회개하면 용서해 주십니다.

새 언약의 백성으로 사죄와 창의와 새 생명으로 나아가게 된 것입니다.

3. 옛 언약은 사라지고 새 언약은 영원함

13절 "새 언약이라 말씀하셨으매 첫 것은 낡아지게 하신 것이니 낡아지고 쇠하는 것은 없어져 가는 것이니라"

첫 언약에 의해 시행되던 모든 의식과 예법은 모든 백성이 완전하게 다 이행하지 못했습니다. 이에 따른 방법도 마찬가지였습니다. 이러한 것은 예수님이 오시기까지 모형이나 그림자였습니다.

옛 언약은 낡아지고, 쇠하고, 없어지고, 때가 이르면 새로이 세워집니다.

첫 것 : 옛 언약임.

없어져가는 것 : '사라진다'는 뜻으로 옛 언약의 성격임. 옛 언약은 없어지고, 새 언약이 세워짐을 의미합니다.

하나님께서는 인간 구원을 위해 계획하시고, 수많은 나라 백성 가운데 작고 힘없는 한 족속을 선택하시고, 예비하신 구원사역을 이루어 가십니다. 가나안에 살던 이 히브리인들은 아브라함의 자손들입니다.

애굽의 압제에서 구원하시고 홍해를 건너 시내 산에서 율법을 수여받고 성막을 짓게 하시어 이스라엘 백성 가운데 임재하십니다.

이들에게 언약을 세우고, 하나님의 백성으로 삼으십니다.

출 19:5-6 "…… 너희가 내 말을 잘 듣고 내 언약을 지키면 너희는 모든 민족 중에서 내 소유가 되겠고 너희가 내게 대하여 제사장 나라가 되며 거룩한 백성이 되리라……"

하나님께서는 이스라엘 백성에게 율법을 지키게 하고, 언약을 세우지만 연약함으로 지키지 못합니다. 그리고 죄악된 속성으로 율법을 지키지 못하고 간섭해서 오히려 굴레가 되었습니다. 그리하여 이스라엘 백성과 하나님 사이에 맺어진 언약은 그 효력이 상실되어 갔습니다. 그러나 패역하고 이지러진 이들에게 은혜를 내려 구원코자 하였습니다.

사 54:10 "산들이 떠나며 언덕들은 옮겨질지라도 나의 자비는 네게서 떠나지 아니하며 나의 화평의 언약은 흔들리지 아니하리라 너를 긍휼히 여기시는 여호와께서 말씀하셨느니라"

하나님을 떠나므로 징계와 책망 속에서도 늘 새로운 소망의 불씨를 남기셨습니다.

옛 언약이 백성의 불의로 인해 효력이 상실되어 가지만 그들을 긍휼히 여기시고 새로운 계획을 세워 가시는 것입니다.

겔 36:27-28 "또 내 영을 너희 속에 두어 너희로 내 율례를 행하게 하리니 너희가 내 규례를 지켜 행할지라 내가 너희 조상들에게 준 땅에서 너희가 거주하면서 내 백성이 되고 나는 너희 하나님이 되리라"

에스겔서의 이 언약은 북이스라엘과 남유다를 넘어 새로운 시대에 주어지는 새 언약의 성격입니다. 하나님께서는 보다 근원적이고 완전한 언약을 세우기로 계획하셨던 것입니다. 인간의 불의를 보지 아니하시고, 하나님의 긍휼에 의해 사랑으로 다시 세워 가신 것입니다.

◎ 고통을 나누는 사랑

교회 생활 잘 하는 자녀 셋을 둔 집사님 집에 목사님이 심방을 갔습니다.

"자녀 셋 중 누구를 가장 사랑했느냐?"고 물었더니 여 집사님이 웃으면서 대답합니다.

"막내가 병들었을 때 가장 사랑했습니다. 둘째가 집을 떠나 방황할 때 그때는 둘째를 가장 사랑했고요. 큰 아이가 학교 성적과 이성문제로 괴로워할 때 그때 큰아이를 가장 사랑했답니다."

이것이 바로 부모 사랑입니다.

하나님의 사랑은 이보다도 한 차원이 더 높은 사랑입니다. 죄악 가운데 고통받는 인류를 위해 독생자를 십자가에 내어주시어 피 흘려 죽게 하시고, 인간을 구원하여 주신 한없는 사랑이십니다.

새 언약은 오직 예수 그리스도의 십자가에서 피 흘려 죽으심으로써 인간의 죄악을 속함받게 되는 은혜의 언약입니다.

마 26:28 "이것은 죄 사함을 얻게 하려고 많은 사람을 위하여 흘리는 바 나의 피 곧 언약의 피니라"

새 언약은 '영혼의 닻 같아서 튼튼하고 견고하여' 우리를 영원한 자리로 인도하여 주시는 것입니다.

옛 언약과 새 언약을 요약 비교해 봅니다.

옛 언약은 외형적이고, 새 언약은 내면적입니다.

옛 언약은 하나님의 주권적 강조이며, 새 언약은 임마누엘(히브리어 עִמָּנוּ אֵל, 헬라어 Εμμανουήλ)과 함께하십니다.

옛 언약은 하나님을 아는 지식이 선지자와 제사장을 통한 간접적이며, 새 언약은 성령을 통한 개인적이자 직접 알아가는 지식입니다.

옛 언약은 반복적인 속죄제사가 필요하며, 새 언약은 단번에 드려진 것으로 죄를 다시 기억치 않으십니다.

옛 언약은 백성들의 불순종으로 효력이 상실되었으며, 새 언약은 인간들의 불의에도 불구하고 그 효력이 영원히 지속됩니다.

13절 "새 언약이라 말씀하셨으매 첫 것은 낡아지게 하신 것이니 낡아지고 쇠하는 것은 없어져 가는 것이니라"

옛 언약은, 불완전하여 하나님의 백성들로 하여금 하나님 앞에 나아갈 수 없게 하기 때문에 하나님께서는 새 언약을 통해서 옛 언약을 폐기시키고 새롭게 그리스도 대속 사역으로 완전히 바꾸어 놓으신 것입니다.

첫 언약, 곧 옛 언약은 낡아지고, 쇠하고, 없어지는 것입니다.

옛 언약은 새 언약의 모형이고 그림자였던 것이며, 새 언약은 실체이자 영원한 것입니다.

고후 5:17 "그런즉 누구든지 그리스도 안에 있으면 새로운 피조물이라 이전 것은 지나갔으니 보라 새 것이 되었도다"

우리는 예수 그리스도를 믿음으로 새롭게 된 피조물입니다. 우리는 새 언약 안에 거하는 하나님 나라 백성입니다.

우리를 구속하시고 영원히 생명 가운데 있게 하신 그분께 세세토록 영광을 돌릴 수 있기를 바랍니다.

장차 도래할 메시야 시대를 가리켜 예레미야 선지자는 "날이 이르리니 내가 이스라엘 집과 유다 집에 새 언약을 맺으리라"(렘 31:31)고 하였습니다.

옛 언약은 시내 산에서 모세를 통해 공의로 주어졌지만 불순종으로 효력을 상실하게 됩니다. 패역하고 죄를 범한 백성이지만 하나님의 긍휼하심으로 새로운 계획을 세우시고 새 언약을 맺으십니다. 그것은 독생자로 하여금 십자가에서 죽게 하시고, 그 피로 언약을 세우신 것입니다.

옛 언약이 외적이라면, 새 언약은 내적입니다. 곧 생각과 마음에 새겨진 영원하고 견고한 언약입니다. 개인마다 성령으로 아는 그러한 언약입니다.

우리 모두는 새 언약 아래 새로운 피조물이 되었으므로 날마다 주 안에 거하게 되는 것입니다.

제9장

그리스도의 희생제사의 완전성

I. 성막에서의 예법

히 9:1-10

① 첫 언약에도 섬기는 예법과 세상에 속한 성소가 있더라 ② 예비한 첫 장막이 있고 그 안에 등 잔대와 상과 진설병이 있으니 이는 성소라 일컫고 ③ 또 둘째 휘장 뒤에 있는 장막을 지성소라 일컫나니 ④ 금 향로와 사면을 금으로 싼 언약궤가 있고 그 안에 만나를 담은 금 항아리와 아론의 싹 난 지팡이와 언약의 돌판들이 있고 ⑤ 그 위에 속죄소를 덮는 영광의 그룹들이 있으니 이것들에 관하여는 이제 낱낱이 말할 수 없노라 ⑥ 이 모든 것을 이같이 예비하였으니 제사장들이 항상 첫 장막에 들어가 섬기는 예식을 행하고 ⑦ 오직 둘째 장막은 대제사장이 홀로 일 년에 한 번 들어가되 자기와 백성의 허물을 위하여 드리는 피 없이는 아니하나니 ⑧ 성령이 이로써 보이신 것은 첫 장막이 서 있을 동안에는 성소에 들어가는 길이 아직 나타나지 아니한 것이라 ⑨ 이 장막은 현재까지의 비유니 이에 따라 드리는 예물과 제사는 섬기는 자를 그 양심상 온전하게 할 수 없나니 ⑩ 이런 것은 먹고 마시는 것과 여러 가지 씻는 것과 함께 육체의 예법일 뿐이며 개혁할 때까지 맡겨 둔 것이니라

하나님께서는 시내 산에서 모세로 하여금 지시하시어 성막을 짓게 하셨습니다(출 25:40, 39:32).

성막의 구조 형태와 내·외부 기구까지 하나님이 지시한 식양대로 지어졌습니다.

성막은 성전시대를 거쳐 오늘날 교회로, 진리의 터 위에 세운 하나님의 거처입니다(엡 1:22, 딤전 3:15, 고전 3:11).

성막은 하나님의 임재의 처소입니다.

성막의 형태, 내·외부, 기구 모양까지 다 하늘 성소를 예표하고 있습니다.

성막은 하늘 성소의 모형이었습니다.

성막을 평면으로만 놓고 보면 뜰과 성소와 지성소로 구분되어 있습니다.

성막에 대해서 서적이나 그린 그림을 보면 잘못된 것이 많습니다.

성막은 그 구조상 정확히 과학성을 띠고 있습니다. 그러므로 모형이나, 지을 때나, 그릴 때 삼가 조심하여야 합니다.

이 성막에서 종사하는 레위 제사장과 대제사장은 그 역할이 다릅니다. 그리고 이 예법은 개혁할 때까지 맡겨둔 것이라고 하였습니다.

'성막에서의 예법'에 대해 자세히 살펴보고자 합니다.

1. 성막의 구조와 성구들

1-5절 "첫 언약에도 섬기는 예법과 세상에 속한 성소가 있더라 예비한 첫 장막이 있고 그 안에 등잔대와 상과 진설병이 있으니 이는 성소라 일컫고 또 둘째 휘장 뒤에 있는 장막을 지성소라 일컫나니 금 향로와 사면을 금으로 싼 언약궤가 있고 그 안에 만나를 담은 금 항아리와 아론의 싹난 지팡이와 언약의 돌판들이 있고 그 위에 속죄소를 덮는 영광의 그룹들이 있으니 이것들에 관하여는 이제 낱낱이 말할 수 없노라"

성막 뜰을 지나 벽과 지붕을 덮은 첫 장막, 곧 성소에는 우편에 떡상이 있고, 좌편에 정금등대가 있습니다. 둘째 장막, 곧 지성소가 있습니다. 성소와 휘장 앞에는 금향로, 곧 분향단이 있습니다. 지성소에는 법궤 또는 언약궤가 있고, 그 위에 속죄소가 있으며, 그 위에 두 그룹이 있습니다.

떡상 : 떡을 놓아둔 상임. 진설병, 곧 나란히 떡을 여섯 개씩 두 줄로 놓아 둡니다.

등잔대 : 히브리어 '메노라(מנרה)'와 헬라어 '뤼크니아(λυχνία)'는 불을 밝히는 촛대의 성격임.

분향단 : 향을 사르는 단으로, 금으로 싼 네모진 단임. 금향로는 향을 담는 원통형 그릇으로 속죄일에 대제사장이 지성소로 가지고 들어갑니다.

법궤 : '여호와 언약의 말씀의 궤'라는 성격으로 '언약궤'라고 함. '여호와의 궤', '증거궤'라고도 합니다.

속죄소 : 언약궤 윗부분을 덮은 성구임. '시은좌'라고 하며, 은혜를 베푸는 좌소라는 의

미입니다. 성소와 지성소에 있는 기구들은 각각 영적인 뜻을 담고 있음을 의미합니다.

언약은 하나님과 인간 사이의 약속 관계를 말합니다. 첫 언약은 곧 구약의 언약입니다. 이 언약은 하나님께서 출애굽한 이스라엘 백성에게 모세를 통하여 하나님 지시로 세운 것입니다(신 5:2).

1절 "첫 언약에도 섬기는 예법과 세상에 속한 성소가 있더라"

첫 언약에도 섬기는 예법이 있다고 합니다.

섬기는 예법은 구약에서의 제사(예배)하는 규례를 가리킵니다(민 8:20).

세상에 속한 성소는 광야의 성막이며, 가나안 정착 후에는 성전으로 세워집니다.

2절 "예비한 첫 장막이 있고 그 안에 등잔대와 상과 진설병이 있으니 이는 성소라 일컫고"

예비한 첫 장막은 곧 성소입니다. 그 안으로 들어가 봅니다.

먼저 떡상과 만남. 이 떡상은 견고한 싯딤나무(일명 아카시아)로 만들고 정금으로 쌌습니다. 크기는 가로 100센티미터, 세로 50센티미터, 높이 75센티미터입니다. 여기에 떡이 있습니다. 두 줄로 여섯 개씩 모두 열두 개를 놓아둡니다. 이 떡상은 모든 기구 중에 제일 낮습니다. 이 떡을 먹기 위해서는 자세를 낮추어야 합니다. 허리를 굽혀야 합니다. 앉아서 먹을 수 없는 구조입니다. 이는 하나님 말씀을 받을 때 자세를 낮추고 순종해야 함을 담고 있습니다.

좌편을 보겠습니다. 찬란한 정금등대가 있습니다. 등잔대는 정금 한 달란트(34.272kg)를 쳐서 만들었습니다. 이 등잔대는 성소 안을 밝히는 유일한 빛입니다. 성막에는 창이 없습니다. 일곱 등잔에는 항상 불이 켜져 있습니다. 불 관리는 제사장의 사역 중 하나입니다.

요 1:9 "참 빛 곧 세상에 와서 각 사람에게 비추는 빛이 있었나니"

예수님은 빛으로 오셨고 말씀으로 세상을 비추었습니다. 우리도 그 빛을 받아 세상을 비추는 것입니다.

3절 "또 둘째 휘장 뒤에 있는 장막을 지성소라 일컫나니"

둘째 장막, 곧 휘장 뒤에 있는 곳은 지성소입니다. 휘장은 구분하는 막으로, 베로 짠 것입니다.

출 26:31 "너는 청색 자색 홍색 실과 가늘게 꼰 베 실로 짜서 휘장을 만들고 그 위에 그룹들을 정교하게 수 놓아서"

휘장에는 그룹들이 정교하게 수놓아있습니다.
지성소는 하나님의 임재의 처소로 지극히 거룩한 곳입니다.

4절 "금 향로와 사면을 금으로 싼 언약궤가 있고 그 안에 만나를 담은 금 항아리와 아론의 싹 난 지팡이와 언약의 돌판들이 있고"

금향로는 향을 담는 원통형 그릇과 같은 것입니다. 분향단 위에 금향로가 놓여 있고, 향로에는 숯불과 향이 담겨져 있습니다.
70인 역에는 '향로'로 언급하고, 요세푸스(Josephus)나 필로(philo)는 '향단'이라고 합니다. RSV는 금향단(the Golden Alter of Incense)으로 되어 있습니다. 대속죄일에 대제사장이 이 향로를 가지고 들어가 속죄소를 향연으로 가립니다.

레 16:12-13 "향로를 가져다가 여호와 앞 제단 위에서 피운 불을 그것에 채우고 또 곱게 간 향기로운 향을 두 손에 채워 가지고 휘장 안에 들어가서 여호와 앞에서 분향하여 향연으로 증거궤 위 속죄소를 가리게 할지니 그리하면 그가 죽지 아니할 것이며"

향로를 가지고 들어가 속죄소를 향연으로 가리는 것은 거룩한 하나님 임재 앞이기 때문에 가려야 했던 것입니다. 향연은 기도의 성격으로 묘사되기도 합니다.

계 8:3 "또 다른 천사가 와서 제단 곁에 서서 금 향로를 가지고 많은 향을 받았으니 이는 모든 성도의 기도와 합하여 보좌 앞 금 제단에 드리고자 함이라"

4절 서두에 '…… 금으로 싼 언약궤가 있고……'라고 했지요. 언약궤는 법궤, 증거궤, 거룩한 궤, 여호와의 궤라고 합니다. 언약궤의 크기는 가로가 125센티미터, 세로가 75센티미터, 높이가 75센티미터입니다.

'언약의 돌판들'은 모세가 십계명을 받은 두 돌판입니다.

왕상 8:9 "…… 여호와께서 저희와 언약을 맺으실 때에 모세가 호렙에서 그 안에 넣은 것이더라"

십계명 두 돌 판은 언약궤 안에 넣어 두었습니다. 만나 항아리, 아론의 싹 난 지팡이는 지성소 안 언약궤 앞에 두었습니다(출 16:33-34, 민 17:10).

5절 "그 위에 속죄소를 덮는 영광의 그룹들이 있으니 이것들에 관하여는 이제 낱낱이 말할 수 없노라"

'속죄소'는 시은좌라고도 합니다. 영어 성경에는 은혜의 보좌라고 합니다.

속죄소는 하나님 임재의 곳이며, 죄를 용서받는 곳이며, 하나님 은혜를 베푸시는 곳입니다. 속죄소 위에는 덮는 영광의 그룹 둘이 있습니다. 두 천사가 마주 대하고 있습니다. 천상의 천사 중 그룹은 하나님의 거룩함을 수호하는 천사입니다(겔 10:1-8, 계 4:6-8). 첫 언약에도 세상에 속한 성소가 있어 섬기는 예법이 있었습니다. 성소에는 떡상과 금등대와 분향단이 있습니다. 지성소에는 언약궤가 있고, 그 위에 속죄소가 있습니다. 속죄소는 '시은좌'라고 하며, 하나님의 은혜의 좌소입니다. 이는 하나님의 임재와 영광의 그룹이 있는 거룩한 곳입니다.

2. 제사장과 대제사장의 예법

6-7절 "이 모든 것을 이같이 예비하였으니 제사장들이 항상 첫 장막에 들어가 섬기는 예식을 행하고 오직 둘째 장막은 대제사장이 홀로 일 년에 한 번 들어가되 자기와 백성의 허물을 위하여 드리는 피 없이는 아니하나니"

성막에는 크게 뜰과 성소와 지성소로 구분되어 있습니다. 그리고 각종 기구가 마련되어 있습니다. 제사장들은 첫 장막, 곧 성소에서 성물 관리 등 예법대로 섬겼습니다. 둘째 장막, 곧 지성소에는 대제사장이 속죄일에 들어가 먼저 자기 죄를 속죄키 위해 수송아지 피로, 다음은 염소피로 속죄를 드렸습니다.

섬기는 예식 : 공적으로 규정된 의식임.

허물 : 헬라어 '아그노에마($\alpha\gamma\nu\acute{o}\eta\mu\alpha$)'의 원뜻은 '알지 못함'임. 무지하여 저지른 실수를 뜻합니다. 섬김에는 마음과 정성을 다해 예로 드려야 함을 의미합니다.

제사장들이 성소에서 항상 섬기는 일들이 있습니다. 성소에서 섬기는 예는 세 가지로 말할 수 있습니다.

첫째, 매 안식일마다 떡상에 새 떡을 갈아 놓는 것입니다. 여섯 개씩 두 줄로 진열하는 것입니다.

레 24:6 "여호와 앞 순결한 상 위에 두 줄로 한 줄에 여섯씩 진설하고"

유향을 그 매줄 위에 두어 화제로 삼았습니다(레 24:7).

레 24:8-9 "안식일마다 이 떡을 여호와 앞에 항상 진설할지니 이는 이스라엘 자손을 위한 것이요 영원한 언약이니라 이 떡은 아론과 그의 자손에게 돌리고 그들은 그것을 거룩한 곳에서 먹을지니 이는 여호와의 화제 중 그에게 돌리는 것으로서 지극히 거룩함이니라 이는 영원한 규례니라"

떡상에 놓인 떡은 열두 개입니다. 이는 이스라엘 열두 지파의 성격이고, 신약에서는 예수님의 열두 제자를 암시합니다.

예수 그리스도는 생명의 참 떡입니다. 떡은 하나님의 말씀을 의미합니다. 생명의 양식인 하나님의 말씀을 먹고 그분과 사랑의 교제를 나누는 것입니다.

둘째, 제사장은 금등대에 불이 꺼지지 않도록 간검(看檢)하고 관리합니다.

출 27:20-21 "너는 또 이스라엘 자손에 명령하여 감람으로 짠 순수한 기름을 등불을 위하여 네게로 가져오게 하고 끊이지 않게 등불을 켜되 아론과 그의 아들들로 회막 안 증거궤 앞 휘장 밖에서 저녁부터 아침까지 항상 여호와 앞에 그 등불을 보살피게 하라 이는 이스라엘 자손이 대대로 지킬 규례니라"

등대는 정금 한 달란트로 쳐서 만들었습니다. 등대는 성소 안에 유일한 빛입니다. 이 등불을 항상 관리해야 합니다.

시 119:105 "주의 말씀은 내 발에 등이요 내 길에 빛이니이다"

금등대는 빛으로 오신 예수님을 상징합니다. 성도는 세상의 소금과 빛의 역할을 해야 합니다.

셋째, 금향단에 향을 사르는 일을 하였습니다.

출 30:7-8 "아론이 아침마다 그 위에 향기로운 향을 사르되 등불을 손질할 때에 사를지며 또 저녁 때 등불을 켤 때에 사를지니 이 향은 너희가 대대로 여호와 앞에 끊지 못할지며"

향은 향을 만드는 법대로 해야 합니다.

출 30:34-35 "여호와께서 모세에게 이르시되 너는 소합향과 나감향과 풍자향의 향품을 가져다가 그 향품을 유향에 섞되 각기 같은 분량으로 하고 그것으로 향을 만들되 향 만드는 법대로 만들고 그것에 소금을 쳐서 성결하게 하고"

소합향, 나감향, 풍자향은 각각의 특성이 있으며, 영적 의미가 있습니다.

분향단의 향은 철저히 하나님을 향한 것입니다.

기도는 언제나 하나님 뜻에 맞는 기도를 드려야 합니다.

시 141:2 "나의 기도가 주의 앞에 분향함과 같이 되며 나의 손 드는 것이 저녁 제사 같이 되게 하소서"

금향단의 향연은 곧 기도 올림을 의미합니다.

6절 "이 모든 것을 이같이 예비하였으니 제사장들이 항상 첫 장막에 들어가 섬기는 예식을 행하고"

첫 장막, 곧 성소에서 제사장들이 섬기는 예법으로 일을 하였음을 볼 수 있었습니다.

7절 "오직 둘째 장막은 대제사장이 홀로 일 년에 한 번 들어가되 자기와 백성의 허물을 위하여 드리는 피 없이는 아니하나니"

둘째 장막은 지성소를 가리킵니다. 이 지성소는 함부로 들어가면 죽습니다. 대제사장이 1년 중 대속죄일인 이날만 들어갑니다(레 16:11-16).

들어가는 과정은 이렇습니다. 대제사장 자신과 권속의 죄를 위해 먼저 향로를 가지고 들어가서 향연으로 속죄소를 가립니다. 그리고 수송아지피를 그릇에 담아 가지고 들어가 속죄소 동편에 뿌리고, 또 속죄소 앞에 일곱 번 뿌립니다. 그리고 백성의 죄를 위해 염소피를 가지고 들어가 같은 방법으로 행합니다.

이로 보아 세 번 들어가는데 향로를 반복하여 가지고 나온 것으로 치면 네 번입니다. 미쉬나((Mishnah, 유대인의 유전을 기록한 문서 : 랍비 전승)에 의하면 네 번 들어가는 것으로 되어 있습니다.

'대제사장이 홀로 일 년에 한 번 들어가되'라고 한 것은 순차적으로 들어감으로 봅니다.

'피 없이는 아니하나니'는 대제사장이 속죄할 때 피가 없이는 아니함이 아니라 못함입니다. 이 피는 자기와 백성의 허물을 위하여 속죄의 피로 드리는 것입니다.

제사장들은 첫 장막, 곧 성소에서 예법에 따라 떡상에 진설병을 안식일마다 새것으로 갈아야 했습니다. 또 정금등대를 간검(看檢)하고 항상 빛이 있게 했습니다. 분향단의 향 관리도 하였습니다.

둘째 장막, 곧 지성소에는 대속죄일에 대제사장이 1년에 한차례씩 자기를 위하고 백성을 위해 수송아지피와 염소피로 속죄하였습니다.

7절에서는 피를 강조하고 있습니다. 구약의 이 피는 불완전하였으나, 예수 그리스도의 십자가의 피는 온전히 이루는 대속의 피였습니다.

예수 그리스도의 피가 모든 죄를 깨끗케 하시고, 구속하신 은혜를 날마다 감사하며 신앙을 하는 것입니다.

3. 성막의 예법은 개혁할 때까지임

8-10절 "성령이 이로써 보이신 것은 첫 장막이 서 있을 동안에는 성소에 들어가는 길이 아직 나타나지 아니한 것이라 이 장막은 현재까지의 비유니 이에 따라 드리는 예물과 제사는 섬기는 자를 그 양심상 온전하게 할 수 없나니 이런 것은 먹고 마시는 것과 여러 가지 씻는 것과 함께 육체의 예법일 뿐이며 개혁할 때까지 맡겨 둔 것이니라"

옛 언약의 제도를 통하여 성령이 보여주신 것은 첫 장막이 서 있을 동안에는 지성소에 들어가는 길이 아직 나타나지 아니한 것입니다. 사실 성막은 현재까지의 비유입니다. 구약적·제의적 방법으로는 온전할 수 없습니다.

구약의 육체의 예법은 개혁할 때까지 맡겨 둔 성격입니다.

비유 : 헬라어 '파라볼레(παραβολή)'는 다른 것과 비교하여 그 실체를 아는 것임.

육체의 예법 : 외형적이고 의식적인 것으로 이 땅에서 행하는 법임.

개혁할 때 : 헬라어 '디올도시스(διόρθωσις)'는 원어로 '곧게 하는 때'임. 의학 용어로는 '바르게 하다'라는 뜻이며, 신학적으로는 '그리스도께서 오셔서 새롭게 되는 때'입니다.

구약의 제도는 육적 예법의 비유로 예수 그리스도의 오실 때까지임을 의미합니다.

대제사장이 지성소에 들어 갈 때는 짐승피를 가지고 들어감에 대해 지금까지 반복적으로 말해 왔습니다. 광야 성막에서 성소와 지성소의 여러 예법을 행한 것을 우리는 알고 있습니다.

성령께서 알고 보이신 것은 첫 장막, 곧 성막의 성소에 들어가는 것 그리고 나아가 지성소에 들어가는 길이 아직 나타나지 아니한 것이라고 했습니다. 이것은 무엇을 의미할까요?

8절 "성령이 이로써 보이신 것은 첫 장막이 서 있을 동안에는 성소에 들어가는 길이 아직 나타나지 아니한 것이라"

성령이 보이신 것은 첫 장막, 곧 성막이 서 있을 동안에는 참 성소에 들어가는 길이 아직 나타나지 않은 것이지요. 왜냐하면 새 언약이신 그리스도께서 오셔야만 들어갈 수 있기 때문입니다.

예수님이 십자가에서 숨을 거둘 당시에는 성전 휘장이 위에서 아래로 찢어졌습니다. 그 휘장은 지성소에 들어가는 유일한 출입구였습니다. 다시 말씀 드리면 예수 그리스도의 십자가로 열어 놓으신 하늘 길입니다. 이 땅에 세워진 성막이나 성전은 하늘 참 성소의 그림자였습니다. 이제는 누구나 예수께서 열어 놓으신 그 길로 나아가기만 하면 되는 것입니다.

9절 "이 장막은 현재까지의 비유니 이에 따라 드리는 예물과 제사는 섬기는 자를 그 양심상 온전하게 할 수 없나니"

이 장막은 현재까지의 비유라고 합니다. 장막은 곧 성막을 일컬음입니다. 우리가 무엇을 설명할 때 비유를 들어 말할 때가 있습니다. 비유는 어떤 것을 이해하기 위해 다른 것을 빗대어 말합니다. 일반적으로 일상적인 것, 누구나 알고 있는 것을 통하여 전혀 알려지지 않은 다른 것을 이해하도록 돕는 표현입니다.

구약의 성막은 참 성소의 모형이며, 그림자였습니다. 모형의 실제적인 것의 모양을 그대로 형상화한 것입니다. 구약의 성막이나 성전은 제사장이 예법대로 드리는 예물과 제사를 섬기는 제도에 의하지만 실제로 양심까지 온전케 할 수가 없었던 것입니다. 그러기 때문에 하나님과의 온전한 관계 회복은 그리스도의 언약의 성취가 이루어져야만 되는 것이었습니다.

구약의 여러 제도를 통하여 성령이 보여주신 것은 장차 있게 될 것의 비유였던 것이며, 잠시 보여준 것뿐이었습니다.

옛 언약을 통하여 성령이 보여주시는 것을 요약해봅니다.

첫째, 성령이 보여주시는 것은 첫 장막이 그대로 있는 동안에는 지성소로 들어가는 길이 열려 있지 않았다는 것입니다.

둘째, 이러한 제도들을 통하여 성령이 보여주시는 것은 이 장막이 장차 있게 될 것의 비유에 불과하다는 것입니다.

셋째, 성령이 보여주시고자 하는 것은 구약의 제단에 드려지는 희생제물과 봉헌물이 드리는 자의 양심까지 온전하게 할 수 없었다는 것입니다.

넷째, 성령께서는 이 제도가 그리스도께서 오실 때까지 맡겨두신 구약 때의 외적이며, 육적인 규례에 지나지 않는다는 것입니다.

다섯째, 성령은 이 제도를 통하여 원형이신 그리스도께서 완성케 됨을 나타냅니다.

10절 "이런 것은 먹고 마시는 것과 여러 가지 씻는 것과 함께 육체의 예법일 뿐이며 개혁할 때까지 맡겨 둔 것이니라"

성경에 나타난 모든 규례들은 먹는 것(레 11:1-23)과 마시는 것(레 10:8-9, 11:33-38, 민 6:2-3) 그리고 씻는 것(레 11:24-40, 16:24-28), 곧 정결의식입니다. 이러한 것은 모두 육체와 관련된 외형적인 예법입니다.

육체의 예법은 시내 산에서 이스라엘 백성에게 주어진 것입니다. 이는 새 언약으로 대체될 때까지만 그 효력을 발휘할 수 있는 옛 언약입니다. 육체의 예법은 임시적인 것으로 개혁할 때까지 맡겨둔 성격입니다.

'개혁할 때까지'는 원래 의학적 용어로 '굽혀진 수족을 곧게 함'을 뜻했습니다. 이 말을 다르게 하면 '새롭게 되는 것'(행 3:19)으로 비교할 수 있습니다.

또 '개혁'이란 '새로운 질서'라는 의미로 '만물이 새롭게 되는 때'라고 할 수 있습니다. 곧 '바르게 하는 때'의 의미를 담고 있습니다.

'개혁할 때까지 맡겨 둔 것'은 새롭게 되는 때까지 그대로 보존하여 둔 것입니다. 구약 시대의 성막이나 성전의 여러 제도는 그리스도의 오실 때까지 두어진 것으로, 장차 새롭게 되면 그 효력은 상실됩니다.

첫 언약에서 성령이 성소를 통해 예법과 제도를 보여주신 것은 이러합니다. 첫 장막이 있는 동안에는 참 성소로 들어가는 길이 열려 있지 않았다는 것입니다. 첫 장막이 장차 도래될 참 장막의 비유로 있었던 것입니다.

구약 때 드려진 희생제물의 봉헌물이 드리는 자의 외적 예법으로 양심까지 온전해질 수 없었습니다. 예수 그리스도께서 오시어 개혁될 때까지 맡겨둔 것입니다. 예수 그리스도께서 온전히 성취하시고 이루시면 그 규례들은 효력이 상실됩니다. 구약에 예언되고, 모형되고, 그림자 되었던 것은 실상이 오면 사라집니다.

예수님이 새롭게 하시고 성취하신 새 언약 가운데 새롭게 된 피조물로 믿음 가운데 살아가야 하는 것입니다.

구약 때 광야에서 하나님이 지시하신 대로 세운 성막이 있었습니다. 솔로몬이 세운 성전도 있었습니다. 성막과 성전은 뜰과 성소와 지성소로 구분되어 있었습니다. 성소에는 떡상과 금등대와 금향단이 있었습니다. 지성소에는 언약궤와 속죄소가 있었습니다. 제사장은 성소에서 떡상의 진설병과 금등대의 불을 관리하였습니다. 그뿐 아니라 제사를 드리는 일을 하였습니다. 대제사장은 각종 향을 사르는 분향과 짐승피를 가지고 지성소에 들어가서 자기의 죄와 이스라엘 백성의 죄를 위해 속죄하였습니다.

성령께서 보이신 것은 하늘의 참 장막으로 들어가는 길이 아직 나타나지 않았습니다.

구약의 모든 제도는 섬기는 자가 예법에 따라 법대로 하였으나, 양심상 온전케는 할 수 없었습니다.

구약의 외형적 여러 모습은 실상에 대한 그림자이며, 모형이며, 비유였습니다. 첫 언약은 육체의 법으로 개혁할 때까지 맡겨진 것이었습니다. 예수 그리스도께서 새 언약으로 세우신 새롭게 난 길, 곧 산길이 열린 것입니다.

이제는 누구나 십자가의 빛 아래 새 창조의 삶으로 나아가면 새롭게 열어 놓으신 그 길을 따라 나아가 하늘 지성소에 모두 들어갈 수 있게 된 것입니다.

II. 옛 언약과 새 언약의 피

히 9:11-22

⑪ 그리스도께서는 장래 좋은 일의 대제사장으로 오사 손으로 짓지 아니한 것 곧 이 창조에 속하지 아니한 더 크고 온전한 장막으로 말미암아 ⑫ 염소와 송아지의 피로 하지 아니하고 오직 자기의 피로 영원한 속죄를 이루사 단번에 성소에 들어가셨느니라 ⑬ 염소와 황소의 피와 및 암송아지의 재를 부정한 자에게 뿌려 그 육체를 정결하게 하여 거룩하게 하거든 ⑭ 하물며 영원하신 성령으로 말미암아 흠 없는 자기를 하나님께 드린 그리스도의 피가 어찌 너희 양심을 죽은 행실에서 깨끗하게 하고 살아 계신 하나님을 섬기게 하지 못하겠느냐 ⑮ 이로 말미암아 그는 새 언약의 중보자시니 이는 첫 언약 때에 범한 죄에서 속량하려고 죽으사 부르심을 입은 자로 하여금 영원한 기업의 약속을 얻게 하려 하심이라 ⑯ 유언은 유언한 자가 죽어야 되나니 ⑰ 유언은 그 사람이 죽은 후에야 유효한즉 유언한 자가 살아 있는 동안에는 효력이 없느니라 ⑱ 이러므로 첫 언약도 피 없이 세운 것이 아니니 ⑲ 모세가 율법대로 모든 계명을 온 백성에게 말한 후에 송아지와 염소의 피 및 물과 붉은 양털과 우슬초를 취하여 그 두루마리와 온 백성에게 뿌리며 ⑳ 이르되 이는 하나님이 너희에게 명하신 언약의 피라 하고 ㉑ 또한 이와 같이 피를 장막과 섬기는 일에 쓰는 모든 그릇에 뿌렸느니라 ㉒ 율법을 따라 거의 모든 물건이 피로써 정결하게 되나니 피 흘림이 없은즉 사함이 없느니라

> 어느 호수에 두루미가 우렁이를 먹고 있었습니다. 그때 우아한 백조 한 마리가 날아왔습니다. 두루미와 백조의 대화가 이어졌습니다.
>
> "너 어디서 왔니?"
>
> "천국에서 왔지."

"천국은 여기보다 좋은 곳이니?"

"그럼, 훨씬 좋은 곳이지. 천국에는 아름다운 호수와 강, 황금 거리, 꽃들, 항상 맑은 하늘이 있는 등 말로 표현할 수 없을 정도로 좋은 곳이야."

그러자 두루미가 물었습니다.

"그럼 천국에도 우렁이가 있니?"

"그런 건 없어."

"난 그런 천국은 내게 필요 없어. 난 우렁이만 있으면 그만이야."

"……."

세상 사람들은 이 땅의 것만 추구하면서 살아갑니다. 그들에게 진리의 말씀을 들려주어도 두루미 같이 말합니다.

예수 그리스도께서 장래 좋은 일의 대제사장으로 오시어 손으로 짓지 아니한 더 크고 온전한 장막에서 염소와 송아지의 피가 아닌, 오직 자기의 피로 영원한 속죄를 이루시고 단번에 하늘 성소에 들어가셨습니다.

구약 때 정결의식은 짐승의 피와 몸을 태운 재를 뿌려 육체를 정결케 하였습니다. 신약에는 예수 그리스도의 십자가의 피로 정결케 되었습니다. 이는 부르심을 입은 자들로 영원한 기업을 얻게 하려 하심이었습니다. 십자가의 피는 언약의 보증이 됩니다.

첫 언약에는 짐승의 피, 물과 붉은 양털에 우슬초를 취하여 율법 책과 함께 백성에게 뿌렸습니다.

하나님이 말씀하시기를 너희에게 명하신 언약의 피라고 하셨습니다. 피 흘림이 없는, 즉 사함이 없다는 것입니다.

'언약의 피'에 대해 살펴보고자 합니다.

1. 영원한 속죄의 피

11-14절 "그리스도께서는 장래 좋은 일의 대제사장으로 오사 손으로 짓지 아니한 것 곧 이 창조에 속하지 아니한 더 크고 온전한 장막으로 말미암아 염소와 송아지의 피로 하지 아니하고 오직 자기의 피로 영원한 속죄를 이루사 단번에 성소에 들어가셨느니라 염소와 황소의 피와 및 암송아지의 재를 부정한 자에게 뿌려 그 육체를 정결하게 하여 거룩하게 하거든 하물며 영원하신 성령으로

말미암아 흠 없는 자기를 하나님께 드린 그리스도의 피가 어찌 너희 양심을 죽은 행실에서 깨끗하게 하고 살아 계신 하나님을 섬기게 하지 못하겠느냐"

예수 그리스도께서는 장래 좋은 일의 대제사장으로 오시어 이 땅에 세운 장막이 아닌 더 크고 온전한 하늘 장막으로 말미암아, 짐승의 피가 아닌 자기 피로 영원한 속죄를 이루시고 단번에 하늘 성소에 들어가셨습니다.

구약 때 정결 의식에서도 육체를 정결케 하여 거룩케 하였거늘, 하물며 영원하신 성령으로 말미암아 드린 그리스도의 피로, 양심으로 죽은 행실을 깨끗하게 하고 살아 계신 하나님을 섬기지 못하겠는가를 되묻고 있습니다.

장래 좋은 일 : 옛 언약의 온전치 못한 죄의 씻음이고, 하나님께 자유로이 나아가게 해주는 새 언약의 구속을 의미함.

속죄 : 헬라어 '뤼트로시스(λύτρωσις)'의 원문의 뜻은 '몸값을 지불하고 석방시켜줌' 또는 '풀어주기 위해 받는 값'의 의미로 죄의 값을 지불하고 자유롭게 하는 의미임.

거룩하게 함 : 도덕적인 것이 아니고, 죄책을 옮겨졌다는 선언으로 된 거룩함임. 예수님의 십자가의 피로 영원한 죄 사함을 받으며 거룩하게 됨을 의미합니다.

구약 때 사람들은 오실 예수님을 조망하였습니다. 시대마다 선지자들은 먼 장래 일을 내어다 봤습니다.

오늘을 사는 성도들도 사고의 관점은 다를지 몰라도 장래사를 생각하게 합니다. 주께서 다시 오심을 소망하며 살아갑니다.

11절 "그리스도께서는 장래 좋은 일의 대제사장으로 오사 손으로 짓지 아니한 것 곧 이 창조에 속하지 아니한 더 크고 온전한 장막으로 말미암아"

'장래 좋은 일'에 대해서 K.J.V.에서는 '다가올 선한 것들'로, 공동번역에서는 '이미 존재하는 모든 좋은 것'으로, 현대인 성경에서는 '이제 우리가 가진 더 나은 제도'로 되어 있습니다. RSV, NV에서는 '이미 온 좋은 일'로, 라틴어 성경에서도 같이 되어 있습니다.

그리스도께서는 더 나은 좋은 일을 주시기 위해 인간이 지은 성막이나 성전이 아닌, 즉 이 땅에 지어진 것이 아닌 더 크고 온전한 장막으로 말미암음입니다.

하늘의 참 장막은 원형이며, 실재입니다.

장차 좋은 일은 새 언약으로 오신 초림과 선취로 다시 오실 재림입니다.

12절 "염소와 송아지의 피로 하지 아니하고 오직 자기의 피로 영원한 속죄를 이루사 단번에 성소에 들어가셨느니라"

속죄일에 대제사장은 자기와 가족을 위한 속죄제물로 수송아지를 속죄제로 드리고, 수송아지피를 지성소 속죄소 동편에 손가락으로 뿌리고, 그리고 속죄소 앞에 일곱 번 뿌려 속죄하였습니다. 모든 백성의 죄 문제를 가지고 염소의 피로 동일하게 하였습니다(레 16:12-15).

구약의 대제사장은 반복적으로 속죄 사역을 행하였습니다.

예수님께서는 이러한 짐승의 피로 아니 하시고 자신의 피로 단번에 드렸습니다. 십자가에서 산제물이 되시어 십자가에서 단번에 드렸습니다. 그리하여 불완전했던 것을 완전케 했습니다. 계속적으로 반복한 것이 아니고 단번에 영원한 속죄 사역으로 완성하였던 것입니다.

13절 "염소와 황소의 피와 및 암송아지의 재를 부정한 자에게 뿌려 그 육체를 정결하게 하여 거룩하게 하거든"

구약의 정결의식은 염소와 황소의 피입니다. 그리고 암송아지 재입니다. 과거 비누가 없을 때 부엌 아궁이의 재를 잿물로 만들어 세제로 사용하였습니다. 양잿물이라고 하였지요? 소나무나 참나무로 태운 숯은 간장독 안에 넣어 세정용으로 사용했습니다. 숯은 실내에 두어 공기 정화용 또는 실내장식용으로 쓰기도 합니다.

시체 등으로 부정한 자에게 정결케 하기 위해 붉은 암송아지를 진 밖에서 잡아 불태우고 그 재를 물에 녹여 정결의식을 행했습니다.

민 19:9 "이에 정결한 자가 암송아지의 재를 거두어 진영 밖 정한 곳에 둘지니 이것은 이스라엘 자손 회중을 위하여 간직하였다가 부정을 씻는 물을 위해 간직할지니 그것은 속죄제니라"

암송아지를 태운 재를 부정한 것을 깨끗케 하는 데 사용하였습니다.

신약에서는 마 11:21 "…… 그들이 벌써 베옷을 입고 재에 앉아 회개하였으리라" 하였습니다.

회개에는 정결케 하는 의미로 재를 사용합니다.

구약의 희생제물의 피와 재는 외형적이며, 상징적인 의미성을 가집니다.

14절 "하물며 영원하신 성령으로 말미암아 흠 없는 자기를 하나님께 드린 그리스도의 피가 어찌 너희 양심을 죽은 행실에서 깨끗하게 하고 살아 계신 하나님을 섬기게 하지 못하겠느냐"

구약 때 속죄제에 염소와 황소의 피로 속하였고, 암송아지의 재로 부정한 자에게 뿌려, 그 육체를 정결케 하여 거룩하게 하였습니다.

하물며 어떠합니까?

영원하신 성령으로 말미암는 흠 없는 어린 양으로 온전히 하나님께 드린 예수 그리스도의 피가 우리의 양심으로 죽은 행실에서 깨끗케 할 수 없겠습니까?

"예수 그리스도의 속죄의 피로써 구속함을 받고 살아계신 하나님을 섬기지 못하겠습니까?"라고 말씀합니다.

요일 1:7 "…… 그 아들 예수의 피가 우리를 모든 죄에서 깨끗하게 하실 것이요"

예수님은 죄 없으신 몸으로 우리를 위하여 십자가에서 피 흘려 죽으셨습니다.

구약의 짐승의 피로써는 반복적인 속죄이나, 그리스도의 피는 영원한 속죄의 피입니다. 전인격적인 속죄이며, 완전한 속죄입니다.

요일 2:2 "그는 우리 죄를 위한 화목제물이니 우리만 위할 뿐 아니요 온 세상의 죄를 위하심이라"

예수 그리스도의 십자가 죽음을 통하여 구속을 성취하시고 언약을 온전히 이루시는 것입니다.

예수 그리스도께서는 장래 좋은 일의 대제사장으로 오셨습니다. 구약에 드려진 짐승의 피나 재로 부정함을 정결케 하였고, 거룩케 하였습니다.

구약의 율법이나 제도에 의함이 아닌 성령으로 말미암아 드린 그리스도의 피로 인간의 모든 죄를 사하시고 완전한 속죄를 이루셨습니다.

이 땅의 율법과 제도에서도 정결케 하였는데, 하물며 성령으로 말미암아 흠 없는 자기 몸을 드린 그리스도의 피가 죽은 행실과 양심에서 깨끗하게 할 수 없겠는지요? 이로 보아 살아계신 하나님을 섬기지 못할 이유가 없다는 것입니다.

2. 새 언약과 기업의 약속

15-17절 "이로 말미암아 그는 새 언약의 중보자시니 이는 첫 언약 때에 범한 죄에서 속량하려고 죽으사 부르심을 입은 자로 하여금 영원한 기업의 약속을 얻게 하심이라 유언은 유언한 자가 죽어야 되나니 유언은 그 사람이 죽은 후에야 유효한즉 유언한 자가 살아 있는 동안에는 효력이 없느니라"

앞서 11-14절의 내용의 결과를 언급합니다. 예수 그리스도의 피가 양심을 깨끗케 하여 하나님을 섬긴다는 것을 가리킵니다. 예수 그리스도의 십자가의 죽음을 통하여 종말론적 구속을 성취함으로써 백성에게 약속하신 새 언약을 실현시키심입니다. 예수 그리스도는 새 언약의 중보이십니다. 유언은 유언한 자가 죽어야 하듯 대속해 죽으시고 영원한 기업의 약속을 합니다.

기업 : '소유', '상속 토지'의 뜻으로 하나님의 은혜로 주어지는 것임. 구약에는 주로 땅의 상속을 의미합니다. 신약에는 예수 그리스도로 인해 얻는 하늘 기업(하나님의 나라)을 뜻합니다(히 6:17, 9:15).

유언 : 헬라어 '디아데케(διαθήκη)'는 보통 언약을 가리키나, 여기서는 유언을 뜻함. 유언은 언약과는 다르게 반드시 죽음을 전제합니다. 새 언약의 기업의 약속은 죽어야 이루어지는 유언과도 같은 것임을 의미합니다.

예수 그리스도는 유일무이한 영원한 중보가 되십니다. 중보는 하나님과 인간관계의 화평의 교류라 할 수 있습니다. 예수님은 새로운 언약의 중보가 되시는 것입니다.

딤전 2:5 "하나님은 한 분이시요 또 하나님과 사람 사이에 중보자도 한 분이시니 곧 사람이신 그리스도 예수라"

어떠한 경우이든 속죄적 중보자는 예수 한 분뿐입니다.

15절 서두에 '이로 말미암다'는 자신의 피로 새 언약의 근거가 됨을 말함입니다.

15절 "…… 이는 첫 언약 때에 범한 죄에서 속량하려고 죽으사 부르심을 입은 자로 하여금 영원한 기업의 약속을 얻게 하려 하심이라"

첫 언약이 불완전하고 육적이기 때문에 온전케 하시려고 십자가에 죽으사 부르심을 입은 자로 하여금 영원한 기업을 얻게 하려 함이었습니다.

벧전 1:4 "썩지 않고 더럽지 않고 쇠하지 아니하는 유업을 잇게 하시나니 곧 너희를 위하여 하늘에 간직하신 것이라"

우리에게 주신 기업은 썩어 없어지는 것이 아닙니다. 더럽지 않으며, 쇠하지 않습니다. 온전한 기업이 되기 때문입니다. 그 기업은 하늘에 있는 장막입니다.

영원한 기업을 얻기 위해 날마다 주께 가까이 나아가는 것입니다.

16절 "유언은 유언한 자가 죽어야 되나니"

'유언'에 대한 원문 헬라어 '디아데케(διαθήκη)'는 두 가지 의미가 있습니다. 보통 언약을 가리키며, 유언으로도 쓰입니다. 유언은 언약과는 다르게 죽음을 전제합니다. 예수 그리스도께서 새 언약의 중보자가 되기 위해 죽어야만 함을 뜻합니다.

구약 때 언약의 비준은 희생제물에 의하여 보증되었습니다(창 15:9-21, 출 24:3-8, 시 50:5, 렘 34:17-21).

반면 예수 그리스도께서는 새 언약의 비준을 위해 희생제물로써 새 언약을 이루기 위해 오셨던 것입니다. 새 언약의 효력이 발휘될 수 있도록 죽으셔야만 했던 것입니다.

17절 "유언은 그 사람이 죽은 후에야 유효한즉 유언한 자가 살아 있는 동안에는 효력이 없느니라"

유언은 유언한 자가 죽어야 그 효력이 있습니다. 유언자가 죽으면서 유언으로 상속이 확실해지는 것입니다. 예수 그리스도께서 죽으심으로 기업의 보증이 되셨던 것입니다.

우리가 하나님의 부르심을 받고 영원한 기업을 얻음은 전적인 은혜입니다.

딤후 1:9 "하나님이 우리를 구원하사 거룩하신 소명으로 부르심은 우리의 행위대로 하심이 아니요 오직 자기의 뜻과 영원 전부터 그리스도 예수 안에서 우리에게 주신 은혜대로 하심이라"

하나님께서 우리를 구원하시고 부르심은 예수 안에서 우리에게 주신 한없는 은혜입니다. 하나님께서는 택하신 자들을 끝까지 붙드시고 예비하신 대로 이끌어주십니다.

롬 4:16 "그러므로 상속자가 되는 그것이 은혜에 속하기 위하여 믿음으로 되나니 이는 그 약속을 그 모든 후손에게 굳게 하려 하심이라……"

주께서는 우리에게 영원한 기업을 주시기 위하여 희생하시고 약속의 보증이 되셨습니다. 그 약속을 받는 모든 자에게 주십니다. 우리는 예수 안에 온전히 거하기만 하면 되는 것입니다. 온전히 믿기만 하면 되는 것입니다.

◎ 영원한 세계

미국의 유명한 브룩스 감독(1833-1899)은 중병에 걸려 병원에 입원해 있었습니다.

친구들의 병문안을 거절하고 있었습니다. 그런데 한 사람의 방문은 허락하였습니다. 그는 법조인이며, 정치가였던 로버트 잉거솔이었습니다.

잉거솔이 묻습니다.

"다른 사람들의 방문은 거절하면서 왜? 나만 특별히 만나주는 이유가 있는가?"

브룩스는 진지하게 말합니다.

"내가 죽으면, 다른 친구들은 천국에서 또 만날 수 있지만, 자네는 영원한 세계를 믿지 않으니 지금이 아니면 영원히 만날 수 없기 때문이라네."

그날 이 말을 들은 잉거솔은 큰 충격을 받고 곧장 신앙인이 되었다고 합니다.

우리가 소망하고 가야 할 곳은 저 천국입니다. 그곳은 주님이 열어 놓으신 길입니다.

요 14:3-4 "가서 너희를 위하여 거처를 예비하면 내가 다시 와서 너희를 내게로 영접하여 나 있는 곳에 너희도 있게 하리라 내가 어디로 가는지 그 길을 너희가 아느니라"

그 길은 진리요, 생명입니다. 그 길로 나아가 예비하신 기업을 받기를 바랍니다. 약속하시고 예비하신 기업을 소망하며 나아가 받아 누리기를 바랍니다.

예수 그리스도는 새 언약의 중보이십니다.

새 언약은 자신을 제물로 드려진 것으로 영적 효력을 가집니다.

새 언약은 우리의 구속을 이루고, 회개하고 그리스도의 피로 사함을 받습니다.

새 언약은 양심을 깨끗케 하며, 온전히 깨끗한 양심을 얻게 됩니다.

새 언약은 거룩한 섬김을 하게 되며, 이는 경배하며 예배하는 섬김입니다.

새 언약의 중보자 되시는 예수 그리스도께서는 십자가에서 피 흘려 죽으심으로 새 언약, 즉 유언을 이루시고 영원한 기업을 상속받게 하셨습니다.

우리 모두는 약속한 기업을 받을 자들입니다. 이러한 영원한 약속을 믿고 나아가는 것입니다.

3. 언약의 피로 정결케 되고 사함 받음

18-22절 "이러므로 첫 언약도 피 없이 세운 것이 아니니 모세가 율법대로 모든 계명을 온 백성에게 말한 후에 송아지와 염소의 피 및 물과 붉은 양털과 우슬초를 취하여 그 두루마리와 온 백성에게 뿌리며 이르되 이는 하나님이 너희에게 명하신 언약의 피라 하고 21 또한 이와 같이 피를 장막과 섬기는 일에 쓰는 모든 그릇에 뿌렸느니라 율법을 따라 거의 모든 물건이 피로써 정결하게 되나니 피 흘림이 없은즉 사함이 없느니라"

그리스도의 죽음의 필연성은 성경의 예증(例證)을 통해 보여 주고 있습니다. 그리스도의 피 흘림이 없이는 죄인된 인간이 정결해질 수 없고, 죄 사함을 받을 수 없는 것입니다. 구약시대의 언약은 짐승의 피로써 확증하며, 명하여 언약의 피라고 하였습니다. 율법을 좇아 거의 모든 기구가 피로써 정결케 되면, 피 흘림으로 인해 사함을 얻습니다.

우슬초 : 헬라어 '휫소포스(υσσωπος)'는 정결 의식에 사용하는 히솝(Hyssop) 풀임. 향이 좋고 약재로도 사용되는 박하과 식물입니다.

두루마리 : 언약서이며, 율법 책임(출 24:7-8).

사함 : 헬라어 '아페시스(ἄφεσις)'의 원어의 뜻은 '보내버림', '떠나보냄'임. 여기서는 죄를 사해줌을 의미하는데 언약의 피로 정결케 되고 사함을 얻는 것을 의미합니다.

구약시대의 언약에도 피로써 확증합니다. 옛 언약은 모세를 통해 피 흘림에서 시작되었습니다. 온 회중은 그 피로 언약의 백성이 되었습니다.

출 24:8 "모세가 그 피를 가지고 백성에게 뿌리며 이르되 이는 여호와께서 이 모든 말씀에 대하여 너희와 세우신 언약의 피니라"

모세가 피를 취하여 양푼에 담아 반은 단에 뿌리고 언약서를 가져다 백성에게 낭독하니 그 말씀을 준행하겠다고 하였습니다. 이스라엘 백성과 피로 세운 이 언약이 옛 언약입니다.

18절 "이러므로 첫 언약도 피 없이 세운 것이 아니니"

첫 언약, 곧 옛 언약에도 피로 세워졌습니다.

'피'는 히브리어로 '담(דם)', 헬라어로 '하이마(αἷμα)'임. 이 단어 속에는 '죽음'과 '생명'의 이중적인 개념을 갖고 있습니다. 피의 성격은 죽음을 생명으로 바꾸어 놓는 속죄의 상징적인 의미로 사용합니다.

구약성경에는 종교적 제물인 피를 먹는 것을 엄격히 금지하였습니다(창 9:4-5, 레 7:27, 17:10).

피는 육체의 생명과 같으므로 금지하였습니다. 피는 하나님의 주권에 속함으로 금지하였습니다. 피를 마시는 행위는 우상 숭배자들이 주로 행하는 의식이기에 금했습니다.

19절 "모세가 율법대로 모든 계명을 온 백성에게 말한 후에 송아지와 염소의 피 및 물과 붉은 양털과 우슬초를 취하여 그 두루마리와 온 백성에게 뿌리며"

여기에서 언약을 맺는 과정을 세 단계로 볼 수 있습니다.

첫 번째, 율법대로 모든 계명을 백성들에게 선포합니다.

두 번째, 송아지와 염소의 피와 물과 붉은 양털과 우슬초를 취합니다.

세 번째, 그 두루마리, 곧 언약서와 온 회중에 뿌립니다.

물과 양털과 우슬초는 정결케 하는 것으로 피와 함께 뿌려졌습니다.

20절 "이르되 이는 하나님이 너희에게 명하신 언약의 피라 하고"

구약에서는 짐승의 피로 언약이 세워졌으나, 신약에서는 예수 그리스도의 피로 언약이 세워졌습니다.

마 26:28 "이것은 죄 사함을 얻게 하려고 많은 사람을 위하여 흘리는 바 나의 피 곧 언약의 피니라"

예수 그리스도께서는 많은 사람들로 하여금 죄 사함을 얻게 하기 위하여 십자가에서 피 흘려 죽으시고 새 언약을 세우신 것입니다.

고전 11:25 "…… 내 피로 세운 새 언약이니……"

이 새 언약은 누구도 바꿀 수 없는 영원한 언약입니다.

21절 "또한 이와 같이 피를 장막과 섬기는 일에 쓰는 모든 그릇에 뿌렸느니라"

구약의 성막에서는 장막과 섬기는 일에 쓰는 모든 그릇에 피를 뿌렸습니다. 이는 정결케 하고 나아가 거룩하게 하였습니다. 성막의 모든 기구에도 거룩하게 하기 위하여 기름을 바르고 피를 뿌렸습니다.

22절(상) "율법을 따라 거의 모든 물건이 피로써 정결하게 되나니……"

구약 때는 율법을 좇아 거의 모든 성물이 피를 바르거나 뿌려 정결케 하였습니다.

레 17:11 "육체의 생명은 피에 있음이라 내가 이 피를 너희에게 주어 제단에 뿌려 너희의 생명을 위하여 속죄하게 하였나니 생명이 피에 있으므로 피가 죄를 속하느니라"

신약에서는 예수 그리스도의 보혈의 피로 죄 사함을 받습니다.

벧전 1:19 "오직 흠 없고 점 없는 어린 양 같은 그리스도의 보배로운 피로 된 것이니라"
요일 1:7 "…… 예수의 피가 우리를 모든 죄에서 깨끗하게 하실 것이요"
엡 1:7 "우리는 그리스도 안에서 그의 은혜의 풍성함을 따라 그의 피로 말미암아 속량 곧 죄 사함을 받았느니라"
계 1:5 "…… 우리를 사랑하사 그의 피로 우리 죄에서 우리를 해방하시고"
22절(하) "…… 피 흘림이 없은즉 사함이 없느니라"

옛 언약에서 희생제물의 피를 통해서 죄 사함을 얻고 살 수 있었습니다. 새 언약에서는 예수 그리스도의 피를 통하여 죄 사함을 받고 생명을 얻게 되었던 것입니다.

호프맨(E. A. Hoffman, 1839~1921) 목사님은 '그대는 어린 양의 피로 씻기어 있는가?'라는 주제로 찬송시를 쓰기도 했습니다.

(찬송가 259장 1절)
예수 십자가에 흘린 피로써 그대는 씻기어 있는가.
더러운 죄 회개하는 능력을 그대는 참 의지하는가.
예수의 보혈로 그대는 씻기어 있는가.
마음속의 여러 가지 죄악이 깨끗이 씻기어 있는가.

첫 언약도 피 없이 세운 것이 아닙니다. 모세가 율법대로 계명에 따라 송아지와 염소의 피 그리고 물을 양털과 우슬초에 묻혀 언약 책과 온 백성에게 뿌려 언약의 피라 하였습니다. 피로써 장막과 모든 기구에 뿌렸습니다. 모든 것이 피로써 정결케 됩니다. 그리하여 "피 흘림이 없은즉 사함이 없느니라"라고 하였습니다.

그러므로 십자가의 보혈의 피는 죄 사함을 받고 구원을 얻게 되는 것입니다.

십자가로 사죄(赦罪)와 칭의(稱義)와 새 생명(生命)으로 생명을 얻되 풍성히 얻어 받아 누리는 것입니다.

그리스도께서 오심은 구약 대제사장의 완전한 실현입니다. 구약 때 속죄에 염소와 송아지 피로 속하였으나, 그리스도께서는 오직 자기의 피로 영원한 속죄를 이루셨습니다. 그리하여 단번에 성소에 들어가셨습니다.

구약 때 피와 재로 육체의 정결을 하고 거룩케 했습니다. 하물며 영원하신 성령으로 흠 없는 자기를 드린 그리스도의 피가 죽은 행실에서 깨끗케 하고 살아계신 하나님을 섬기지 못하겠느냐고 묻고 계십니다.

예수 그리스도께서는 새 언약의 중보로 영원한 기업을 얻게 합니다. 유언은 죽은 후에 견고하듯 언약의 피로 세워집니다. 예수 그리스도께서 십자가에서 피 흘려 죽으사 모든 죄를 사함 받고 우리가 구원을 얻게 된 것입니다.

구약 때 장막의 여러 기구도 물과 피로 정결케 함과 같이 성도는 예수 그리스도의 피로 정결케 되고 성결케 된 것입니다.

우리는 예수 그리스도로 말미암아 영원한 기업을 상속받을 자들입니다. 이 복된 기업을 확실히 받아 누리게 된 것입니다.

III. 완전한 속죄 사역

히 9:23-28

㉓ 그러므로 하늘에 있는 것들의 모형은 이런 것들로써 정결하게 할 필요가 있었으나 하늘에 있는 그것들은 이런 것들보다 더 좋은 제물로 할지니라 ㉔ 그리스도께서는 참 것의 그림자인 손으로 만든 성소에 들어가지 아니하시고 바로 그 하늘에 들어가사 이제 우리를 위하여 하나님 앞에 나타나시고 ㉕ 대제사장이 해마다 다른 것의 피로써 성소에 들어가는 것 같이 자주 자기를 드리려고 아니하실지니 ㉖ 그리하면 그가 세상을 창조한 때부터 자주 고난을 받아야 할 것이로되 이제 자기를 단번에 제물로 드려 죄를 없이 하시려고 세상 끝에 나타나셨느니라 ㉗ 한번 죽는 것은 사람에게 정해진 것이요 그 후에는 심판이 있으리니 ㉘ 이와 같이 그리스도도 많은 사람의 죄를 담당하시려고 단번에 드리신바 되셨고 구원에 이르게 하기 위하여 죄와 상관없이 자기를 바라는 자들에게 두 번째 나타나시리라

◎ '어느 숙박업소에서 있었던 일'

여행을 하던 두 사람이 모텔에서 이런저런 대화를 하던 중에 산골에 살던 사람이 "해는 산위로 뜬다"고 하니까, 바닷가에 살던 사람이 "아니요! 해는 바다 지평선에서 뜹니다"라고 했습니다. 이번에는 모텔 주인이 "해는 지붕위로 뜬다고 합니다"라고 합니다.

각자 자기가 옳다고 주장하고 우긴 것입니다.

우리가 하나님 말씀을 아는 것이 행여 너무 편협한 것이 아닌지 생각해 봅니다.

우리가 다시금 알아야 할 것은 하늘에 있는 것은 원형이고, 참이고, 본체입니다. 원형을 그대로 본떠 만드는 것이 모형입니다. 광야에서 하늘 성소의 모형인 성막을 세우고 제사와 정결의 예법을 행했습니다. 제사장이 제사를 집례하고 대제사장은 대속죄일에 짐승의 피로 지성소에 들어가 백성의 죄를 속죄했습니다.

예수 그리스도께서는 이 땅에 세워진 성소가 아닌 하늘의 성소에서 우리를 위하여 중보하고 계십니다. 예수 그리스도는 구원의 주이시며, 심판의 주이시기 때문에 두 번째 나타나십니다. 이는 재림하시어 이 땅의 것을 온전히 새롭게 완성하심을 의미합니다.

'모든 언약의 완성적 성격'을 좀 더 깊이 살펴보고자 합니다.

1. 하늘 성소에 중보하심

23-24절 "그러므로 하늘에 있는 것들의 모형은 이런 것들로써 정결하게 할 필요가 있었으나 하늘에 있는 그것들은 이런 것들보다 더 좋은 제물로 할지니라 그리스도께서는 참 것의 그림자인 손으로 만든 성소에 들어가지 아니하시고 바로 그 하늘에 들어가사 이제 우리를 위하여 하나님 앞에 나타나시고"

이 땅에 세워진 하늘의 모형에 의식상 정결하게 하는 제도가 있었습니다. 예수님은 이 땅의 것이 아닌 하늘에 있는 것을 더 좋은 제물로 하였습니다. 예수 그리스도께서는 참 것의 그림자인 손으로 만든 성소에 들어가지 아니하시고 우리를 위하여 참 하늘 성소에 들어가 우리를 위해 하나님 앞에서 중보하십니다.

모형 : 원형 그대로 본떠 만드는 것.

더 좋은 제물 : 그리스도의 피를 통한 정결한 제물임.

참 것의 그림자 : 헬라어 '안티튀파(ἀντίτυπα) 톤(τοῦ) 알레디노스(αληθινος)'는 원형의 모습에 비추어진 희미한 모습을 뜻함. 예수님의 사역은 하늘 참 성소에서 실상으로 중보하심을 의미합니다.

새로운 개발 단지나 국책 사업, 프로젝트나 일반 아파트 단지 등은 그 규모를 알 수 있도록 모형을 만들어 놓습니다. 규모가 큰 건축물을 지을 때 조감도를 그려 공사 현장에 세워둡니다. 모델 하우스는 그 규모대로 미리 만들어 보여 주는 것입니다. 모든 건설 사업이 완료되면 더 이상 모형이나 조감도는 필요 없습니다. 물론 기념으로 보존하기도 하지만 거의 폐기 처분합니다. 사실대로 되면 그런 것은 더 이상 필요치 않습니다.

하나님께서는 이스라엘 백성들을 출애굽케 하시고 시내 산에 도착한 후에 모세로 하여금 친히 보여주신 식양대로 성막과 기구들을 만들게 하였습니다. 성 밖의 구조나 그 안에 있는 여러 기구들은 지시한 대로 만들었습니다. 광야 성막은 율법에 따라 제사 예법이나 정결의식이 있었습니다.

23절 "그러므로 하늘에 있는 것들의 모형은 이런 것들로써 정결하게 할 필요가 있었으나 하늘에 있는 그것들은 이런 것들보다 더 좋은 제물로 할지니라"

구약시대의 제물은 하늘에 있는 것의 모형으로 쓰였지만, 신약시대의 제물은 하늘 실체로 쓰였습니다.

예수 그리스도께서는 더 좋은 제물이 되어 주심으로 모든 언약을 완성하였습니다. 더 좋은 제물은 그리스도의 피를 통한 영적이고 내적인 양심의 정결입니다.

24절(상) "그리스도께서는 참 것의 그림자인 손으로 만든 성소에 들어가지 아니하시고 바로 그 하늘에 들어가사……"

예수 그리스도께서는 참 것의 그림자인 손으로 만든 성막이나 성전에 들어가지 아니하시고 어디에 들어가셨습니까?

그렇습니다. 예수님은 이 땅에 세워 놓은 성소에 들어가신 것이 아닙니다. 이 땅의 성소는 모형이고 그림자입니다. 제도적이고, 불완전한 것입니다.

예수님은 십자가에서 제물이 되어 죽으시고, 부활하시고, 승천하시어 오직 참 하늘 성소에 들어 가셨습니다. 참 하늘 성소에 들어가심으로 모든 언약을 완성하셨던 것입니다.

예수님은 모든 언약을 완성하시기 위하여 그림자인 땅의 성소에 들어가지 아니하시고, 실체요, 본체인 하늘의 성소에 들어 가셨습니다. 그리고 우리를 위하여 하나님 앞에 나타나셨습니다.

24절(하) "…… 이제 우리를 위하여 하나님 앞에 나타나시고"

여기서 세 가지 의미성을 찾아 볼 수가 있습니다.

첫째, 이제입니다. 지금이라는 것입니다. 구약 때는 손으로 만든 그림자로 있을 때입니다. 그러나 현재의 이제는 지금입니다.

둘째, 우리를 위해서입니다. 예수님께서 십자가에서 돌아가심은 우리 모두를 위함이었습니다.

사 53:6 "우리는 다 양 같아서 그릇 행하여 각기 제 길로 갔거늘 여호와께서는 우리 모두의 죄악을 그에게 담당시키셨도다"

우리를 위하여 십자가에 피 흘려 돌아가셨던 것입니다.

셋째, 하나님 앞에 나타나심입니다. '앞'이라는 것은 그 의미가 '얼굴에', '면전에'라는 원문의 뜻입니다. 하나님 앞에, 하나님 면전에 인격적인 친밀함을 나타내는 표현입니다. '나타나시고'의 원문의 뜻은 이미 이루어진 사실로 실제적임을 말합니다.

좀 더 정리를 해보면 '지금 우리를 위하여 하나님의 면전에 계시면서 대제사장 직무를 감당하고 계심'을 사실적으로 나타내주고 있습니다.

이 땅에 세운 성막이나 각종 기구 그리고 제도적으로 행했던 모든 것이 모형이요, 그림자로 행했던 것입니다. 그러한 것은 외형적으로 열심히 하였으나, 내면적이고 영적인 문제를 해결치 못하였습니다.

예수 그리스도께서는 십자가에서 산제물로 죽으셔서 대속하시고 우리를 깨끗케 하셨습니다. 이 속죄는 영원함이요, 완전한 것이었습니다.

예수 그리스도께서는 십자가에서 자신을 하나님께 드렸기 때문에 지상의 성소에 들어가는 구약 대제사장들과 달리 참 하늘에 들어 가셨습니다. 이는 하나님 앞에 죄인인 우리를 위함이었습니다.

우리는 지금까지 '하늘에 있는 것들'과 그 모형인 '지상에 있는 것들'을 비교하여 구약 희생제물의 피와 그리스도의 피를 살펴봤습니다. 하늘에 있는 것들의 모형 때에도 행한 정결의식이 있었습니다. 하늘 성소에서는 이런 것과는 성격이 아주 다른 더 좋은 제물로 하였습니다. 이것은 예수 그리스도의 피로, 영적이고 내적인 양심까지 정결케 한 것입니다. 그리스도께서 자신의 피를 통해 들어가신 것은 지상의 성소가 아닌 실체인 하늘 성소에 들어가신 것입니다. 이는 우리를 중보하시기 위해 하나님 앞으로 나아가신 것입니다. 그러므로 우리는 그분 안에 온전히 거하기만 하면 됩니다.

2. 단번에 드린 속죄

25-26절 "대제사장이 해마다 다른 것의 피로써 성소에 들어가는 것 같이 자주 자기를 드리려고 아니하실지니 그리하면 그가 세상을 창조한 때부터 자주 고난을 받았어야 할 것이로되 이제 자기를 단번에 제물로 드려 죄를 없이 하시려고 세상 끝에 나타나셨느니라"

구약의 대제사장은 히브리 월력 티쉬리(Tishri) 칠월 십일에 해마다 송아지와 염소 피로 지성소에 들어갔습니다. 그러나 예수 그리스도 대제사장은 이렇게 아니하셨습니다. 그리하면 세상 창조 때부터 자주 고난을 받는 것이 됩니다. 자기를 단번에 드려 죄를 없게 하시고 세상 끝에 나타나시는 것입니다.

드리려고 : 헬라어 '프로스페레(προσφέρη)'는 제사행위를 뜻함.

그리하면 : '에페이(ἐπεί)'의 문자적인 해석은 '만일 달랐다면'임. 구약 대제사장 같이 '만약 그리스도께서 자주 자신을 드렸다면'의 의미입니다.

세상 끝 : 율법 아래 있던 세계의 끝으로 초림을 뜻하나, 재림의 뜻도 함축되어 있음. 십자가의 피로 단번에 드린 완전한 속죄를 이룸을 의미합니다.

구약시대의 대제사장들은 1년에 한 번씩 대속죄일에 자신과 가족 그리고 이스라엘 백성 전체의 죄를 속죄하기 위하여 희생제물의 피를 가지고 지성소 속죄소 앞으로 들어갔습니다(레 16장).

구약의 속죄 행위는 매년 반복되었습니다. 예수께서 구약의 제도를 따르셨다면 매년마다 수차례 죽으셔야만 했습니다. 그러므로 그처럼 자주 드리지 아니하시고, 단번에 드려 완성케 했던 것입니다.

유대인들의 풍습에 대속죄일에 온 이스라엘은 금식을 선포하고, 금식하며, 회개한다고 합니다. 대속죄일 전날 해지기 전 일찍 식사를 마치고 해가 지는 동시에 금식에 들어갑니다. 식사를 마치고 해가 지기 전에 촛불을 켜서 대속죄일 내내 촛불을 밝혀둡니다. 유대인들에게 회개의 날인 동시에 기쁨의 날입니다. 이날은 하나님과 사람에게 지은 모든 죄를 용서받고 새롭게 시작하는 의미로 지냅니다.

25절 "대제사장이 해마다 다른 것의 피로써 성소에 들어가는 것 같이 자주 자기를 드리려고 아니하실지니"

구약의 대제사장은 매년 짐승의 피를 가지고 속죄소에 들어갔습니다. 예수 그리스도께서는 반복적이 아닌 단번에 드린 속죄였습니다.

벧전 3:18 "그리스도께서도 단번에 죄를 위하여 죽으사 의인으로서 불의한 자를 대신하셨으니 이는 우리를 하나님 앞으로 인도하려 하심이라……"

구약의 대제사장이 속죄일에 드리는 제사와 그리스도께서 드린 제사를 비교해 보면 그리스도께서 드린 제사는 더 이상 다시 드릴 필요가 없는 온전한 것입니다. 예수께서 단번에 제사를 드림으로 모든 언약을 완성하셨던 것입니다.

26절(상) "그리하면 그가 세상을 창조한 때부터 자주 고난을 받았어야 할 것이로되……"

서두에 '그리하면'은, 즉 원문 '에페이'를 직역하면 '만일 달랐다면'이란 뜻으로 '만약 그리스도께서 자주 자기를 드렸다면'이란 의미입니다. 예수께서 자주 자신을 드려야만 했으면 여러 번 죽음을 당해야만 했을 것이라는 것입니다.

구약 때 반복적으로 행했던 또 제도적으로 행하던 것은 그림자로 행했던 의식과 규례였습니다. 참 형상이 옴으로 이제 그림자로 보여 주었던 모든 것이 확연히 드러나 실상으로 보인 것입니다.

26절(하) "…… 이제 자기를 단번에 제물로 드려 죄를 없이 하시려고 세상 끝에 나타나셨느니라"

'이제'라고 한 것은 시간적인 의미와 실제적인 의미가 함축되어 있는 것입니다. 때가 되어 실제적으로 오시고, 십자가에서 피 흘려 죽으셔서 단번에 드려 인간의 죄를 담당하시고, 속하시려고 성육신하시어 이 땅에 오신 것입니다.

본문 끝에 '세상 끝에 나타나셨느니라'는 것은 초림적 의미와 재림의 연속성을 담고 있습니다.

롬 6:10-11 "그가 죽으심은 죄에 대하여 단번에 죽으심이요 그가 살아 계심은 하나님께 대하여 살아 계심이니 이와 같이 너희도 너희 자신을 죄에 대하여는 죽은 자요 그리스도 예수 안에서 하나님께 대하여는 살아 있는 자로 여길지어다"

단번에 드려 죄를 없게 하시려고 십자가에서 피 흘려 죽으사 인간의 죄를 담당하셨습니다. 예수 그리스도께서는 자신을 드려 영원한 구속을 완성하신 것입니다. 예수님은 우리 죄를 위해 육신을 입고 오셔서 갖은 고난과 멸시 천대를 받으셨습니다. 십자가에서 피흘려 죽으심으로 구속 사역을 완성하셨던 것입니다.

주기철 목사님은 끝까지 신사 참배를 거절하다 순교당하였습니다. 일본의 잔인무도한 고문으로 죽임을 당했습니다.

다음은 그분이 피로써 쓴 글입니다.

'영문 밖의 길' 1절

서쪽 하늘 붉은 노을 영문 밖에 비추누나.
연약하든 두 어깨에 십자가를 생각하니
머리에는 가시관 몸에는 붉은 옷
힘없이 걸어가신 영문 밖의 길이라네.

예수님이 지신 십자가와 골고다에서 흘리신 피로 우리는 죄 사함을 받은 것입니다.

구약 때 대제사장은 매년 반복 희생제물로 속죄제사를 드렸습니다. 예수 그리스도는 단번에 자신이 희생제물이 되시어 십자가에서 온전히 화목제물이 되어 드려졌습니다. 예수 그리스도께서는 십자가에서 구속 사역을 완성하심으로 온 인류를 구원하시고 죄에서 해방케 하였습니다.

골 1:14 "그 아들 안에서 우리가 속량 곧 죄 사함을 얻었도다"

그렇습니다. 예수님이 십자가에서 완성하신 그 죄 사하심 가운데 살아가면 되는 것입니다.

우리를 구속하여 주신 은혜에 날마다 감사하며 십자가로 더 가까이 나아가야 합니다.

3. 그리스도의 속죄와 심판

27-28절 "한번 죽는 것은 사람에게 정해진 것이요 그 후에는 심판이 있으리니 이와 같이 그리스도도 많은 사람의 죄를 담당하시려고 단번에 드리신바 되셨고 구원에 이르게 하기 위하여 죄와 상관없이 자기를 바라는 자들에게 두 번째 나타나시리라"

사람은 누구나 죽습니다. 그것은 정하신 이치입니다. 문제는 그 후에 심판이 있다는 것입니다. 지은 죄는 구약 때 짐승의 피로, 신약 때 그리스도의 피로 속했습니다. 인간의 죄를 담당하시고 단번에 십자가에서 피 흘려 죽으셨습니다. 그 피로 구원을 받았음에도 믿지 않았다면, 심판이 따름은 당연한 것입니다. 그러므로 공의의 심판의 주로 다시 오시는 것입니다.

심판 : 헬라어 '크리시스(κρίσις)'는 선악 간 구별하는 행위를 뜻함.

담당하다 : 헬라어 '아나페로(ἀναφέρω)'는 위로(ἀνα)와 운반하다(φέρω)의 합성어임. 그 의미상은 '어깨위로 짊어지고 나르다'라는 뜻입니다. 인류의 죄 짐을 지고 죽으신 대속 사역을 의미합니다.

두 번째 나타남 : 주의 재림을 뜻함. 구원하신 속죄와 심판의 주로 다시 오심을 의미합니다.

사람이 이 세상에 태어나서 수명대로 살다가 죽는 것은 정한 이치입니다. 육체를 가진 인간은 아는 지식이나 지혜에 한계가 있고, 그 계획하여 하는 일에도 한계가 있습니다. 인간은 희로애락 가운데 살다가 늙고, 병들고, 죽습니다. 어쩌면 인생은 나그네와 같아서 잠시 머물다 가는 부운(浮雲) 같은 인생입니다. 그래서 인생은 아침 안개와 같고, 풀과 꽃과 같다고 하였습니다.

27절 "한번 죽는 것은 사람에게 정해진 것이요 그 후에는 심판이 있으리니"

한 번 죽는 것은 사람에게 정해진 것이라 하였습니다. 죽음은 불가항력적이며 최종적인 것입니다. 그런데 문제는 죽음 후에 심판이 있다는 것입니다. 이 세상의 삶에는 악한 자나 선한 자의 구분이 어렵습니다. 그러나 죽은 후에 심판이 있어 구분됩니다.

바로 본문 끝에 "그 후에는 심판이 있으리니"라고 하였습니다.

고후 5:10 "이는 우리가 다 반드시 그리스도의 심판대 앞에 나타나게 되어 각각 선악간에 그 몸으로 행한 것을 따라 받으려 함이라"

반드시 그리스도의 심판대 앞에 나타나게 되어 각각 선악 간에 그 몸으로 행한 대로 받는다고 하였습니다. 예수 그리스도로 말미암아 구원받은 것은 동일하나, 믿음으로 행하는 그 열매는 다릅니다.

요 5:29 "선한 일을 행한 자는 생명의 부활로, 악한 일을 행한 자는 심판의 부활로 나오리라"
마 25:46 "그들은 영벌에, 의인들은 영생에 들어가리라 하시니라"

죽음이 정해진 것처럼 죽은 뒤에 심판 역시 정해지는 것입니다. 죄악 가운데 살았던 사람은 영원히 꺼지지 않은 유황불 지옥에 들어가고, 예수 믿고 구원받아 선한 삶을 산 자는 상급을 받고 영원한 천국에 들어갑니다. 죽은 후에는 엄중한 하나님의 심판이 있음을 말씀하고 있는 것입니다.

요 5:24 "내가 진실로 진실로 너희에게 이르노니 내 말을 듣고 또 나 보내신 이를 믿는 자는 영생을 얻었고 심판에 이르지 아니하나니 사망에서 생명으로 옮겼느니라"

◎ **최봉석 목사님 이야기**

언제 어디서나 "예수 천당!"하고 외치고 다녔습니다.

어느 날 안타깝게도 아들이 죽어 장례를 치르게 되었습니다. 그런데 상여 뒤에 따라가던 최 목사님이 갑자기 소리를 쳤습니다. 뭐라고 했을까요?

"예수 천당!"

옆에서 따라가던 목사님 한 분이 "지금 아드님 상여가 나가는 중입니다"라고 말합니다.

최 목사님이 왈 "아들이야 죽어서 천국 갔지만, 저기 저 지옥 갈 사람들을 보니 가슴이 너무 아파 그랬습니다." 그리고는 또 "예수, 천당!"하고 큰 소리로 외쳤다고 합니다.

불신자들에게 예수 그리스도를 믿게 해야 합니다.

예수 그리스도만이 천국으로 인도하는 유일한 길입니다.

예수 그리스도만이 죄와 죽음에서 우리를 살리시는 유일한 길입니다.

예수 그리스도만이 사람의 죄를 담당하시고 영생에 있게 합니다.

28절(상) "이와 같이 그리스도도 많은 사람의 죄를 담당하시려고 단번에 드리신바 되셨고……"

서두에 '이와 같이'는 앞 절의 연결로 '한 번 죽는 것이 사람에게 정하신 것, 곧 모든 사람의 죽음에 대하여 그리스도께서 죄를 담당하시려고 단번에 드렸음을 의미합니다.

시 51:5 "내가 죄악 중에서 출생하였음이여 어머니가 죄 중에서 나를 잉태하였나이다"

인간은 누구나 죄의 유전으로 태어났습니다. 누구도 죄에서 자유로울 수가 없었습니다.

엡 2:1 "그는 허물과 죄로 죽었던 너희를 살리셨도다"

롬 8:1-2 "그러므로 이제 그리스도 예수 안에 있는 자에게는 결코 정죄함이 없나니 이는 그리스도 예수 안에 있는 생명의 성령의 법이 죄와 사망의 법에서 너를 해방하였음이라"

예수 안에 있는 자에게는 결코 정죄함이 없습니다. 죄와 사망의 법에서 해방되었습니다.

28절(하) "…… 구원에 이르게 하기 위하여 죄와 상관없이 자기를 바라는 자들에게 두 번째 나타나시리라"

죄에서 우리를 건져주신 주께서 죄와 상관없이 자기를 바라는 자들에게 두 번째 나타나시리라고 말씀합니다. 두 번째 나타나심은 주의 재림을 의미합니다.

본문은 두 가지 성격을 말합니다. 첫째는 죄와 상관없는 자라고 하였습니다. 둘째는 자기를 바라는 자들입니다. 죄에서 떠나 정결하고, 경건하며, 성화되어 가는 자와 주의 다시 오심을 소망하며, 고대하고, 사모하며, 기다리는 자들입니다.

예수님은 언약의 완성과 성취로 반드시 오심을 믿으시기 바랍니다.

한 번 죽는 것은 사람에게 정하신 것이라 하였습니다. 그 후에는 심판이 있다고 하였습니다.

예수님은 인류의 죄를 십자가에서 피 흘려 죽으시고 담당하셨습니다. 구원의 성취로 죄와 상관없고 바라는 자들에게 두 번째 나타나신다고 하였습니다. 그러므로 항상 깨어 있어 신앙하고, 정결한 삶을 살며, 받은바 소명을 다하는 것입니다.

주의 재림을 기다리는 자들에게는 영원한 기업을 주십니다. 구원의 상속자로 영원한 기업을 받게 되는 것입니다.

구약에 하늘의 모형으로 세운 장막에서도 정결의식을 행했습니다. 주께서는 하늘에 있는 것은 더 좋은 제물로 하였습니다. 이는 십자가의 희생제물이 되시어 피로 드려지고, 인간의 죄를 담당하시고, 정결케 하였습니다.

구약 때는 반복적인 속죄제를 드렸으나, 예수님은 단번에 드려 죄를 속하고 영원케 하셨습니다. 예수님은 이 땅에 세운 성소가 아닌 하늘 성소에 들어가사 하나님 우편에 계시는 것입니다.

구약의 대제사장이 속죄일에 속죄를 마치고 나올 때 하나님이 받으심을 확신하고 기뻐했던 것처럼 예수님은 소망하며 기다리는 자들을 구원의 상속자로 여겨 영원한 기업을 주시어 누리게 하십니다.

제10장

그리스도의 참 제사와 영원성

I. 유일한 참 제사

히 10:1-18

① 율법은 장차 올 좋은 일의 그림자일 뿐이요 참 형상이 아니므로 해마다 늘 드리는 같은 제사로는 나아오는 자들을 언제나 온전하게 할 수 없느니라 ② 그렇지 아니하면 섬기는 자들이 단번에 정결하게 되어 다시 죄를 깨닫는 일이 없으리니 어찌 제사 드리는 일을 그치지 아니하였으리요 ③ 그러나 이 제사들에는 해마다 죄를 기억하게 하는 것이 있나니 ④ 이는 황소와 염소의 피가 능히 죄를 없이 하지 못함이라 ⑤ 그러므로 주께서 세상에 임하실 때에 이르시되 하나님이 제사와 예물을 원하지 아니하시고 오직 나를 위하여 한 몸을 예비하셨도다 ⑥ 번제와 속죄제는 기뻐하지 아니하시나니 ⑦ 이에 내가 말하기를 하나님이여 보시옵소서 두루마리 책에 나를 가리켜 기록된 것과 같이 하나님의 뜻을 행하러 왔나이다 하셨느니라 ⑧ 위에 말씀하시기를 주께서는 제사와 예물과 번제와 속죄제는 원하지도 아니하고 기뻐하지도 아니하신다 하셨고 (이는 다 율법을 따라 드리는 것이라) ⑨ 그 후에 말씀하시기를 보시옵소서 내가 하나님의 뜻을 행하러 왔나이다 하셨으니 그 첫째 것을 폐하심은 둘째 것을 세우려 하심이라 ⑩ 이 뜻을 따라 예수 그리스도의 몸을 단번에 드리심으로 말미암아 우리가 거룩함을 얻었노라 ⑪ 제사장마다 매일 서서 섬기며 자주 같은 제사를 드리되 이 제사는 언제나 죄를 없게 하지 못하거니와 ⑫ 오직 그리스도는 죄를 위하여 한 영원한 제사를 드리시고 하나님 우편에 앉으사 ⑬ 그 후에 자기 원수들을 자기 발등상이 되게 하실 때까지 기다리시나니 ⑭ 그가 거룩하게 된 자들을 한 번의 제사로 영원히 온전하게 하셨느니라 ⑮ 또한 성령이 우리에게 증언하시되 ⑯ 주께서 이르시되 그 날 후로는 그들과 맺을 언약이 이것이라 하시고 내 법을 그들의 마음에 두고 그들의 생각에 기록하리라 하신 후에 ⑰ 또 그들의 죄와 그들의 불법을 내가 다시 기억하지 아니하리라 하셨으니 ⑱ 이것들을 사하셨은즉 다시 죄를 위하여 제사 드릴 것이 없느니라

토마스 켈리(Thomas Kelly)의 시(앞부분)

구속 사역은 행해졌고
희생자의 피는 흘려졌도다.
이제 예수님은 돌아가셨고,
자기 백성의 간구하는 이유가 되셨도다.
하늘 보좌에 서셨네, 그들의 위대한 대제사장이신 주.

율법은 장차 오는 좋은 일의 그림자요, 참 형상이 아니라고 합니다. 왜냐하면 해마다 드리는 속죄로는 온전케 할 수 없기 때문입니다.

유대인들은 지금도 《모세오경》만이 완전한 계시고, 참이라고 고집하고 있습니다. 구약의 속죄는 항상 미결책이었고 불완전하였습니다. 반면, 예수 그리스도의 단번에 드린 속죄는 완전하고 영원합니다.

구약의 짐승 피 제사는 죄의 완전한 해결이 아닌 유예적인 것이었습니다. 반면, 예수 그리스도의 십자가의 피는 죄 사함을 받는 완전한 속죄였습니다.

'예수 그리스도의 유일한 참 제사가 무엇인가'를 자세히 살펴보고자 합니다.

1. 옛 속죄의 한계성

1-4절 "율법은 장차 올 좋은 일의 그림자일 뿐이요 참 형상이 아니므로 해마다 늘 드리는 같은 제사로는 나아오는 자들을 언제나 온전하게 할 수 없느니라 그렇지 아니하면 섬기는 자들이 단번에 정결하게 되어 다시 죄를 깨닫는 일이 없으리니 어찌 제사 드리는 일을 그치지 아니하였으리요 그러나 이 제사들에는 해마다 죄를 기억하게 하는 것이 있나니 이는 황소와 염소의 피가 능히 죄를 없이 하지 못함이라"

율법적 제사는 불완전할 뿐 아니라 반복적이었습니다. 문제는 계속 드려야 함에도 불구하고 죄 문제가 완전히 해결치 못하고 계속되었던 것입니다. 동물의 피는 근본적인 해결책이 되지 못했던 것입니다.

좋은 일 : 헬라어 '아가돈(ἀγαθῶν)', 그리스도를 통해 이루어지는 구원을 뜻함. 곧 그리

스도의 제사의 완전성을 의미합니다.

깨닫는 일 : 헬라어 '쉬네이데시스(συνείδησις), 지각으로 아는 도덕적 의식임. 단순한 인식의 차원이 아닌 양심의 가책과 거리낌으로 아는 것을 의미합니다. 율법의 한계성과 불완전성을 나타내주는 성격을 말합니다.

어떤 물체이든 빛을 받으면 그림자가 생깁니다. 그 그림자는 본체의 모습을 가지고 있으나 희미합니다. 그림자만 보고 확실한 형체를 알 수 없습니다. 구약 율법이 이와 같아서 장차 오는 좋은 일의 그림자였습니다. 그러므로 참 형상이 나타나면 모든 것이 분명해집니다.

1절 "율법은 장차 올 좋은 일의 그림자일 뿐이요 참 형상이 아니므로 해마다 늘 드리는 같은 제사로는 나아오는 자들을 언제나 온전하게 할 수 없느니라"

여기서 '장차 올 좋은 일'은 무엇을 뜻할까요? 이것은 예수 그리스도께서 십자가에서 이루신 구속 사역입니다.

율법은 장차 오는 좋은 일의 그림자입니다. 참 형상이 아닙니다. 해마다 드리는 율법적 속죄로는 온전치 못하였고 반복해야만 했습니다.

2절 "그렇지 아니하면 섬기는 자들이 단번에 정결하게 되어 다시 죄를 깨닫는 일이 없으리니 어찌 제사 드리는 일을 그치지 아니하였으리요"

앞 절에서 '해마다 늘 드리는 같은 제사로는 …… 온전케 할 수 없다'고 하였습니다.

'그렇지 아니하면 섬기는 자들이 단번에 정결케 되어 다시 죄를 깨닫는 일이 없었을 것'이라는 것입니다. 그렇다면 드리는 일을 그만 그쳤을 것이라는 것입니다.

율법이 완전하여서 온전히 정결할 수 있었다면 매년 속죄일에 희생제사를 반복적으로 드릴 필요가 없었을 것임을 반문합니다.

매년 속죄일에 드렸다는 것은 율법의 불완전성을 나타내는 한계성입니다.

1-2절을 요약하면 첫째, 율법은 '장차 올 좋은 일의 그림자이며 참 형상이 아니라는 것이고, 둘째, 율법을 좇아 해마다 드리는 제사로는 영육 간 온전케 할 수 없다는 점입니다. 이를 요약하면 이러합니다.

	그림자(구약)	참 형상(신약)
언약	옛 언약	새 언약
희생	짐승의 피	그리스도의 피
특징	불완전성, 반복성	완전성, 단회성
효력	죄를 깨닫게 하나 죄를 속할 유효성이 없음.	죄를 온전히 속함.

3절 "그러나 이 제사들에는 해마다 죄를 기억하게 하는 것이 있나니"

구약의 백성들은 제사 때마다 자기 죄를 기억하는 것입니다.

여기서 '해마다'는 대속죄일에서 행했던 속죄였습니다. 대속죄일에는 이스라엘 백성 전체를 죄 문제를 가지고 속죄하는 제사입니다.

그러나 일반적으로 개인이 지은 죄는 형편에 따라 소나, 양이나, 염소, 비둘기를 가지고 성막문 앞에서 짐승의 흠을 살펴 통과시키고, 번제단 앞에서 짐승에게 자기 죄를 안수하여 전가시키고, 죄인이 그 짐승을 죽여 껍질을 벗기고 각을 뜹니다.

죽일 때 받는 피는 제사장이 제단 앞에 뿌리고, 각 뜬 짐승의 내장과 살은 주로 번제로 태워 올리는 것입니다. 이를 화제라고도 합니다. 이로써 자기 죄 문제가 해결 받았을 때 그 기쁨은 말할 수 없는 것입니다.

짐승의 피 제사도 이러할진대, 그림자가 아닌 참 형상이 오시어 직접 자기 몸을 드린 피로서의 속죄는 더 말할 필요가 없는 것입니다.

그러므로 정녕 구원의 기쁨이 넘쳐야 합니다.

4절 "이는 황소와 염소의 피가 능히 죄를 없이 하지 못함이라"

황소와 염소의 피는 1년에 대속죄일에 드릴 때 제물이 되는 피입니다. 이때는 완전치 못하여 또 다시 그 다음해에는 다시 행합니다. 황소와 염소의 피는 예수 그리스도의 대속적인 희생을 미리 보여주는 그림자였습니다.

구약의 불완전한 이 속죄를 예수 그리스도께서 완전히 속죄하셨습니다. 그것도 단번에 자신의 몸을 드려 대속하셨습니다.

시 51:16-17 "주께서는 제사를 기뻐하지 아니하시나니 그렇지 아니하면 내가 드렸을 것이라 주

는 번제를 기뻐하지 아니하시나이다 하나님께서 구하시는 제사는 상한 심령이라 하나님이여 상하고 통회하는 마음을 주께서 멸시하지 아니하시리이다"

다윗의 이 예언적 고백은 예수 그리스도의 보혈의 피로 정결케 됨을 노래한 것입니다.

율법은 장차 오는 좋은 일의 그림자였습니다. 대속죄일에 해마다 드리는 제사로는 죄를 사함이 온전치 못했습니다. 온전하였다면, 섬기는 자들이 단번에 온전케 되어 다시금 드리는 일을 그치셨을 것입니다. 그러하지 못하여 해마다 속죄일이 다가오면, 황소와 염소의 피로 반복하여 제사를 드렸던 것입니다. 그러나 반복적일 뿐 죄를 온전히 없이 하지 못하였습니다. 이 문제의 완전한 해결은 그림자의 본체이신 예수 그리스도께서 십자가에서 피 흘려 완전한 속죄, 영원한 속죄를 하심으로 죄 문제는 종결되었습니다.

2. 그리스도의 희생으로 거룩함을 얻음

5-10절 "그러므로 주께서 세상에 임하실 때에 이르시되 하나님이 제사와 예물을 원하지 아니하시고 오직 나를 위하여 한 몸을 예비하셨도다 번제와 속죄제는 기뻐하지 아니하시나니 이에 내가 말하기를 하나님이여 보시옵소서 두루마리 책에 나를 가리켜 기록된 것과 같이 하나님의 뜻을 행하러 왔나이다 하셨느니라 위에 말씀하시기를 주께서는 제사와 예물과 번제와 속죄제는 원하지도 아니하고 기뻐하지도 아니하신다 하셨고 (이는 다 율법을 따라 드리는 것이라) 그 후에 말씀하시기를 보시옵소서 내가 하나님의 뜻을 행하러 왔나이다 하셨으니 그 첫째 것을 폐하심은 둘째 것을 세우려 하심이라 이 뜻을 따라 예수 그리스도의 몸을 단번에 드리심으로 말미암아 우리가 거룩함을 얻었노라"

본문은 시 40:6-8의 인용입니다. 다윗이 쓴 시입니다. 옛 언약 하에서 드렸던 희생제물보다 새 언약에서 드려진 그리스도의 희생이 더 우월함을 말하고 있습니다. 그뿐 아니라 그리스도의 선재성과 성육신의 이유를 제시합니다.

율법에 나타난 희생제사들은 해결책이 아닙니다. 방향만 제시한 것입니다. 즉, 형식에 불과한 것으로 하나님이 기뻐하지 아니하십니다. 그러므로 두루마리 책에 기록한 대로 하나님의 뜻을 행하려 함이며, 그 첫 것(율법)을 폐하고 둘째 것(복음)을 세우려 하심입니다. 이로 말미암아 예수 그리스도께서 단번에 몸을 십자가에 드림으로 우리가 거룩함을 얻게 된 것입니다.

한 몸 : 헬라어 '소마(σῶμα)'는 육체와 정신을 가진 인격체를 뜻하나, 여기서는 예수님의 몸을 가리킴(성육신).

번제 : 히브리어 '올라(עֹלָה)'는 제물을 각을 떠서 단에서 태워드리는 제사임. 헬라어 '홀로카우토마(ὁλοκαύτωμα)'는 '전체를 불에 태움'이란 뜻입니다. 영적으로 철저한 자기희생과 헌신을 의미합니다.

두루마리 책 : 헬라어 '케팔리디 비블리우(κεφαλίδι βιβλίου)'는 모세오경을 포함한 모든 구약성경을 의미함. 성경에 기록된 대로 십자가의 희생으로 거룩하게 됨을 말합니다.

하나님의 계획하심은 때가 되면 반드시 이루십니다. 하나님의 뜻하신바 언제나 효력을 가지며 변하지 않습니다. 그리고 포괄적이며 명확히 이루어집니다.

예수 그리스도께서 인간의 죄를 속하기 위해 화목제물이 되었습니다.

하나님께서는 작정하시고 예정하신 대로 이루시고 성취하심입니다.

그리스도의 비하하심은 성육신과 생애와 십자가에서 죽어 무덤에까지 나아감입니다.

하나님의 뜻을 이루시기 위하여 끝까지 순종하였습니다(빌 2:8).

5절 서두에 '그러므로 주께서 세상에 임하실 때에'는 성육신하심입니다.

그리고 하나님은 구약 때의 제사와 제물을 원치 아니하시고, 이어서 "오직 나를 위하여 한 몸을 예비하셨도다"라고 하였습니다.

여기서 본문에 문제점이 하나 있습니다. 히브리 원전에는 한 '몸'이 아니고 '귀'로 되어 있기 때문입니다. 그러면 '귀를 통하여 (열어) 주셨다'가 되는 것입니다. 왜 이런 일이 일어났는가는 BC 150년경에 구약 히브리어 성경을 헬라어로 번역한 70인 역의 '몸'으로 된 것을 인용한 것입니다.

본문의 5절(하) "…… 오직 나를 위하여 한 몸을 예비하셨도다"가 시 40:6의 "주께서 나의 귀를 통하여 들리시기를……"에서 인용되었습니다. 그러면 '몸'을 예비한 것인가? 아니면 '귀'를 통하여 들려주시는 것인가?(시편 히브리서 원문 : 귀)

학자들의 의견은 본문을 70인 역의 성경을 인용한 것이지만, 하나님의 뜻에 순종하는 의미로 넓게 이해하면 될 것이라는 것이 학자들의 일반적인 견해입니다.

6절 "번제와 속죄제는 기뻐하지 아니하시나니"

시 40:6 "주께서 내 귀를 통하여 내게 들려 주시기를 제사와 예물을 기뻐하지 아니하시며 번제와 속죄제를 요구하지 아니하신다 하신지라"

본문 5-6절은 이 시편의 인용입니다.

구약의 제사는 다섯 개가 있습니다. 그 중에 번제와 속죄제는 죄의 성격에 따라 구분되어 드려졌습니다. 본문의 번제와 속죄제는 대속죄일에 드려지는 것을 의미합니다. 하나님은 그 제사 자체가 아니라 하나님의 뜻을 따라 순종하는 것입니다.

구약의 선지자들은 처음부터 끝까지 제사보다 순종을 강조하였습니다.

7절 "이에 내가 말하기를 하나님이여 보시옵소서 두루마리 책에 나를 가리켜 기록된 것과 같이 하나님의 뜻을 행하러 왔나이다 하셨느니라"

시 40:7 "그 때에 내가 말하기를 내가 왔나이다 나를 가리켜 기록한 것이 두루마리 책에 있나이다"

여기서 두루마리 책은 모세오경을 포함한 모든 구약 성경을 말합니다. 그 책에 기록한 것과 같이 하나님의 뜻을 행하려고 오셨다는 것입니다.

구약의 흐르는 맥은 주의 오심과 예언과 성취를 담고 있습니다. 예수님은 성경대로 오셨고 또 다시 오십니다.

마 24:30 "그 때에 인자의 징조가 하늘에서 보이겠고 그 때에 땅의 모든 족속들이 통곡하며 그들이 인자가 구름을 타고 능력과 큰 영광으로 오는 것을 보리라"

주님은 예언의 성취로 큰 영광의 모습으로 다시 오심을 믿으시기 바랍니다.

본문은 성경대로 하나님의 뜻을 행하기 위해 오심을 말하고 있습니다.

8절에서는 하나님께서는 제사와 예물과 번제와 속죄제를 원하지 아니하시고, 기뻐하지도 않으신다는 것입니다. 왜냐하면 이는 다 율법을 따라 드리는 것이기 때문입니다.

구약의 율법도 온전한 하나님의 법이지만, 그 모든 것은 그림자로서 실상이 아니기 때문입니다.

9절 "그 후에 말씀하시기를 보시옵소서 내가 하나님의 뜻을 행하러 왔나이다 하셨으니 그 첫째 것을 폐하심은 둘째 것을 세우려 하심이라"

시 40:8 "나의 하나님이여 내가 주의 뜻 행하기를 즐기오니 주의 법이 나의 심중에 있나이다 하였나이다"

'내가 하나님의 뜻을 행하러 왔나이다'는 하나님의 뜻을 순종함입니다. 그 첫 것을 폐한 것은 구약 율법의 제사의식을 폐한 것입니다. 둘째 것을 세우려 하심은 자기 몸을 드리는 십자가 희생의 속죄입니다.

10절 "이 뜻을 따라 예수 그리스도의 몸을 단번에 드리심으로 말미암아 우리가 거룩함을 얻었노라"

예수님의 성육신하심은 하나님의 뜻을 이루려 하심입니다. 그 방법은 자신의 몸을 단번에 드리는 것입니다.

구약의 율법에 따라 지냈던 제사는 불완전하고 반복적으로 드렸던 것입니다. 그러므로 십자가에 단번에 드려 온전하고 완전한 구속의 성취였습니다. 이로 말미암아 하나님의 백성인 그리스도인들을 거룩하게 하셨습니다. 이는 성별됨을 나타냅니다.

주님은 두루마리 책, 곧 구약성경에 기록된 대로 하나님의 뜻을 따라 성육신하시어 이 땅에 오셨습니다.

하나님께서는 이스라엘 백성에게 준 율법 제사에 따른 예물과 의식과 제도에서 불완전하고 반복함으로도 기뻐하지 않으셨습니다.

예수 그리스도께서 하나님의 뜻을 행하려고 오셨습니다. 그리하여 구약 율법의 제사가 아닌 자신을 직접 드린 산제사였습니다. 십자가에서 단번에 드렸던 것입니다. 그리하여 완전한 속죄를 이루어 우리의 죄를 속하였고 거룩함을 입게 되었던 것입니다.

우리가 하나님 앞에 나아가고자 한다면, 예수 그리스도의 십자가가 유일한 길입니다.

3. 그리스도 속죄제사의 영원성

11-18절 "제사장마다 매일 서서 섬기며 자주 같은 제사를 드리되 이 제사는 언제나 죄를 없게

하지 못하거니와 오직 그리스도는 죄를 위하여 한 영원한 제사를 드리시고 하나님 우편에 앉으사 그 후에 자기 원수들을 자기 발등상이 되게 하실 때까지 기다리시나니 그가 거룩하게 된 자들을 한 번의 제사로 영원히 온전하게 하셨느니라 또한 성령이 우리에게 증언하시되 주께서 이르시되 그 날 후로는 그들과 맺을 언약이 이것이라 하시고 내 법을 그들의 마음에 두고 그들의 생각에 기록하리라 하신 후에 또 그들의 죄와 그들의 불법을 내가 다시 기억하지 아니하리라 하셨으니 이것들을 사하셨은즉 다시 죄를 위하여 제사 드릴 것이 없느니라"

구약에서 제사는 수없이 반복했습니다. 그러나 그 효력은 미치지 못하여 불완전했습니다. 그리스도께서는 인간의 죄를 위하여 영원한 제사를 드리고, 하나님 우편에 앉으사 원수들로 발등상이 되게 하실 때까지 기다리십니다. 반면, 그리스도께서 직접 드린 제물로 거룩하게 된 자들을 온전케 합니다. 그리고 세울 언약은 주의 법을 마음에 두게 하고, 생각을 기록하게 합니다. 죄와 불법에 대해 기억치 않으심을 성령께서 증명하신다고 합니다. 그러므로 다시 죄를 위하여 제사 드릴 필요가 없다는 것입니다.

발등상 : 헬라어 '휘포포디온(ὑποπόδιον)'은 발을 편하게 놓는 받침대임. 하나님의 거룩하심과 위엄을 강조할 때 사용되는 표현입니다.

불법 : 헬라어 '아노미아(ἀνομία)'는 부정어 ἀ와 법 νομία의 합성어임. 고의로 하나님의 법을 파괴하는 행위를 뜻합니다. 그리스도의 한 번에 드려진 속죄 사역의 영원성을 의미합니다.

구약에 행했던 제사는 주로 5대 제사입니다. 이 제사는 예수 그리스도의 그림자로서 다각적인 의미를 담고 있습니다.

번제는 예수 그리스도의 십자가에 온전히 몸을 드려짐입니다.

소제는 예수 그리스도의 그 몸의 고난을 드려짐입니다.

화목제는 예수 그리스도의 십자가의 대속으로 하나님과의 화평을 위한 것입니다.

속죄제는 알고 범하는 죄를 속함 받는 것입니다.

속건제는 부지중에 범한 죄를 위해 드려지는 제사입니다.

구약의 제사장들은 날마다 제사를 집례하였던 것입니다.

11절 "제사장마다 매일 서서 섬기며 자주 같은 제사를 드리되 이 제사는 언제나 죄를 없게 하지 못하거니와"

그렇습니다. 매일 자주 제사를 드릴 수밖에 없었습니다.

그런데 보세요? 이 제사는 언제나 죄 없이는 못한다는 것입니다. 드리고 또 드리고 반복하고 반복하지만, 죄의 근본적인 해결이 되지 않았던 것입니다. 사실 참으로 안타까운 일이라 할 수 있습니다.

하나님께서는 5절에서 한 몸을 예비하셨다고 하였지요? 그 한 몸은 하나님 아들이 성육신하여 이 땅에 오시어 제물이 되어 주신 한몸이었던 것입니다.

12절 " 오직 그리스도는 죄를 위하여 한 영원한 제사를 드리시고 하나님 우편에 앉으사"

예수 그리스도는 죄를 위하여 한 영원한 제사를 드렸습니다. 예수 그리스도의 이 한 번의 제사는 과거, 현재, 미래를 초월한 영원한 제사입니다. 주께서는 이러한 제사를 드리시고 하나님 우편에 앉으셨습니다.

10절과 11절에서 매일 드렸던 제사를 한 번으로 종결하였습니다.

구약제사는 죄 없이 못하였으나, 예수님은 죄 문제를 완전히 해결하였습니다. 예수 그리스도의 십자가의 피로 모든 사람이 죄 사함을 얻게 된 것입니다.

13절 "그 후에 자기 원수들을 자기 발등상이 되게 하실 때까지 기다리시나니"

시 110:1의 인용으로 그리스도께서 대적하는 모든 원수들이 굴복할 때까지 기다리십니다.

고전 15:25-26 "그가 모든 원수를 그 발 아래에 둘 때까지 반드시 왕 노릇 하시리니 맨 나중에 멸망 받을 원수는 사망이니라"

주께서는 모든 악의 세력들을 그 발밑에 짓밟으실 때까지 기다리고 계십니다.

14절 "그가 거룩하게 된 자들을 한 번의 제사로 영원히 온전하게 하셨느니라"

예수 그리스도는 한 번의 제물로 드렸습니다. 한 번의 제사로 영원히 온전하게 하셨습니다. 그 결과 그리스도인은 단지 외적인 면만이 깨끗케 된 것이 아니라 내면적인 양심까지 깨끗해졌으며, 동시에 하나님께 자유로이 나아갈 수 있게 되었습니다.

15-16절 "또한 성령이 우리에게 증언하시되 주께서 이르시되 그 날 후로는 그들과 맺을 언약이 이것이라 하시고 내 법을 그들의 마음에 두고 그들의 생각에 기록하리라 하신 후에"

선지자 예레미야를 통하여 이렇게 말씀하셨습니다.

렘 31:33 "그러나 그 날 후에 내가 이스라엘 집과 맺을 언약은 이러하니 곧 내가 나의 법을 그들의 속에 두며 그들의 마음에 기록하여 나는 그들의 하나님이 되고 그들은 내 백성이 될 것이라 여호와의 말씀이니라"

성령께서 이 예언의 말씀을 통해 예수님이 세울 새 언약에 대해 증명하십니다. '그 날 후'는 십자가에서 달려 하나님의 뜻을 이룬 후의 일입니다. 그날 후에는 하나님의 법을 우리의 마음과 생각에 기록하여 '나는 그들의 하나님이 되고 그들은 내 백성이 될 것이라', 곧 구속사의 이루어 가심을 의미합니다.

17절 "또 그들의 죄와 그들의 불법을 내가 다시 기억하지 아니하리라 하셨으니"

하나님께서는 우리에게 새 언약으로 믿음의 법을 세우셨을 뿐만 아니라 죄와 불법까지도 기억치 않으신다고 하셨습니다.

렘 31:34 "…… 내가 그들의 악행을 사하고 다시는 그 죄를 기억하지 아니하리라 여호와의 말씀이니라"

하나님은 우리 마음속에 정한 마음을 창조하시고, 우리 심령에 정직한 영을 새롭게 하십니다(시 51:10).

18절 "이것들을 사하셨은즉 다시 죄를 위하여 제사 드릴 것이 없느니라"

하나님께서는 예수 그리스도의 구속 사역을 통해 죄를 다시 기억치 아니하신다 하였습니다. 그러므로 죄를 위하여 구약의 제사는 이제는 드릴 필요가 없습니다. 예수 그리스도의 희생제사는 완전하고 영원합니다.

구약의 제사는 매일 같은 제사를 드렸지만 죄를 없게 못하였습니다. 오직 예수 그리스도만이 한 영원한 제사로 죄를 해결하고, 승천하시고, 하나님 우편에 앉아 계십니다.

새 언약 하에서의 두 가지 약속을 언급합니다. 그 하나는 하나님의 법을 마음에 두고 생각에 기록하리라는 것입니다. 또 하나는 죄와 불법을 다시 기억하지 아니하심입니다. 새 언약의 그리스도인들은 이제는 하나님 앞에 자유로이 나아갈 수 있게 된 것입니다.

율법적 제사는 불완전할 뿐만 아니라 계속 반복되어야 했습니다. 문제는 계속 드려졌음에도 죄는 해결해 주지 못했습니다. 이 죄 문제를 해결하기 위하여 성경에 그리스도의 완전한 제사에 대해 언급하고 있습니다. 십자가에서 불완전한 제사를 폐하고 완전하고 영원한 제사를 완성하셨습니다.

하나님께서는 율법적 제사를 기뻐하지 아니하시고 복음적 희생제사를 기뻐하셨습니다. 이 최종적인 희생제사를 성령께서 증거하고 계십니다.

앞 서론에 이어 토마스 켈리(Thomas Kelly)의 시 끝부분을 소개합니다.

비록 잠시 동안 사람의 눈에서
감추어지셨지만
주님의 백성은 그들의 위대한 대제사장을
다시 보게 되리라.
찬란한 영광중에 주님은 오셔서
자기를 기다리던 백성을 집으로 데려가시리.

II. 믿음의 전진

히 10:19-25

⑲ 그러므로 형제들아 우리가 예수의 피를 힘입어 성소에 들어갈 담력을 얻었나니 ⑳ 그 길은 우리를 위하여 휘장 가운데로 열어 놓으신 새로운 살 길이요 휘장은 곧 그의 육체니라 ㉑ 또 하나님의 집 다스리는 큰 제사장이 계시매 ㉒ 우리가 마음에 뿌림을 받아 악한 양심으로부터 벗어나고 몸은 맑은 물로 씻음을 받았으니 참 마음과 온전한 믿음으로 하나님께 나아가자 ㉓ 또 약속하신 이는 미쁘시니 우리가 믿는 도리의 소망을 움직이지 말며 굳게 잡고 ㉔ 서로 돌아보아 사랑과 선행을 격려하며 ㉕ 모이기를 폐하는 어떤 사람들의 습관과 같이 하지 말고 오직 권하여 그 날이 가까움을 볼수록 더욱 그리하자

우리는 과거에 하나님을 멀리 떠나 살았습니다. 그러나 이제는 우리가 하나님의 자녀가 되었습니다. 하나님께 담대히 나아 갈 수 있는 길이 열렸습니다. 얼마나 감사한 일입니까?

하나님께 나아갈 수 있는 길에 대해 본문은

첫째, 예수님은 십자가에서 단번에 영원한 희생제사를 드렸기 때문입니다(19절).

둘째, 예수님의 육체가 찢기심으로, 휘장 가운데로 새롭고 산길을 열어 놓으셨기 때문입니다(20절).

셋째, 예수님이 하늘 성소에 큰 제사장으로 계시기 때문입니다(21절).

넷째, 정결케 된 참 마음과 온전한 믿음으로 나아갈 수 있기 때문입니다(22절).

다섯째, 믿는 도리의 소망을 굳게 잡기 때문입니다(23절).

여섯째, 사랑과 선행을 격려하며 나아가기 때문입니다(24절).

일곱째, 주의 재림이 가까워 오는 줄 알고 나아가기 때문입니다(25절).

사실 우리의 믿음에는 의무도 수반되어집니다. 그것은 하나님에 대한 온전한 믿음이며, 믿음의 소망을 굳게 잡아야 합니다. 행하는 믿음은 이웃을 위한 사랑의 실천입니다. 끝으로 믿음의 실천에 대해 모이기에 힘써야 할 것을 권면하고 있습니다.

믿음의 전진에 대하여 세 가지로 살펴보고자 합니다.

1. 담대한 믿음의 전진

19-20절 "그러므로 형제들아 우리가 예수의 피를 힘입어 성소에 들어갈 담력을 얻었나니 그 길은 우리를 위하여 휘장 가운데로 열어 놓으신 새로운 살 길이요 휘장은 곧 그의 육체니라"

히 9:1-10:18에서 그리스도께서 자신의 피로 단번에 완전한 속죄를 이루셨습니다. 본문은 그에 대한 결과적 권면을 하고 있습니다. 이러한 배경 하에 '그러므로'로 시작하고 있습니다. 우리가 예수의 피를 힘입어 하늘 성소에 들어갈 담력을 얻게 된 것입니다. 이는 우리를 위하여 주께서 육체로 열어 놓으신 생명이 길입니다.

담력 : 헬라어 '파르레시안(παρρησίαν)'은 '담대함'의 뜻임. 하나님께 나아갈 수 있는 힘을 의미합니다.

새로운 : 헬라어 '프로스파토스(πρόσφατος)'는 '앞에서 죽이다', '방금 도살한 짐승의 고기가 싱싱하다'의 원어의 뜻이나, 여기서는 '최근', '새롭다'의 의미임.

살길 : 살다는 헬라어 '리도스(λιθος)', 곧 생명임. 곧 산길은 '생명의 길'이란 뜻입니다. 생명으로 인도하는 길의 의미입니다.

예수님의 십자가의 피로 담대함을 얻어 생명의 길로 나아감을 의미합니다.

기독교 신앙의 핵심을 한마디로 표현하면 십자가입니다. 십자가를 요약하면 피입니다.

죄의 문제를 해결치 못한 구약의 제사를 성육신하시고, 이 땅에 오셔서 희생제물이 되시어 피 흘려 십자가에 죽으시고, 온전히 속죄하셨습니다.

구약에 모형으로 세우시고, 그림자로 행했던 모든 것을 실상으로 이 땅에 오시어 참 형상으로 모든 문제를 해결하시고, 이루고 성취하셨습니다.

19절 "그러므로 형제들아 우리가 예수의 피를 힘입어 성소에 들어갈 담력을 얻었나니"

'그러므로'는 앞에서 그리스도께서 자신의 피로 단번에 영원한 제사를 드림으로, 믿는 자들이 온전케 되어 다시 구약적 제사는 드릴 필요가 없는 것에 대한 '그러므로'입니다.

'형제들아!'는 믿음의 자녀를 칭하는 다정한 호칭입니다. 우리가 예수의 피를 힘입어 어떻게 한다고 하였습니까? 성소에 들어갈 담력을 얻었다고 하였지요! 여기서 성소는 지성소에 들어감을 의미합니다. 구약 때는 속죄일에 대제사장만 들어갔습니다.

그런데 보세요. 우리가 그곳에 들어갈 담대함을 얻었다고 합니다. 어떻게요? 예수의 피를 힘입어 들어가는 것입니다. 구약 때 이 땅에 세워진 성소가 아니라 하늘 성소에 들어가는, 곧 천국에 들어감입니다.

하나님의 나라는 현재적이며 미래적입니다. '이미'와 '아직'입니다. 예수님이 이 땅에 오시어 공생애를 막 시작하시면서 이렇게 말씀하였습니다.

막 1:15 "이르시되 때가 찼고 하나님의 나라가 가까이 왔으니 회개하고 복음을 믿으라 하시더라"

예수님이 오셔서 병자의 치유와 천국 비유(마 13장)와 사탄을 대적하시는 것으로 이미 천국이 도래되었으나, 성취는 주의 재림으로 이루어지는 '아직'입니다. 우리는 '이미'와 '아직' 사이에 살아가지만 우리가 예수의 피를 힘입어 성소에 들어갈 담력을 얻은 것입니다. 예수님의 보혈의 피가 우리에게 흐르고 있기에 천국에 들어갈 자유함을 얻은 것입니다. 예수 그리스도의 피로 힘입어 우리가 담대히 하늘 성소에 들어갑니다.

20절 "그 길은 우리를 위하여 휘장 가운데로 열어 놓으신 새로운 살 길이요 휘장은 곧 그의 육체니라"

성도가 하늘 성소에 들어가는 길을 말씀합니다. '휘장 가운데로 열어 놓으신 새로운 살길'이라고하였지요?

우선 휘장이 무언가 알아보고자 합니다. 휘장은 성소와 지성소 사이에 쳐놓은 베로 짠 두꺼운 천으로 된 칸막이입니다. 이 휘장은 청색, 자색, 홍색, 흰색의 가늘게 꼰 베실로 수놓아 짠 것입니다. 이 휘장은 그룹 천사의 모양을 넣어 공교히 수놓아 짠 것입니다(출 26 : 31-37). 이 휘장은 성소와 지성소를 구분 짓는 막입니다. 이 휘장은 예수님의 육체로 비유하고 있습니다.

왜, 이런 비유를 했을까요?

구약의 대사장이 대속죄일에 성소에서 지성소로 들어갑니다. 들어갈 때는 이 휘장을 열고 들어갑니다. 그때는 유일하게 대제사장만 들어갔습니다. 다른 사람이 함부로 들어가면 죽습니다.

본문 끝에 '휘장은 곧 그의 육체니라' 하였습니다. 예수 그리스도께서 십자가를 지시기 전에 빌라도 법정에서 이미 채찍에 맞아 온 몸이 피투성이였습니다. 십자가를 지고 가실 때도 수없이 채찍에 맞아 살점이 뜯기고 피를 흘리셨습니다. 머리에는 가시면류관에 의해 얼굴에 피를 흘렸습니다. 십자가에서 손과 발에 대못을 박고 운명 직전 창에 허리를 찔렸습니다. 십자가에서 운명하실 때 성소의 휘장이 위에서 아래로 찢어 졌습니다.

막 15 : 37-39 "예수께서 큰 소리를 지르시고 숨지시니라 이에 성소 휘장이 위로부터 아래까지 찢어져 둘이 되니라 예수를 향하여 섰던 백부장이 그렇게 숨지심을 보고 이르되 이 사람은 진실로 하나님의 아들이었도다 하더라"

마 27 : 50-51 "예수께서 다시 크게 소리 지르시고 영혼이 떠나시니라 이에 성소 휘장이 위로부터 아래까지 찢어져 둘이 되고 땅이 진동하며 바위가 터지고"

예수님이 십자가에서 휘장 가운데로 열어 놓으신 그 길은 새로운 산길입니다. 이 길은 구원의 길이요, 생명길이요, 영생의 길입니다.

요 14 : 6 "예수께서 이르시되 내가 곧 길이요 진리요 생명이니 나로 말미암지 않고는 아버지께로 올 자가 없느니라"

예수님이 구원의 길이요, 진리요, 생명 되시는 길임을 믿으시기 바랍니다. 주께서 십자가 희생제사로 '새로운 살길'을 열어 놓으신 것입니다.

성도는 모두 예수 그리스도의 십자가 피로 힘입어 성소에 들어갈 담력을 얻는 것입니다.

엡 3:12 "우리가 그 안에서 그를 믿음으로 말미암아 담대함과 확신을 가지고 하나님께 나아감을 얻느니라"

예수님이 휘장 가운데로 열어 놓으신 길은 곧 새로운 산길입니다. 이 길만이 구원의 길이요, 진리요, 생명길이요, 영생의 길입니다.

휘장은 주의 십자가에서 찢으신 육체였습니다. 그 휘장을 통하여 하나님께 담대히 나아가는 길을 여셨던 것입니다.

2. 온전한 믿음의 전진

21-22절 "또 하나님의 집 다스리는 큰 제사장이 계시매 우리가 마음에 뿌림을 받아 악한 양심으로부터 벗어나고 몸은 맑은 물로 씻음을 받았으니 참 마음과 온전한 믿음으로 하나님께 나아가자"

하나님의 집을 다스리는 큰 제사장이 계십니다. 구약의 짐승의 피로는 죄의 근본적인 해결이 되지 않았습니다. 예수 그리스도의 피만이 죄의 문제를 해결 받고 외적인 것뿐만 아니라 내적인 것, 즉 양심의 악까지 사함 받게 되었던 것입니다. 그러므로 몸뿐만 아니라, 진실 된 마음과 온전한 믿음으로 전진케 된 것입니다.

큰 제사장 : 대제사장을 직역한 것임. 의미상 '위대한 제사장'의 뜻으로 예수 그리스도를 의미합니다.

맑은 물 : 헬라어 '휘다티 카다로(ύδατι καθαρῷ)'는 정결의식에 사용하는 물임(민 5:17, 겔 36:25). 여기서는 외적 정결보다 내적으로 깨끗하게 씻음을 의미합니다. 예수님의 정결한 피로 씻김 받아 믿음으로 나아감을 의미합니다.

"또 하나님의 집을 다스리는 큰 제사장이 있다"고 하였지요? 여기서 '또'라고 한 것은 믿음으로 나아가는 또 다른 근거의 제시입니다. 예수님은 하나님의 집을 다스리는 큰 제사장이라는 것입니다.

'하나님의 집'은 구약적 성격으로 하나님의 전, 곧 성전입니다. 신약에서는 교회의 성격으로 표현합니다.

딤전 3:15 "만일 내가 지체하면 너로 하여금 하나님의 집에서 어떻게 행하여야 할지를 알게 하려 함이니 이 집은 살아 계신 하나님의 교회요 진리의 기둥과 터니라"

사도 바울은 하나님의 집을 다스리는 청지기 역할의 중요성을 말합니다. 여기서 하나님의 집은 지상에 있는 보편적인 교회를 가리킵니다. "이 집은 살아 계신 하나님의 교회요"라고 하였습니다.

교회의 구분은 그 성격과 특징에 따라 유형 교회와 무형 교회, 전투적 교회와 승리적 교회, 조직적 교회와 유기적 교회로 구분할 수 있는데, 교회에 대한 이러한 구분은 각각 두 개의 다른 교회를 말하는 것이 아니라 하나의 예수 그리스도의 교회가 가지는 양면성(兩面性)을 의미하는 것입니다.

유형 교회 (교인들이 모인 단체)	무형 교회 (성도들의 영적 공동체)
전투적 교회 (지상에서 마귀와 대적)	승리적 교회 (천상에서 안식할 새 예루살렘)
조직적 교회 (교회의 외적 조직과 정치)	유기적 교회 (성도간의 영적 교제)
여기에는 택자도 있고 불택자(단순한 '교인')도 있을 수 있음.	여기는 택자만 있는 곳임. 즉, '교인'보다는 '신자'가 속한 곳임.

교회는 신자들의 연합이라는 점에서 유형적이지만, 참된 교회를 지향하는 무형적 성격도 내포합니다.

교회를 하나님의 집이라고 하고 또 진리의 기둥의 터라고도 합니다. 기둥과 터는 하나님의 말씀으로 계시되는 진리의 확실성과 견고성을 뜻합니다.

21절 "또 하나님의 집 다스리는 큰 제사장이 계시매"

하나님의 집을 다스리는 분은 큰 제사장 되시는 예수님이 계심을 의미합니다.

브라운(Brown)이라는 사람은 "하나님의 집이 하나님의 성전을 뜻하며, 하나님의 집은 지상의 공동체와 하늘 공동체의 총칭"이라 하였습니다.

22절(상) "우리가 마음에 뿌림을 받아 악한 양심으로부터 벗어나고 몸은 맑은 물로 씻음을 받았으니……"

'마음에 뿌림을 받아'라고 하였습니다. 어떻게 마음에 뿌림을 받을까요?
구약 때는 짐승의 피와 물로 씻음을 받는 정결의식이 있었습니다.

겔 36:25 "맑은 물을 너희에게 뿌려서 너희로 정결하게 하되 곧 너희 모든 더러운 것에서와 모든 우상 숭배에서 너희를 정결하게 할 것이며"

구약에서는 주로 외적 씻음이었습니다.
신약에서는 마음에 뿌림을 받음입니다. 신약의 성도는 그리스도의 피와 성령에 의하여 정결함을 받았습니다.

엡 5:26 "이는 곧 물로 씻어 말씀으로 깨끗하게 하사 거룩하게 하시고"
벧전 3:21 "물은 예수 그리스도께서 부활하심으로 말미암아 이제 너희를 구원하는 표니 곧 세례라 이는 육체의 더러운 것을 제하여 버림이 아니요 하나님을 향한 선한 양심의 간구니라"

베드로 사도는 물은 구원하는 표로, 곧 세례라 하였습니다. "육체의 더러운 것을 제하여 버림이 아니요, 오직 선한 양심이 하나님을 향하여 찾아 가는 것"이라고 하였습니다.
그리스도인들은 마음에 씻음을 받아 정결한 마음으로 하나님께 나아가는 자들입니다.

22절(하) "…… 참 마음과 온전한 믿음으로 하나님께 나아가자"

'참 마음'은 중생한 마음입니다.

요 3:5 "예수께서 대답하시되 진실로 진실로 네게 이르노니 사람이 물과 성령으로 나지 아니하면 하나님의 나라에 들어갈 수 없느니라"

참 마음은 하나님 나라를 볼 수 있는 마음입니다.

참 마음은 마음이 청결한 자입니다. 이 마음은 하나님을 볼 것이라 하였습니다(마 5:8).

참 마음은 온유하고 겸손한 마음입니다(마 11:29).

참 마음은 새롭게 된 마음입니다(롬 12:2).

참 마음은 예수님을 품은 마음입니다.

빌 2:5 "너희 안에 이 마음을 품으라 곧 그리스도 예수의 마음이니"

온전한 믿음은 구원의 확신과 성령 충만으로 전진하는 믿음입니다.

하나님께 나아가는 것은 어떠하다고 하였습니까? "하나님 집을 다스리는 큰 제사장이 계시매"라고 하였습니다. 하나님의 집은 무형의 우주적 교회와 지상의 공동체 교회의 총망라입니다. 하나님의 그 크신 우주적 공동체가 '하나님의 집'입니다. 그 집을 다스리는 것은 만왕의 왕이신 예수 그리스도이십니다.

구약의 제사장들이 성소에 들어가기 위해 정결의식을 행함과 같이 신약의 신자들이 그리스도의 피와 성령에 의하여 정결함을 얻고 하나님께 나아가는 것입니다. 그것은 전적으로 예수 그리스도의 사죄의 은총입니다.

우리 모두는 오직 예수님만 의지하고 신뢰하며, 온전한 믿음으로 나아가야겠습니다.

3. 소망의 믿음의 전진

23-25절 "또 약속하신 이는 미쁘시니 우리가 믿는 도리의 소망을 움직이지 말며 굳게 잡고 서로 돌아보아 사랑과 선행을 격려하며 모이기를 폐하는 어떤 사람들의 습관과 같이 하지 말고 오직 권하여 그 날이 가까움을 볼수록 더욱 그리하자"

하나님께 나아가는 길은 휘장 가운데로 열어 놓으신 새로운 산길이었습니다. 정결한 마음으로, 온전한 믿음으로 하나님 집을 다스리는 예수님이 계심으로 믿는 도리의 소망을 굳게 잡고 서로 돌아보아 사랑과 선행으로 격려하며, 주의 오심이 가까이 옴으로 모이기를 힘쓰기를 권면하는 것입니다.

미쁘시니 : 헬라어 '피스토스(πιστός)'는 '신뢰할 만한', '믿을 만한 가치가 있는'의 뜻임. '신

실하시다'는 의미입니다.

서로 돌아본다 : 히 3:1의 '깊이 생각하라'와 같은 단어로 쓰임. '주의 깊게 생각하라'는 의미입니다.

믿는 도리의 소망 : 헬라어 '텐 호몰로기안 테스 엘피도스($\tau\grave{\eta}\nu\ \acute{o}\mu o\lambda o\gamma\acute{\iota}\alpha\nu\ \tau\grave{\eta}\varsigma\ \epsilon\lambda\pi\iota\delta o\varsigma$)'의 문자적 해석은 '우리가 고백하는 소망'의 뜻임.

그날 : 헬라어 '텐에므에르안($\tau\acute{\eta}\nu\ \acute{\eta}\mu\acute{\epsilon}\rho\alpha\nu$)'은 '그리스도의 재림의 날'을 뜻함. 성도는 믿음과 소망과 사랑으로 격려하며 재림을 준비해야 함을 의미합니다.

우리가 소망 가운데 흔들리지 않는 믿음을 지키기에는 너무나 많은 장벽에 부딪칠 때가 많습니다. 특히 오늘날 세속과 세상의 번잡함 가운데 믿음이 등한시될 때가 참으로 많습니다. 그러다 보면 믿음에서 떠난 자들도 있습니다. 믿음은 이기고 승리해야지 지면 안 되는 것입니다.

23절 "또 약속하신 이는 미쁘시니 우리가 믿는 도리의 소망을 움직이지 말며 굳게 잡고"

'약속하신 이'는 하나님이십니다. 그 하나님을 무어라 합니까? '미쁘시니'라고 하였지요? '미쁘다'는 것은 '신실하시다'는 것입니다. 그 신실하심은 창조와 통치, 섭리하심에도 나타납니다. 그뿐 아닙니다. 죄인 구원에도 확실히 드러납니다.

"우리가 믿는 도리의 소망을 움직이지 말고 굳게 잡으라"고 했지요? 믿는 도리의 소망이 변절되거나, 흔들리거나, 타협하거나, 저버려서는 절대 안 된다는 뜻입니다. 그러므로 소망을 굳게 잡으라는 것입니다. 중요한 것은 소망을 굳게 잡고 가는 것입니다. 하나님의 약속하심은 신실하십니다. 그 신실하심은 언제나 동일하십니다. 변하지 않습니다.

신실하신 하나님께서는 우리를 떠나지 않으십니다. 버리지도 않으시리라는 약속으로 영원토록 지키시라 확신하는 것입니다.

24절 "서로 돌아보아 사랑과 선행을 격려하며"

'서로 돌아본다'는 것은 깊이 생각하는 것과 같은 어원의 말이라고 하였지요? 우리의 이웃을 돌아보는 것은 그에게 깊은 관심을 갖는 것입니다. 그리고 깊이 숙고하는 것입니다. 우리는 가장 가까이 있는 자부터 멀리 있는 자까지 서로 돌아보아야 합니다. 그리고 사랑과 선행을 격려하는 것입니다. 사실 선행은 사랑에서 출발되어지는 것입니다. 그러므로 사랑에도 격려가 필요하고 선행에도 격려가 필요합니다.

딛 3:8 "…… 이는 하나님을 믿는 자들로 하여금 조심하여 선한 일을 힘쓰게 하려 함이라 이것은 아름다우며 사람들에게 유익하니라"

우리 모두는 진실 된 마음으로 서로 사랑하고, 남을 돌보고, 보다 더 선행하며 돕고 사는 것입니다. 사랑과 선행에 꼭 격려가 뒤따라야 합니다. 그래야 서로 간 신뢰를 갖고 공동체를 이루어 가는 것입니다.

◎ 기러기 떼의 공동 비행

기러기들이 날아가는 모습을 보면 V자형을 이루며 날아가는 것을 보았을 것입니다. 그 날아가는 모습이 매우 아름답습니다. 왜 V자 모습으로 한 무리가 날아갈까요? 그 모습으로 날아가는 데는 과학성이 있다고 합니다. 아무렇게나 무리지어 날아 갈 때보다, V자 모습으로 날아가면 공기 저항을 약 70% 줄일 수 있다는 것입니다. 문제는 맨 앞에 날아가는 기러기가 빨리 지친다는 것입니다. 영리하게도 그들은 자리를 바꾸어가며 날아 갑니다. 이렇게 하면 뒤따라오는 기러기들은 공기의 저항을 받지 않고 날아간다는 것입니다.

기러기들은 또 소리를 질러대며 방향을 알려주고 격려합니다. 만약 한 마리가 부상을 당해 비행할 수 없으면 반드시 서너 마리가 낙오자와 함께 머문다고 합니다. 기러기는 동료의 불행을 외면하는 법이 없습니다.

기러기들에게서 교훈을 배워보면 어떨까요? 인생은 홀로 사는 것이 아닙니다. 여러 사람과 함께 더불어 사는 것입니다. 남을 인정하고, 돕고, 격려하는 삶이 필요합니다.

서로서로 사랑하며 격려하는 삶을 살아가면 밝은 미래가 우리 모두에게 있게 됩니다.

25절 "모이기를 폐하는 어떤 사람들의 습관과 같이 하지 말고 오직 권하여 그 날이 가까움을 볼수록 더욱 그리하자"

우리에게 유익한 모임이라면, 예를 들어 예배나 꼭 필요한 조직 모임 등에 참석하여 각

자 역할을 하는 것입니다.

모임을 폐하는 것은 협동적인 생활을 파기하게 되며, 상호 위로와 격려를 받을 수 있는 기회를 잃게 됩니다. 특히 사탄은 성도가 모이는 것을 여러 가지 방법으로 방해합니다.

눅 11:23 "…… 나와 함께 모으지 아니하는 자는 헤치는 자니라"

본문은 모이기를 폐하게 하는 자들이 습관과 같이 한다는 합니다. 이는 아주 고질적인 것입니다.

'오직 권하여'는 모이기를 폐하는 자들이 있음에도 불구하고 권면하라는 것입니다.

25절(하) "…… 그 날이 가까움을 볼수록 더욱 그리하자"

'그날'은 재림의 날입니다. 모든 징조를 보아 가까움을 볼수록 더욱 모이기에 힘쓰라는 것입니다.

신실하신 하나님의 약속을 믿으시기 바랍니다. 소망의 믿음에 굳게 서서, 서로 사랑과 선행으로 격려하는 것입니다. 그리고 초대교회가 모이기를 힘쓰고 떡을 떼며, 기도와 찬미를 드리며, 서로 협력하며, 복음을 전파하였던 것처럼(행 2:42~47).

오늘을 사는 우리도 초대교회처럼 신앙하여 주님을 기쁘게 해야 합니다.

마 18:20 "두세 사람이 내 이름으로 모인 곳에는 나도 그들 중에 있느니라"

주님은 두세 사람이 모인 곳에 함께 계신다고 하셨습니다. 어떠한 유혹과 방해에도 과감히 떨쳐 버리고 모이기에 힘쓰고, 특히 공예배에 빠지는 일이 없도록 해야 하는 것입니다.

주의 재림이 상황적으로 가까운 이때 더욱 힘써 모이기에 힘쓰고 예배의 삶을 살아가야 하는 것입니다.

인간의 죄 문제를 구약 때는 제사의식으로 계속하였지만, 근본적으로 해결할 수는 없었습니다.

독생자 예수님은 말씀이 육신이 되어 성육신하시어 이 땅에 오셨습니다. 인류의 죄를 위해 십자가에서 피 흘려 죽으시고 단번의 속죄로 온전케 하셨습니다. 십자가로 새로운 길을 열어 놓으신 것입니다. 그 길은 새로운 산길입니다. 그 길은 구원의 길이며, 생명의 길이요, 영생의 길입니다. 우리는 예수님이 열어 놓으신 그 길을 통하여 하나님께 나아가는 것입니다. 하나님의 신실하신 뜻에 따라 믿는 도리의 소망을 굳게 잡고 나아가는 것입니다.

성도는 서로 돌아보아 사랑과 선행을 격려하며, 그날이 가까움으로 더욱 모이기에 힘쓸 것을 서로 권면하는 것입니다. 교회 공동체가 모이는 곳에 역사가 일어나고, 모이는 곳에 하나님 나라가 확장되어가는 것입니다.

III. 배교자에 대한 경고

히 10:26-31

㉖ 우리가 진리를 아는 지식을 받은 후 짐짓 죄를 범한즉 다시 속죄하는 제사가 없고 ㉗ 오직 무서운 마음으로 심판을 기다리는 것과 대적하는 자를 태울 맹렬한 불만 있으리라 ㉘ 모세의 법을 폐한 자도 두세 증인으로 말미암아 불쌍히 여김을 받지 못하고 죽었거든 ㉙ 하물며 하나님의 아들을 짓밟고 자기를 거룩하게 한 언약의 피를 부정한 것으로 여기고 은혜의 성령을 욕되게 하는 자가 당연히 받을 형벌은 얼마나 더 무겁겠느냐 너희는 생각하라 ㉚ 원수 갚는 것이 내게 있으니 내가 갚으리라 하시고 또 다시 주께서 그의 백성을 심판하리라 말씀하신 것을 우리가 아노니 ㉛ 살아 계신 하나님의 손에 빠져 들어가는 것이 무서울진저

지금까지 영적 진보가 없는 자들에 대한 경고가 있었습니다(히 2:1-3, 3:12-13, 6:4-8).

요약해보면 하나님께 순종치 않은 자, 범죄하고 타락한 자들은 그에 따른 합당한 보응이 있을 것을 경고했습니다.

본문은 26절에서 진리를 알고 죄를 범한 자, 다시 속죄하는 제사가 없다는 것과 27절에서 대적하는 자에게는 태울 맹렬한 불이 있다는 것입니다.

28절에서 구약 때 율법을 범한 자가 두세 증인이 있어도 죽었음과 29절에서 새 언약의 피를 부정하고 성령을 욕되게 하는 자와 30-31절에서 대적자에게 무서운 심판이 있을 것을 경고합니다. 하나님의 진노는 형벌이 따르고, 심판이 있음을 강력히 시사합니다.

존 웨슬레 목사님은 보통 때에는 아주 인자하시지만 예배 시간만은 아주 엄하다고 합

니다.

설교 시간에 몇몇 교인들이 졸고 있는 것을 보고 갑자기 소리쳤습니다.

"불이야, 불!"

졸고 있던 교인들도 깜짝 놀라 정신이 번쩍 들었습니다.

"어디요, 어디? 어디에 불이 났습니까?"

"지옥 불 말입니다."

'배교자에 대한 경고'에 대하여 그 내용을 알아보고자 합니다.

1. 소멸할 맹렬한 불만 있음

26-27절 "우리가 진리를 아는 지식을 받은 후 짐짓 죄를 범한즉 다시 속죄하는 제사가 없고 오직 무서운 마음으로 심판을 기다리는 것과 대적하는 자를 태울 맹렬한 불만 있으리라"

진리를 아는 지식을 받아 알면서 고의로 범한 죄는 다시 속죄할 제사가 없고 심판이 있음을 암시하고 있습니다. 곧 무서운 심판이 기다린다는 것입니다. 배교를 넘어 대적하는 자는 태울 맹렬한 불만 있을 것이라는 것입니다.

아는 지식 : 헬라어 '에피그노시스(ἐπίγνωσις)'는 '깊이 인식하다', 즉 체험으로 깨달아 아는 것임. 즉 전인격적으로 아는 것을 뜻합니다.

짐짓 죄를 범한즉 : 헬라어 '헤쿠시오스 가르 하마르타논톤(ἑκοντίως ἁμαρτανόντων)'임. 짐짓 헤쿠시오스(ἑκοντίως)는 '자발적으로', '고의적으로', '임의로'의 뜻이며, 범한 하마르타논톤(ἁμαρτανόντων)은 '표적을 빗나가다', '잘못하다', '죄를 짓다', '하나님의 법을 어기다' 등을 의미하는 동사로 하마르타노(ἁμαρτάνω)의 현재 능동태 분사, 남성 복수 소유격입니다. 이는 '고의적으로 죄를 짓는'의 의미입니다.

K.J.V에서는 "고의적(의도적)으로 계속 죄를 지으면"으로 되어 있습니다.

현대어 성경에는 "다시 구세주를 거부하고 죄를 계속 범한다면 그는 그리스도의 죽음으로도 용서받을 수 없다"로 하였습니다.

태울 맹렬한 불 : 헬라어 '퓌로스 젤로스(πυρὸς ζῆλος)'의 문자적 의미는 '불의 질투', '불의 열심'을 뜻함. 하나님의 강력한 심판성을 의미합니다. 진리를 떠나 배교하면 하나님의 무서운 심판이 있음을 의미합니다.

이 세상을 살다보면 크고 작은 실수나 잘못을 하고 살아갑니다. 그것은 고쳐나가면 되는 것입니다. 그러나 하나 참기 어려운 것이 있습니다. 그것은 배신입니다.

그렇게 믿었던 형제가, 그렇게 믿었던 친구가, 그렇게 믿었던 직장 동료가, 그렇게 믿었던 연인이…… 배신을 하면 죽이고 싶은 심정이 되는 것입니다.

신앙생활에도 크고 작은 실수나 잘못을 할 수 있습니다. 육신이 연약해서, 또는 본의 아니게 잘못을 저지르는 경우가 있습니다. 이러한 것은 회개하고 고쳐나가면 되는 것입니다.

연약해서 오는 이러한 것을 사도 바울은 이렇게 말합니다.

롬 7:23-24 "내 지체 속에서 한 다른 법이 내 마음의 법과 싸워 내 지체 속에 있는 죄의 법으로 나를 사로잡는 것을 보는도다 오호라 나는 곤고한 사람이로다 이 사망의 몸에서 누가 나를 건져내랴"

우리의 지체에는 새로운 법아래 죄를 짓지 않고 살아가려고 무진 애를 씁니다. 그러나 옛 죄의 습성이 여전히 붙들고 있어 죄의 법에 사로잡혀 있을 때가 많습니다. "이 사망의 몸에서 누가 건져내랴"라고 한탄합니다. 육적인 것에서 벗어나고자 몸부림치는 그런 모습입니다.

롬 7:25(하) "…… 내 자신이 마음으로는 하나님의 법을 육신으로는 죄의 법을 섬기노라"

마음으로는 하나님의 법을, 육신으로는 죄의 법을 섬겨 충돌합니다. 이러한 가운데 육신의 죄의 법을 따르는 것은 고사하고, 아예 하나님으로부터 떠납니다. 이것은 배도입니다.

26절 "우리가 진리를 아는 지식을 받은 후 짐짓 죄를 범한즉 다시 속죄하는 제사가 없고"

진리를 아는 것은 자기가 직접 체험하여 아는 것입니다. 전인격적으로 아는 것입니다. 진리를 아는 지식은 예수 그리스도를 알고 구원에 이르는 모든 것입니다. 진리를 알고, 지식을 받고, 고의적으로 죄를 범한 것은 큰 배교행위입니다. 이러한 배교는 다시 속죄할 제사가 없다는 것입니다. 이는 구제할 길이 없는, 용서받을 수 없음을 의미합니다. 이것은 심판이 따르는 심각한 것입니다.

초대교회에서 많이 있었던 현상으로 유대교에서 기독교로 입교했다가 다시 유대교로 뒤돌아 가는 것입니다. 이들은 자기가 지은 죄를 구약의 제도인 동물의 피로 속죄하면 될 것으로 생각하지만 천만의 말씀이지요. 죄의 속함은 예수 그리스도의 십자가의 피뿐입니다. 예수 그리스도의 속죄함을 받고도 다시 유대교로 돌아가는 것은 배교의 문제를 넘어 심판이 따르는 것입니다.

27절 "오직 무서운 마음으로 심판을 기다리는 것과 대적하는 자를 태울 맹렬한 불만 있으리라"

배교자에게는 두려워하는 마음으로 심판을 기다리는 길밖에 없다고 합니다. 왜 일까요? 구원받을 길이 없기 때문입니다. 또 대적하는 자를 태울 맹렬한 불만 있다고 합니다. 배교에 대해 무서운 경고성입니다. 맹렬한 불은 아주 강력한 것입니다. 그것도 영원히 타는 불을 뜻합니다.

레 10:2 "불이 여호와 앞에서 나와 그들을 삼키매 그들이 여호와 앞에서 죽은지라"
시 18:8 "그의 코에서 연기가 오르고 입에서 불이 나와 사름이여 그 불에 숯이 피었도다"
렘 17:4 "…… 내 노를 맹렬하게 하여 영원히 타는 불을 일으켰음이라"
사 26:11(하) "…… 불이 주의 대적들을 사르리이다"

하나님께서는 불로 대적을 사르시겠다는 것입니다. 배교하고, 주를 대적하는 자들에게는 맹렬한 불의 심판이 있음을 뜻합니다. 맹렬한 불의 심판성은 바로 지옥 불입니다.

막 9:48-49 "거기에서는 구더기도 죽지 않고 불도 꺼지지 아니하느니라 사람마다 불로써 소금 치듯 함을 받으리라"

하나님을 떠나 배교하면 무서운 심판의 불이 있음을 뜻합니다.

> ◎ **벌레와 복음**
> 아프리카에서 선교하던 선교사가 성도 한 명을 얻었습니다.
> 어느 날 선교사가 그에게 물었습니다.

> "하나님께서 그의 외아들 예수님을 이 땅에 보내셔서 우리를 구원하여 주신 것을 믿습니까?"
>
> 이 말을 들은 원주민 성도가 아무 말 없이 낙엽을 긁어모은 뒤 그 속에 벌레 한 마리를 넣고 불을 질렀습니다. 불이 활활 타오르자 벌레를 꺼내 살려주면서 말합니다.
>
> "하나님은 예수님을 보내 주셔서 우리를 지옥 불에서 건져 주심이 바로 이와 같아요"
> 하고 벌레를 들고 말했다는 것입니다.

주를 믿다가 세상 풍파에 그만 넘어져 주를 떠난 자가 있습니다. 그것도 알면서 어쩔 수 없다고 변명하면서 고의적으로 떠나 대적하는 자입니다. 배교자는 다시 구원받을 수 없을 뿐만 아니라, 하나님의 심판이 따르는 것입니다. 그것도 맹렬한 불이 기다리고 있습니다. 꺼지지 않는 불에 소금 치듯 함을 받는다고 하였습니다.

하나님의 진노의 불의 심판을 받게 되는 배교는 하면 안 되는 것입니다. 예수님을 떠나고, 교회를 떠나면 구원의 길이 없습니다. 생명길에서 벗어나면 그것은 죽음입니다. 배교하고 대적하면, 태울 맹렬한 불이 기다리고 있다는 것입니다.

2. 주를 부인하는 자가 받을 더 중한 형벌임

28-29절 "모세의 법을 폐한 자도 두세 증인으로 말미암아 불쌍히 여김을 받지 못하고 죽었거든 하물며 하나님의 아들을 짓밟고 자기를 거룩하게 한 언약의 피를 부정한 것으로 여기고 은혜의 성령을 욕되게 하는 자가 당연히 받을 형벌은 얼마나 더 무겁겠느냐 너희는 생각하라"

구약 때 율법에 의해 그 법을 어긴 자에게 두세 증인을 세워 그 법대로 처리하였습니다. 신약에 와서 하나님 아들을 모욕하고 자기를 거룩하게 한 언약의 피, 곧 십자가에서 피 흘려 죽으신 것을 부정하고 성령을 욕되게 함으로 받을 형벌이 더 무거울 것을 생각하라는 것입니다.

폐한 : 헬라어 '아데테오($\alpha\theta\epsilon\tau\epsilon\omega$)'는 법이나 사람의 존재 가치를 인정치 않으며, 제하거나 무시함을 뜻함.

짓밟고 : 헬라어 '카타파테사스($\kappa\alpha\tau\alpha\pi\alpha\tau\acute{\eta}\sigma\alpha\varsigma$)'는 모욕적인 행위를 가리킴.

은혜의 성령 : '하나님의 은혜로운 영' 혹은 '하나님의 은혜를 나타내는 영'을 뜻함. 주를

모욕하고 성령을 욕되게 하는 자가 받을 형벌의 무거움을 의미합니다.

구약 때 율법은 엄했습니다.

하나님 목전에서 악을 행하고, 그 언약을 어기고, 다른 신을 섬기고, 일월성신에 절하는 것이 발견되면 죽임을 당합니다. 이때 함부로 정죄하는 것이 아니라 그것을 목격한 증인이 있어야 합니다.

신 17:6 "죽일 자를 두 사람이나 세 사람의 증언으로 죽일 것이요 한 사람의 증언으로는 죽이지 말 것이며"

28절 "모세의 법을 폐한 자도 두세 증인으로 말미암아 불쌍히 여김을 받지 못하고 죽었거든"

구약의 율법을 어긴 자에게 하나님께서는 용서하지 않으시고 무서운 형벌을 명령하셨습니다. 우상 숭배자 외에도 하나님을 훼방하는 죄(레 24:13-17), 간음죄(신 22:22-30), 위증죄(신 19:15-21)도 같은 형벌을 받았습니다. 이와 같이 모세의 율법을 어긴 자는 사정없이 형벌을 받았는데, 하물며 하나님의 아들을 모욕할 뿐 아니라, 거룩한 백성이 되게 한 언약의 피를 부정하는 행위는 당연히 형벌을 받게 됩니다.

29절(상) "하물며 하나님의 아들을 짓밟고 자기를 거룩하게 한 언약의 피를 부정한 것으로 여기고……"

여기서 두 가지 큰 죄를 말합니다.

첫째, '하나님 아들을 짓밟고'입니다. 짓밟는다는 것은 철저히 모욕하는 것입니다. 세상에서도 믿었던 사람으로부터 배신당하고 짓밟힘을 당하면 그 분노가 극에 달합니다. 배교자는 하나님 아들을 짓밟은 것입니다.

둘째, '자기를 거룩하게 한 언약의 피를 부정한 것으로 여기고'입니다. 예수 그리스도의 피는 인류를 구원하시기 위해 흘린 피입니다. 그 피로 말미암아 죄 사함을 받고, 의롭다 여기고, 거룩하게 하는 피입니다. 그 피를 속된 피로 여기는 것은 죄악 가운데 가장 큰 죄악입니다. 이것은 용서받을 수 없는 중죄를 범하는 것으로, 반드시 하나님의 심판을 받게 됩니다. 세세토록 지옥 형벌을 받게 됩니다.

배교자도 한때는 예수 그리스도의 보혈로 인하여 죄가 대속되고 만민이 구원받는 것을 알았을 것입니다. 하나님과 세운 새 언약임을 알았을 것입니다. 그러함에도 배교하여 그리스도의 보혈을 모욕한 것은 용서받을 수 없는 죄를 범함으로 반드시 심판을 받게 됩니다.

◎ 적그리스도 모형 : 안티오크 에피파네스

BC 17년 경 수리아(시리아)의 안티오크 에피파네스가 유대를 침공하여 정복하고 예루살렘을 근원적으로 박멸하기 위해 갖가지 악행을 저질렀습니다. 제사장을 자기 임의로 세우고 제사를 멋대로 행했습니다. 성전 제단에 유대인이 가장 가증스럽게 여기는 돼지 머리를 놓고 그 돼지 피를 제단 주위에 뿌렸습니다. 그뿐 아니라 성전에 헬라신 제우스 제단을 세우고 제사를 지냈습니다. 제사장 숙소에다 창녀들을 끌어다 놓고 매음케 합니다. 백성들에게 술을 먹이고 대형 경기장을 만들어 열광케 하고 미치게 합니다. 안식일을 못 지키게 하고 군대를 배치하여 지키는 자는 모조리 죽였습니다.

마침내 유대 마카비 형제가 봉기하여 이 시리아 군대를 몰아내고 성전을 회복합니다. 이를 기념하여 지키는 하누카 절기로, 요 10:22에 수전절이라 하였습니다.

이 시리아왕 안티오크 에피파네스는 도망하다가 살이 썩어 구더기가 나오는 상태로 비참하게 죽었다고 합니다.

새 언약은 예수 그리스도께서 십자가에서 흘린 피로 세워진 것입니다. 배교자들이 이 보혈을 부정한 것으로 여긴다면 이들은 악의 소산이요, 의의 원수가 되어 영원히 구제받을 수 없는 큰 형벌을 받게 되는 것입니다.

29절(하) "…… 은혜의 성령을 욕되게 하는 자가 당연히 받을 형벌은 얼마나 더 무겁겠느냐 너희는 생각하라"

'은혜의 성령'은 신약 성경에서 여기만 나옵니다. '은혜의 성령'은 직역하면 '하나님의 은혜로운 영' 혹은 '하나님의 은혜를 나타내는 영'을 의미합니다.

성령에 대하여 엡 1:13에 약속의 성령, 고후 4:13에 믿음의 성령, 요 15:26에 진리의 성령. 히 9:29 본문에 은혜의 성령으로 나와 있습니다.

이 '은혜의 성령'을 욕되게 하면 어떻게 된다고 하였지요? '받을 형벌이 얼마나 더 무겁겠느냐?'를 생각하라는 것입니다.

마 12:31-32 "…… 모든 죄와 모독은 사하심을 얻되 성령을 모독하는 것은 사하심을 얻지 못
하겠고…… 말로 성령을 거역하면 이 세상과 오는 세상에서도 사하심을 얻지 못하리라"
막 3:29 "누구든지 성령을 모독하는 자는 영원히 사하심을 얻지 못하고 영원한 죄가 되느니라
하시니"

누구든지 성령을 모독하고, 비방하고, 거역하고, 욕되게 하고, 경멸하는 것을 말합니다.
성령을 고의적으로 방해하고, 모욕하고, 거역하는 자는 사죄의 길이 없습니다. 성령을 속
이는 것(행 5:3-4), 성령을 거스르는 것(행 7:51), 성령을 근심케 하는 것(엡 4:29-31) 또
성령을 소멸케 하는 것(살전 5:19-20)을 삼가야 합니다.

신앙에 배교하는 일은 용서받지 못합니다. 모세의 법도 폐하면 죽음을 면치 못했다고
하였습니다. 하물며 하나님 아들의 언약의 피를 업신여기고 배척하면 구제의 길은 없는
것입니다. 그뿐 아니라 성령을 욕되게 하는 자, 곧 성령 모욕죄를 범하면 사죄의 길이 없
습니다. 본문은 받을 형벌이 무거움을 생각하라고 합니다.

엡 4:30 "하나님의 성령을 근심하게 하지 말라 그 안에서 너희가 구원의 날까지 인치심을 받았느
니라"

우리는 성령을 거스르는 일이 없도록 조심하며 내 안에 충만히 거하도록 기도하여야
합니다.
은혜의 성령 안에서 진실된 신앙을 지켜 나아가는 것이 마땅합니다.

3. 내가 갚으리라 말씀하심

30-31절 "원수 갚는 것이 내게 있으니 내가 갚으리라 하시고 또 다시 주께서 그의 백성을 심판
하리라 말씀하신 것을 우리가 아노니 살아 계신 하나님의 손에 빠져 들어가는 것이 무서울진저"

'원수 갚는 것이 내게 있으니 내가 갚으리라…… 주께서 그의 백성을 심판 하리라'는 것

은 신 32:35-36 말씀을 인용한 것입니다. 비록 하나님의 자녀라 할지라도 죄를 범하면 단호히 징계하심을 뜻합니다. 그러므로 배교자는 말할 것 없는 것입니다.

죄를 범할 경우 하나님의 손에서 벗어 날 수 없는 무서운 것임을 시사합니다.

하나님의 손 : 권능과 축복의 손이며, 여기서는 심판의 손임.

무서울진저 : 헬라어 '포베론($\varphi o \beta \epsilon \rho \acute{o} \nu$)'은 무서운 것임. 27절에 무서운(포베라 ; $\varphi o \beta \epsilon \rho \alpha$)과 연결시켜 배교자에 임할 하나님의 심판의 엄중함을 나타내고 있습니다. 하나님의 공의는 사랑과 엄중한 심판이 있음을 의미합니다.

하나님은 자비로우시고 은혜로우시며 긍휼이 풍성하십니다. 그리고 공의로우신 하나님이십니다. 그 공의로 판단하시고 섭리하십니다.

시 72:2 "그가 주의 백성을 공의로 재판하며 주의 가난한 자를 정의로 재판하리니"

하나님은 선악 간 공의로 판단하시고 행하십니다. 의인은 생명으로, 악인은 멸망으로, 의인은 영생으로, 악인은 영벌(永罰)로 구별하십니다.

30절(상) "원수 갚는 것이 내게 있으니 내가 갚으리라 하시고……"

'원수 갚는 것이 내게 있으니'는 신 32:25 말씀의 인용문입니다. 구약 신명기 원전에는 '복수와 응수는 내게 있으니'입니다.

히브리어를 헬라화한 70인 역에서는 "복수의 날에 내가 갚으리라"로 되어 있습니다.

롬 12:19 "내 사랑하는 자들아 너희가 친히 원수를 갚지 말고 하나님의 진노하심에 맡기라 기록되었으되 원수 갚는 것이 내게 있으니 내가 갚으리라고 주께서 말씀하시니라"

사도 바울의 '원수 갚는 것은 내게 있다'는 신명기 말씀을 인용하면서 원수 갚는 것이 우리에게 속한 일이 아니라 하나님께 속하였음을 말합니다. 그러므로 구약의 예언은 신약에 성취되며, 신약의 계시도 때가 되면 반드시 이루어지는 것입니다.

30절(하) "…… 또 다시 주께서 그의 백성을 심판하리라 말씀하신 것을 우리가 아노니"

일반적으로 '심판'이라는 말은 '벌주는 것', '복수하는 것'로 쓰입니다. 그러나 여기 본문의 경우는 하나님의 백성에게 주시는 '벌주신다는 것'보다 주의 백성을 보호하는 의미가 원문에 더 가깝습니다. 하나님께서는 배교자에게 심판을 하시지만 고난 가운데 믿음을 지키고 인내하는 주의 백성을 지키십니다. 심판의 경고성으로 믿음을 더욱 지킬 것을 권면하는 성격입니다.

신 32:36 "참으로 여호와께서 자기 백성을 판단하시고……"

하나님은 선악 간 공의로 판단하십니다.

렘 17:5 "여호와께서 이와 같이 말씀하시니라 무릇 사람을 믿으며 육신으로 그의 힘을 삼고 마음이 여호와에게서 떠난 그 사람은 저주를 받을 것이라"
10 "나 여호와는 심장을 살피며 폐부를 시험하고 각각 그의 행위와 그의 행실대로 보응하나니"

> ### ◎ 다리가 부러진 양
> 어느 양치기가 우리 안에서 다리가 부러진 양에게 풀을 먹이고 있습니다.
> "어쩌다가 양의 다리가 부러졌습니까? 사나운 짐승에게 물린 것입니까?"
> 양치기는 잠시 태연한 표정으로 대답합니다.
> "내가 부러뜨렸습니다."
> 주위 사람들이 깜짝 놀라 물었습니다.
> "어, 당신 같이 양을 그렇게 사랑하는 사람이 어떻게 양 다리를 부러뜨릴 수 있지요? 농담하는 것입니까?"
> "아닙니다. 내가 부러뜨렸습니다."
> 양치기가 양을 쓰다듬으며 말합니다.
> "이 양은요, 길을 자꾸 잃어버립니다. 여러 번 그랬습니다. 아시다시피 이 지역에는 사나운 짐승이 많지 않습니까? 그래서 생각 다 못해 다리를 부러뜨렸습니다."
> 양을 사랑하기 때문에 그렇게 하였다는 것입니다.

하나님께서도 자기 백성을 때론 치시기도 하지만, 싸매시고 회복시키십니다. 그러나 배도자, 곧 배교자에게는 하나님의 징벌은 단호하시고 무섭습니다.

31절 "살아 계신 하나님의 손에 빠져 들어가는 것이 무서울진저"

하나님께서 원치 않은 인구 조사를 다윗이 합니다. 이는 사실 사탄의 역사였습니다.

삼하 24:14 "다윗이 갓에게 이르되 내가 고통 중에 있도다 청하건대 여호와께서는 긍휼이 크시니 우리가 여호와의 손에 빠지고 내가 사람의 손에 빠지지 아니하기를 원하노라 하는지라"(대상 21:13)

다윗 왕은 사람의 손보다 하나님의 손에 빠지기를 원하였습니다. 다윗 왕은 죄를 범하면, 하나님의 손에 벗어 날 수 없음을 알고 이렇게 말합니다.
배교자에게는 무서운 심판이 있을 것을 경고합니다.

눅 12:5 "마땅히 두려워할 자를 내가 너희에게 보이리니 곧 죽인 후에 또한 지옥에 던져 넣는 권세 있는 그를 두려워하라 내가 참으로 너희에게 이르노니 그를 두려워하라"

마땅히 두려워할 자는 죽은 후에 지옥에 던져 넣는 하나님을 두려워하라는 것입니다. 가룟유다 같은 죄를 범하지 말아야 하는 것을 의미합니다.
어느 분이 지옥 불에 대해서 이렇게 표현하였습니다
캐나다의 나무를 다 쌓아 놓고, 사우디아라비아의 석유를 다 붓고, 미국의 석탄을 다 쏟아 놓고 불을 지릅니다. 지옥에 있는 사람이 그런 불 가운데 타고 있다는 것입니다.

막 9:49 "…… 불로써 소금 치듯 함을 받으리라"

예수님은 그런 지옥에서 우리를 건져주신 오직 한분이신 구원의 주이심을 믿으시기 바랍니다.
결코 배교하는 일은 없어야겠지요. 진리를 알고 떠나 죄를 범할 때 하나님의 아들을 현저히 다시 욕보인 것이라 하였습니다.

배교는 성령을 모독한 자입니다. 그러므로 우리는 어떻게 해야겠습니까? 하나님 말씀대로 따라 사는 것입니다. 중심에 예수 한 분 모시고 사는 것입니다. 예수 그리스도의 십자가 푯대만 바라보고 사는 것입니다.

성령 안에 온전히 거하며, 좌로나, 우로나 치우치지 않는 굳건한 믿음으로 나아가는 것입니다.

진리에서 벗어나 고의적·의도적으로 죄를 짓는 자는 속죄할 길이 없다고 하였습니다. 하나님을 떠나거나 배교하는 자는 맹렬히 타는 불의 심판이 있다고 하였습니다.

이스라엘 백성이 모세 율법을 어긴 죄, 두세 사람의 증언 하에 죽임을 당했습니다. 하물며 하나님의 아들을 현저히 욕보이고 배교한 자, 십자가의 언약의 피를 부정하는 자, 성령을 모독한 자는 구제의 길이 없다고 하였습니다. 이들에게는 지옥의 형벌이 기다리고 있습니다.

역사의 주관자이시며, 섭리하시는 하나님은 선악 간 심판을 하십니다. 우리 모두는 하나님을 경외하며, 믿음에 굳게 서 가야 할 것입니다.

IV. 약속의 기업

히 10:32-39

㉜ 전날에 너희가 빛을 받은 후에 고난의 큰 싸움을 견디어 낸 것을 생각하라 ㉝ 혹은 비방과 환난으로써 사람에게 구경거리가 되고 혹은 이런 형편에 있는 자들과 사귀는 자가 되었으니 ㉞ 너희가 갇힌 자를 동정하고 너희 소유를 빼앗기는 것도 기쁘게 당한 것은 더 낫고 영구한 소유가 있는 줄 앎이라 ㉟ 그러므로 너희 담대함을 버리지 말라 이것이 큰 상을 얻게 하느니라 ㊱ 너희에게 인내가 필요함은 너희가 하나님의 뜻을 행한 후에 약속하신 것을 받기 위함이라 ㊲ 잠시 잠깐 후면 오실 이가 오시리니 지체하지 아니하시리라 ㊳ 나의 의인은 믿음으로 말미암아 살리라 또한 뒤로 물러가면 내 마음이 그를 기뻐하지 아니하리라 하셨느니라 ㊴ 우리는 뒤로 물러가 멸망할 자가 아니요 오직 영혼을 구원함에 이르는 믿음을 가진 자니라

구약의 이스라엘 백성은 기업이란 하나님이 주신 선물이고(신 12:10) 궁극적으로 하나님의 것이기 때문에 청지기로서 잘 보존해야 한다고 생각하였습니다(레 25:23-34).

예수 그리스도는 새 언약으로 약속된 기업을 보증합니다. 성도는 예수 그리스도를 믿음으로 누구나 그분의 기업, 곧 나라를 상속받을 후사가 됩니다(롬 8:17, 히 1:2).

34절에 '영구한 소유'는 곧 하늘의 영원한 기업입니다. 이 땅의 삶에는 여러 가지 곤고(困苦)가 있습니다. 그럴수록 인내하며 하나님의 뜻을 행하면 약속의 기업을 받는다는 것입니다.

37절에 "잠시잠깐 후면 오실 이가 오시리니"라고 하였습니다. 그리고 "지체하지 아니한

다"고 하였습니다. 그러므로 우리는 믿음의 전진이 요구됩니다. 뒤로 물러나는 신앙은 안 됩니다. 전진하여 이기고 승리하는 믿음을 가져야 합니다.

'약속의 기업'에 대해 구체적으로 알아보고자 합니다.

1. 고난을 통해 얻을 더 나은 기업

32-34절 "전날에 너희가 빛을 받은 후에 고난의 큰 싸움을 견디어 낸 것을 생각하라 혹은 비방과 환난으로써 사람에게 구경거리가 되고 혹은 이런 형편에 있는 자들과 사귀는 자가 되었으니 너희가 갇힌 자를 동정하고 너희 소유를 빼앗기는 것도 기쁘게 당한 것은 더 낫고 영구한 소유가 있는 줄 앎이라"

서두에 '데(δε ; 그러나)'가 생략되어 있습니다. 앞에 26-31절에서 배교자에 대한 엄중한 경고가 있었습니다. 본문은 이와는 달리 위로의 말씀으로 전환합니다.

복음을 통해서 구원의 빛을 마음에 받은 후 얼마 지나지 않아 박해를 받습니다. 그러나 고난을 인내로, 오래 참고 진정한 선행을 합니다. 비방과 환란으로 처한 자를 사귀며, 옥에 갇힘과 또 산업을 빼앗기는 것도 기쁘게 여깁니다. 그것은 영구한 산업이 있을 것을 바라보기 때문이었습니다.

고난의 큰 싸움 : 모진 박해를 인내로 견딤의 뜻임.

구경거리 : 공공장소에서 여러 사람에게로 볼거리를 줌을 뜻함.

영구한 소유 : 고난과 위험을 인내한 그리스도인들이 받을 하늘 기업임. 성도가 믿음으로 얻는 영원한 하늘 기업을 의미합니다.

신앙을 지키기 위해 어려움을 당한 적은 없습니까? 우리가 믿음대로 살려하면 반드시 어려움이 따릅니다. 가정에서도, 직장에서도, 사회 환경 가운데서도 있을 수 있습니다. 그럴 때 믿음으로 싸워 이겨야 합니다. 말보다는 힘듭니다. 그렇더라도 이겨야 합니다. 인내하며, 기도하며, 그 고난을 이겨야 합니다. 고난은 엄청나게 힘듭니다. 그러나 그 고난 뒤에는 유익이 있습니다. 쓰라린 아픔 뒤에 축복이 있다고 하지 않습니까? 고난이 크면 영광도 크다 하였습니다. 좁은 길은 생명길입니다. 어떠한 어려운 환경에 처해도 극복하고 좌절하지 말아야 합니다.

빅터 프랭클(Viktor Frankl)은 《죽음의 수용소에서》라는 책을 쓴 세계적으로 유명한 분입니다. 그는 유대인으로서 2차 대전 당시 독일군에 체포되어 강제 수용소 생활을 하게 됩니다. 그곳은 마치 지옥과 같아서 어떤 사람은 견디다 못해 자살을 합니다. 배고픔과 나쁜 환경으로 수없이 죽어갑니다.

프랭클은 그 지옥 같은 환경 속에서 심리학을 연구합니다. 내적 평온은 누구도 앗아갈 수 없음을 알았습니다. 내적 다스림으로 견뎌 이겼습니다.

2차 대전이 끝난 후 석방되어 로고테라피(의미치료, Logotherapy)라는 심리학의 한 분야를 이루었습니다.

32절 "전날에 너희가 빛을 받은 후에 고난의 큰 싸움을 견디어 낸 것을 생각하라"

'전날에'는 처음 믿을 때입니다.
'빛을 받은 후'는 구원의 빛입니다.

요 12:46 "나는 빛으로 세상에 왔나니 무릇 나를 믿는 자로 어둠에 거하지 않게 하려 함이로라"

예수님은 빛으로 세상에 오셨습니다.
하나님은 빛이시고, 초림으로 오신 예수님은 빛으로 오셨고, "내 속에 있는 빛이 어둡지 아니한가 보라"라고 하였습니다.

빛을 받은 후라고 한 것은 성령의 비췸을 받아 믿게 된 후라고 할 수 있습니다. 그 빛을 받은 후에 고난의 큰 싸움에서 견디어 낸 것을 생각하라고 하였습니다. 복음을 알고 난 후 여러 가지 크고 작은 싸움이 있습니다. 고난이 있고, 시험이 있고, 때로는 멸시와 조롱이 있습니다. 그럴 때일수록 잘 인내하고 선한 싸움을 다 싸워 나갈 것을 생각하라는 것입니다.

33절 "혹은 비방과 환난으로써 사람에게 구경거리가 되고 혹은 이런 형편에 있는 자들과 사귀는 자가 되었으니"

비방은 거짓으로 고소도 하고 비난하는 것입니다. 정신적인 고통을 당하는 것입니다.

환란은 각종 폭력과 박해를 당하는 것입니다. 주로 육적인 고통을 당하는 것입니다. 믿음으로 인하여 감옥에 가고, 추방당하고, 재산도 몰수당하는 것입니다.

초대교회의 성도들은 국내적으로 국외적으로 말할 수 없는 고난을 당하였습니다.

예수살렘 총회 수장이었던 야고보가 죽임을 당합니다. 베드로를 위시하여 사도들이 순교하였습니다. 수많은 사람들이 믿음 때문에 죽임을 당했습니다.

로마 황제는 원형 경기장에서 사람을 짐승처럼 죽이고 구경거리로 삼았습니다. 불로 태어 죽이고 십자가 처형도 가했습니다. 헐벗고 굶주려 죽었습니다.

이렇듯 어려운 가운데에서 돌보고 함께하는 자들이 있었습니다.

34절 "너희가 갇힌 자를 동정하고 너희 소유를 빼앗기는 것도 기쁘게 당한 것은 더 낫고 영구한 소유가 있는 줄 앎이라"

당시에 감옥에 갇힌 자를 그냥 방치하면 굶어 죽습니다. 은밀히 접근하여 음식을 넣어 주어야 합니다. 그러다가 잡히면 위험한 처지에 놓이기 때문에 목숨을 걸고 하는 일입니다. 갇힌 자를 돌보다 생업을 위협받기도 합니다. 이러한 일을 기쁜 마음으로 할 수 있는 것은 더 나은 영구한 소유가 있는 줄 알기 때문입니다.

눅 6:22-23 "인자로 말미암아 사람들이 너희를 미워하며 멀리하고 욕하고 너희 이름을 악하다 하여 버릴 때에는 너희에게 복이 있도다 그 날에 기뻐하고 뛰놀라 하늘에서 너희 상이 큼이라 그들의 조상들이 선지자들에게 이와 같이 하였느니라"

기독교 역사는 박해와 순교로 점철되어 있습니다. 곧 피로 얼룩진 역사라 할 수 있습니다. 이 박해는 주가 다시 오실 때까지 있을 것입니다. 미워하며, 멀리하며, 욕하고, 악하다 하고, 몰아낸다고 하였습니다.

박해를 받는 자들의 고난은 헛된 것이 아니라 모든 것을 알고 계시는 주께서 하늘의 큰 상급을 주시는 것입니다.

세상에서 환란과 핍박과 어려움이 있다 하더라도 끝까지 이기고 승리하면 하늘나라에 큰 상급(賞給)이 기다리고 있음을 믿고 신앙하는 것입니다.

초대교회 성도들은 복음의 빛을 받고, 고난의 큰 싸움을 인내하였습니다. 비방하고,

욕하고, 멸시하고, 구경거리로 삼고, 환란을 당하였습니다. 이러한 가운데서도 서로 돕고 사귐이 있었습니다. 특히 감옥에 갇힌 자는 언제나 생명의 위험에 노출되어 있었습니다. 그들을 돌보다 위기를 만나고 산업을 잃기도 하였습니다. 그러나 기쁘게 여겼습니다. 더 낫고 영구한 기업이 있는 줄 알았기 때문입니다.

벧전 1:4 "썩지 않고 더럽지 않고 쇠하지 아니하는 유업을 잇게 하시나니 곧 너희를 위하여 하늘에 간직하신 것이라"

그렇습니다. 우리에게 더 좋은 하늘 상급이 있기에 믿음으로 나아가는 것입니다.

오늘의 아픔을 이기고 하늘의 상급과 기업을 소망하는 것입니다. 그리하여 더 좋은 신앙의 진보로 나아가는 것입니다.

2. 인내로 큰 상을 받을 기업

35-37절 "그러므로 너희 담대함을 버리지 말라 이것이 큰 상을 얻게 하느니라 너희에게 인내가 필요함은 너희가 하나님의 뜻을 행한 후에 약속하신 것을 받기 위함이라 잠시 잠깐 후면 오실 이가 오시리니 지체하지 아니하시리라"

그리스도인들이 비방과 박해를 당하면서도 믿음을 잃지 않은 것은 하늘 상급을 바라보기 때문입니다. 그리고 우리에게 인내가 필요한 것은 하나님의 뜻을 행한 후에 약속을 받기 때문입니다. 주님께서 다시 오실 때까지 믿음을 굳게 세워가야 할 이유이기도 합니다.

담대한 : 헬라어 '헤 파르레시아(ἡ παρρησία)'의 원어의 뜻은 '무엇이든 말함', '거리낌 없이 자유롭고 솔직하게 말함'. 신앙으로 용기를 갖는 것을 의미합니다.

상 : 헬라어 '미스다포도시아(μισθαποδοσία)'는 받을 보응을 뜻함. 곧 약속하신 기업을 얻음입니다.

오실 이 : 예수 그리스도의 재림임. 성도는 고난이 오더라도 믿음으로 인내하며 하늘 기업을 바라보며 나아감을 의미합니다.

초대교회 때는 많은 고난과 환란과 박해와 핍박을 받았습니다. 주님의 제자들은 거의 순교 당했습니다. 크리스천은 감옥에 갇히고 수많은 사람들이 죄 없이 죽음을 당했습니다. 경기장에서 짐승에게 찢기어 죽고 화형당하여 죽었습니다. 산업을 잃고 가난하여 굶주려 죽었습니다.

오늘날도 예수 믿는다는 것으로 여러 가지 어려움이 있습니다. 그러나 성도는 핍박과 환난 가운데서도 믿음을 담대히 지켜야 합니다.

35절 "그러므로 너희 담대함을 버리지 말라 이것이 큰 상을 얻게 하느니라"

우리가 믿음으로 나아갈 때는 담대함이 요구됩니다. 왜냐하면 큰 상이 기다리고 있기 때문입니다. 담대함은 그냥 되는 것이 아니고 강한 확신이 있을 때입니다. 강한 신앙이 있을 때입니다. 이는 전적인 믿음입니다. 구약 때 모세가 그러했고, 여호수아가 그러했습니다.

수 1:9 "내가 네게 명령한 것이 아니냐 강하고 담대하라 두려워하지 말며 놀라지 말라 네가 어디로 가든지 네 하나님 여호와가 너와 함께 하느니라 하시니라"

우리에게도 내게 능력 주시는 자 안에서 담대할 수 있는 것입니다. 담대히 믿음으로 나아가 승리할 때 큰 상급이 있음을 믿으시기 바랍니다.

골 3:24 "이는 기업의 상을 주께 받을 줄 아나니 너희는 주 그리스도를 섬기느니라"

우리 모두는 믿음으로 유업의 상을 받습니다. 담대함으로 전진하여야 합니다.

36절 "너희에게 인내가 필요함은 너희가 하나님의 뜻을 행한 후에 약속하신 것을 받기 위함이라"

앞서 믿음의 담대함을 살펴보았습니다. 그리고 이제 인내가 필요하다는 것입니다. 인내에 대해 특별히 욥을 들 수 있습니다. 욥은 예기치 못한 재산을 모두 잃고, 집이 무너지고, 자녀가 다 죽습니다. 자신의 몸은 악창으로 병들고, 아내는 하나님을 욕하고 죽으라 하고 떠납니다. 믿을 사람이 없습니다. 친구들도 죄로 인해 받는 값이라고 질타합니다. 그러나 욥의 위대함은 끝까지 하나님을 믿는 믿음입니다. 그리하여 믿음으로 승리하고 복을 받습니다.

믿음으로 인내함은 성도의 가장 큰 보상임을 믿고 매진하는 것입니다.

◎ 최상품 포도

세계적으로 유명한 포도가 프랑스 한 마을에서 재배된다고 합니다. 거기는 옥토가 아니랍니다. 척박한 땅에 심어 기른다는 것입니다.

좋은 땅에 심겨진 포도나무는 잘 자라고 열매도 잘 맺지만, 오염된 지표면의 물을 흡수함으로써 좋은 열매를 얻을 수 없다는 것입니다.

척박한 땅에 심겨진 포도나무는 자라는 데 시간이 걸리지만, 땅속 깊이 뿌리를 내리며 자라기 때문에 최상품의 열매를 맺는다는 것입니다.

사람이 당하는 고난에 따른 인내의 결과도 이와 같다는 것입니다.

롬 5:3-4 "다만 이뿐 아니라 우리가 환난 중에도 즐거워하나니 이는 환난은 인내를, 인내는 연단을, 연단은 소망을 이루는 줄 앎이로다"

인내는 연단을, 연단은 소망을 이룬다고 합니다. 그러므로 우리의 신앙에는 인내가 필요합니다. 모진 고난을 잘 견뎌내야 합니다.

롬 8:18 "생각하건대 현재의 고난은 장차 우리에게 나타날 영광과 비교할 수 없도다"

지금 받는 고난은 장차 받을 영광과 족히 비교할 수 없다고 하였습니다.

본문은 "너희가 하나님의 뜻을 행한 후에 약속을 받기 위함이라" 하였습니다. 하나님의 뜻을 행하면 약속된 복을 받는다는 것입니다. 하나님의 약속은 새 언약으로 이루십니다. 새 하늘과 새 땅의 도래입니다.

37절 "잠시 잠깐 후면 오실 이가 오시리니 지체하지 아니하시리라"

이제 잠시잠깐 후면 오실 이가 오신다고 했지요? 오실 이는 누구입니까? 예수 그리스도이십니다.

"지체하지 아니하리라"라고 하였지요?

하나님의 계획하시는 시간대는 우리가 알 수 없습니다. 천년이 하루 같다고 하니까요!

주의 다시 오실 때는 누구도 모릅니다. 그러나 후크마(Anthony A. Hoekema, 1913~1988) 박사가 말하는 상황적으로 오고 계심을 소망하며 고대하는 것입니다.

잠시잠깐 후면 오실 이가 오신다는 것과 지체하지 아니 하신다고 하였지요?

종말의 때 칠년 대환란이 있습니다. 이때 전 3년, 후 3년이 있습니다. 특히 후 3년에 적그리스도에 의한 극심한 환란이 있으나, 주께서는 반드시 다시 오십니다.

합 2:3 "이 묵시는 정한 때가 있나니 그 종말이 속히 이르겠고 결코 거짓되지 아니하리라 비록 더딜지라도 기다리라 지체되지 않고 반드시 응하리라"

하나님께서 오래 참으심은 모든 사람이 회개하여 다 구원받기를 원하심입니다.

벧후 3:9-10 "주의 약속은 어떤 이들이 더디다고 생각하는 것 같이 더딘 것이 아니라 오직 주께서는 너희를 대하여 오래 참으사 아무도 멸망하지 아니하고 다 회개하기에 이르기를 원하시느니라 그러나 주의 날이 도둑 같이 오리니 그 날에는 하늘이 큰 소리로 떠나가고 물질이 뜨거운 불에 풀어지고 땅과 그 중에 있는 모든 일이 드러나리로다"

성도는 어떠한 고난이 와도, 환란이 와도, 핍박이 와도 담대히 믿음으로 나아가는 것입니다.

우리에게 약속한 기업과 상급을 바라보면 나아가는 것입니다.

주께서 지체하지 않으시고 오신다고 하였습니다. 그러므로 인내하며 깨어 소망하며 신앙하여야 하는 것입니다.

3. 믿음으로 전진하여 얻는 기업

38-39절 "나의 의인은 믿음으로 말미암아 살리라 또한 뒤로 물러가면 내 마음이 그를 기뻐하지 아니하리라 하셨느니라 우리는 뒤로 물러가 멸망할 자가 아니요 오직 영혼을 구원함에 이르는 믿음을 가진 자니라"

합 2:4 "…… 의인은 그의 믿음으로 말미암아 살리라"는 하박국 선지자의 글을 인용하여, 믿음으로 나아가고 물러나면 기뻐하지 아니한다고 하였습니다. 믿음으로 나아가는 자는 퇴보하여 나락에 떨어지는 일 없이 영혼 구원에 이르는 믿음에 굳건히 서가는 것입니다.

멸망 : 헬라어 '아폴레이아(ἀπώλεια)'는 '수렁', '멸망', '파괴', '죽음'을 뜻함. 회생불능상태에 빠져 드는 것을 뜻합니다.

영혼을 구원함에 : 헬라어 '에이스 페리포이에신 프쉬케(εἰς περιποίησιν ψυχη)' 여기서 영혼(프쉬케)은 '숨', '목숨'을 뜻합니다. 직역하면 '영혼의 구원에'입니다.

의인은 믿음으로 살며 영혼의 구원함에 이르는 것을 의미합니다.

하나님의 의(義)는 공유적 속성으로 나타납니다. 많은 사람들은 하나님의 거룩성과 관련지어 언급합니다. 사도 바울은 의를 구원과 관련지어 이야기합니다. 복음에는 오직 믿음으로 하나님의 의가 나타납니다.

구약 때 피의 제사를 통하여 하나님의 의가 계시됩니다. 복음의 의도 그리스도의 언약적 피를 통해 나타납니다. 하나님의 의는 구원받은 언약의 백성들에게 은혜와 사랑으로 나타나고, 구원받지 못한 백성에게는 심판으로 나타납니다.

리델보스(H. Ridderbos)는 "'하나님의 의'는 '하나님 앞에 설 수 있는 의'라고 하였습니다.

의인은 믿음으로 산다고 할 때 믿음이란 단어 속에 그리스도를 믿는 믿음의 의미가 함축되어 있습니다.

38절 "나의 의인은 믿음으로 말미암아 살리라 또한 뒤로 물러가면 내 마음이 그를 기뻐하지 아니하리라 하셨느니라"

하박국 선지자는 BC 7세기경 불신앙과 불순종이 범람하던 사회에 실망한 나머지 하나님께 유다의 불의에 대해 탄원했던 선지자였습니다. 본문은 하박국 선지자의 글을 인용합니다.

합 2:4 "…… 의인은 그의 믿음으로 말미암아 살리라"
롬 1:17 "복음에는 하나님의 의가 나타나서 믿음으로 믿음에 이르게 하나니 기록된 바 오직 의

인은 믿음으로 말미암아 살리라 함과 같으니라"

갈 3:11 "또 하나님 앞에서 아무도 율법으로 말미암아 의롭게 되지 못할 것이 분명하니 이는 의인은 믿음으로 살리라 하였음이라"

의인은 믿음으로 말미암아 살고 뒤로 물러가면 하나님께서 기뻐하지 않습니다. 인내로 믿음을 지키는 자는 결코 뒤로 물러서지 않습니다. 그러므로 믿음은 전진만 하는 것입니다.

어떤 사람은 믿음이란 자전거를 타는 것과 같다고 하였습니다. 자전거를 탔으면 계속 앞으로 가야지 멈추면 옆으로 넘어진다는 것입니다. 마찬가지로 전진하지 못하는 믿음은 넘어지기 십상입니다. 믿음이 참다운 생명길이라면 앞으로 나아가야 합니다.

39절 "우리는 뒤로 물러가 멸망할 자가 아니요 오직 영혼을 구원함에 이르는 믿음을 가진 자니라"

여기에 보면 두 가지 길이 있습니다.

하나는 뒤로 물러가 멸망에 빠지는 것입니다. 곧 깊은 수렁에 빠져 멸망을 당하는 길입니다.

다른 하나의 길은 계속 전진하여 영혼 구원까지 이르는 길입니다.

우리는 뒤로 물러가 멸망에 빠질 자들이 아닙니다. 꾸준히 계속하여 인내하며, 하나님의 뜻에 순종하며 나아가는 것입니다. 우리는 약속된 영혼 구원의 믿음을 가진 자들입니다.

◎ 아는 것과 믿는 것

알렉산더 대왕에게 훌륭한 주치의가 한 명 있었습니다. 실력뿐 아니라 인품까지 뛰어났습니다. 그는 잦은 전쟁으로 인해 심신이 피로해진 대왕의 건강을 최선을 다해 돌봤습니다. 그뿐 아니라 상담사로서의 역할까지 수행했습니다.

어느 곳에나 시기, 질투하는 자들이 있기 마련입니다. 그들은 음모를 꾸며 주치의를 몰아내어 죽이기로 하였습니다. 주치의가 약에 독을 타서 왕을 암살하려 한다고 소문을 퍼뜨렸습니다. 항상 주변으로부터 신변의 위협을 받는 왕의 위치이기 때문에 당연히 왕이 주치의를 죽이거나 최소한 다른 사람으로 바꿀 거라고 여겼습니다.

그러나 왕은 소문의 진의도 묻지도 않았고, 오히려 약도 매일 빠짐없이 챙겨 먹었습니다. 왜 일까요? 왕은 주치의를 믿었던 것입니다. 신뢰했기 때문입니다.

아는 것과 믿는 것은 큰 차이가 있습니다. 진정으로 믿을 때 믿음의 능력이 나타납니다. 믿음의 능력은 믿음 그 자체입니다.

우리가 말씀의 능력을 알고 진실로 믿으면 능력이 나타납니다. 진실로 믿는다는 것은 그 말씀에 진정으로 순종하는 것입니다. 우리가 말씀대로 순종하고 실행하면 그 말씀의 능력을 체험하게 됩니다.

우리의 믿음이 뒤로 물러나 멸망에 빠지면 안 됩니다. 오직 영혼을 구원함에 이르는 믿음으로 전진해야 합니다.

벧전 1:7 "너희 믿음의 확실함은 불로 연단하여도 없어질 금보다 더 귀하여 예수 그리스도께서 나타나실 때에 칭찬과 영광과 존귀를 얻게 할 것이니라"

우리의 믿음은 시련이 불로 연단하여도 없어질 금보다 더 귀합니다. 주께서 다시 오실 때 칭찬과 영광과 존귀를 얻게 됨을 믿으시기 바랍니다. 우리는 영혼을 구원함에 이르는 믿음을 가져야 합니다.

마 24:13 "그러나 끝까지 견디는 자는 구원을 얻으리라"

종말의 때는 끝까지 견디는 믿음이어야 합니다. 믿음으로 세상의 불의를 이기고 승리하여야 합니다. 어떠한 고난과 환란과 핍박이 와도 견뎌 이기는 정금 같은 신앙이어야 합니다. 오직 의인은 믿음으로 말미암아 산다고 하였습니다. 뒤로 물러나는 신앙이 아니라 앞으로 전진하는 신앙이어야 합니다.

지금은 영적 싸움 다 싸워 승리하는 믿음으로 나아갈 때입니다.

초대교회 성도들은 많은 고난과 환란과 박해를 받았습니다. 경기장 같은 곳에서 짐승에 찢겨 죽고 구경거리가 되었습니다. 화형을 당하기도 하였고, 십자가형을 받기도 하였습니다. 감옥에 갇히고 산업을 빼앗기고 굶주려 죽어갔습니다. 그러한 와중에도 끝까지 믿음을 지킬 수 있었던 것은 참된 신앙을 소유했기 때문입니다. 고난을 인내하여 담대함을 버리지 아니했습니다. 하늘의 상급과 하나님의 뜻을 행한 후에 약속의 기업을 받을 것을 믿음으로 알고 전진하는 신앙이었습니다. 오직 믿음으로 전진하여 영혼을 구원함에 이르는 소망입니다.

우리 모두는 이와 같이 주의 다시 오심을 소망하며, 약속된 기업을 바라며, 믿음에 굳게 서서 전진하여 나아가는 것입니다.

제11장

믿음의 성격과 선진들의 행적

I. 믿음의 성격

히 11:1-3

① 믿음은 바라는 것들의 실상이요 보이지 않는 것들의 증거니 ② 선진들이 이로써 증거를 얻었느니라 ③ 믿음으로 모든 세계가 하나님의 말씀으로 지어진 줄을 우리가 아나니 보이는 것은 나타난 것으로 말미암아 된 것이 아니니라

성경 안에는 유명한 장들이 많이 있습니다.

고린도전서 13장은 '사랑장'이라고 합니다.

고린도전서 15장은 '부활장'이라고 합니다.

히브리서 11장은 '믿음장'이라고 합니다.

그 외에도 중생장(요 3장), 화평장(요 14장), 성령장(요 16장), 기도장(요 17장), 승리장(롬 8장), 헌신장(롬 12장), 은사장(롬 12장, 고전 12장), 천국장(계 21장) 등이 있습니다.

앞서 10:32-39과의 연결로 본문에서는 선진들의 믿음의 증거로 이어집니다.

믿음은 바라는 것들이 실상이요, 보지 못하는 것들의 증거니 선진들이 이로써 증거를 얻었다고 합니다.

믿음으로 모든 세계가 하나님의 말씀으로 지어진 줄을 아는 것이며, 보이는 만상은 나타난 것으로 말미암아 된 것이 아니고 하나님의 말씀으로 된 것임을 아는 것입니다.

'믿음'에 대해 그 정의적인 성격을 살펴보고자 합니다.

1. 믿음의 실상과 증거

1절 "믿음은 바라는 것들의 실상이요 보이지 않는 것들의 증거니"

믿음을 두 가지로 정의합니다.

'바라는 것들의 실상'과 '보이지 않는 것들의 증거'입니다.

현재에 속하지 않고, 미래에 속하며, 이미 가진 것이 아니라 아직 갖지 못한 실존에 관한 것이고, 또 아직 갖거나, 얻거나, 소유하지 못한 사물(실체)을 소유한 것처럼 확신하는 것입니다.

믿음은 추상적인 것이 아니고, 확신으로 바라보는 것입니다.

실상 : 헬라어 '휘포스타시스(ὑπόστασις)'는 휘포(ὑπό ; 아래에)와 동사 히스테미(ἵστημι ; 서게 하다, 확립하다)의 합성어임. 문자적으로 '아래에 서다' 또는 '아래에 확립하다'의 뜻입니다. 실상을 K.J.V는 '실체'로, N.I.V는 '확증'으로, R.S.V는 '확신'으로 되어 있습니다. 실상은 사람의 생각에 좌우되는 주관적인 실체가 아니라, 그것으로부터 독립되어 있는 객관적인 실체를 가리킵니다.

증거 : 헬라어 '엘렉코스(ἔλεγχος)'는 '납득하다', '증명하다', '확실히 알다'는 뜻임. 법률적인 용어로 사용되며, 객관적인 사실을 증명하는 뜻입니다.

믿음은 객관적인 실체이며, 확신의 근거임을 의미합니다. 믿음이란 어두움 속에서 내딛는 발걸음이 아닙니다. 믿음은 나는 할 수 있다는 신념과도 다릅니다. 믿음이란 마치 엄마의 품속으로 안겨오는 아기의 걸음걸이와 같습니다. 믿음은 어린 아이가 엄마 품에 안겨 있어 신뢰하는 것과 같습니다.

아빠가 가끔 아기를 공중으로 던졌다 받을 때 위험천만해 보입니까? 공중으로 떠올랐다 떨어질 때 아이의 얼굴엔 두려움이 없습니다. 되레 재미있어 어쩔 줄을 모릅니다. 왜, 그럴까요? 아이는 아빠를 믿기 때문입니다. 믿음도 이와 같아서 하나님 안에 있는 그런 믿음입니다.

믿음이란 하나님이 항상 계시며 함께하신다는 확신입니다. 믿음이란 우리를 사랑하시며 보호하시는 신실하신 하나님을 의지하는 것입니다. 믿음이란 장래사에 될 것을 이루시고 성취하실 것으로 믿는 것입니다.

테니슨(Tennyson)은 "믿음은 종달새 알에서 종달새 소리를 듣는 것"이라고 하였습니다.

1절 "믿음은 바라는 것들의 실상이요 보이지 않는 것들의 증거니"

'실상'을 K.J.V에서는 '실체'로, N.I.V에서는 '확증'으로 되어 있습니다.

실상(實狀)은 객관적인 실체를 가리킵니다.

믿음은 바라는 것들(소망), 곧 미래에 될 것을 확신입니다.

랑게(Lange)는 "미래를 내다보게 하는 믿음의 능력은 그리스도인들로 하여금 오직 하나님의 말씀만을 의지하고, 보이지 않는 미래를 향해 담대하고 진지하게 나아가게 한다"고 하였습니다.

믿음은 바라는 것들의 객관적인 실체성을 증명하는 것입니다. 믿음은 눈에 보이지 않는 것을 보도록 하고, 바라는 실상을 알게 하고, 눈에 보이지 않는 실체를 믿게 합니다. 하나님은 우리에게 믿음의 눈을 통하여 영의 실체, 즉 영계를 보게 합니다.

요 20:29 "예수께서 이르시되 너는 나를 본 고로 믿느냐 보지 못하고 믿는 자들은 복되도다 하시니라"

제자들이 도마에게 "우리가 부활하신 예수님을 보았노라"고 했습니다. 이 말에 도마가 예수님 손의 못 자국을 보며 "내 손가락을 그 못 자국에 넣으며 내 손을 그 옆구리에 넣어보지 않고는 믿지 않겠노라"고 하였습니다.

그 후에 예수님이 제자들에게 나타나시어 도마에게 확인시켜 하신 말씀이었습니다.

"나를 본 고로 믿느냐"

히 10:39 "우리는 뒤로 물러가 멸망할 자가 아니요 오직 영혼을 구원함에 이르는 믿음을 가진 자니라"

그러므로 영혼을 구원함에 이르는 믿음을 가지는 것입니다.

구원을 얻는 믿음은 바라는 것들의 실상이요, 보지 못하는 것들의 증거가 되는 믿음 안에 있는 것입니다.

◎ **목마름의 해결, 주전자 물**

사막에서 길을 잃은 데다 목마름에 지친 한 남자가 우연히 다 쓰러져가는 오두막집을 발견했습니다. 주위를 살펴보던 중 조금 떨어진 곳에 낡고 녹슨 펌프가 하나 있었습니다. 손잡이를 잡고 힘겹게 펌프질을 해봤습니다. 그러나 물이 나오지 않습니다. 실망해 있던 중에 한쪽 구석에 오래된 주전자가 보입니다. 그런데 거기에 무슨 글이 쓰여 있었습니다. 먼지를 닦아내고 글을 읽어봅니다.

'이 물 주전자에 담긴 물을 모두 사용해 펌프질을 하세요! 추신 : 떠나기 전에 반드시 이 주전자에 물을 다시 채워놓을 것이라고 써놓았습니다.

주전자 뚜껑을 열어보니 물이 가득히 있습니다. 잠시 고민에 빠집니다. 왜냐하면 이 물을 그냥 마시면 당장 목마름이 해결되기 때문입니다. 물이 나올지는 모릅니다. 그러나 결단을 하고 주전자에 물을 펌프에 붓고 펌프질을 했습니다.

"끽, 끽, 끽!"

소리만 날뿐 물이 나오지 않습니다. 계속하자 조금씩 물방울이 떨어지고 곧 가느다란 물줄기에 이어 마침내 시원한 물이 쏟아져 나옵니다.

주전자에 물을 담아 실컷 마셨습니다.

길을 떠나기 전에 다음 여행자를 위해 주전자에 물을 채우고 이렇게 글을 씁니다.

'믿으십시오! 이 물을 다 붓고 펌프질을 하십시오! 그러면 물을 얻습니다.'

이스라엘 백성들은 출애굽하여 광야를 거쳐 가나안을 향해 갔습니다. 가나안 땅이 어떠한지 그 당시 백성들은 가보지 않아 잘 모릅니다. 그러나 모세의 지도하에 바라고 갔습니다.

당면한 현실은 가깝고, 가야 할 곳은 멀었습니다. 가다가 나쁜 환경을 만나면 모두 원망과 불평을 했습니다. 긍정적인 말을 한 여호수아와 갈렙만이 가나안에 들어가고, 모든 1세대는 다 광야에서 죽었습니다. 여호수아와 갈렙은 하나님의 약속을 믿고 나아가 가나안 땅에 들어갔습니다.

우리는 어떠합니까? 현실이 조금만 어려워도 좌절하고 실망하여 포기합니다.

하나님 나라의 백성은 이 땅의 것들을 바라고 나아가는 자들이 아닙니다. 우리는 저 천상을 향해 나아가는 자들입니다. 천상에 대해서는 우리의 눈으로 볼 수 없습니다. 천사들도 안 보입니다. 영적인 것이기 때문입니다. 그러나 어떠합니까? 그 존재를 우리는 믿지 않습니까?

엡 2:8 "너희는 그 은혜에 의하여 믿음으로 말미암아 구원을 받았으니 이것은 너희에게서 난 것이 아니요 하나님의 선물이라"

믿음을 가진 자는 믿는 대로, 볼 수 없는 세계를 보는 증거의 삶입니다.

매튜 헨리(Matthew Henry)는 "믿음은 몸의 눈으로 분변될 수 없는 것들을 마음의 눈이 실감하도록 증거해준다"라고 하였습니다.

그렇습니다. 믿음은 보지 못한 것들의 증거입니다. 믿음은 세상적·합리적인 사고로는 이해할 수 없습니다. 인간의 이성을 뛰어 넘는 것으로 보는 것이니까요.

믿음은 바라는 것들의 실상이요, 보지 못하는 것들의 증거라고 하였습니다. 우리가 바라는 실상을 믿음으로 바라보며 나아가 확신하고 증거하는 삶을 살아가는 것입니다.

2. 믿음의 선진들의 증거

2절 "선진들이 이로써 증거를 얻었느니라"

구약의 선진들의 믿음은 이스라엘 역사의 주류입니다. 선진들의 믿음은 하나님으로부터 인정받은 신앙의 증인들입니다. 이들은 더 좋은 증언의 보증이 됩니다. 이로써 증거를 얻는 것입니다.

선진들 : 헬라어 '호이 프레스뷔테로이(οἱ πρεσβύτεροι)'의 어원은 '노인', '장로'의 뜻임(벧전 5:1, 요이 1:1). 여기서는 이스라엘의 수많은 조상들을 가리킵니다. 구약성경에 나오는 신앙의 위인들을 지칭합니다.

이로써 : 헬라어 '엔 타우테(ἐν ταύτῃ)'는 1절에 언급한 믿음(πίστις ; 피스티스)과 연결 고리를 가짐. 신앙의 위인들의 믿음으로 확신한 증거가 됨을 의미합니다.

우리는 보아야 믿는다고 하지요? 성경은 하나님을 믿어야 볼 수 있다고 합니다.

믿음을 가질 때 우리의 시야는 멀리 볼 수 있습니다. 역설적인 것 같습니다. 볼 수 없지만, 보는 것 같이 믿는 것이 믿음입니다. 영적인 눈으로 보고 믿는 것이지요.

롬 4:17 "기록된 바 내가 너를 많은 민족의 조상으로 세웠다 하심과 같으니 그가 믿은 바 하나님은 죽은 자를 살리시며 없는 것을 있는 것으로 부르시는 이시니라"

여기서 기록된 바는 창 17:5입니다. 아브람의 이름이 아브라함으로 바뀔 때입니다. 하나님께서 아브라함에게 열국의 아비가 되게 하신다고 하셨습니다. 아브라함은 하나님의 약속을 믿었습니다. 아들 이삭을 번제로 드려 하나님으로부터 인정을 받는 그런 믿음이었습니다. 그리하여 믿음의 조상이 되었던 것입니다.

2절 "선진들이 이로써 증거를 얻었느니라"

'선진'은 문자적으로는 '노인'을 뜻하고, 신약에서는 '장로'로, 초대교회에서는 '교부'로 칭합니다. 본문에서는 '이스라엘 조상'을 뜻합니다. 또한 선진은 앞서간 위인들을 의미합니다.
"이로써 증거를 얻었느니라." 선진들은 믿음으로 말미암아 하나님으로부터 인정을 받았음을 의미합니다.
본문에 대해서,
공동 번역에서는 "옛사람들도 이 믿음으로 하나님의 인정을 받았던 것입니다."
K.J.V에서는 "원로들이 이것으로써 좋은 평판을 얻었느니라."
현대인 성경에서는 "옛날 사람들도 이 믿음으로 하나님의 인정을 받았습니다."
현대어 성경에서는 "예전에 하나님의 인정을 받은 사람들도 다 이러한 믿음으로 인정받았던 것입니다."
라고 표기합니다.
구약시대에 믿음으로 인정받은 위인들이 많이 있습니다. 아브라함은 믿음을 의로 여겨 하나님으로부터 인정받았습니다. 노아, 이삭, 야곱도 마찬가지입니다. 다윗은 하나님께서 마음에 맞는 사람으로 인정을 받았습니다. 모세는 약속한 땅을 향하여 믿음으로 나아가 인정을 받았습니다. 구약의 여러 선지자들은 하나님의 말씀에 순종하여 인정을 받았습니다.

◎ 대통령의 믿음

트루먼 미국 대통령이 고향인 미주리주 인디펜던스를 어느 날 방문했습니다. 이곳 고향에서 대통령 탄생을 기념하여 세운 도서관 개관식에 참석하기 위함이었습니다.

대통령이 고향을 찾는다는 소문에 사람들은 그를 보기 위하여 몰려들었습니다. 누구보다 좋아 하는 것은 아이들이었습니다.

아이들이 몰려들어 대통령에게 물었습니다.

"대통령 아저씨는 우리만할 때 무엇을 했나요? 반장을 했나요?"

"아니다. 나는 너희만할 때 아주 볼품이 없었단다. 운동도 못하고, 안경을 벗으면 책도 보지 못했단다."

"그런데 어떻게 대통령이 되었나요?"

"나는 매일 성경을 읽었단다. 그리고 내 뒤에서 밀어주시는 하나님의 힘을 믿었지. 또 나는 빌 4:13 '내게 능력 주시는 자 안에서 내가 모든 것을 할 수 있느니라.' 이 말씀으로 힘과 용기를 얻었단다. 그리고 어떤 일을 결정할 때 기도하며, 일단 믿기 시작만 하면 끝까지 밀고 나갔단다."

앞서간 믿음의 선진들은 믿음으로 증거를 얻었다고 하였습니다. 믿음으로 증거란 보이지 않는 것을 존재하고 있다는 것으로 확신하는 것입니다. '보이지 않는데 어떻게 존재하는 것으로 믿느냐?'입니다. 즉, 안 보이는데 어떻게 믿느냐는 것입니다.

그런데 보세요. "천사가 있는 것을 믿습니까?" 하면 "믿는다!"고 답합니다. "보았습니까?" 하면 "……."

믿음의 증거도 이와 같습니다. 믿음으로 실체화된 것을 의미합니다. 마음으로 믿고 그대로 확신하는 것입니다. 그 실체들이 존재함으로 알고 그에 대해 확신합니다. 우리 안에 믿음의 삶을 가능케 하는 역동적인 성령께서 우리 안에서 살아 역사하시기 때문입니다. 믿음으로 사는 자는 삶의 전 영역에 매사 적극적입니다.

고후 4:18 "우리가 주목하는 것은 보이는 것이 아니요 보이지 않는 것이니 보이는 것은 잠깐이요 보이지 않는 것은 영원함이라"

믿음은 추상적인 개념이 아니라 인간의 삶의 전 영역을 통해 표현되고 나타나는 것입니다. 구약시대 신앙의 위인들은 확고한 믿음으로 하나님으로부터 확신과 증거를 얻었습니다. 다시 말씀드리면, 선진들은 믿음으로 증거, 곧 믿음의 확신을 가졌던 것입니다.

사도 바울은 이렇게 표현합니다.

롬 4:20-22 "믿음이 없어 하나님의 약속을 의심하지 않고 믿음으로 견고하여져서 하나님께 영광을 돌리며 약속하신 그것을 또한 능히 이루실 줄을 확신하였으니 그러므로 그것이 그에게 의로 여겨졌느니라"

5:2 "또한 그로 말미암아 우리가 믿음으로 서 있는 이 은혜에 들어감을 얻었으며 하나님의 영광을 바라고 즐거워하느니라"

성도가 믿음으로 하나님의 영광을 위하여 살 때 하나님께서는 믿음을 보시고 우리의 모든 필요를 채워주심을 믿으시기 바랍니다.

앞서간 믿음의 선진들을 본받아 신앙하여야 합니다.

3. 믿음으로, 모든 세계가 하나님의 말씀으로 지으신 증거

3절 "믿음으로 모든 세계가 하나님의 말씀으로 지어진 줄을 우리가 아나니 보이는 것은 나타난 것으로 말미암아 된 것이 아니니라"

믿음은 바랄 수 없는 것들을 바라며, 볼 수 없는 것들을 보는 것으로 실제적인 확신을 가집니다. 주관적인 것이라도 말씀으로 근거할 때 객관성으로 다가오는 것입니다. 믿음으로, 모든 세계가 하나님의 말씀으로 지어진 줄을 아는 것은 실상을 내면적으로 아는 믿음인 것입니다.

모든 세계 : 헬라어 '투스 아이오나스(τοὺς αἰώνας)'는 창 1:1의 천지 창조와 연결됨. '모든 것'은 우주적 사고이며, '세계'는 문자적으로는 '세대', '시대'입니다. 포괄적인 뜻은 만물의 총칭이며 창조된 모든 피조물을 의미합니다.

말씀 : 헬라어 '로고스(λόγος)'와 '레마(ῥῆμα)'로 구분되며, 그 성격을 보면 로고스(Logos)는 정적인 것이며, 레마(Rhema)는 역동적인 것입니다. 여기서는 히 1:3과 같은 레마적인 말씀입니다.

보이는 것 : 헬라어 '토 블레포메논(τὸ βλεπόμενον)'은 헬라 유대주의 전통에서 기인한 것으로 '가시적인 우주'를 가리킴.

믿음은 창조의 모든 것이 하나님의 말씀으로 지어진 줄을 아는 것의 의미입니다.

전등은 보이지만 전기는 보이지 않습니다. 휴대폰 소리는 들어도 전자파를 알 수 없습니다. TV를 위시하여 모든 전자 제품도 마찬가지입니다. 존재하는 모든 것은 시각, 청각, 지각을 통해 알 수 있어도 천지 만물을 창조하신 하나님의 실체는 육적인 인지 능력으로 알 수 없습니다. 하나님은 존재로 계시고 영이심으로, 그렇기 때문에 우리는 믿음으로만 아는 것입니다.

피조된 우주 만물은 하나님의 말씀으로 지어졌습니다. 하나님이 가라사대는 모든 세계가 있게 된 원천입니다. 하나님은 모든 존재의 시작과 마지막이 되십니다. 알파와 오메가이십니다.

믿음은 바라는 바를 확신하고, 보지 못하는 것들을 확인하는 것입니다. 믿음은 하나님께서 인정하심, 곧 증거를 받도록 작용합니다. 믿음은 존재하는 세계의 실상을 고백하게 합니다.

창 1:1 "태초에 하나님이 천지를 창조하시니라"

요 1:1-3 "태초에 말씀이 계시니라 이 말씀이 하나님과 함께 계셨으니 이 말씀은 곧 하나님이시니라 그가 태초에 하나님과 함께 계셨고 만물이 그로 말미암아 지은 바 되었으니 지은 것이 하나도 그가 없이는 된 것이 없느니라"

창세기 1:1의 태초는 천지 창조 시점의 태초이고, 요 1:1의 태초는 스스로 계신 존재의 하나님이십니다. 태초의 근본입니다.

창조된 세계를 보는 것을 넘어 창조하신 분을 아는 것은 영의 세계를 바라보는 것입니다. 태초에 말씀이 있으셨고, 이 말씀이 하나님과 함께 계셨습니다. 이 말씀이 곧 하나님이십니다. 그가 태초에 하나님과 함께 계셨고, 만물이 그로 말미암아 지은바 되었습니다. 말씀을 통해 예수 그리스도를 바로 아는 안목이 믿음입니다.

3절(상) "믿음으로 모든 세계가 하나님의 말씀으로 지어진 줄을 우리가 아나니……"

'믿음으로($\pi\iota\sigma\tau\epsilon\iota$; 피스테이)'는 3-31절까지 첫 단어로 나와 있습니다. 옛 선진들이 믿음으로 살고 행동한 것을 강조한 것입니다.

'모든 세계'는 하나님의 말씀으로 지어진 피조의 만물입니다.

존 길(J. Gill)이라는 신학자는 '모든 세계'를 이렇게 표현합니다.

"그것은 하늘의 거민들과 천사들을 다 함축한 하늘 세계와 해와 달과 별들과 공중의 새를 포함한 창공의 세계와 사람과 짐승 등 그 위에 사는 모든 것을 다 포함한 지상세계와 바다와 그 안에 있는 모든 것을 다 포함한 수중(水中)의 세계를 가리킨다."

하나님께서 창조하신 모든 세계는 우주적인 것입니다. 그 모든 세계를 창조하신 사실은 믿음으로 인식하고 아는 것입니다.

그리고 예수님은 창조의 근본이시므로 새롭게 하십니다.

3절(하) "…… 보이는 것은 나타난 것으로 말미암아 된 것이 아니니라"

'나타난 것'은 현상계에 속한 것으로, 곧 보이는 것입니다. 보이는 것은 지어진 것으로 된 것이 아니라, 보이지 않은 어떤 힘, 곧 하나님의 말씀으로 된 것입니다.

만물은 하나님의 말씀으로 무에서 유를 창조했습니다. 그러므로 우주가 어떤 물질로부터 생성되었다는 이론은 잘못된 것입니다. 만물의 생성은 하나님으로부터 창조된 것입니다.

진화론은 어떤 부분을 논리적으로 말하지만 기본적으로 잘못된 것입니다. 보이는 물질세계는 창조 이후에 우리에게 보여지는 현상계입니다.

본문에서 보이는 것은 나타난 것으로부터 말미암아 된 것이 아니라 무에서 하나님의 말씀으로 된 것입니다.

> **◎ 천문학자 케플러**
>
> 천문학자 케플러는 신실한 신앙인이었습니다. 그런데 그와 함께 천문학을 연구하는 한 친구가 있었습니다. 그는 무신론자로 하나님의 존재를 부인합니다.
>
> 그는 말합니다. "태양계란 그 자체의 힘으로 생성된 것으로 누가 만든 것이 아니다"라고 늘 주장했습니다.
>
> 케플러는 그 친구에게 우주 만물이 하나님의 창조물임을 알게 해주고자 고심했습니다. 그러던 어느 날 태양계의 모형을 실제 크기의 축소 비율에 맞게 만들어 아름다운 색

을 칠하고, 별들이 빛을 발하며 빙글 빙글 돌아가도록 하여 그 친구에게 보여주었습니다. 그것을 본 친구는 매우 감탄했습니다.

"누가 이렇게 아름다운 것을 만들었나?"

"아무도 만들지 않았네. 자기 힘으로 생겨나서 자기 힘으로 도는 것일세."

"뭐냐? 농담하지 말고 말해 주게. 어떻게 만든 사람이 없이 절로 만들어지고 돈단 말인가? 그런 일이 있을 수 없지 않은가?"

이때다 싶어 "이 친구야! 이렇게 작고 보잘것없는 장난감도 만들고 움직이게 하는 사람이 있다면, 거대한 우주 만물이 창조주가 없이 어떻게 생겨나고 한 치의 오차도 없이 질서 있게 돌아 갈 수 있겠는가! 하나님의 창조를 믿으시게!" 하고 말했습니다.

이와 마찬가지로 믿음은 믿을 수 없는 것을 믿게 해주고, 알 수 없는 것을 알게 해주고, 바랄 수 없는 것을 바라게 해주고, 소망 가운데 거하게 합니다. 믿음은 신·구약 성경의 모든 것을 요약해주는 최대의 함축된 진리인 것입니다.

우리는 이와 같은 믿음을 소유한 것을 행복으로 알아야겠습니다. 이러한 믿음으로 하나님께 감사와 영광을 돌리는 것입니다.

믿음은 무엇이라고 하였습니까? 믿음은 바라는 것들의 실상이라 하였습니다. 믿음은 보지 못한 것들의 증거라 하였습니다. 선진들이 이로써 증거를 얻었습니다. 이는 선진들이 이 믿음으로 확신케 되었습니다.

믿음으로 모든 세계가 하나님의 말씀으로 지은 것을 압니다. 보이는 것은 나타난 것으로 된 것이 아님은, 보이는 물질계가 보이는 물질로 된 것이 아님을 뜻합니다.

하나님은 영이시기 때문에 우리 눈으로 볼 수 없습니다. 그러나 하나님은 존재해 계시며 말씀으로 우주 만물을 지으셨습니다. 그리고 통치 섭리하십니다.

신앙의 눈으로 실상을 바라보며, 창조주 하나님께 감사와 영광을 돌리며, 믿음으로 신앙하는 것입니다.

II. 아벨, 에녹, 노아의 믿음

히 11:4-7

④ 믿음으로 아벨은 가인보다 더 나은 제사를 하나님께 드림으로 의로운 자라 하시는 증거를 얻었으니 하나님이 그 예물에 대하여 증언하심이라 그가 죽었으나 그 믿음으로써 지금도 말하느니라 ⑤ 믿음으로 에녹은 죽음을 보지 않고 옮겨졌으니 하나님이 그를 옮기심으로 다시 보이지 아니하였느니라 그는 옮겨지기 전에 하나님을 기쁘시게 하는 자라 하는 증거를 받았느니라 ⑥ 믿음이 없이는 하나님을 기쁘시게 하지 못하나니 하나님께 나아가는 자는 반드시 그가 계신 것과 또한 그가 자기를 찾는 자들에게 상 주시는 이심을 믿어야 할지니라 ⑦ 믿음으로 노아는 아직 보이지 않는 일에 경고하심을 받아 경외함으로 방주를 준비하여 그 집을 구원하였으니 이로 말미암아 세상을 정죄하고 믿음을 따르는 의의 상속자가 되었느니라

여기 세 사람, 믿음의 선진들이 등장합니다. 아벨과 에녹과 노아입니다.

아벨은 믿음으로 가인보다 더 나은 제사를 드림으로 의로운 자로 증거를 얻습니다.

에녹은 믿음으로 이 세상 죽음이 없이 승천합니다. 하나님과 동행하므로 기쁘시게 하는 자라 증거를 받습니다.

노아는 믿음으로 홍수의 경고하심을 받아 경외하므로, 온 가족이 구원을 얻습니다. 그리하여 믿음을 좇는 의의 후사가 되었습니다.

6절에 믿음이 없이는 하나님을 기쁘시게 못한다고 하였습니다. 하나님께 나아가는 자는 반드시 그가 계신 것과 찾는 자들에게 상 주시는 이이심을 믿는 것입니다. 이 선진들

은 참된 믿음과 말씀을 준행하였음을 볼 수 있습니다.

이 세 분의 믿음을 좀 더 자세히 살펴보고자 합니다.

1. 아벨의 믿음

4절 "믿음으로 아벨은 가인보다 더 나은 제사를 하나님께 드림으로 의로운 자라 하시는 증거를 얻었으니 하나님이 그 예물에 대하여 증언하심이라 그가 죽었으나 그 믿음으로써 지금도 말하느니라"

창 4:1-12에서 인류의 조상인 아담과 하와에서 처음 낳은 아들이 가인과 아벨이었습니다. 가인은 농사를 짓는 농사꾼이고, 아벨은 양을 치는 목자였습니다. 두 사람이 어느 날, 하나님께 제사를 드렸습니다. 가인은 땅의 소산으로, 아벨은 양의 첫 새끼와 기름으로 드렸습니다. 문제는 아벨의 제물은 열납하시고, 가인의 제물은 받지 않았습니다. 이에 화가 난 가인이 동생 아벨을 죽입니다. 인류 최초의 살인사건입니다. 그것도 형이 동생을 죽인 것입니다.

아벨 : 이름의 뜻은 '생기', '증기', '숨' 혹은 '호흡'임. 아담과 하와의 둘째 아들이며, 가인의 동생이었습니다. 최초 믿음의 순교자가 된 것입니다.

의로운 : 헬라어 '디카이오스(δίκαιος)'는 윤리적인 의가 아니라 하나님으로부터 의롭다 인정함을 받는 의미임.

예물 : 제사 때 드리는 제물임. 성도는 믿음으로 하나님께 산제사를 드려야 함을 의미합니다.

홍수 전 믿음의 선진으로 아벨이 처음으로 등장합니다. 아벨은 첫 사람 아담과 하와의 둘째 아들입니다. 첫째 아들은 가인입니다. 믿음으로 아벨은 가인보다 더 나은 제사를 하나님께 드렸습니다. '더 나은 제사'는 무엇을 뜻합니까?

창 4:2(하)-5(상) "…… 아벨은 양 치는 자였고 가인은 농사하는 자였더라 세월이 지난 후에 가인은 땅의 소산으로 제물을 삼아 여호와께 드렸고 아벨은 자기도 양의 첫 새끼와 그 기름으로 드렸더니 여호와께서 아벨과 그의 제물은 받으셨으나 가인과 그의 제물은 받지 아니하신지라……"

하나님께서는 아벨의 제물은 열납하셨고, 가인의 제물은 받지 않았습니다.

왜 그랬을까요? 이에 대한 여러 해석의 견해가 있습니다.

첫째, 제물보다 그들 자신에게 원인이 있었다는 것입니다. 하나님께서 가인과 그의 제물을 받지 않으셨다는 것은 그 제물 자체가 아니고, 제물 드리는 가인 자체를 좋지 않게 보셨다는 것입니다.

창 4:7 "네가 선을 행하면 어찌 낯을 들지 못하겠느냐⋯⋯"

가인이 선한 사람이 아니었다는 것을 암시하고 있습니다.

요일 3:12 "가인 같이 하지 말라 그는 악한 자에게 속하여 그 아우를 죽였으니 어떤 이유로 죽였느냐 자기의 행위는 악하고 그의 아우의 행위는 의로움이라"

가인은 악한 자였습니다. 그 때문에 드려진 제물을 받지 않은 것으로 볼 수 있습니다. 한편으로 아벨이 가인보다 더 좋은 제물을 드릴 수 있었던 것은, 그가 하나님을 향한 믿음 그 자체로 드린 견해입니다.

둘째, 제물에 그 원인이 있다고 보는 견해입니다. 가인이 바친 곡식 제물은 희생이 따르지 않은 것이고, 아벨이 바친 양의 첫 새끼는 기름과 함께 드린 희생제물이었다는 것입니다.

유대 역사가인 요세푸스(F. Josephus)는 "아벨이 곡물이 아닌 양의 첫 새끼를 바친 것이 더 나은 제사로 드렸다"고 했습니다.

셋째, 구속적 관점에서 보는 관점입니다(필자의 견해). 아담과 하와의 범죄 후에 자신들의 수치를 가리려고 무화과나무 잎으로 하체를 가렸습니다. 이는 근본적으로 해결될 수 없었던 것입니다. 하나님께서 가죽 옷을 지어 입히셨습니다.

창 3:21 "여호와 하나님이 아담과 그의 아내를 위하여 가죽옷을 지어 입히시니라"

가죽옷을 만들기 위해서는 동물이 피를 흘리고 희생당하여야 합니다. 이는 인류의 모든 죄를 대속하기 위해서는 어린 양 되신 예수님이 피를 흘려 희생되신 예표적인 성격입니다. 하나님께서 아담과 하와에게 가죽 옷을 입혀주신 것은 '속죄의 원리'를 보여주신 것입니다.

창 4:4 "아벨은 자기도 양의 첫 새끼와 그 기름으로 드렸더니……"

가죽옷을 지어 입힌 사실을 아담으로부터 들어 아는 아벨은 양의 첫 새끼를 제물로 드렸고, 이와 같은 사실을 제대로 모르는 가인은 땅의 소산으로, 그것도 무성의하게 드린 것입니다. 여기서 우리가 유의할 것은 하나님을 바로 아는 것입니다. 이스라엘 백성이 출애굽을 앞두고 애굽에서 마지막 재앙을 내릴 때입니다.

출 12:3 "…… 너희 각자가 어린 양을 취할찌니……"
5 "너희 어린 양은 흠 없고 일 년 된 수컷으로 하되……"

유월절날 이스라엘 회중이 그 양을 잡고, 그 피로 집 문 좌우 설주와 인방에 바르므로 죽음의 재앙이 넘어 갔습니다.
신약에 와서는 이렇습니다.

요 1:29 "이튿날 요한이 예수께서 자기에 나아오심을 보고 이르되 보라 세상 죄를 지고 가는 하나님의 어린 양이로다"
고전 5:7 "…… 우리의 유월절 양 곧 그리스도께서 희생되셨느니라"

아벨이 믿음으로 가인보다 더 나은 제사를 드린 것은, 결국 장차 오실 예수 그리스도의 속죄 희생을 바라본 믿음이라 할 수 있습니다.

4절 "믿음으로 아벨은 가인보다 더 나은 제사를 하나님께 드림으로 의로운 자라 하시는 증거를 얻었으니 하나님이 그 예물에 대하여 증언하심이라 그가 죽었으나 그 믿음으로써 지금도 말하느니라"

아벨은 믿음의 제사를 드렸기에 '의로운 자라 하시는 증거'를 얻었습니다. 하나님께서 그 예물에 대하여 증거하심이라 하였습니다. 아벨은 가인으로부터 살해당하여 죽었으나, 신앙의 본을 우리에게 보여주고 있는 것입니다. 그리고 믿음으로 증거하고 있는 것입니다.

아벨이 믿음의 제사를 하나님께 드렸습니다. 성도는 믿음의 산제사를 드려야 합니다.

요 4:23 "아버지께 참되게 예배하는 자들은 영과 진리로 예배할 때가 오나니 곧 이 때라 아버지께서는 자기에게 이렇게 예배하는 자들을 찾으시느니라"

믿음으로 참된 예배를 드려야 합니다. 가인처럼 외식적(外飾的)인 예배를 드리면 안 되는 것입니다.

아벨의 신앙은 더 나은 제사를 하나님께 드렸습니다. 하나님이 그 예물에 대하여 증거하셨습니다. 아벨은 우리가 그 믿음을 본받아야 할 선진입니다.

성도는 믿음으로 하나님이 기쁘시게 받으시는 예배를 드려야 합니다. 시간을 드리고, 정성을 드리고, 마음을 드리고, 예물을 드리되, 뜻을 다하고 성품을 다하여서 하나님이 기쁘게 받으시는 참된 예배를 드려야 합니다. 하나님께서는 우리의 중심을 보십니다. '중심 예수'로, 진리로 예배자의 삶을 살도록 애써 노력하여야 합니다. 아벨과 같은 믿음을 본받아 산제사를 드리는 예배자의 삶을 살아가는 것이 마땅합니다.

2. 에녹의 믿음

5-6절 "믿음으로 에녹은 죽음을 보지 않고 옮겨졌으니 하나님이 그를 옮기심으로 다시 보이지 아니하였느니라 그는 옮겨지기 전에 하나님을 기쁘시게 하는 자라 하는 증거를 받았느니라 믿음이 없이는 하나님을 기쁘시게 하지 못하나니 하나님께 나아가는 자는 반드시 그가 계신 것과 또한 그가 자기를 찾는 자들에게 상 주시는 이심을 믿어야 할지니라"

에녹에 대해 구약 창 5:21-24에 기록되어 있습니다. 신약에서는 눅 3:37과 히 11:5(본문)과 유 1:14에 나옵니다. 에녹은 창세기에서 가인계의 에녹(창 4:17-18)도 있습니다. 본문은 '셋' 계열의 에녹입니다. 에녹은 아담의 7대 손입니다. 노아가 10대 손이므로 에녹은 노아의 증조할아버지가 되는 것입니다.

믿음으로 에녹은 죽음을 보지 않고 하나님께 옮기어갔습니다. 옮기우기 전에 하나님을 기쁘시게 하였고, 믿음으로 그 증명함을 받았습니다.

에녹 : 히브리어 תַנוֹךְ, 헬라어 Ένώχ, 영어 Enoch의 이름의 뜻은 순종하는 자, 봉헌된 자이며, 또 가르치다, 시작하다의 뜻도 있음.

옮겨지기 : 헬라어 '메타티데미(μετατίθημι)'는 '바꾸다', '변화되다'의 뜻으로 죽음을 초월하여 하늘로 올리움을 받았음을 의미함.

상 : 헬라어 '미스다포도테스(μισθαποδότης)'는 '보상하다'라는 뜻으로 대가로 받는 것임. 믿음으로 죽음을 초월하여 승천하고 보상을 얻음을 의미합니다.

에녹은 65세가 될 때까지는 평범한 보통 사람의 삶으로 보여집니다. 그런데 65세 되던 해에 '므드셀라'라고 하는 아들을 낳은 후에 그의 삶에 변화가 옵니다. 그때부터 하나님과 동행하는 삶을 살아갑니다. 약 300년 동안 오랜 세월 동행하며 살았습니다.

365세가 되던 해 어느 날, 하나님께서 에녹을 데려가심으로 세상에 있지 않게 됩니다.

창 5:24 "에녹이 하나님과 동행하더니 하나님이 그를 데려가시므로 세상에 있지 아니하였더라"

에녹은 믿음으로 하나님과 동행하였습니다. 300년이나 동행한 삶입니다.
에녹 시대에는 인간들이 너무 부패했던 것 같습니다.

유 1:14-15 "아담의 칠대 손 에녹이 이 사람들에 대하여도 예언하여 이르되 보라 주께서 그 수만의 거룩한 자와 함께 임하셨나니 이는 뭇 사람을 심판하사 모든 경건하지 않은 자가 경건하지 않게 행한 모든 경건하지 않은 일과 또 경건하지 않은 죄인들이 주를 거슬러 한 모든 완악한 말로 말미암아 그들을 정죄하려 하심이라 하였느니라"

에녹은 이 땅에서 믿음의 삶으로 구별되어 하나님과 동행하였습니다.

5절 "믿음으로 에녹은 죽음을 보지 않고 옮겨졌으니 하나님이 그를 옮기심으로 다시 보이지 아니하였느니라 그는 옮겨지기 전에 하나님을 기쁘시게 하는 자라 하는 증거를 받았느니라"

'옮기우다'라는 말을 세 번이나 반복하고 있습니다. "인간이 하나님의 형상대로 지음 받았으나, 죄를 범하여 죽음이 왔습니다(롬 6:23, 죄의 삯은 사망이요……)"라고 하였습니다. 인간은 누구나 죽습니다. 죽음을 맛보지 않고 천국으로 올라간 사람은 에녹과 엘리야(왕하 2:11) 두 사람뿐입니다.

에녹은 옮기우기 전에 하나님을 기쁘시게 하는 자라 증거를 받았습니다. 에녹은 본받을 믿음의 선진입니다.

아들 므두셀라는 '투창의 사람', '군장의 사람', '보냄을 받은 사람'의 이름의 뜻입니다.

특이하게도 뉴베리(Newbery)라는 학자는 "그가 죽으면 심판이 온다"로 해석합니다. 이런 의미로 보아, '에녹의 삶의 변화가 온 것이 아닐까?'라고 보는 것입니다. 에녹 - 므두셀라 - 라멕 다음으로 노아가 태어납니다. 노아 때 홍수로 인류가 심판을 받습니다.

5절(하)에 에녹은 하나님을 기쁘시게 하는 자라 증거까지 받습니다. 믿는 자는 누구나 하나님을 기쁘시게 하고, 순종하고, 동행하는 삶을 사는 것입니다.

유대교 비경전인 《에녹의 비밀의 책》에서 '에녹의 계시' 항목에 이런 글이 나옵니다.

"내가 365세 되던 해의 두 번째 달의 어느 날 혼자 집에 있었다. 나는 몹시 마음이 상해 울면서 잠이 들었는데, 매우 키가 큰 두 사람이 나타났다. 그렇게 큰 사람은 본 적이 없다. 그 얼굴이 태양처럼 찬란하고, 눈은 불붙은 촛불 같고, 입에서는 불을 뿜었고, 입고 있는 옷과 노래가 다채롭고, 팔은 황금날개 같았다. 두 사람은 내 머리맡에 서서 나의 이름을 불렀다. 잠에서 깨어나자 나는 두 사람에게 절을 하고, 두려워서 얼굴을 두 손으로 감쌌다. 그러자 두 사람이 나에게 '에녹, 용기를 내고 두려워하지 마라. 영원한 주님이 우리를 네게 보냈다. 오늘 네가 우리와 함께 하늘로 올라갈 것이다.'"

6절 "믿음이 없이는 하나님을 기쁘시게 하지 못하나니 하나님께 나아가는 자는 반드시 그가 계신 것과 또한 그가 자기를 찾는 자들에게 상 주시는 이심을 믿어야 할지니라"

믿음이 없이는 하나님을 기쁘시게 못한다고 했지요?

믿음이 지향하는 것은 무엇이라고 합니까?

하나님께 나아가는 자는 반드시 계신 것과 하나님을 찾는 자들에게 상 주심을 믿는 것입니다. 항상 하나님은 살아 계시고, 섭리하시고, 통치하십니다. 선악 간 공의로 상을 주시고 죄에 대해 벌도 주십니다.

창 15:1 "…… 나는 네 방패요 너의 지극히 큰 상급이니라"

골 3:24 "이는 기업의 상을 주께 받을 줄 아나니 너희는 주 그리스도를 섬기느니라"

계 22:12 "보라 내가 속히 오리니 내가 줄 상이 내게 있어 각 사람에게 그가 행한 대로 갚아 주리라"

에녹의 경건한 품성은 그리스도께서 재림하실 때에 "땅에서 구속함을 얻을"(계 14:3) 사람들이 이루어야 할 것의 표본입니다.

홍수 전의 세상처럼 세상 끝에도 죄악이 가득할 것입니다. 그 가운데서도 에녹과 같은 참 백성들은 하나님의 뜻에 합하는 믿음으로 신앙하여 승리하게 될 것입니다. 에녹이 죽음을 초월하여 승천하듯, 믿음의 의인들은 불로 세상이 심판당하기 전에 승천하여 주를 영접할 것입니다.

에녹은 믿음으로 죽음을 맛보지 아니하고 하늘로 옮기어 갔습니다. 에녹의 믿음은 하나님과 동행하며, 하나님을 기쁘시게 했습니다. 에녹은 하나님의 약속에 대한 확고한 믿음이 있었습니다. 하나님께 나아가는 자는 반드시 그가 계신 것과 또한 찾는 자들에게 상 주시는 이이심을 믿어야 합니다.

약속한 것을 이루시는 신실하신 하나님을 믿고, 주실 상급을 바라보며 신앙하는 것입니다.

3. 노아의 믿음

7절 "믿음으로 노아는 아직 보이지 않는 일에 경고하심을 받아 경외함으로 방주를 준비하여 그 집을 구원하였으니 이로 말미암아 세상을 정죄하고 믿음을 따르는 의의 상속자가 되었느니라"

노아는 아담의 10대 손입니다. 아벨이 죽고 대신 주신 '셋'으로부터 난 자손입니다. 아담의 9대 손 라멕의 아들입니다. 7대 손 에녹의 증손자입니다(창 5:1-29).

노아는 하나님의 은혜와 공의에 대해 균형을 이루는 믿음의 삶을 살았습니다. 세상 모든 사람에게 하나님의 임박한 심판을 증거하며 방주를 지었습니다.

노아 : 히브리어 נֹחַ의 이름의 뜻은 '안위', '위로'임.

경외함으로 : 헬라어 '율라베데이스($εὐλαβηθείς$)'는 문자적으로 '거룩한 두려움'이란 뜻임.

우러러 존경하는 마음으로 조심스럽게 삼가는 것입니다. 경건의 뜻을 담고 있습니다.

믿음을 따르는 : 헬라어 '카타피스틴(καταπιστιν)'은 실현되는 방법이나 조건을 신뢰하는 것으로 마음으로 따르는 것임. 하나님의 말씀으로 믿음을 삼갈 때 안위함을 주는 것을 의미합니다.

유대인의 경전《탈무드》가 전하는 바에 의하면 노아의 조부 므두셀라는 그의 아버지 에녹을 본받아 하나님의 도(道)를 열심히 전하면서 두루 다녔다고 합니다. 노아는 어릴 때부터 조부의 손을 잡고 다니면서 영향을 많이 받았을 것으로 보입니다. 그러나 노아가 노아 되게 한 원인은 이러합니다.

창 6:8 "그러나 노아는 여호와께 은혜를 입었더라"

만사가 하나님의 은혜임을 깨닫는 자만이 바르게 신앙합니다. 그리고 하나님의 은혜에 대하여 받는 그 마음의 자세가 중요합니다.

7절(상) "믿음으로 노아는 아직 보이지 않는 일에 경고하심을 받아 경외함으로 방주를 준비하여 그 집을 구원하였으니……"

노아가 살던 그때 죄악이 온 세상에 가득했습니다.

창 6:5-7 "여호와께서 사람의 죄악이 세상에 가득함과 그의 마음으로 생각하는 모든 계획이 항상 악할 뿐임을 보시고 땅 위에 사람 지으셨음을 한탄하사 마음에 근심하시고 이르시되 내가 창조한 사람을 내가 지면에서 쓸어버리되 사람으로부터 가축과 기는 것과 공중의 새까지 그리하리니 이는 내가 그것들을 지었음을 한탄함이니라 하시니라"

믿음으로 노아는 아직 보지 못하는 일에 경고하심을 받습니다. 바로 홍수 심판입니다. 노아의 사적은 이러합니다.

창 6:9 "…… 노아는 의인이요 당대에 완전한 자라 그는 하나님과 동행하였으며"

홍수 심판의 경고하심을 받아 하나님을 경외함으로 상상을 초월하는 방주를 예비하기 시작합니다. 믿음으로 하지 않으면 할 수 없는 것입니다. 그 당시 이 어마어마한 방주를 짓는다는 것은 불가능합니다. 연장이 제대로 있었겠습니까? 재료를 제대로 구할 수 있었겠습니까?

인력 동원이 되었겠습니까? 물론 방주의 규모와 크기와 구조의 세세한 것까지 하나님이 보여주시고 지시하신 것입니다.

창 6:14-16 "너는 고페르 나무로 너를 위하여 방주를 만들되 그 안에 칸들을 막고 역청을 그 안팎에 칠하라 네가 만들 방주는 이러하니 그 길이는 삼백 규빗, 너비는 오십 규빗, 높이는 삼십 규빗이라 거기에 창을 내되 위에서부터 한 규빗에 내고 그 문은 옆으로 내고 상 중 하 삼층으로 할지니라"

방주의 길이는 약 150미터, 넓이가 약 25미터, 높이가 약 15미터입니다. 방주의 내부는 3층으로 각종 동물과 그 먹을 것까지 수용하는 것입니다. 이 정도의 크기면 약 14,000톤 정도의 규모입니다.

모리스(Morris)는 완성된 방주는 125,000마리의 양들을 운반할 수 있다고 합니다. 이 방주의 또 하나의 특징은 키나 돛이 없는 것입니다. 항해 목적이 아니고 떠 있기 위한 배였던 것입니다. 어떤 풍랑에도 까딱없는 그런 배였습니다.

노아는 하나님을 경외함으로 방주를 지었고 자기 집을 구원하였습니다.

사실 방주를 짓는 기간은 흔히 아는 대로 120년이 아니고, 약 70~80년 정도로 봅니다. 그것은 노아가 500세 때에 아들을 낳았고, 600세 되던 해 시작할 때 아들과 자부들과 같이 시작하였습니다. 아들들의 나이가 20~30세 때쯤 결혼했을 것으로 본다면 방주 제작은 약 70~80년이 걸린 것으로 보는 것입니다.

7절(하) "…… 이로 말미암아 세상을 정죄하고 믿음을 따르는 의의 상속자가 되었느니라"

노아가 아직 보지 못한 홍수 심판의 경고에 대해 믿음으로 방주를 짓기 시작할 때 사람들의 반응은 어떠했겠습니까?

또 노아는 그들을 위해 어떻게 대했겠습니까?

그 당시 사람들은 노아와 그 가족이 미쳤다고 했을 것입니다. 그도 그럴 것이 멀쩡한 날에 산위에서 배를 짓고 있었기 때문입니다.

한편, 노아는 그들을 향해 홍수 심판을 말하고 경각심을 주려고 애를 썼을 것입니다. 하나님이 경고하신 말씀을 믿으라고 강력히 전(傳)했을 것입니다.

벧후 2:5 "옛 세상을 용서하지 아니하시고 오직 의를 전파하는 노아와 그 일곱 식구를 보존하시고 경건하지 아니한 자들의 세상에 홍수를 내리셨으며"

하나님께서는 구원 방주를 예비한 노아와 그 일곱 식구를 구원하셨고, 그렇지 아니한 세상 사람들을 홍수로 모두 심판하셨습니다. 하나님의 경고하신 말씀을 믿지 않으면 예나 지금이나 심판을 받습니다. 노아를 통하여 오늘을 사는 우리에게 교훈이 됩니다.

마 24:38-39 "홍수 전에 노아가 방주에 들어가던 날까지 사람들이 먹고 마시고 장가 들고 시집 가고 있으면서 홍수가 나서 그들을 다 멸하기까지 깨닫지 못하였으니 인자의 임함도 이와 같으리라"

눅 17:27 "노아가 방주에 들어가던 날까지 사람들이 먹고 마시고 장가 들고 시집 가더니 홍수가 나서 그들을 다 멸망시켰으며"

벧전 3:20 "그들은 전에 노아의 날 방주를 준비할 동안 하나님이 오래 참고 기다리실 때에 복종하지 아니하던 자들이라 방주에서 물로 말미암아 구원을 얻은 자가 몇 명뿐이니 겨우 여덟 명이라"

하나님이 홍수로 심판하실 것을 경고했음에도, 노아의 방주를 우습게 여겼던 자들이 멸망을 당했습니다. 방주를 예비할 동안 오래참고 기다렸으나 소용이 없었습니다. 구원을 얻은 자는 노아의 여덟 가족뿐이었습니다. 노아가 방주에 들어가던 날까지 사람들이 먹고, 마시고, 장가들고, 시집가더니 홍수로 다 멸망을 당하고 말았습니다. 문제는 인자의 임함도 이와 같다는 것입니다.

벧후 3:6-7 "이로 말미암아 그 때에 세상은 물이 넘침으로 멸망하였으되 이제 하늘과 땅은 그 동일한 말씀으로 불사르기 위하여 보호하신 바 되어 경건하지 아니한 사람들의 심판과 멸망의 날까지 보존하여 두신 것이니라"

7절 끝에 "의의 상속자가 되었느니라"에는 두 가지 뜻이 있습니다. 하나는 믿음으로 순종하여 의롭다 함이 증명됨이요, 또 하나는 그의 삶의 결과가 의인이라 여김을 받은 것입니다. 이러한 믿음으로 노아는 의인이요, 의의 후사가 되었습니다.

방주 안에 구원이 있고, 방주 밖에 멸망이 있었듯이 오늘날은 예수 그리스도 안에 있느냐, 없느냐입니다. 예수 그리스도 안에 들어가는 것이 곧 구원의 방주에 들어가는 것입니다.

누구든지 그리스도 안에 있는 자에게는 정죄함이 없습니다.

누구든지 그리스도 안에 있으면 새로운 피조물입니다.

누구든지 그리스도 안에 있으면 새 생명으로 구원을 얻습니다.

예수 그리스도 안에 그의 은혜의 풍성함을 따라 구원받은 백성으로서의 삶을 살아가는 것입니다.

아벨은 믿음으로 가인보다 더 나은 제사를 하나님께 드렸습니다. 그로 인하여 의로운 자라고 인정을 받았습니다. 제사는 예배의 성격입니다. 우리들도 산제사, 곧 참된 예배를 드림으로 인정받는 자들이 되어야 합니다.

에녹은 믿음으로 인해 이 땅의 죽음이 없이 하나님과 동행하므로 바로 하늘로 옮기어졌습니다. 그리고 하나님을 기쁘시게 하는 자라 증거를 받았습니다. 우리도 하나님을 기쁘게 하는 믿음이 되도록 애써야겠습니다. 믿음이 없이는 기쁘시게 못한다고 하였습니다. 하나님께 나아가는 자는 반드시 그가 계신 것과 찾는 자에게 상 주시는 이이심을 믿어야 한다고 하였습니다.

노아는 믿음으로 아직 보지 못한 일에 경고하심을 받아 경외함으로 방주를 예비하여 온가족이 구원을 받았습니다. 그리고 믿음을 좇는 의의 후사가 되었습니다.

우리 모두는 믿음의 선진들의 믿음을 본받아 하나님의 약속과 계시를 바라보면서 믿음으로 나아가 의의 후사로 인정받는 신앙이 되는 것입니다.

III. 족장들의 믿음

히 11:8-22

⑧ 믿음으로 아브라함은 부르심을 받았을 때에 순종하여 장래의 유업으로 받을 땅에 나아갈새 갈 바를 알지 못하고 나아갔으며 ⑨ 믿음으로 그가 이방의 땅에 있는 것 같이 약속의 땅에 거류하여 동일한 약속을 유업으로 함께 받은 이삭 및 야곱과 더불어 장막에 거하였으니 ⑩ 이는 그가 하나님이 계획하시고 지으실 터가 있는 성을 바랐음이라 ⑪ 믿음으로 사라 자신도 나이가 많아 단산하였으나 잉태할 수 있는 힘을 얻었으니 이는 약속하신 이를 미쁘신 줄 알았음이라 ⑫ 이러므로 죽은 자와 같은 한 사람으로 말미암아 하늘의 허다한 별과 또 해변의 무수한 모래와 같이 많은 후손이 생육하였느니라 ⑬ 이 사람들은 다 믿음을 따라 죽었으며 약속을 받지 못하였으되 그것들을 멀리서 보고 환영하며 또 땅에서는 외국인과 나그네임을 증언하였으니 ⑭ 그들이 이같이 말하는 것은 자기들이 본향 찾는 자임을 나타냄이라 ⑮ 그들이 나온 바 본향을 생각하였더라면 돌아갈 기회가 있었으려니와 ⑯ 그들이 이제는 더 나은 본향을 사모하니 곧 하늘에 있는 것이라 이러므로 하나님이 그들의 하나님이라 일컬음 받으심을 부끄러워하지 아니하시고 그들을 위하여 한 성을 예비하셨느니라 ⑰ 아브라함은 시험을 받을 때에 믿음으로 이삭을 드렸으니 그는 약속들을 받은 자로되 그 외아들을 드렸느니라 ⑱ 그에게 이미 말씀하시기를 네 자손이라 칭할 자는 이삭으로 말미암으리라 하셨으니 ⑲ 그가 하나님이 능히 이삭을 죽은 자 가운데서 다시 살리실 줄로 생각한지라 비유컨대 그를 죽은 자 가운데서 도로 받은 것이니라 ⑳ 믿음으로 이삭은 장차 있을 일에 대하여 야곱과 에서에게 축복하였으며 ㉑ 믿음으로 야곱은 죽을 때에 요셉의 각 아들에게 축복하고 그 지팡이 머리에 의지하여 경배하였으며 ㉒ 믿음으로 요셉은 임종시에 이스라엘 자손들이 떠날 것을 말하고 또 자기 뼈를 위하여 명하였으며

갈대아 우르는 아브라함의 육의 고향입니다. 창세기 12장 1절에서 본토 친척 아비집을 떠나, 지시한 땅으로 가라고 하셨습니다. 부모 친척을 떠나는 것은 혈연관계에서 떠나는 것입니다. 그리고 아비집을 떠나라는 것은 세상 기업에서 떠나는 것입니다. 이것들에서 떠나라는 것은 육적인 것에서 떠나라는 것입니다.

아브라함은 하나님의 부르심에 믿음으로 순종하며 약속의 땅을 향해 갔습니다. 사실 갈 바를 알지 못하고 하나님의 인도하심에 의해 나아갔던 것입니다.

그리하여 나그네의 삶으로 장막에 우거하여 살았습니다. 그의 아들 이삭, 손자 야곱도 나그네 삶을 살아갔습니다. 이들 모두는 하늘도성을 바라보며 하나님의 약속을 믿고 믿음으로 살았습니다. 아브라함은 아들 이삭을 번제로 드리는 시험과 인근 부족으로부터의 위험과 고난과 역경의 삶을 살았으나, 결국은 이기고 승리하는 삶을 살았습니다.

'아브라함, 이삭, 야곱, 요셉의 삶에 대해 자세히 알아보고자 합니다.

1. 아브라함과 사라의 믿음

8-12절 "믿음으로 아브라함은 부르심을 받았을 때에 순종하여 장래의 유업으로 받을 땅에 나아갈새 갈 바를 알지 못하고 나아갔으며 믿음으로 그가 이방의 땅에 있는 것 같이 약속의 땅에 거류하여 동일한 약속을 유업으로 함께 받은 이삭 및 야곱과 더불어 장막에 거하였으니 이는 그가 하나님이 계획하시고 지으실 터가 있는 성을 바랐음이라 믿음으로 사라 자신도 나이가 많아 단산하였으나 잉태할 수 있는 힘을 얻었으니 이는 약속하신 이를 미쁘신 줄 알았음이라 이러므로 죽은 자와 같은 한 사람으로 말미암아 하늘의 허다한 별과 또 해변의 무수한 모래와 같이 많은 후손이 생육하였느니라"

믿음으로 아브라함은 부르심을 받고 순종하여 장래 유업으로 받을 땅에 나아갈 때에 갈 바를 알지 못하고 나갔습니다. 믿음으로 약속하신 땅에 있던 그는 같은 유업을 받은 이삭 및 야곱과 더불어 장막에 거하였습니다. 이렇게 행함은 하나님이 경영하시는 한 성을 바라보기 때문입니다.

믿음으로 사라도 늙어 단산하였으나, 잉태할 힘을 얻고 하늘의 별과 모래같이 많은 믿음의 자녀를 얻게 되는 것입니다.

거류(居留) : 헬라어 '파로케센(παρώκησεν)'은 일시적으로 머물러 사는 것임. 외국에서 거류지에 사는 것을 뜻합니다.

이방(異邦) : 남의 나라, 외국, 낯선 땅을 뜻함. 성도는 이 세상을 살아가지만 천국을 소망하며 산다는 의미입니다.

처음에 아브라함이 소명을 받을 때 다른 사람보다 특별히 좋은 조건을 가졌던 것이 아닙니다. 오히려 감당하기 어려운 일이었습니다.

살던 본토를 떠나라는 것입니다. 이는 친척을 떠나야만 했고, 아비집을 떠나야만 했던 것입니다. 당시 부족 사회에서는 상상할 수 없는 일이었습니다. 게다가 하나님께서 지시할 땅으로 가라 하셨지만 어디인지도 모르는 곳입니다.

수 24:2-3 "…… 여호와께서 이같이 말씀하시기를 옛적에 너희의 조상들 곧 아브라함의 아버지, 나홀의 아버지 데라가 강 저쪽에 거주하여 다른 신들을 섬겼으나 내가 너희의 조상 아브라함을 강 저쪽에서 이끌어 내어 가나안 온 땅에 두루 행하게 하고……"

행 7:2-4 "…… 우리 조상 아브라함이 하란에 있기 전 메소보다미아에 있을 때에 영광의 하나님이 그에게 보여 이르시되 네 고향과 친척을 떠나 내가 네게 보일 땅으로 가라 하시니 아브라함이 갈대아 사람의 땅을 떠나 하란에 거하다가 그의 아버지가 죽으매 하나님이 그를 거기서 너희 지금 사는 이 땅으로 옮기셨느라"

아브라함은 갈대아 우르를 떠나 가나안을 향해 가던 중에 하란에서 머물게 됩니다. 그곳에서 아버지가 죽자 강을 건너 하나님이 지시한 땅인 가나안에 들어와서 두루 행하여 살게 됩니다.

8절 "믿음으로 아브라함은 부르심을 받았을 때에 순종하여 장래의 유업으로 받을 땅에 나아갈새 갈 바를 알지 못하고 나아갔으며"

소명을 받고 먼저 순종하여 장래 기업을 받을 땅을 향해 갑니다. 그러나 갈 바를 알지 못하고 나갔다고 합니다.

우리의 믿음도 하나님의 소명하심에 순종하고 나아가야 합니다. 그것이 믿음입니다.

9-10절 "믿음으로 그가 이방의 땅에 있는 것 같이 약속의 땅에 거류하여 동일한 약속을 유업으로 함께 받은 이삭 및 야곱과 더불어 장막에 거하였으니 이는 그가 하나님이 계획하시고 지으실 터

가 있는 성을 바랐음이라"

이방은 남의 나라 낯선 곳입니다. 지시하신 곳은 약속하신 땅입니다.

거류는 나그네처럼 사는 곳입니다. 임시로 사는 그런 곳입니다.

아브라함의 아들 이삭이나 그 손자 야곱도 동일한 약속의 유업을 받은 것입니다.

같이 한 장막에 거한다는 것은 동일한 유업을 바라보면서 대를 이어 장막에 거하는 것입니다.

"하나님이 계획하시고 지으실 터가 있는 성을 바랐음이라." 여기서 '하나님이 계획하시고 지으실 터가 있는 성'이란 하나님이 직접 계획하시고 지으신 도성입니다. '바랐다는 것'은 간절한 대망입니다. 아브라함은 하나님이 설계하시고 손수 지으신 하늘나라 도성을 바라본 믿음입니다.

고후 5:1 "만일 땅에 있는 우리의 장막 집이 무너지면 하나님께서 지으신 집 곧 손으로 지은 것이 아니요 하늘에 있는 영원한 집이 우리에게 있는 줄 아느니라"

믿음의 선진들은 이 땅의 삶은 나그네요, 영원한 본향 하늘도성을 바라보며 신앙하였던 것입니다.

11절 "믿음으로 사라 자신도 나이가 많아 단산하였으나 잉태할 수 있는 힘을 얻었으니 이는 약속하신 이를 미쁘신 줄 알았음이라"

사라가 나이가 많아 아기를 갖지 못합니다. 아브라함에게 하나님이 "네 아내 사라에게 아들이 있으리라" 할 때에 사라가 듣고 속으로 웃으면서 믿지 않았습니다. 처음에 그랬습니다.

어떤 사람이건 처음부터 위대한 신앙을 가진 것이 아닙니다. 믿음의 조상 아브라함도 여러 차례 실수한 적이 많았습니다. 하나님의 약속의 말씀을 듣는 중에 믿음이 점점 성장해 가는 것입니다. 사라도 말씀의 약속을 믿음으로 잉태하는 힘을 얻은 것입니다.

롬 4:19 "그가 백 세나 되어 자기 몸이 죽은 것 같고 사라의 태가 죽은 것 같음을 알고도 믿음이 약하여지지 아니하고"

    인간적인 생각으로는 아기를 낳을 수 없는 나이이지만 하나님의 약속을 믿는 믿음으로 이삭을 낳게 됩니다.

> ## ◎ 기막힌 반전
> 어느 마을에 환갑이 된 노부부가 살아가고 있었습니다.
> 어느 날 도인이 나타나서 할머니에게 환약으로 된 알약을 주면서 한꺼번에 많이 먹지 말고 한 알씩 꾸준히 먹으면 젊어진다고 하였습니다.
> 어느 날 할아버지가 할머니가 한약 알을 먹는 것을 보았습니다.
> "할멈, 그 먹는 약이 무엇이요? 한 번도 약을 먹는 것을 못 보았는데 그 약이 무슨 약이기에 먹소?"
> 그러자 할머니가 "젊어지는 약이라오"라고 말했습니다.
> 젊어지는 약이라는 얘기를 듣고, 할머니 몰래 열 알이나 남은 약을 몽땅 다 먹었습니다.
> 이튿날 아침에 깨어보니 할아버지가 안 보입니다. 이리저리 찾다가 현관 앞에 울고 있는 아이를 발견했습니다.
> 사연인즉 약을 한 알씩 먹어야 하는데 젊어진다는 말에 몽땅 한꺼번에 먹었던 것입니다.
> 누가 그럴듯하게 지어낸 이야기입니다. 사람들은 누구나 다 젊기를 바라지만 그게 인력으로 되는 게 아닙니다.

    믿음으로 사라는 늙어 단산하여 아기를 낳을 수가 없었지만 하나님의 능력으로 잉태하는 힘을 얻습니다. 이는 약속하신 하나님을 믿었기 때문입니다.

12절 "이러므로 죽은 자와 같은 한 사람으로 말미암아 하늘의 허다한 별과 또 해변의 무수한 모래와 같이 많은 후손이 생육하였느니라"

    늙어 마치 죽은 자와 같았던 사라의 몸에서 믿음으로 이삭을 낳았습니다. 그 이삭에서 에서와 야곱을 낳고, 야곱이 열두 아들과 딸을 낳고, 계속 수없이 계보가 이어집니다.
    하늘의 별과 같은 천상의 후손, 곧 영적 이스라엘을 뜻하며, 바다의 모래와 같은 지상의 후손, 곧 육적인 이스라엘이 됨을 함축하고 있습니다.

아브라함이 하나님의 부르심을 받고 지시한 땅으로 나아갔습니다. 믿음으로 하늘도성을 바라보며 살았습니다. 아들 이삭도, 손자 야곱도 그러했습니다. 믿음으로 순종한 사라도 위대한 신앙의 어머니가 되었습니다.

우리도 약속된 하나님의 말씀대로 순종하며 믿음으로 나아가야 하는 것입니다.

2. 더 나은 본향을 사모하는 믿음

13-16절 "이 사람들은 다 믿음을 따라 죽었으며 약속을 받지 못하였으되 그것들을 멀리서 보고 환영하며 또 땅에서는 외국인과 나그네임을 증언하였으니 그들이 이같이 말하는 것은 자기들이 본향 찾는 자임을 나타냄이라 그들이 나온 바 본향을 생각하였더라면 돌아갈 기회가 있었으려니와 그들이 이제는 더 나은 본향을 사모하니 곧 하늘에 있는 것이라 이러므로 하나님이 그들의 하나님이라 일컬음 받으심을 부끄러워하지 아니하시고 그들을 위하여 한 성을 예비하셨느니라"

믿음의 선진들은 순종하며 믿음의 삶을 살다가 죽었습니다. 그들은 약속의 기업을 멀리서 보고 환영하며 나그네처럼 이 땅에서 살았습니다. 이 땅의 고향이 아닌 더 나은 본향을 사모하며, 예비하신 한 성을 바라보며 살았습니다.

나그네 : 헬라어 '파레피데모스(παρεπιδημος)'는 집을 떠나 외지에서 머물러 사는 삶임.

땅 : 헬라어 '게(γη)'는 '세상', '육지', '흙'의 단어 성격임. 여기서는 죄성을 지닌 인간이 살아가는 이 세상을 말합니다. 영원한 하늘나라와 반대되는 개념입니다.

본향 : 헬라어 '파트리스(πατρις)'의 원어는 '고향'을 뜻함. '더 나은 본향'은 하늘도성을 의미합니다.

사모 : 헬라어 '오레곤타이(ὀρέγονται)'는 '열렬히 갈망하다'의 뜻임. 하늘나라를 소망하는 의미입니다. 성도는 이 세상을 살아가지만 천국을 소망 삼고 살아감을 의미합니다.

옛날 유행가 가사에 '나그네 설움'이라는 노래가 있었습니다. 가사는 잘 모르겠으나 제목만 봐도 나그네는 섧다는 내용인 것 같습니다.

'하숙생'이라는 노래도 있었습니다. "인생은 나그네길 어디서 왔다가 어디로 가느냐"

나그네의 삶은 고달픈 삶입니다. 때로 육신적인 고초와 이웃으로부터 외면 받고 대립적 성향에다 경제적인 어려움이 따릅니다.

성경의 인물들 중에 이런 삶을 살아간 분들이 많이 있습니다. 그 중에서도 대표적으로 아브라함을 들 수 있습니다. 약속의 땅인 가나안에서의 생활은 외국인과 나그네의 삶이었습니다.

외국인과 나그네의 개념은 신약 성경에도 자주 등장합니다.

벧전 2:11 "…… 거류민과 나그네 같은 너희를 권하노니……"

믿음의 선진들은 장차 될 것에 대한 것들을 멀리서 보고 환영했습니다. 육적으로는 약속을 받지 못하고 살아갔습니다. 그러나 정해진 이 땅의 삶이었습니다.

13절 "이 사람들은 다 믿음을 따라 죽었으며 약속을 받지 못하였으되 그것들을 멀리서 보고 환영하며 또 땅에서는 외국인과 나그네임을 증언하였으니"

믿음의 선진들은 멀리 보는 신앙의 안목으로 바라보았습니다. 이 땅의 외국인과 나그네의 삶 그 자체로 증거하며 살았습니다.

14절 "그들이 이같이 말하는 것은 자기들이 본향 찾는 자임을 나타냄이라"

외국인과 나그네의 삶을 살아가지만, 하늘 본향을 아주 절실히 사모하며 살아갔습니다.

우리는 이 땅을 살아가지만 나그네 삶입니다. 우리는 저 천성을 바라보며 사는 자들입니다. 그러므로 본향을 사모하며 살아가는 것입니다.

15절 "그들이 나온 바 본향을 생각하였더라면 돌아갈 기회가 있었으려니와"

여기서 본향은 지금까지 말해온 하늘 본향이 아닌 이 땅의 고향 성격입니다. 아브라함의 본래 고향은 갈대아 우르이지만 하란에서도 아버지와 같이 오래도록 살았습니다.

야곱이 가나안을 떠나 유브라데강 상류 지역에 있는 밧단아람 외삼촌 라반에 거하다 떠나 가나안 아버지 이삭이 있는 고향으로 향해 갔습니다.

말하고자 하는 요지는 이 땅의 고향은 언제고 뒤돌아갈 수 있지만, 하늘 본향은 믿음으로 가는 것입니다.

이 땅의 고난은 앞으로의 영광에 비교할 수 없습니다.

기독교는 내일 때문에 오늘을 사는 종교입니다. 내세에 대해 확실하고 바른 신앙에 서 있을 때 오늘의 삶을 승리로 이끕니다.

마 22:31-32 "죽은 자의 부활을 논할진대 하나님이 너희에게 말씀하신 바 나는 아브라함의 하나님이요 이삭의 하나님이요 야곱의 하나님이로라 하신 것을 읽어 보지 못하였느냐 하나님은 죽은 자의 하나님이 아니요 살아 있는 자의 하나님이시니라 하시니"

여기서 '나는 아브라함의 하나님'이라고 할 때 천국에서 살아 있음을 의미입니다. 믿음대로 아브라함이 천국에 있듯이 우리도 믿음으로 천국에 갑니다.

마 8:11 "또 너희에게 이르노니 동 서로부터 많은 사람이 이르러 아브라함과 이삭과 야곱과 함께 천국에 앉으려니와"

동서로부터 많은 사람은 예부터 지금까지 수많은 믿음의 자들입니다. 믿음의 선진들과 함께 천국에 있게 됩니다.

16절 "그들이 이제는 더 나은 본향을 사모하니 곧 하늘에 있는 것이라 이러므로 하나님이 그들의 하나님이라 일컬음 받으심을 부끄러워하지 아니하시고 그들을 위하여 한 성을 예비하셨느니라"

더 나은 본향은 하늘에 있습니다. 그것을 사모한다고 하였습니다. 믿음의 선진들은 이처럼 본향, 곧 천국을 사모하며 살아갔던 것입니다. 하나님께서 예비하신 한 성을 바라보면서 나아갔습니다.

아브라함이 이방에 있는 것 같이 약속의 땅에서 우거하며 장막에 거하였다고 했지요? 또 자신을 그곳 사람들에게 외국인과 나그네로 증거하였다고 했습니다. 믿음의 족장들은 다 이러한 믿음으로 살았습니다. 그분들은 지상의 고향이 아닌 하늘나라의 영원한 고향을 사모하며 살았습니다.

어쩌면 성도는 이 세상에서 이중국적을 가지고 삽니다. 하나는 육신적인 고향이요, 하나는 하늘도성 '천국'의 본향입니다.

우리는 이 땅의 삶에 너무 집착 말고 영원한 하늘도성을 바라보고, 믿음으로 신앙하여야 합니다.

3. 이삭, 야곱, 요셉의 믿음

17-22절 "아브라함은 시험을 받을 때에 믿음으로 이삭을 드렸으니 그는 약속들을 받은 자로되 그 외아들을 드렸느니라 그에게 이미 말씀하시기를 네 자손이라 칭할 자는 이삭으로 말미암으리라 하셨으니 그가 하나님이 능히 이삭을 죽은 자 가운데서 다시 살리실 줄로 생각한지라 비유컨대 그를 죽은 자 가운데서 도로 받은 것이니라 믿음으로 이삭은 장차 있을 일에 대하여 야곱과 에서에게 축복하였으며 믿음으로 야곱은 죽을 때에 요셉의 각 아들에게 축복하고 그 지팡이 머리에 의지하여 경배하였으며 믿음으로 요셉은 임종시에 이스라엘 자손들이 떠날 것을 말하고 또 자기 뼈를 위하여 명하였으며"

아브라함의 믿음의 행위 중에 가장 인상적인 것은 아들 이삭을 번제로 드리라는 하나님의 명에 따라 행한 것입니다. 아들 이삭은 약속으로 받은 자식이었습니다. 아브라함은 시험을 받을 때에 믿음으로 이삭을 바친 것입니다. 하나님은 능히 죽은 자 가운데서 다시 살리실 줄로 믿는 믿음으로 드린 것입니다. 믿음으로 이삭은 장차 오는 일에 대해 야곱과 에서에게 축복했습니다. 믿음으로 야곱은 죽음을 앞두고 각 아들에게 축복하고 지팡이 머리에 의지하여 경배하였습니다.

믿음으로 요셉은 임종 시 이스라엘 자손들이 떠날 것을 말하고, 유골을 가나안 땅 선조가 묻힌 곳으로 가져갈 것을 명합니다.

아브라함의 시험 : 죄의 유혹이 아닌 테스트(Test)임. 연단하기 위한 것입니다.

비유 : 헬라어 '파라볼레(παραβολή)'는 사물을 곁에 나란히 놓고 비교하는 수사법임.

떠날 것을 : 헬라어 '엑소더스(ἔξοδος)'는 문자적으로 '나가는 것'이나, 여기서는 이스라엘 백성의 출애굽을 가리킴. 하나님이 주시는 시험을 통과할 때 믿음의 성숙으로 나아감을 의미합니다.

이 세상의 부모들은 자식을 목숨처럼 사랑합니다. 그 자식을 바치라고 하면 어떻게 하시겠습니까? 절대로 안 되지요! 절대로 그리 할 수 없는 거지요?

아브라함이 백세 때 아들 이삭을 낳았습니다. 그것도 약속하여 나은 자식입니다. 하나님께서 아브라함을 시험하시려고 부르십니다(창 22:1).

창 22:2 "여호와께서 이르시되 네 아들 네 사랑하는 독자 이삭을 데리고 모리아 땅으로 가서 내가 네게 일러 준 한 산 거기서 그를 번제로 드리라"

아브라함은 도저히 감당하기 어려운 시험에 처하게 됩니다.

17절 "아브라함은 시험을 받을 때에 믿음으로 이삭을 드렸으니 그는 약속들을 받은 자로되 그 와아들을 드렸느니라"

창세기 22장에서 아브라함이 아침 일찍 일어나 행동에 옮깁니다. 나귀에 안장을 지웁니다. 두 사환과 그 아들 이삭을 데리고, 번제에 쓸 나무까지 준비하여 집을 떠납니다. 삼일 길을 걷습니다(창 22:3-4).

지시한 곳에 와서는 사환을 떼어놓습니다. 그들이 짊어지고 온 나무를 아들 이삭에게 지웠습니다. 아브라함은 제물을 잡을 칼과 불을 들었습니다(창 22:5-6).

부자간의 침묵의 걸음이 계속됩니다. 모든 게 수상쩍은 아들 이삭이 "아버지……" 하고 부릅니다. 아브라함이 대답합니다. "내 아들아, 내가 여기 있다." 이삭이 묻습니다. "불과 나무는 있거니와 번제할 어린 양은 어디 있나이까." 이삭은 아버지가 번제를 드릴 때는 늘 양을 잡은 걸 알고 있습니다. 아브라함이 대답합니다. "내 아들아, 번제할 어린 양은 하나님이 자기를 위하여 친히 준비하시리라(창 22:8)" 드디어 하나님이 지시한 곳에 이릅니다. 아브라함은 단을 쌓습니다. 그 위에 나무를 벌여놓습니다. 그 아들 이삭을 결박합니다. 그리고 나무 위에 올려놓습니다. 칼을 잡고 그 아들을 죽이기 위해 칼을 높이 치켜들었습니다(창 22:9-10).

이때 이해되지 않는 것 하나는 거의 청년같이 등치 큰 소년이 아무 말도, 반항도 또 거역하지도 않은 행동입니다.

헨리 모리스(Henry M. Morris)는 이 사건을 이렇게 기록하고 있습니다.

"아브라함이 이삭을 바친 희생은 후대에 이곳에서 바쳐지는 모든 희생을 미리 보여주는 그림자였다. 그리고 그 희생들은 미래의 어느 한 날 아들을 인간 구원을 위해 바쳐질 위대한 제사, 곧 희생의 모형이요, 그림자였다."

이는 아브라함이 이삭을 바친 희생제물이 인류 구원을 위해 세상 죄를 지기 위해 십자가에서 희생제물이 되신 예수 그리스도를 예표함을 뜻합니다.

18-19절 "그에게 이미 말씀하시기를 네 자손이라 칭할 자는 이삭으로 말미암으리라 하셨으니 그가 하나님이 능히 이삭을 죽은 자 가운데서 다시 살리실 줄로 생각한지라 비유컨대 그를 죽은 자 가운데서 도로 받은 것이니라"

아브라함의 후손으로 기업을 이을 자는 이삭입니다.

창 21:12 "…… 이삭에게서 나는 자라야 네 씨라 부를 것임이니라"
롬 9:7 "또한 아브라함의 씨가 다 그의 자녀가 아니라 오직 이삭으로부터 난 자라야 네 씨라 불리리라 하셨으니"

여기서 우리가 유의하여 볼 것은 19절(상) "저가 하나님이 능히 죽은 자 가운데서 다시 살리실 줄로 생각한지라"입니다.

아브라함은 하나님이 능히 죽은 자 가운데서 다시 살리실 줄로 생각한 것입니다. 이로 보아 이삭을 번제로 드려도 하나님께서 다시 살리실 것으로 믿은 것입니다. 여기서 우리는 아브라함의 부활 신앙을 발견합니다.

19절(하) "…… 비유컨대 그를 죽은 자 가운데서 도로 받은 것이니라"

창 22:10 "손을 내밀어 칼을 잡고 그 아들을 잡으려 하니"

이때 아브라함에게는 이삭이 이미 죽은 것이나 진배없습니다.

창 22:12 "사자가 이르시되 그 아이에게 네 손을 대지 말라……"

죽은 자 가운데서 도로 받는 것이나 다를 바 없는 소리였던 것입니다.

창 22:13 "아브라함이 눈을 들어 살펴본즉 한 숫양이 뒤에 있는데 뿔이 수풀에 걸려 있는지라 아브라함이 가서 그 숫양을 가져다가 아들을 대신하여 번제로 드렸더라"

이것은 세상 죄를 지고 간 어린 양 되신 예수님의 예표론적인 구속 계시입니다.

20절 "믿음으로 이삭은 장차 있을 일에 대하여 야곱과 에서에게 축복하였으며"

아브라함에게 약속하셨던 하나님은 이삭에게 그 약속을 다시 확인시켜 주십니다. 이삭은 장차 이루어질 이 약속을 그의 두 아들에게 축복해 준 것입니다. 이삭은 축복의 사람입니다. 언약을 지킨 사람입니다. 또 믿음의 계승자였습니다.

21절 "믿음으로 야곱은 죽을 때에 요셉의 각 아들에게 축복하고 그 지팡이 머리에 의지하여 경배하였으며"

세월은 유수와 같이 흘러 야곱도 늙어 눈이 보이지 아니 했습니다(창 48:10).

야곱은 이제 임종이 가까워 먼저 요셉을 축복하고 손자 에브라임과 므낫세에게 축복을 합니다(창 48:13-20). 손자들의 서열을 떠나 영적 축복을 한 것을 볼 수 있습니다. 열두 아들 모두에게 축복 기도를 합니다. 위대한 복의 계승자가 되기를, 번성과 창대하기를, 축복의 표상이 되기를 기원했습니다.

야곱의 위대성은 하나님께 끝까지 경배하는 믿음입니다. 곧 예배자의 삶이었습니다. 야곱이 침상 머리맡을 향하고 두 손으로 지팡이를 의지하여 경배하는 최후 모습입니다.

22절 "믿음으로 야곱은 죽을 때에 요셉의 각 아들에게 축복하고 그 지팡이 머리에 의지하여 경배하였으며"

본문은 창 50:24-25의 말씀의 인용입니다. 믿음으로 요셉은 임종 시에 이스라엘 자손이 떠날 것을 말합니다. 이스라엘 백성의 출애굽을 말하고 있는 것입니다. 그때 자기 해골을 가지고 가라고 명하고 있습니다.

수 24:32 "또 이스라엘 자손이 애굽에서 가져 온 요셉의 뼈를 세겜에 장사하였으니……"

요셉이 하나님의 약속하심을 반드시 성취하실 것으로 믿는 믿음입니다. 오늘을 사는 우리도 하나님께서 말씀하신 바를 반드시 이루시고, 성취하심을 믿고, 신실한 마음으로 순종하는 믿음이어야 합니다.

아브라함은 하나님의 부르심을 받고 가는 곳을 알지 못하였으나 순종하며 나아갔습니다. 약속의 유업을 믿고 믿음으로 길을 갔습니다. 이방인과 나그네의 삶이었지만, 하나님이 세우신 영원한 하늘도성을 바라보며 살아갔습니다. 우리도 하나님의 부르심이 있으면 핑계치 말고 순종하며 나아가야 합니다.

아브라함은 시험을 받을 때 믿음으로 이삭을 드렸습니다. 견디기 힘든 과정을 믿음으로 승리하고, 하나님으로부터 경외함을 인정받았습니다.

믿음으로 사라도 늙어 단산하였으나, 잉태하는 힘을 얻고 큰 복을 받았습니다. 하늘의 허다한 별과 같이, 해변의 무수한 모래와 같이 믿음의 자녀를 낳은 모태가 되었습니다. 약속대로 열국의 어미가 된 것입니다.

앞선 믿음의 선진들은 더 나은 본향을 바라보며 믿음으로 살아갔습니다.

믿음으로 이삭은 두 아들들에게 하나님의 약속을 믿고 축복을 하였습니다.

믿음으로 야곱은 죽을 때에 아들들을 축복하고 지팡이 머리에 의지하여 경배하였습니다. 예배의 삶을 살았습니다.

믿음으로 요셉은 하나님 말씀의 성취를 믿고 자기 유골을 가나안으로 인도케 합니다.

우리는 믿음의 조상과 족장들의 믿음을 본받고 하나님의 계획하심과 그 뜻에 순종하고, 약속의 성취를 믿음으로 바라보며 나아가야 하는 것입니다.

IV. 모세의 믿음

히 11:23-31

㉓ 믿음으로 모세가 났을 때에 그 부모가 아름다운 아이임을 보고 석 달 동안 숨겨 왕의 명령을 무서워하지 아니하였으며 ㉔ 믿음으로 모세는 장성하여 바로의 공주의 아들이라 칭함 받기를 거절하고 ㉕ 도리어 하나님의 백성과 함께 고난 받기를 잠시 죄악의 낙을 누리는 것보다 더 좋아하고 ㉖ 그리스도를 위하여 받는 수모를 애굽의 모든 보화보다 더 큰 재물로 여겼으니 이는 상 주심을 바라봄이라 ㉗ 믿음으로 애굽을 떠나 왕의 노함을 무서워하지 아니하고 곧 보이지 아니하는 자를 보는 것 같이 하여 참았으며 ㉘ 믿음으로 유월절과 피 뿌리는 예식을 정하였으니 이는 장자를 멸하는 자로 그들을 건드리지 않게 하려 한 것이며 ㉙ 믿음으로 그들은 홍해를 육지 같이 건넜으나 애굽 사람들은 이것을 시험하다가 빠져 죽었으며 ㉚ 믿음으로 칠 일 동안 여리고를 도니 성이 무너졌으며 ㉛ 믿음으로 기생 라합은 정탐꾼을 평안히 영접하였으므로 순종하지 아니한 자와 함께 멸망하지 아니하였도다

가나안에 살고 있던 야곱의 온가족은 기근을 만나 아들들이 양식을 구하여 애굽으로 갑니다. 당시 요셉이 애굽의 총리대신으로 있을 때입니다.

요셉에 의해 애굽의 고센 땅에 정착을 하고 살아가고 있었습니다. 요셉이 죽고 새 왕이 들어섭니다.

히브리인들이 번성하자 위협을 느낀 애굽 왕이 끔찍한 법을 공표합니다. 모든 히브리인들에게서 아들을 낳으면 강가에 버리고, 딸은 그대로 키워도 좋다는 법을 공표한 것입니다. 이때에 모세가 태어납니다. 아버지는 아므람이고, 어머니는 요게벳입니다. 법대

로 하면 강가에 버려야 함에도 임금의 명령을 무서워 아니하고, 석 달을 숨겨 키웠습니다. 더 이상 숨겨 키울 수가 없게 돼 갈대 상자를 만들고 역청을 칠하여 강가에 띄웠습니다. 아기를 갈대 상자 안에 넣은 것입니다. 이제 모세의 생사는 하나님께 맡겨야 했습니다. 그때에 애굽 왕 바로의 딸인 공주가 목욕을 하러 나왔다가 갈대 상자를 보게 된 것입니다. 히브리인 아인 줄 알면서도, 강한 모성애와 연민으로 어린애를 키울 마음이 생겼던 것입니다. 이 광경을 지켜보던 모세의 누이 미리암이 유모를 소개시켜 주겠다고 하여 모세의 어머니를 소개합니다. 이는 친어머니의 젖을 먹으며 자라게 된 동기입니다. 모세는 장성하여서 애굽의 모든 보화보다 하나님의 백성과 함께 고난 받기를 더 좋아하였습니다. 믿음으로 출애굽하여 홍해를 건너 시내 산을 거쳐 가나안 노정을 진행하였습니다.

그 후 여호수아의 인도에 의해 믿음으로 그리고 여리고 성을 라합의 도움으로 무너뜨리는 일련의 과정에 대해 살펴보고자 합니다.

1. 애굽의 보화보다 상 바라봄의 믿음

23-26절 "믿음으로 모세가 났을 때에 그 부모가 아름다운 아이임을 보고 석 달 동안 숨겨 왕의 명령을 무서워하지 아니하였으며 믿음으로 모세는 장성하여 바로의 공주의 아들이라 칭함 받기를 거절하고 도리어 하나님의 백성과 함께 고난 받기를 잠시 죄악의 낙을 누리는 것보다 더 좋아하고 그리스도를 위하여 받는 수모를 애굽의 모든 보화보다 더 큰 재물로 여겼으니 이는 상 주심을 바라봄이라"

모세가 태어났을 때 그 부모가 아이의 준수함(출 2:2)에 석 달 동안 숨겼습니다. 바로 왕의 명령을 무서워하지 않음은 믿음 때문입니다(창 15:12-16).

유아 교육은 2~3세가 중요하듯 모세는 친어머니 젖으로 양육됩니다. 암시적 유대교육은 지대한 영향을 끼쳤을 것입니다. 이러한 모세는 장성하여 바로의 공주 아들이라 칭함 받기를 거절하고 도리어 하나님의 백성과 함께 고난 받기를 더 좋아하였습니다.

모세의 믿음은 세상 것을 거절하고 고난을 좋아했고, 상 주심을 바라 보았습니다.

아름다운 : 출 2:2에서는 '준수하다'로 되어 있음.

좋아하고 : 믿음의 길을 선택함임.

수모 : 헬라어 '오네이디스모스(ὀνειδισμός)'는 불명예에서 유래됨. 성도는 이 땅의 것보

다 하늘 상급을 바라보며 신앙함을 의미합니다.

당시 애굽은 강대국이었습니다. 바로 왕은 신처럼 군림했습니다.

요셉이 총리대신이 된 때는 힉소스(Hyksos)가 애굽 왕으로 있을 때입니다. 사실 그는 전통적인 애굽 출신이 아니라고 합니다. 그가 꾼 꿈의 해석으로 인해 요셉이 총리대신이 됩니다. 우여곡절 끝에 아버지 야곱과 온 가족이 기근을 피해 애굽으로 오게 됩니다. 비옥한 땅 고센 땅에서 살아가면서 그 수가 급격히 늘어납니다.

세월이 흘러 요셉이 죽고 그를 모르는 새 왕이 등장합니다(출 1:8). 그는 이스라엘 백성에게 적대 행위를 합니다.

출 1:9-10 "…… 백성 이스라엘 자손이 우리보다 많고 강하도다 자, 우리가 그들에게 대하여 지혜롭게 하자 두렵건대 그들이 더 많게 되면 전쟁이 일어날 때에 우리 대적과 합하여 우리와 싸우고 이 땅에서 나갈까 하노라……"

그리하여 인구 억제 정책으로 인해 히브리 남자 아이가 태어나면 죽이는 것입니다. 그리고 강제 노동을 강화시키는 것입니다. 육체적 고통을 주어 약화시키는 것입니다. 이러한 격변기 때 모세가 태어났습니다.

23절 "믿음으로 모세가 났을 때에 그 부모가 아름다운 아이임을 보고 석 달 동안 숨겨 왕의 명령을 무서워하지 아니하였으며"

역사학자 요세푸스(Josephus)는 이렇게 기록합니다.

모세의 아버지 아므람에게 하나님이 꿈에 나타나서 너의 기도와 응답으로 아들 모세가 죽지 않을 것이며, 애굽에서 히브리 백성을 구원해 낼 구원자가 될 것이라고 일러주었다고 합니다. 모세의 부모는 모세를 통해 하나님께서 하시고자 하는 의도를 알고 있었습니다. 바로 왕의 명령이 지엄했지만 무서워하지는 않았습니다.

그러나 석 달이나 자라서 그 울음소리가 커지면서 어떤 방법을 취하여야 했습니다. 부득이 갈대 상자를 만들어 역청을 칠하고, 나무진을 칠하여 물이 들어오지 못하게 만들었습니다.

갈대 상자에 담아 나일강 하숫가 갈대 사이에 두었습니다. 모세의 누이 미리암이 어떻게 될 것인가 멀리서 보고 있었습니다. 바로의 딸, 곧 공주가 목욕을 하러 하수로 내려와 시녀들과 걸을 때 갈대 상자를 보고 가져오라고 하여 상자를 열어보니 아기가 있습니다.

히브리인 아이로 죽어야 될 것을 알면서도, 모성애로 불쌍히 여겨 기르기로 결심합니다. 그때 모세의 누이 미리암의 소개로 모세의 친엄마를 유모로 삼습니다.

이러한 일련의 사건들은 우연히 된 것이 아니고, 하나님이 하신 것입니다. 공주는 아이 이름을 모세로 짓고 궁중에서 자기 아들로 삼아 키우게 됩니다.

24절 "믿음으로 모세는 장성하여 바로의 공주의 아들이라 칭함 받기를 거절하고"

바로 왕 공주의 아들의 위치는 세상의 부귀영화를 누릴 수 있는 신분입니다. 그 당시 신분으로 왕자 예우는 물론 왕의 자리에도 오를 수 있는 신분입니다.

모세는 장성하여 바로 왕 공주의 아들이라 칭함을 거절한 것은 배은망덕한 것으로 볼 수 있지만, 이는 어디까지나 믿음의 관점에서 봐야 합니다.

이것을 다음 절에서 이해할 수 있습니다.

25절 "도리어 하나님의 백성과 함께 고난 받기를 잠시 죄악의 낙을 누리는 것보다 더 좋아하고"

하나님의 백성은 이스라엘 백성입니다. 당시는 노예 신분과 다름이 없습니다. 엄청난 고역과 핍박과 학대에 시달리고 있었습니다.

죄악의 낙은 이 세상적인 것이 주는 즐거움입니다. 육적 쾌락으로 살아가는 것입니다. 세상적인 낙은 뜬 구름과 같은 것으로 잠시 것임을 깨닫고, 고난 받는 하나님 백성의 삶을 더 좋아한 것입니다.

◎ 세계적인 오페라 가수 '제니린드'의 은퇴 이야기

스웨덴의 유명한 가수는 부와 명예도 있었고, 세상은 그를 영웅시했습니다.

그런데 어느 날 갑자기 '제니린드'는 은퇴를 선언합니다. 사람들은 그를 잊기 시작합니다. 세월이 지나 어느 조그만 바닷가에서 그를 발견했습니다.

한 사람이 그를 찾아 만나 보았습니다. 그의 집에는 가구도 별로 없었습니다. 창가 탁자 위에 성경책 한 권이 놓여 있었습니다.

그래서 물어 보았습니다.

"왜 이런 생활을 하느냐?"

그는 이렇게 대답합니다.

"오페라 가수로서 세상 영광이 내게 올수록 나는 하나님 말씀을 읽을 기회를 점점 잃어 버렸습니다. 가장 귀한 시간을 나는 빼앗기고 있었다는 것이 마음 아팠고, 내 영혼을 위하여, 가장 귀한 것을 위해, 세상 것을 희생하였습니다. 이제 나는 정말 행복합니다."

〈신문에 보도된 적이 있음.〉

26절 "그리스도를 위하여 받는 수모를 애굽의 모든 보화보다 더 큰 재물로 여겼으니 이는 상 주심을 바라봄이라"

그리스도를 위하여 받는 능욕은 모세가 겪는 것은 아니지만, 믿음으로 미래를 바라보는 것입니다. 그리스도를 위하여 받는 능욕을 애굽의 모든 보화보다 더 큰 재물로 여기며 믿음의 눈으로 상 주심을 바라보는 것입니다.

모세가 하나님의 백성과 함께 고난 받음은 그리스도를 위하여 받는 고난과 같은 관점으로 보았고, 이 세상의 어떤 것보다도 더 큰상을 바라보는 믿음으로 나아가는 것입니다.

빌 3:14 "푯대를 향하여 그리스도 예수 안에서 하나님이 위에서 부르신 부름의 상을 위하여 달려가노라"

모세의 부모는 왕의 명령도 무서워하지 않은 담대한 믿음이었습니다. 믿음으로 모세는 장성하여 바로 왕 공주의 아들이라 칭함을 거절하고, 하나님의 백성과 고난 받기를 세상의 낙보다 더 좋아했습니다. 애굽의 모든 보화보다 고난의 유익을 더 큰 재물로 여겼습니다. 이는 상 주심을 바라 본 믿음입니다.

우리가 기도의 가치관 때문에, 말씀의 가치관 때문에, 천국의 가치관 때문에 받는 고난은 믿음으로 상급을 바라보며 나아가는 것입니다.

우리 모두는 예수 그리스도를 위해서 올바른 가치관을 가지고 믿음으로 나아가는 자들이 되어야겠습니다.

2. 홍해를 육지 같이 건넌 믿음

27-29절 "믿음으로 애굽을 떠나 왕의 노함을 무서워하지 아니하고 곧 보이지 아니하는 자를 보는 것 같이 하여 참았으며 믿음으로 유월절과 피 뿌리는 예식을 정하였으니 이는 장자를 멸하는 자로 그들을 건드리지 않게 하려 한 것이며 믿음으로 그들은 홍해를 육지 같이 건넜으나 애굽 사람들은 이것을 시험하다가 빠져 죽었으며"

모세가 애굽을 떠난 일이 두 번 있었습니다. 한 번은 자기 동족을 위해 애굽 사람을 죽인 것이 탄로나자 바로를 두려워하여 미디안 사막으로 떠났습니다(출 2:15). 다른 한 번은 이스라엘 백성의 지도자로 출애굽하였습니다(출 13-14장). 유월절은 애굽에 마지막 재앙으로 장자를 칠 때 이스라엘 백성에게 양의 피로 문설주와 좌우 인방에 바르게 하여 재앙이 넘어가게 합니다. 믿음으로 이스라엘 백성이 모세의 영도 하에 홍해를 육지 같이 건넜으며, 애굽 군대는 모두 다 빠져 죽었습니다.

보이지 아니하는 자 : 헬라어 '아오라톤(*άόρατον*)'은 유대교나 초기 기독교에서 하나님을 지칭하는 용어임.

유월절 : 헬라어 '파스카(*πασκα*)'는 '넘어가다'의 뜻을 가진 (히) '페사흐'의 (헬) 음역임. 출애굽 직전 장자 재앙 시 이스라엘 백성의 집을 넘어가 모면한 것을 기념하는 절기입니다. 성도가 믿음으로 나아갈 때 하나님의 인도하심을 받는 것을 의미합니다.

모세는 하나님의 명으로 이스라엘 백성을 인도하여 출애굽합니다. 모세는 광야에서 이스라엘 백성을 영도한 위대한 지도자였습니다. 모세는 믿음으로 인내하며 전진하였습니다.

27절 "믿음으로 애굽을 떠나 왕의 노함을 무서워하지 아니하고 곧 보이지 아니하는 자를 보는 것 같이 하여 참았으며"

여기 애굽을 떠나는 것에 대하여 대다수가 동족을 박해하는 애굽인을 죽이고 미디안으로 도피한 것으로 봅니다(성경학자, 주석). 이는 문맥 전후상 맞지 않습니다. 본문은 "왕의 노함을 무서워 아니하고"라고 했지요? 애굽인을 죽인 것을 바로가 듣고 모세를 죽이고자 하였습니다. 분명히 두려워하여 도망친 것입니다. 그러나 "곧 보이지 아니하는 자를 보는 것 같이 하여 참았으며"라고 하였습니다. '보이지 아니한 자'는 하나님을 칭합니다. 믿음으로 애굽을 떠나는 것은 하나님의 약속을 믿고 애굽을 떠난 것입니다. 임금의 노함을 무서워 아니한 믿음으로 나아갔던 것입니다. 모세와 이스라엘 백성들의 출애굽입니다.

약속의 말씀을 믿고 인내하며 나아갈 때 하나님께서는 그 믿음대로 이루어주십니다.

28절 "믿음으로 유월절과 피 뿌리는 예식을 정하였으니 이는 장자를 멸하는 자로 그들을 건드리지 않게 하려 한 것이며"

유월절에는 '어린 양'이 중심이 됩니다. 그 어린 양은 흠 없고 1년 된 수컷입니다. 3일간 간직하였다가 가족 수대로 잡습니다. 우슬초 묶음을 취하여 그릇에 담은 피를 적시어 그 피를 문 좌우 설주 인방에 발라 재앙이 넘어가게 하였습니다. 그날 밤에 무교병과 쓴 나물, 구운 고기와 같이 먹었습니다. 먹을 때는 허리에 띠를 띠고, 발에 신을 신고, 손에 지팡이를 잡고 급히 먹었습니다. 이러한 과정이 유월절과 피 뿌리는 예식이 되었습니다. 이 유월절은 장자를 죽이는 것으로 이스라엘 백성만 이 재앙에서 벗어났습니다. 이 마지막 재앙으로 애굽의 모든 장자와 짐승의 첫 새끼까지 죽임을 당했습니다. 애굽의 왕 바로도 예외가 아니었습니다. 이로 말미암아 이스라엘 백성이 출애굽하게 됩니다.

유월절은 출애굽 선민을 구원하고자 하시는 하나님의 구원 계획이었습니다. 이는 장차 실현될 하나님의 어린 양 예수 그리스도의 십자가에서 피 흘려 죽으심과 속죄 구원사의 계시였던 것입니다.

29절 "믿음으로 그들은 홍해를 육지 같이 건넜으나 애굽 사람들은 이것을 시험하다가 빠져 죽었으며"

이스라엘 백성이 홍해를 육지같이 건넌 사건을 통하여 교훈을 얻고자 합니다.

첫째, 역사적 교훈입니다. 애굽 왕 바로가 이스라엘 백성의 출애굽을 허락하였지만 이내 마음이 변하여 군사를 이끌고 추격하기 시작합니다. 걸어가는 남녀노소의 수많은 백성의 이동이니 간격이 좁혀져 바싹 좇아오게 되었습니다. 뒤에는 애굽 군대, 앞에는 홍해가 가로 놓여 있어 진퇴양난이었습니다. 인도하여 내신 하나님을 믿어야 하는데, 눈앞의 현실은 그러하지 못했기에 금방 모세를 향하여 원망과 불평이 난무하였습니다. "매장지가 없어 광야에서 죽이려 하느냐?" 바로를 섬기는 것이 더 낫다고 합니다. 이때 모세는 "너희는 가만히 있을지니라. 그러면 여호와께서 너희를 위하여 행하시는 기적을 볼 것이다"라고 말을 합니다.

우리에게도 어떤 문제가 생겼을 때 그 문제를 바라보고 불평하거나 의심하지 말고, 가만히 기다리면서 주님의 말씀을 들어야 합니다. 그러할 때 확신과 용기를 주십니다.

출 14:15-16 "여호와께서 모세에게 이르시되 너는 어찌하여 내게 부르짖느냐 이스라엘 자손에게 명령하여 앞으로 나아가게 하고 지팡이를 들고 손을 바다 위로 내밀어 그것이 갈라지게 하라 이스라엘 자손이 바다 가운데서 마른 땅으로 행하리라"

모세가 지팡이를 바다를 향해 내밀자 바다가 갈라지기 시작합니다. 하나님께서 바람으로 바닷물을 물러가게 하고, 바다 한가운데 길을 내셨습니다. 그리고 좌우는 물벽이 되게 하사, 그 길로 전진할 수 있게 만드셨습니다. 애굽의 군대도 뒤좇아 들어갔으나 이스라엘 백성이 다 건넌 후 물이 원래대로 봉합하여 애굽 군대는 다 수장을 당하고 맙니다.

출 14:28 "물이 다시 흘러 병거들과 기병들을 덮되 그들의 뒤를 따라 바다에 들어간 바로의 군대를 다 덮으니 하나도 남지 아니하였더라"

애굽 군대는 하나님의 능력을 시험하다가 모두 바다에 수장되었습니다.

둘째, 성례적 교훈입니다. 이 홍해를 건넌 것은 과거 죄악된 세상에 살았던 애굽생활을 청산하고 바닷물 속에 사장하는 의미를 지닙니다. 세례의 성격입니다.

고전 10:1-2 "…… 우리 조상들이 다 구름 아래에 있고 바다 가운데로 지나며 모세에게 속하여 다 구름과 바다에서 세례를 받고"

셋째, 실제적 교훈입니다. 이러한 긴박한 상황에서 하나님의 "두려워 말고 가만히 있으라. 너희를 위하여 베푸시는 구원을 보라. 앞으로 나아가라"는 말씀입니다.

우리가 어떤 문제에 직면할 때 자신의 노력으로 해결하려고 야단법석 말고 가만히 하나님의 뜻을 알기를 기다려야 함이 우선입니다. 방법은 '멈춤', '기다림', '순종'을 통해 해결해 주실 것으로 믿고 기도하는 것입니다. 믿음으로 출애굽하여 하나님을 보는 것 같이 참았습니다. 믿음으로 유월절과 피 뿌리는 예를 정하였습니다. 믿음으로 홍해를 육지같이 건넜습니다. 그리고 하나님을 시험하던 애굽 군대는 수장되었습니다.

성도는 어떠한 형편에 처하더라도 믿음으로 전진해야 합니다. 좌우, 앞뒤가 막혀도 기도하고 구하면 반드시 해결해 주십니다.

3. 여리고 성과 라합의 믿음

30-31절 "믿음으로 칠 일 동안 여리고를 도니 성이 무너졌으며 믿음으로 기생 라합은 정탐꾼을 평안히 영접하였으므로 순종하지 아니한 자와 함께 멸망하지 아니하였도다"

이스라엘 백성들의 광야 40년 생활이 끝나고 그들은 마침내 가나안 지역에 이르게 되었습니다. 그런데 강력한 요새인 여리고 성이 떡 버티고 서있습니다. 여리고는 가나안 정복의 첫 관문이 되는 것으로 반드시 통과하여야 하는 곳입니다. 꼭 이곳을 넘어야 다른 성을 쉽게 함락할 수 있는 아주 중요한 요충지입니다. 여기서 패하면, 가나안 전체에 영향을 주어 정복에 커다란 차질이 있게 됩니다. 이 여리고 성에는 기생 라합이 있어 이스라엘 정탐꾼을 영접하고 숨깁니다. 이로 말미암아 성이 멸망당할 때 그와 그 일가친척이 살아남습니다.

여리고 : '달의 성읍', '방향의 성읍', '종려의 성읍' 등의 뜻을 지님. 고대 팔레스타인 최고의 성읍입니다(민 22:1 26:3). 요단 서쪽의 광활하고 비옥한 평원입니다.

기생 : 히브리어 '조나(הנוז)'는 창녀를 가리킴. 70인 역(LXX)에는 매춘부로 되어 있습니다.

라합 : '넓다', '교만'의 뜻을 가짐.

믿음으로 견고한 성도 무너뜨림을 의미합니다.

지금 이스라엘 백성에게는 큰 장벽에 부딪쳐 있습니다. 법궤를 앞세워 요단강을 건넌 후입니다. 이제 뒤돌아갈 길이 없습니다. 뒤로 돌아가면 요단강과 광야밖에 없습니다. 앞에는 강력하고 거대한 성이 버티고 있습니다. 만일 후퇴라도 할라치면 여리고 성의 군대가 뒤쫓아 오고 또 죽을 수밖에 없습니다. 200만이 넘는 사람이 갇혀 다 죽고 말 형편입니다. 사느냐, 죽느냐의 기로에 놓여 있었습니다. 이러한 상황에 여리고 성은 굳건히 닫혀 있습니다. 그리고 난공불락입니다.

수 6:1 "이스라엘 자손들로 말미암아 여리고는 굳게 닫혔고 출입하는 자가 없더라"

、 여리고 성 안은 문을 꼭꼭 걸어 잠그고 장기전에 돌입한 것 같습니다. 앞이 안 보입니다. 그런데 보세요. 하나님께서 여호수아에게 들려주신 정복 방법이 기이합니다. 이스라엘 백성에게 성 둘레를 하루에 한 바퀴씩 6일을 돌게 하고, 제7일에는 일곱 바퀴를 돌라는 것입니다. 그렇게 하면 몇 바퀴 돌게 됩니까? 하루 한 바퀴를 돌아 6일이면 여섯 바퀴, 마지막 날 일곱 바퀴니 6+7=13바퀴입니다. 지금 이 시대 신앙인들에게 똑같은 방법을 제시한다면 얼마나 따르겠습니까? 하나님의 명령에 순종하는 것은 믿음이 있어야 하는 것입니다.

30절 "믿음으로 칠 일 동안 여리고를 도니 성이 무너졌으며"

여호수아 6장에서 성을 돌 때 제사장 일곱 명이 일곱 양각 나팔을 잡고, 무장한 자들이 언약궤 앞에서 행합니다. 후군은 궤 뒤에서 행합니다. 제칠일 새벽에 일곱 번 돌 때, 여호수아가 외치라 명할 때, 제사장들이 일제히 나팔을 불고 온 백성이 다 큰 소리로 외칠 때 성벽이 무너져 내렸습니다.

> ◎ **고고학자들의 견해**
> 고고학을 연구하는 학자들은 유적을 통해 증언합니다.
> 여리고 성의 무너짐은 전쟁과 같은 외부 충격에 의한 것이 아니며, 어떤 다른 요인으로 무너졌다는 것입니다. 외부의 공격을 받았을 때는 어느 성이고 밖에서 안으로 무너지는데, 여리고 성은 안에서 밖으로 무너진 유적이라는 것입니다.

여리고 성은 초자연적인 힘, 곧 하나님의 능력에 의해 무너진 것입니다. 홍해의 사건도 그러했습니다. 문둥병에 걸린 나아만이 요단강에 들어가 씻어 나은 것도 그러했습니다.

엘리야가 준 밀가루와 기름 몇 방울로 여러 달 동안 먹게 된 것도 그러했습니다. 다윗이 골리앗을 죽인 것도 그러하고, 물고기 두 마리와 떡 다섯 덩이로 오천 명을 먹인 것 등등 수많은 사건들이 그러했습니다.

이스라엘 백성들은 믿음으로 여리고 성을 무너뜨렸습니다.

우리에게도 인생의 여리고가 있습니다. 그것은 건강일 수도, 자녀일 수도, 가정일 수도, 그리고 사업일 수도 있습니다.

여리고 성을 한두 번도 아니고 여섯 번이나 돌았습니다. 그것도 마지막에는 일곱 번이나 돌았습니다. 우리의 삶속에 놓인 방법은 어떠합니까? 별의별 방법을 다 동원합니다. 그러다 안 되면 천부여 의지 없어서 손들고 옵니다.

사탄의 요새는 견고합니다. 철옹성 같을 때도 있습니다. 아무리 그렇다 해도 하나님 방법으로 하면 다 무너뜨릴 수 있습니다.

31절 "믿음으로 기생 라합은 정탐꾼을 평안히 영접하였으므로 순종하지 아니한 자와 함께 멸망하지 아니하였도다"

지금까지 유명한 믿음의 선진들을 보아왔습니다. 이제 전혀 이미지가 다른 이방 여인 라합이 나옵니다. 그것도 기생 신분입니다. 우리 성경에서는 기생으로 나오지만, 70인 역에서는 매춘부로 나옵니다. 이러한 여인에게서 예상치 못한 반전과 믿음을 볼 수 있음은 놀라운 일입니다.

우리는 성경을 통해 라합의 신앙을 알 수 있습니다.

수 2:8-11 "또 그들이 눕기 전에 라합이 지붕에 올라가서 그들에게 이르러 말하되 여호와께서 이 땅을 너희에게 주신 줄을 내가 아노라 우리가 너희를 심히 두려워하고 이 땅 주민들이 다 너희 앞에서 간담이 녹나니 이는 너희가 애굽에서 나올 때에 여호와께서 너희 앞에서 홍해 물을 마르게 하신 일과 너희가 요단 저쪽에 있는 아모리 사람의 두 왕 시혼과 옥에게 행한 일 곧 그들을 전멸시킨 일을 우리가 들었음이니라 우리가 듣자 곧 마음이 녹았고 너희로 말미암아 사람이 정신을 잃었나니 너희의 하나님 여호와는 위로는 하늘에서도 아래로는 땅에서도 하나님이시니라"

기생 라합은 이스라엘 백성들이 출애굽하여 여기까지 온 모든 사실들을 들어서 알고 있습니다. 그리하여 여리고 성 모든 사람의 마음이 녹았고, 정신을 잃었다고 합니다. 끝에 너희 하나님은 상천하지, 곧 위로 하늘과 아래로 땅의 하나님이라는 것입니다. 이것은 대단한 신앙고백이며 놀라운 믿음입니다. 또한 라합의 믿음은 듣고 아는 것에 그치는 것이 아니라 행했다는 것입니다.

약 2:25 "또 이와 같이 기생 라합이 사자들을 접대하여 다른 길로 나가게 할 때에 행함으로 의롭다 하심을 받은 것이 아니냐"

라합이 이스라엘의 정탐군을 숨겨주고, 접대하고, 갈 길을 잘 알려준 이 행함은 의롭다 함을 받은 믿음이었다고 증언합니다. 창문에 붉은 줄로 피차 약속하고 정탐군이 평안히 돌아가게 되었습니다. 이 붉은 줄은 구원의 줄이요, 예수 그리스도의 십자가의 피를 상징하기도 합니다.

수 6:25 "여호수아가 기생 라합과 그의 아버지의 가족과 그에게 속한 모든 것을 살렸으므로 그가 오늘까지 이스라엘 중에 거주하였으니 이는 여호수아가 여리고를 정탐하려고 보낸 사자들을 숨겼음이었더라"

라합은 후에 룻기서에 나오는 룻의 시아버지가 되는 살몬의 아내가 되고, 보아스의 어머니가 됩니다. 보아스가 오벳을 낳고, 오벳은 이새를 낳습니다. 이새에게서 다윗이 태어났습니다. 예수 그리스도의 계보에 드는 여인이 된 것입니다.

마 1:5-6 "살몬은 라합에게서 보아스를 낳고 보아스는 룻에게서 오벳을 낳고 오벳은 이새를 낳고 이새는 다윗 왕을 낳으니라……"

칼빈(Calvin)은 "그녀가 믿음으로 구원받은 것은 하나님의 특별하신 주권적 은혜였다"라고 하였습니다.
라합은 이스라엘 민족사뿐 아니라 신앙의 역사에도 길이 남을 인물이 되었습니다.
여리고 성의 무너뜨림은 말씀에 순종한 믿음과 인내와 소망의 믿음으로 된 것입니다. 라합의 믿음은 듣고 결단한 믿음이며, 행함의 믿음이었습니다.

우리가 구원받음도 하나님의 주권적 은혜임을 알고 말씀에 순종하는 믿음으로 나아가기를 바랍니다.

바로 왕의 명령을 두려워하지 않은 모세 부모의 믿음으로 아이를 석 달 동안 기른 후 갈대 상자에 넣어 강가에 띄우고 하나님께 의지했습니다. 바로 왕의 공주에 의해 왕궁에 들어가 모세는 양아들이 됩니다. 그리고 왕자의 신분이 됩니다. 애굽의 모든 보화와 부귀영화를 버리고 자기 민족과 함께 고난 받기를 선택합니다. 이것은 하늘 상을 바라보는 믿음으로 한 것입니다. 믿음으로 유월절과 피 뿌리는 예를 정하였고, 모세는 출애굽 백성들의 지도자로 애굽 왕을 무서워하지 않고 나아갔습니다. 믿음으로 홍해를 육지같이 건넜고, 이를 시험하던 애굽 군대는 수장을 당합니다.

모세가 가나안 땅을 앞에 두고 죽자, 후계자 여호수아에 의해 요단강을 건너 가나안을 향해 진군합니다. 그런데 난공불락인 여리고 성이 가로막고 있습니다. 여호수아는 정탐군을 보내 성의 상황을 살피던 중 기생 라합의 도움으로 무사히 임무를 마치고 돌아옵니다. 여리고 성을 무너뜨릴 때 하나님께서는 인간의 방법으로는 도저히 이해가 안 되는 방식을 명령하십니다. 제사장 일곱이 나팔을 잡고, 법궤를 앞세워 무장으로 호위하고, 모두 따라 하루 한 번씩 6일 동안 돌고, 마지막 7일째는 일곱 번 성을 돌게 됩니다. 하나님 말씀에 순종하여 성 돌기를 마치고 외칠 때 여리고 성이 무너져 내렸습니다.

우리에게 여리고 성은 모든 어려움의 난관입니다. 라합의 믿음은 여리고 성을 무너뜨리는 데 행함으로 일조합니다. 우리는 이러한 믿음을 본받아 행하며, 이기며, 승리하는 신앙이 되어야 합니다.

V. 사사와 선지자들의 믿음

히 11:32-40

㉜ 내가 무슨 말을 더 하리요 기드온, 바락, 삼손, 입다, 다윗 및 사무엘과 선지자들의 일을 말하려면 내게 시간이 부족하리로다 ㉝ 그들은 믿음으로 나라들을 이기기도 하며 의를 행하기도 하며 약속을 받기도 하며 사자들의 입을 막기도 하며 ㉞ 불의 세력을 멸하기도 하며 칼날을 피하기도 하며 연약한 가운데서 강하게 되기도 하며 전쟁에 용감하게 되어 이방 사람들의 진을 물리치기도 하며 ㉟ 여자들은 자기의 죽은 자들을 부활로 받아들이기도 하며 또 어떤 이들은 더 좋은 부활을 얻고자 하여 심한 고문을 받되 구차히 풀려나기를 원하지 아니하였으며 ㊱ 또 어떤 이들은 조롱과 채찍질뿐 아니라 결박과 옥에 갇히는 시련도 받았으며 ㊲ 돌로 치는 것과 톱으로 켜는 것과 시험과 칼로 죽임을 당하고 양과 염소의 가죽을 입고 유리하여 궁핍과 환난과 학대를 받았으니 ㊳ (이런 사람은 세상이 감당하지 못하느니라) 그들이 광야와 산과 동굴과 토굴에 유리하였느니라 ㊴ 이 사람들은 다 믿음으로 말미암아 증거를 받았으나 약속된 것을 받지 못하였으니 ㊵ 이는 하나님이 우리를 위하여 더 좋은 것을 예비하셨은즉 우리가 아니면 그들로 온전함을 이루지 못하게 하려 하심이라

사사기에 나오는 사사들은 웃니엘을 시작으로 마지막 사사 사무엘까지 약 450년(행 13:19-20)입니다. 웃니엘은 갈렙의 아우(그나스) 아들입니다(삿 3:9).

사사의 뜻은 히브리 원문에는 '최고 지도자'입니다. 70인 역(LXX)에서는 '재판관'으로 되어 있습니다. 사사들은 이스라엘이 위급할 때 하나님께로부터 소명을 받은 지도자입니다.

사사기에 나오는 사사들은 총 13명입니다(연대순 : 웃니엘, 에훗, 삼갈, 드보라(바락), 기드온, 돌라, 야일, 입다, 입산, 엘론, 압돈, 삼손, 사무엘).

본문에 등장하는 사사는 기드온, 바락, 삼손, 입다, 다윗, 사무엘입니다.

사사들과 선지자들은 그 명성만큼 고난과 핍박과 어려움을 겪었습니다. 이들은 다 믿음으로 말미암아 증거를 받았으나, 약속을 받지 못했습니다. 그러나 우리를 위하여 더 좋은 것을 예비하였습니다. 곧 예수 그리스도의 오심으로 구원의 온전함을 이룬 것입니다.

'사사와 선지자들의 믿음'에 대해 살펴보고자 합니다.

1. 믿음으로 행한 여러 일들

32-34절 "내가 무슨 말을 더 하리요 기드온, 바락, 삼손, 입다, 다윗 및 사무엘과 선지자들의 일을 말하려면 내게 시간이 부족하리로다 그들은 믿음으로 나라들을 이기기도 하며 의를 행하기도 하며 약속을 받기도 하며 사자들의 입을 막기도 하며 불의 세력을 멸하기도 하며 칼날을 피하기도 하며 연약한 가운데서 강하게 되기도 하며 전쟁에 용맹하게 되어 이방 사람들의 진을 물리치기도 하며"

사사들과 선지자들은 그 수도 많을 뿐더러 그 행한 믿음의 역사도 많습니다. 이들은 믿음으로 나라들을 이기고, 강한 사자들의 입을 막았고, 불과 칼날을 피하기도 하였습니다. 이들은 연약한 가운데 강하고, 전쟁에 용맹하여 적진을 물리쳤습니다.

내가 무슨 말을 더하리요 : 헬라어 '카이 티 에티 레고(*καὶ τί ἔτι λέγω*)'는 수사적이며 문학적인 표현으로 시간이나 지면 관계상 제한을 받을 때 사용되는 관용구임. 더 할 말이 없음을 뜻합니다.

이기기도 : 헬라어 '카테고니산토(*κατηγωνίσαντο*)'는 '정복하다'의 뜻임. 성도는 믿음으로 행하여 여러 어려움을 정복함을 의미합니다.

여호수아가 죽은 후 이스라엘 백성을 이끌 지도자가 없었습니다. 그러다 보니 자기 소견대로 행합니다. 자연히 하나님을 멀리 하게 됩니다. 그뿐 아니라 이스라엘 백성이 우상을 숭배하기에 이르게 됩니다. 이러다 보니 국력이 약해지고 이웃나라에 의해 침략을 받게 됩니다. 절박한 어려움에 처하게 됩니다. 울부짖곤 합니다. 그래서 하나님을 간절히 찾습니다. 하나님께서는 소명자를 통하여 위기에서 구하여 주십니다. 위기 가운데 특별히 택함을 받은 자들이 바로 '사사'들입니다. 이스라엘의 타락과 징계와 구원 과정의 기록이 사사기입니다.

32절 "내가 무슨 말을 더 하리요 기드온, 바락, 삼손, 입다, 다윗 및 사무엘과 선지자들의 일을 말하려면 내게 시간이 부족하리로다"

'내가 무슨 말을 더 하리요.'

사사와 선지자들의 그 행한 일들을 일일이 말하려면 시간이 부족하다는 것입니다.

사사들을 연대순으로 열거하면 이러합니다.

바락(삿 4-5장), 기드온(삿 6-8장), 입다(삿 11-12장), 삼손(삿 13-16장), 사무엘(삼상 3:1-7:17), 다윗(삼상 16장-삼하 24장)입니다.

본문에는 사사가 4명(기드온, 바락, 삼손, 입다), 왕이 1명(다윗), 선지자 1명(사무엘)입니다.

여기 사사들 중에 먼저 기드온이 나옵니다.

삿 6:1 "이스라엘 자손이 또 여호와의 목전에 악을 행하였으므로 여호와께서 칠 년 동안 그들을 미디안의 손에 넘겨 주시나"

여기서 보면 '또 여호와 목전에 악을' 행합니다. 그러므로 어떻게 되었습니까? 7년 동안 미디안 손에 붙이신 것입니다. 하나님께서 그렇게 하신 것입니다. 미디안은 주로 사해 동편 모압 지방과 암몬 지역에 살고 있는 족속입니다. 이들은 이스라엘 백성이 추수해 놓은 식량을 빼앗아갑니다(삿 6:3-5).

미디안 눈을 피해 포도주 틀에서 몰래 타작하던 기드온은 하나님의 부름을 받습니다. 기드온이 하나님의 부름을 받고 제일 먼저 한 일이 제단을 쌓는 일이었습니다.

번제를 드릴 때 미디안에게 7년 동안 짓밟힌 것을 속죄하는 뜻으로 7년 된 수소를 취하여 제단을 쌓습니다. 그리고 바알 신의 신당과 아세라 목상을 찍어서 훼파(毁破)하였습니다. 기드온의 이 같은 일이 화근이 되어 미디안 백성과 전쟁이 벌어지게 됩니다.

하나님의 뜻으로 기드온이 군대를 모읍니다. 처음에 3만 2천명이 모였습니다. 이들 중에서 지원자 1만 명만 남기고 다 돌려보냈습니다. 그리고 1만 명의 지원자 중 개의 핥는 것 같이 혀로 물을 핥는 자, 무릎을 꿇고 물을 마시는 자를 돌려보냈습니다. 손으로 움켜쥐고 입을 대고 물을 핥아 먹는 300명만 정병으로 뽑아 전쟁에 임하게 합니다. 미디안 군대는 모래알처럼 많다고 하였습니다.

하나님의 방법은 인간과 다릅니다. 미디안 군대를 무찌른 방법은 칼이 아니라 전략으로 이기게 하였습니다. 밤에 횃불을 감추고 항아리를 깨며 "여호와와 기드온 칼이여!"라고 소리를 지른 것입니다. 그 소리에 도망가다 자기끼리 치고 죽습니다.

바락은 여선지인 드보라와 함께 활약한 사사입니다(삿 4-5장). 여선지 드보라와 바락은 가나안 땅에 살고 있는 가나안 왕 야빈과 그의 군대장관 시스라를 쳐서 이깁니다. 여기에 기억해야 할 한 여인이 있습니다. 겐 사람 헤벨의 아내 야엘입니다.

삿 5:24-26 *"겐 사람 헤벨의 아내 야엘은 다른 여인들보다 복을 받을 것이니 장막에 있는 여인들보다 더욱 복을 받을 것이로다 시스라가 물을 구하매 우유를 주되 곧 엉긴 우유를 귀한 그릇에 담아 주었고 손으로 장막 말뚝을 잡으며 오른손에 일꾼들의 방망이를 들고 시스라를 쳐서 그의 머리를 뚫되 곧 그의 관자놀이를 꿰뚫었도다"*

세 번째로 삼손의 이야기입니다.

소라 땅에 단지파의 마노아라는 사람이 있었습니다. 그는 아이가 없었습니다.

어느 날 여호와 사자가 그 아내에게 나타나 아들을 낳을 것을 말하며 "포도주와 독주 그리고 부정한 것을 먹지 말고 머리에 삭도를 대지 말라"고 합니다. 삼손은 나실인으로 구별되어 난 것입니다.

삼손은 힘이 장사였습니다. 대적 블레셋에게 많은 타격을 입혔습니다. 그러나 이방 여인 들릴라의 꾐에 빠져 두 눈이 뽑히고 곡식 맷돌을 가는 신세가 됩니다. 블레셋 신전에서 조롱을 당하는 수모 가운데 간구하여 신전 두 기둥을 밀어 쓰러뜨림으로 수많은 블레셋 사람들과 함께 죽습니다.

입다는 사사기 11장과 12장에 나옵니다. 그의 출생은 기생의 자식으로 사생아였습니다. 본처의 아들들에게 쫓겨나 돕 땅에 가서 잡류 생활을 합니다. 그러나 신앙은 있었습니다.

암몬 족속이 이스라엘에 쳐들어와 위기에 놓이자 힘이 센 입다에게 이스라엘 장로들이 찾아와 도움을 구합니다. 입다는 길르앗 사람을 모아 암몬을 쳐서 이깁니다. 전쟁을 하러 나갈 때 서원을 합니다. 이기고 돌아올 때 문 앞에서 제일 먼저 영접하는 자에게 번제로 드리겠다고 합니다(삿 11:31). 참으로 이상한 서원을 한 것입니다.

그런데 이게 웬일입니까? 무남독녀가 문 앞에서 제일 먼저 영접합니다. 가슴 아픈 일이지만 애지중지하던 무남독녀라도 하나님께 한 서원을 이행할 수밖에 없었습니다.

다윗은 사사라기보다 왕이었습니다. 사울 왕에 이어 이스라엘 두 번째 왕이었습니다.

사무엘은 최후의 사사입니다. 기록은 사무엘상 1장-12장 사이에 나옵니다. 어머니 한 나가 자식이 없어 고통당하던 중 간구하여 낳은 아들입니다. 사무엘의 이름의 뜻은 '하나님이 들으셨다'입니다. 태어나 젖떼기까지 약 3년을 키우고 제사장 엘리의 지도를 받게 됩니다. 사무엘은 여호와의 전에서 훌륭히 성장하여 제사장 엘리가 죽은 후 이스라엘 선지자로 세움을 입습니다.

33절 "그들은 믿음으로 나라들을 이기기도 하며 의를 행하기도 하며 약속을 받기도 하며 사자들의 입을 막기도 하며"

바락은 가나안을, 기드온은 미디안을, 입다는 암몬을, 사무엘은 블레셋을, 다윗은 여러 나라를 물리쳤습니다. 이들은 의를 행하기도(삼상 12:3) 하며, 약속을 받기도 하였습니다. 삼손은 사자를 염소새끼 찢듯 합니다. 다윗은 목동일 때 사자를 물리쳤습니다. 선지자 다니엘은 사자 굴에서 천사의 도움으로 사자 입을 막았습니다(단 6:22).

34절 "불의 세력을 멸하기도 하며 칼날을 피하기도 하며 연약한 가운데서 강하게 되기도 하며 전쟁에 용감하게 되어 이방 사람들의 진을 물리치기도 하며"

다니엘의 세 친구는 풀무불 속에 던져졌으나 살아서 나왔고, 다윗은 사울의 칼날을 여러 번 피했습니다. 사탄의 세력은 언제나 도사리고 있습니다. 엘리야도 아합과 이세벨의 칼날이 피했습니다(왕상 19:1). 기드온은 약한 가운데 용맹한 자가 되어 미디안 군대를 물리쳤습니다. 여호수아, 다윗 또한 숱한 선지자들도 믿음으로 대적들을 이겼습니다.

믿음을 가진 자들이 어떠한 환경에서도 이겨 승리한 것처럼, 성도 또한 믿음으로 이겨 승리하여야 합니다.

2. 믿음을 위하여 받는 수난들

35-38절 "여자들은 자기의 죽은 자들을 부활로 받아들이기도 하며 또 어떤 이들은 더 좋은 부활을 얻고자 하여 심한 고문을 받되 구차히 풀려나기를 원하지 아니하였으며 또 어떤 이들은 조롱

과 채찍질뿐 아니라 결박과 옥에 갇히는 시련도 받았으며 돌로 치는 것과 톱으로 켜는 것과 시험과 칼로 죽임을 당하고 양과 염소의 가죽을 입고 유리하여 궁핍과 환난과 학대를 받았으니 (이런 사람은 세상이 감당하지 못하느니라) 그들이 광야와 산과 동굴과 토굴에 유리하였느니라"

여자들은 죽은 자들의 부활과 더 좋은 부활을 얻고자 심한 고문을 받아도 구차히 풀려나기를 원하지 아니하였습니다. 어떤 이들은 조롱과 채찍질과 결박과 옥에 갇히는 시련도 받았습니다. 돌로 치고, 톱으로 켜고, 짐승 가죽을 입고 유리하며, 궁핍과 환란과 학대를 받았습니다.

유리하다 : 일정한 거처 없이 다니는 것임.

동굴과 토굴 : 바위나 흙으로 된 구멍 진 곳임. 믿음으로 인하여 받는 여러 환란과 핍박과 수난이 있음을 의미합니다.

여기 소개되는 두 여인은 사랑하는 자식을 잃게 되는 쓰라린 고통 가운데 하나님의 종의 도움으로 자식을 도로 얻게 됩니다.

하나님께서 엘리야에게 말씀합니다. 시돈에 속한 사르밧으로 가서 그곳 과부에게 명하여 공궤하라고 하십니다. 그런데 그때는 극심한 흉년이 들어 먹을 것이 다하여 남아있는 한 움큼의 가루와 기름으로 떡을 해먹고 죽기로 작정하였습니다. 하나님께서 엘리야로 하여금 통의 가루가 다하지 아니하고 병의 기름이 없어지지 않도록 합니다.

세월이 흘러 어느 날, 아들이 병들어 죽습니다. 죽은 아들을 엘리야가 살립니다.

이어서 엘리야의 제자 엘리사 이야기입니다.

수넴 여인은 엘리사가 머물 수 있도록 방을 제공합니다. 엘리사가 여인에게 말합니다. "한 해가 돌아오면 네가 아들을 안으리라"고 합니다(왕하 4:16). 그의 말대로 이듬해 이 여인이 아들을 얻게 됩니다. 아이가 자라서 아버지가 곡식 베는 밭에 갑니다. 갑자기 머리가 아프다고 하여 어미에게 보냈는데 그만 죽고 맙니다. 그때 엘리사는 갈멜산에 있었습니다. 여인이 찾아가 도움을 구하고 엘리사의 기도로 살게 됩니다(왕하 4:16-37).

35절 "여자들은 자기의 죽은 자들을 부활로 받아들이기도 하며 또 어떤 이들은 더 좋은 부활을 얻고자 하여 심한 고문을 받되 구차히 풀려나기를 원하지 아니하였으며"

'더 좋은 부활'은 영원한 생명을 부여받게 되는 종말론적인 부활을 의미합니다. 곧 변화체 부활의 성격입니다.

악형은 고문대 위에 사람을 묶어놓고 북치듯 때려서 죽이는 잔인한 형벌입니다.
외경 마카베오에 엘리아잘의 순교가 나옵니다. 이 형벌을 받고 죽었다고 합니다.
율법학자인 엘르아잘은 나이가 많고 풍채가 당당하였고, 시리아 박해자들이 입을 벌
려 돼지고기를 먹이려 했습니다. 그러나 그는 명예롭게 죽기 위해 돼지고기를 뱉어버리
고 자진하여 태형대로 가서 순교하였습니다(마카베오 하 6:18-20).
마카베오 하 7장 1절 이하에는 일곱 형제를 둔 어머니가 여러 가지 고문을 당합니다.
이방신을 섬기지 않는다는 이유입니다. 그들은 한결같이 부활에 대한 소망으로 모든 고
문과 태형을 기꺼이 받아들입니다.

**9절 "마지막 숨을 거두며 그는 이렇게 말하였다 이 못된 악마. 너는 우리를 죽여서 이 세상에
살지 못하게 하지만 이 우주의 왕께서는 당신의 율법을 위해 죽은 우리를 다시 살리셔서 영원한
생명을 누리게 할 것이다"**

이 세상에서 구차하게 생명을 연장하기보다는 부활신앙으로 확신을 가지고 자신들의
생명을 기꺼이 바쳤던 것입니다.

35절(하) '······ 구차히 풀려나기를 원하지 아니하였으며'는 신앙을 떠나면 살려주겠다
는 제안을 거부함입니다. 이들은 이 땅의 삶보다 천국을 소망하며 살아간 자들입니다.

36절 "또 어떤 이들은 조롱과 채찍질뿐 아니라 결박과 옥에 갇히는 시련도 받았으며"

첫째, 조롱과 채찍질입니다. 블레셋 사람들에게 삼손이 조롱을 당했습니다(삿 16:25).
다윗의 아들 압살롬을 피해 가던 중 시므이로부터 저주와 희롱을 당합니다. 느헤미야는
예루살렘 성을 수축(修築)하는 과정에서 많은 조롱과 경멸을 당합니다. 예레미야도 매
를 맞기도 하고, 조롱을 받고, 감옥에 갇히기도 했습니다. 신약의 사도들도 학대와 멸시
와 조롱을 받았습니다. 당시 채찍질은 살갗이 찢어지고 핏자국이 낭자하게 피를 흘렸습
니다.

둘째, 결박과 옥에 갇힙니다. 사람을 묶을 때 주로 밧줄, 쇠줄, 족쇄를 사용하였습니다. 구약의 선지자나 신약의 사도들은 이런 결박을 자주 당했습니다. 그 중에 바울은 어둡고, 차갑고, 습한 감옥에 자주 갇혔고, 마지막에는 로마 감옥에 갇히고 순교했습니다. 초대교회 성도들도 감옥에 갇혀 죽어갔습니다.

37절 "돌로 치는 것과 톱으로 켜는 것과 시험과 칼로 죽임을 당하고 양과 염소의 가죽을 입고 유리하여 궁핍과 환난과 학대를 받았으니"

돌로 치는 것은 공공연한 범죄자에게 가해진 것입니다(레 20:2, 수 7:24-25). 구약 때 여호야다의 아들 스가랴가 우상 숭배를 타도하다가 유다 왕 요아스에 의해 성전에서 돌로 맞아 죽었습니다. 신약의 스데반 집사가 복음을 전하다 돌에 맞아 죽었습니다. 바울도 루스드라에서 돌에 맞아 죽을 뻔했습니다.

톱으로 켜는 것은 우상 숭배와 폭군이었던 므낫세 왕으로부터 우상 숭배를 강요받은 이사야가 거절하며, 왕의 멸망을 예언했다고 톱으로 켜서 죽임을 당합니다.

전승에 의하면 "톱이 그의 육신을 먹어 들어갈 때 이사야는 한마디의 불평도 안 하고, 한 방울의 눈물도 흘리지 아니하고, 끊임없이 성령과 교제하고 있는 동안에 톱은 그 육체의 중심부까지 이르렀다"고 합니다.

시험은 신앙의 성숙을 위해 하나님이 주시는 것과 세상을 향하다 받는 유혹적인 시험이 있습니다. 시험은 밖으로부터 오는 것과 안으로부터 오는 것이 있습니다.

칼에 죽는 것을 보면 사울 왕에 의해 제사장들이 죽음을 당했습니다. 이세벨에 의해 선지자들이 죽임을 당했습니다. 초대교회 때 로마에 의해 성도들이 죽임을 당했습니다.

행 12:2 "요한의 형제 야고보를 칼로 죽이니"

양과 염소의 가죽을 입고 유리하였음은 구약 때 디셉 사람 엘리야가 학대를 받아 집에서 쫓겨나서 양과 염소의 옷을 입고 쫓겨 다녔습니다(왕상 17:3-9, 19:3-14). 엘리사와 선지 생도들도 양과 염소의 가죽으로 옷을 대신했습니다. 궁핍은 헐벗고 먹을 것이 없는 것입니다. 생계수단이 없습니다. 또 모든 도움에서 벗어나 있는 상태입니다. 게다가 이들에게 환난과 핍박과 학대가 뒤따랐습니다.

38절 "(이런 사람은 세상이 감당하지 못하느니라) 그들이 광야와 산과 동굴과 토굴에 유리하였느니라"

믿음 때문에 하나님의 백성들은 이 세상에서 죽음에 이르는 수난을 감수했습니다. 그러나 세상은 이들의 믿음을 어떻게 할 수가 없는 것입니다. 믿음을 지키기 위해 광야나 산중 바위굴이나 토굴 등 일정한 거처가 아닌 곳에 살았습니다. 유리걸식하는 삶이지만 믿음을 지켜 살았습니다. 그러므로 이들에게 세상이 감당치 못하는 것입니다.

기드온, 바락, 삼손, 입다와 다윗, 사무엘과 선지자들은 믿음으로 이기고 행하여 약속을 받기도 했습니다. 또 어떤 이들은 더 좋은 부활을 얻고자 하여 악형을 받되 구차히 면하지 않았습니다. 어떤 이들은 희롱과 채찍질을 받았고, 결박되어 옥에 갇히기도 했고, 돌에 맞고, 톱에 켜임을 받고, 시험과 칼에 죽었습니다. 양과 염소의 가죽을 입고, 궁핍과 환난과 학대를 받았습니다. 비록 광야와 암혈과 토굴에 거하며 떠돌아다니며 유리걸식을 하여도 세상이 되레 감당치 못합니다. 어느 누구도 그들의 믿음을 빼앗아갈 수는 없었던 것입니다.

이러한 믿음으로 앞서간 선진들을 본받아 순교의 정신으로 끝까지 인내하며 믿음으로 전진하여야 하는 것입니다.

3. 믿음의 증거와 약속

39-40절 "이 사람들은 다 믿음으로 말미암아 증거를 받았으나 약속된 것을 받지 못하였으니 이는 하나님이 우리를 위하여 더 좋은 것을 예비하셨은즉 우리가 아니면 그들로 온전함을 이루지 못하게 하려 하심이라"

지금까지 사사들과 선지자들에 대하여 믿음의 증거들을 보와 왔습니다. 소개된 모든 믿음의 사람들은 주님의 오심을 바라보며 살았고, 각양각색으로 여러 증명된 삶을 살았습니다. 그러나 약속을 받지는 못했습니다. 구약의 성도들은 그리스도의 구속사를 바라보며 증거한 것으로, 이는 우리를 위하여 더 좋은 약속으로 예비하였던 것입니다.

약속 : 예수 그리스도의 오심임(여기서는 초림).

더 좋은 것 : 그리스도를 통한 구속 약속의 성취를 가리킴. 예수 그리스도의 구속의 성취로 오심으로 온전하게 됨을 의미합니다.

하나님의 약속을 믿고 나아가는 사람들은 눈에 보이지 않고 손에 잡히지 않아도 믿음과 확신을 가지고 나아갑니다.

믿음의 선진들은 장차 이루어질 약속에 대한 믿음으로 살았지만, 약속을 받지는 못했습니다.

39절 "이 사람들은 다 믿음으로 말미암아 증거를 받았으나 약속된 것을 받지 못하였으니"

'이 사람들'이라는 것은 앞에서 사사나 선지자들뿐 아니라 본장에 언급된 모든 믿음의 선진들을 가리킵니다. 하나님으로부터 믿음에 대하여 증거를 받은 자들입니다.

하반절에 약속을 받지 못하였다는 것은 하나님께서 개인에게 하신 특정한 약속은 생전에 받았으나, 여기에 약속을 받지 못했다고 한 것은 예수 그리스도께서 오심으로 말미암아 성취된 '영원한 기업의 약속'임을 의미합니다. 영원한 하늘나라 구현의 약속입니다.

구약시대 믿음의 사람들은 모두 다 약속의 성취를 경험하지 못하였으나, 하나님의 약속을 믿는 믿음 속에 살았던 것입니다. 이로 보아 오늘날 그리스도인들의 믿음을 한 번 성찰해 보아야 합니다.

구약 때에는 예수 그리스도에 대해 모형이나 그림자 또는 예언으로 희미하게 바라보았습니다. 지금의 성도는 역사 속에 찾아오신 예수님을 확실하게 구체적으로 압니다. 신약의 성도들은 '오신 예수 그리스도를 믿고 오실 예수 그리스도'를 소망하며 신앙합니다. 미래에 대한 확실한 믿음과 소망으로 신앙하게 된 것입니다.

◎ 어느 신앙 좋은 성도 이야기

그는 하나님께 기도하면서 아브라함처럼 되게 해달라고 하였습니다. 하나님은 응답이 없습니다.

그러자 모세 같은 지도자가 되게 해달라고 하였습니다. 하나님은 여전히 응답이 없습니다. 또 믿음 좋은 선진들을 들어 그렇게 해달라고 하였습니다. 여전히 응답이 없자, "하나님, 그러면 나는 누구처럼 되어야 합니까?"라고 항의했습니다. 그때 하나님의 음성이 들려왔습니다. "너는 너처럼 되거라."

나의 모습은 나입니다. 누구처럼 사는 게 아니라 주 안에서 믿음으로 나 자신을 나 되게 사는 것입니다. 주를 믿음으로 소망 중에 살아가는 것입니다.

구약의 믿음의 선진들은 예수 그리스도의 오심을 소망하며 살았습니다.

우리는 오신 예수님을 믿으며, 오실 예수님을 소망하며 사는 것입니다.

40절 "이는 하나님이 우리를 위하여 더 좋은 것을 예비하셨은즉 우리가 아니면 그들로 온전함을 이루지 못하게 하려 하심이라"

구약시대의 믿음의 사람들이 약속을 받지 못한 것은 그들의 믿음에 결함이 있었기 때문이 아닙니다. 그것은 '우리를 위해 더 좋은 것을 예비'하였기 때문입니다.

'더 좋은 것'은 예수 그리스도이십니다. 예비는 오심에 대해 준비입니다.

'우리를 위하여'는 곧 구원받은 하나님의 백성입니다.

'우리'는 신약시대의 성도이며, 그들은 구약시대의 백성입니다.

온전함을 이룬다는 것은 구원 사역의 완성입니다. 그리스도를 믿는 믿음 안에서 온전케 되는 구원을 뜻합니다. 구약시대의 믿음의 사람들은 그리스도를 믿는 자들이 누릴 수 있는 구원의 온전함을 경험할 수 없었습니다. 이제 그리스도의 구속하심으로 말미암아 구약시대의 믿음의 사람들이나 현재의 그리스도인들은 다 같이 동일한 하나님의 백성으로 그분 앞에 자유로이 나아갈 수 있게 된 것입니다. 시간과 역사를 뛰어 넘어 예수 그리스도 구속 사역의 관점에서 동일한 온전함을 이루는 것입니다.

벧전 1:10-11 "이 구원에 대하여는 너희에게 임할 은혜를 예언하던 선지자들이 연구하고 부지런히 살펴서 자기 속에 계신 그리스도의 영이 그 받으실 고난과 후에 받으실 영광을 미리 증언하여 누구를 또는 어떠한 때를 지시하시는지 상고하니라"

신약의 성도는 말씀이 육신이 되어 오신 예언의 실체를 온전히 아는 바가 된 것입니다. 고난 후에 얻으실 영광을 미리 증명한 것을 깊이 상고하는 것입니다.

"우리가 아니면 그들로 온전함을 이루지 못하게 하려 하심이라."

온전함을 이룬다는 것은 구약 신자들의 구원의 완성을 염두에 둔 것입니다. 만일 우리가 체험한 그리스도의 속죄가 실현되지 않았다면, 구약의 신자들이 바라보던 약속의 실현은 없었을 것입니다. 과거나 현재, 미래의 모든 시간을 초월하여 믿음의 눈으로 바라보며, 신앙하고, 주 안에 믿음으로 이루며 나아가는 것입니다.

칼빈은 말합니다.

"작은 불꽃이 그들(구약 성도들)을 하늘에까지 인도했다. 그러나 이제는 의의 태양이 우리(신약 성도)에게 비치고 있는데 우리가 아직도 땅의 것에 집착하고 있다면 무슨 평계를 댈 수 있는가?"

필립스는 이렇게 말합니다.

"우리(신약)로 하여금 힘 있게 고난을 감당하도록 하라. 왜냐하면 구약의 성도들은 희미한 빛(오실 주) 속에도 저렇게 용감했거든 하물며 갈보리의 부활 쪽에 서 있는 성도들이랴!"

믿음의 선진들은 믿음으로 증거를 받았습니다. 주의 오심을 멀리서 바라보는 믿음이었습니다.

성도는 시공간을 넘어 약속을 믿고 소망하며 나아가는 것입니다.

선진들의 믿음을 본받아 시험, 환난을 당해도 낙심치 말고 전진하는 믿음으로 나아가는 것입니다.

기드온, 바락, 삼손, 입다와 다윗과 사무엘 및 선지자들의 일은 많았습니다. 믿음으로 나라들을 이기고, 의를 행하기도 하며, 약속을 받기도 하였습니다. 사자들의 입을 막기도 하고, 불과 칼날을 피하며, 전쟁에서 싸워 이겼습니다. 죽은 자를 부활로 받은 여인들이었으며, 더 좋은 부활을 위하여 악형을 구차히 면하지 않은 사람도 있었습니다. 또 어떤 이들은 희롱과 채찍질뿐 아니라 옥에 갇히기도 하였습니다. 어디 그뿐입니까? 돌로 치는 것, 톱으로 켜는 것, 힘든 시험을 겪고, 양과 염소의 가죽을 옷 대신 입고, 유리했습니다. 그리고 궁핍과 환난과 학대를 받았습니다. 그러나 믿음을 굳건히 지켰습니다. 이들에게 어느 누구도 감당치 못할 죽으면 죽으리라는 믿음이었습니다.

우리는 믿음의 선진들을 본받아 구원의 완성으로 오시는 주님을 소망하며, 어떠한 어려움이 있어도 믿음으로 끝까지 나아가는 것입니다.

제12장

신앙의 경주와 지향(指向)

I. 신앙의 경주

히 12:1-3

① 이러므로 우리에게 구름 같이 둘러싼 허다한 증인들이 있으니 모든 무거운 것과 얽매이기 쉬운 죄를 벗어 버리고 인내로써 우리 앞에 당한 경주를 하며 ② 믿음의 주요 또 온전하게 하시는 이인 예수를 바라보자 그는 그 앞에 있는 기쁨을 위하여 십자가를 참으사 부끄러움을 개의치 아니하시더니 하나님 보좌 우편에 앉으셨느니라 ③ 너희가 피곤하여 낙심하지 않기 위하여 죄인들이 이같이 자기에게 거역한 일을 참으신 이를 생각하라

우리 앞에는 이미 힘겨운 경주를 다 마친 믿음의 선진들이 있었습니다(11장). 그들은 열심히 선한 싸움과 다 싸우고 달려갈 길을 마쳤습니다.

경주자의 특징은,

첫째, 경주할 때 거추장스러운 장애물을 벗어버려야 합니다(자세).

둘째, 경주할 때 목표점을 향해 최선을 다해 달려가는 것입니다(목표).

셋째, 경주할 때 끝까지 전진하는 것입니다. 그리고 대상을 깊이 생각하는 것입니다(인내 : 숙고).

신앙의 경주는 믿음의 주요, 온전케 하시는 예수님을 바라보고 나아가는 것입니다.

우리는 신앙의 경주를 하되 끝까지 믿음으로 경주하는 것입니다. 그리고 승리하는 것입니다. 우리의 목표는 하나님 보좌 우편에 계신 주님께 나아가는 것입니다.

'신앙의 경주와 자세, 목표, 인내, 숙고'에 대해 살펴보고자 합니다.

1. 신앙 경주의 자세

1절 "이러므로 우리에게 구름 같이 둘러싼 허다한 증인들이 있으니 모든 무거운 것과 얽매이기 쉬운 죄를 벗어 버리고 인내로써 우리 앞에 당한 경주를 하며"

지금까지 수많은 믿음의 선진들에 대해 보아왔습니다. 그들은 하나님을 의지하여 고난 가운데서도 인내하며 충성을 다하는 증인으로서 진리를 증명하였습니다. 이와 같이 고난 속에서도 좌절하지 말고, 인내하며, 최선을 다하여 경주할 것을 권면하고 있습니다.

무거운 것 : 헬라어 '옹콘(ὄγκον)'은 운동선수가 운동을 하는 데 방해되는 체중을 나타냄. 여기서는 최선을 다하는 데 걸림돌이 되는 것으로 세상적인 것의 의미를 지닙니다.

얽매이기 쉬운 죄 : 어떤 특정 죄가 아닌 '죄 자체'를 뜻함. 여기서는 경주 과정에서 경험되는 연약한 죄성을 뜻합니다. 신앙에 있어 걸림돌이 되는 것을 극복하고 나아감을 의미합니다.

운동 경기에는 여러 가지가 있습니다.

올림픽 경기에서 제일 마지막에는 마라톤 경주로 끝을 맺습니다. 마라톤은 장거리로 인간의 한계를 도전하는 것이라고도 볼 수 있습니다. 수많은 사람이 뛰어가지만, 최종으로 먼저 목표에 도달하는 사람은 한 사람뿐입니다. 옛날에는 월계관을 머리에 씌웠습니다. 지금은 금메달을 목에 달아줍니다. 인생을 흔히 마라톤 경주에 비유하기도 합니다.

고전 9:24 "운동장에서 달음질하는 자들이 다 달릴지라도 오직 상을 받는 사람은 한 사람인 줄을 너희가 알지 못하느냐 너희도 상을 받도록 이와 같이 달음질하라"

장거리 경기를 할 때 많은 사람들이 달려 나가지만 결국 마지막에는 한 사람만 우승을 합니다. 우승을 한 자는 많은 연습과 노력으로 인내하여 얻어진 결과입니다. 믿음의 경주도 이와 같습니다.

1절 "이러므로 우리에게 구름 같이 둘러싼 허다한 증인들이 있으니 모든 무거운 것과 얽매이기 쉬운 죄를 벗어 버리고 인내로써 우리 앞에 당한 경주를 하며"

구약의 여러 믿음의 선진들은 어쩌면 믿음의 경주를 한 것입니다.

'구름 같이 둘러싼 허다한 증인들이 있으니'라고 한 것은 진리를 증명하는 수많은 선진들의 증언함을 나타내고 있습니다.

'모든 무거운 것'은 운동선수가 운동을 하는 데 몸이 무거우면 안 되고 옷차림도 신경을 써야 합니다.

'얽매이기 쉬운 것'은 운동에만 전념해야 하는데 세상적인 애착에 빠지는 것, 즉 게임이나 오락 등일 수 있습니다.

본문은 모든 무거운 것과 얽매이기 쉬운 죄라고 하였습니다. 이는 신앙적인 관점에서입니다. '모든 무거운 것'은 세상적인 욕구와 욕망입니다. 내 안에 의심과 자만과 이기적인 삶입니다. '얽매이기 쉬운 것'은 애착에 갇혀 벗어나지 못하는 것과 육신적 안목에 따른 크고 작은 잘못을 저지르는 죄성입니다.

우리의 무거운 짐을 예수님께 맡기면 내 근심 모두 맡아주십니다. 모든 무거운 것과 얽매이기 쉬운 것을 벗어버리고 달려갈 길을 경주하기 바랍니다.

"…… 인내로써 우리 앞에 당한 경주를 하며"

당시 경주는 단거리 경주, 창던지기, 원반던지기, 말 타기와 장거리 경주 등 다양한 종목들이 있었습니다. 경기에는 각기 규칙이 있습니다. 법대로 하지 않으면 그 경기는 무효가 됩니다. 신앙의 경주에도 이와 같은 법이 있습니다. 그 법은 신구약 성경입니다. 성경은 믿음 행위의 유일한 잣대입니다.

어떤 경기나 다 인내가 필요합니다. 인내는 경기 자세의 핵심입니다. 인내로써 우리 앞에 놓인 경주를 하는 것입니다. 경주를 함에 있어 성급하거나, 의심하거나, 실망하지 말고 끝까지 인내로 경주를 해야 하는 것처럼 신앙도 이와 같습니다. 신앙의 경주는 마치 마라톤 경기를 하는 것과 같이 인내로써 끝까지 달려가야 하는 것입니다.

마 24:13 "그러나 끝까지 견디는 자는 구원을 얻으리라"
눅 21:19 "너희의 인내로 너희 영혼을 얻으리라"
히 10:36 "너희에게 인내가 필요함은 너희가 하나님의 뜻을 행한 후에 약속하신 것을 받기 위함이라"

우리가 구원을 얻음에 있어서도, 하나님의 뜻을 행함에 있어서도, 약속을 받기 위함에 있어서도 인내가 필요합니다.

사도 바울은 데살로니가 교회에 이렇게 편지합니다.

살후 3:5 "주께서 너희 마음을 인도하여 하나님의 사랑과 그리스도의 인내에 들어가게 하시기를 원하노라"

주께서 우리의 마음을 인도하시어 하나님의 사랑과 예수 그리스도의 구원하심에 동참하시기를 원하십니다.

약 1:4 "인내를 온전히 이루라 이는 너희로 온전하고 구비하여 조금도 부족함이 없게 하려 함이라"

'인내로 온전히 이루라'고 하심은 우리가 온전하고 구비하여 조금도 부족함이 없게 하시려 함입니다.

약 5:11 "보라 인내하는 자를 우리가 복되다 하나니 너희가 욥의 인내를 들었고 주께서 주신 결말을 보았거니와 주는 가장 자비하시고 긍휼히 여기시는 이시니라"

욥은 끝까지 믿음으로 인내하여 처음보다 더 배로 복을 받았습니다. 인내로 믿음을 지키는 자에게 하나님께서는 큰 복을 주시는 것입니다.

믿음의 경주자들은 무겁고 얽매이기 쉬운 것을 벗어버리고 인내로써 경주해야 합니다. 인내로써 끝까지 목표를 향하여 달려가야 합니다.

하나님께서는 우리의 인내를 통하여 온전하고 부족함이 없게 하시고 복을 받게 하십니다. 인내로써 우리 앞에 당한 경주를 하는 것입니다.

2. 신앙 경주의 목표

2절 "믿음의 주요 또 온전하게 하시는 이인 예수를 바라보자 그는 그 앞에 있는 기쁨을 위하여

십자가를 참으사 부끄러움을 개의치 아니하시더니 하나님 보좌 우편에 앉으셨느니라"

믿음의 경주를 하는 과정에서 불필요하며 걸림돌이 될 만한 모든 것은 버려야 합니다. 동시에 인내로써 경주해야 합니다. 어떠한 어려움에 처한다 하더라도 앞으로 나아가는 것입니다.

앞선 허다한 믿음의 선진들이 결승점에 도달하는 것처럼 믿음의 주요, 또 온전케 하시는 예수 그리스도를 바라보며 목표를 향하여 달려가는 것입니다. 예수 그리스도는 십자가를 참으사 하나님 보좌 우편에 계십니다.

믿음의 주 : 우리 믿음의 대상이신 예수 그리스도이심.

온전하게 하시는 이 : 헬라어 '텔레이오텐($\tau\epsilon\lambda\epsilon\iota\omega\tau\eta\nu$)'은 '텔리이오오($\tau\epsilon\lambda\epsilon\iota\omega$)', '완수하다'에서 유래된 것으로 '완성자' 혹은 '완전자'의 의미임.

바라보자 : 헬라어 '아포론테스($\alpha\phi o\rho\dot\omega\nu\tau\epsilon\varsigma$)'는 문자적으로 '한 곳을 향하여 계속적으로 응시하는 것'을 뜻함. 여기서는 믿음의 목표인 예수 그리스도를 향해 고정하는 것입니다 (영어 : Fix on). 성도는 앞에 계신 예수 그리스도를 믿음으로 바라보며 경주함을 의미합니다.

인생을 마라톤 경주에 비유하기도 합니다. 경주를 할 때 가벼운 옷차림으로 목표를 향해 계속 달려갑니다. 달려가다 보면 내리막도 있고 오르막도 있습니다. 나아가다 보면 힘들고, 지치고, 주저앉고 싶을 때도 있을 것입니다. 경주자가 계속 달려가듯 우리의 신앙도 이와 같습니다. 믿음의 주요, 또 온전케 하시는 예수 그리스도를 바라보고 나아갑니다.

2절(상) "믿음의 주요 또 온전하게 하시는 이인 예수를 바라보자……"

예수님은 우리의 믿음의 주가 되십니다. 여기서 주의 원문의 뜻은 위엄 혹은 권위를 나타냅니다. 예수님은 우리의 믿음의 처음과 끝이 되십니다. 예수님은 우리의 달려갈 목표 지점입니다. 우리는 예수님만 바라고 목표를 향해 달려가는 자들입니다.

◎ 예수님만 보고 걷다
어느 마을에 기차가 다니지 않은 폐쇄된 철교가 있었습니다. 아이들이 학교를 가기 위해 이 철교를 이용합니다. 학교를 빠르게 갈 수 있기 때문입니다.

아이들이 이 철교를 건너다 종종 어지럼증으로 떨어지기도 합니다. 그런데 한 아이는 사고 한 번 없이 당당하게 잘 건너다닙니다. 그 아이는 배가 볼록 튀어 나왔습니다.

다른 아이들은 철교를 건너면서 아래를 내려 보다가 어지럼증이 생겨 강으로 떨어지곤 합니다. 철교를 잘 건너는 아이는 배가 볼록하니 밑이 보이지 않습니다. 앞만 보고 똑바로 걸어가기 때문에 끄떡없이 잘 건너다닙니다. 철교 밑으로 흐르는 강물이 보이지 않기에 이 아이는 잘 건너다녔던 것입니다.

우리도 시련의 다리를 건너 앞만 바라고 나아가면 목표에 도달할 수 있습니다. 예수님만 바라면서 목표로 삼고 나아가면 어떠한 장애도 건널 수 있습니다. 예수 그리스도만 바라고 인내로 경주하면 목표점에 누구나 도달할 수 있습니다.

우리를 온전케 하시는 예수님을 언제나 바라보고, 오로지 그분만을 목표로 삼고 나아가면 하늘도성에 이르게 됩니다.

세상에 목표를 두고 사는 사람들은 언제나 세상 것만 추구합니다. 세상 것이 아무리 좋아도 잠시 있는 것뿐입니다.

이런 사람들을 불쌍하다고 합니다.

• 해가 저물어 어두워지는데 갈 곳 없는 사람입니다.
• 마음 정한 곳 없이 방황하는 사람입니다.
• 그보다 더 불쌍한 사람은 죽어서 갈 곳을 모르는 사람이라고 합니다.

인생의 목표가 없는 사람도 불쌍한데 인생이 죽어 어디로 가는지 모르는 사람은 참으로 더 불쌍합니다.

우리는 분명히 갈 곳이 있습니다. 우리의 갈 길은 이 땅의 부귀의 자리도 아니고, 명예의 자리도 아니고, 권세의 자리도 아닙니다. 믿음의 주요, 또 온전케 하시는 예수님을 향해가는 것입니다.

빌 3:14 "푯대를 향하여 그리스도 예수 안에서 하나님이 위에서 부르신 부름의 상을 위하여 달려가노라"

푯대를 향하여는 예수 그리스도를 바라보며 나아가는 것입니다. 하나님이 부르시는 부름의 상을 향하여 달려가는 것입니다.

2절(중) "······ 그는 그 앞에 있는 기쁨을 위하여 십자가를 참으사 부끄러움을 개의치 아니하시더니······"

예수 그리스도는 우리를 구원하시기 위해 십자가에서 피 흘려 죽으셨습니다. 하늘의 영광을 위하여 십자가 고난을 참으셨습니다. 갖은 고난을 당하셨습니다. 희롱을 당하셨습니다. 부끄러움을 당하셨습니다. 그러나 하늘 영광을 위하여 개의치 않으셨습니다.

2절(하) "······ 하나님 보좌 우편에 앉으셨느니라"

예수 그리스도께서 영원히 하나님 우편에 앉아계심을 의미합니다. 이는 예수 그리스도께서 십자가를 지심과 그에 따른 고난을 참으사 이루신 완전한 승리의 성취입니다.

시 110:1 "여호와께서 내 주에게 말씀하시기를 내가 네 원수들로 네 발판이 되게 하기까지 너는 내 오른쪽에 앉아 있으라 하셨도다"

히 10:12-13 "오직 그리스도는 죄를 위하여 한 영원한 제사를 드리시고 하나님 우편에 앉으사 그 후에 자기 원수들을 자기 발등상이 되게 하실 때까지 기다리시나니"

경기장에서 경기하는 자는 목표를 향해 달려갑니다. 경기에서 승리하면 머리에 월계관을, 요사이는 금메달을 목에 겁니다.

성도는 믿음의 경주자입니다. 우리의 목표는 예수 그리스도이십니다. 푯대를 향하여 달려갈 길을 다간 후에 승리의 면류관을 쓰게 됩니다.

우리 모두는 믿음으로 승리하는 경주자가 되어 하나님이 위에서 부르신 부름의 상을 바라보며 나아가는 것입니다.

3. 신앙 경주의 숙고

3절 "너희가 피곤하여 낙심하지 않기 위하여 죄인들이 이같이 자기에게 거역한 일을 참으신 이를 생각하라"

믿음의 경주를 하다보면 피곤하여 낙심할 때가 있습니다. 이럴 때는 죄에서 허덕이는 죄인을 구하시려 십자가를 지실 때 희롱과 구경거리와 수치를 당하시고, 거역한 일을 참으신 '예수님을 생각하라'는 것입니다.

낙심 : 헬라어 '에클뤼오(εκλυω)'의 원뜻은 '밖으로 느슨하게 되다'로 긴장이 풀어지고 맥이 빠져 탈진된 상태를 말함. 여기서는 외적 핍박과 환난으로 인해 의욕을 상실한 것을 뜻합니다.

생각하라 : 헬라어 '아날로기사스테(ἀναλογίσασθε)'는 '깊이 생각한다' 또는 '계산한다'는 뜻임. 이는 대상에 대한 것을 자신의 상태와 비교 평가하는 뜻으로 '깊이 사고(思考)하라'는 의미입니다. 믿음의 경주를 할 때 예수님을 깊이 숙고하라는 것입니다.

지금 신앙의 경주를 잘하고 있습니까?

장애물로 방해받고 있지는 않습니까?

세상 애착에 지나친 집착에 얽매어 있지는 않습니까?

연약성 때문에 좌절하거나 실망에 빠져 있지는 않습니까?

우리에게 불필요하고, 걸림돌이 될 만한 것은 버려야 합니다. 시련과 고난 중에라도 인내하며 경주해야 합니다. 우리는 믿음의 주요, 또 온전케 하시는 예수님을 바라보고 나아가는 것입니다. 피곤하고 연약성 때문에 낙심하지 말아야 합니다.

3절(상) "너희가 피곤하여 낙심하지 않기 위하여……"

신앙생활을 하다보면 어려움을 당할 때가 있습니다. 육신적 피곤도 있습니다. 속상할 때도 있습니다. 내외적 환경에서 오는 낙심할 때도 있습니다. 그럴 때 우리를 온전케 하시는 예수 그리스도를 바라보아야 합니다.

예수님은 모욕(마 27:39)을 당하셨고, 희롱(마 27:29)을 당하셨습니다. 침을 뱉고 갈대로 머리를 치는 수치를 당하였습니다(마 27:30). 주께서는 묵묵히 고난을 참으셨습니다. 끝까지 참으셨습니다.

예수님께서 모욕과 멸시, 천대와 상함을 당하시면서도 우리를 구원하시기 위해 끝까지 참으셨던 것처럼 우리가 피곤하고, 낙심될 때 주를 깊이 더 생각하며 푯대를 향하여 나아가는 것입니다.

사 35:3 "너희는 약한 손을 강하게 하며 떨리는 무릎을 굳게 하며"

우리가 약할 때 강하게 하시며 달려갈 길 다 가도록 무릎을 굳게 하여 주신다고 하였습니다. 믿음의 주요, 또 온전케 하시는 예수님을 바라보며 나아가야겠습니다.

우리는 어려운 환경에 놓여 있을 때 우리의 작은 신음에도 응답하시는 주만 바라보고 나아가는 것입니다. 사탄의 세력은 우리의 경주를 늘 방해합니다. 그러므로 더욱더 주님을 바라보고 나아가야 합니다.

3절(하) "...... 죄인들이 이같이 자기에게 거역한 일을 참으신 이를 생각하라"

예수 그리스도께서는 자신을 거역하고, 대항하며, 직접 십자가에 못 박았던 대적자들에게 직접적으로 대응하지 아니하시고 참으셨습니다.

사 53:7 "그가 곤욕을 당하여 괴로울 때에도 그의 입을 열지 아니하였음이여 마치 도수장으로 끌려 가는 어린 양과 털 깎는 자 앞에서 잠잠한 양 같이 그의 입을 열지 아니하였도다"

예수님은 곤욕을 당하였습니다. 괴로움을 당했습니다. 참으사 잠잠히 입을 열지 아니하였습니다. 어린 양이 털 깎는 자 앞에서 조용하듯 하였습니다.

예수님은 십자가를 지시고 골고다로 가셨습니다. 가다가 쓰러지고 하셨습니다. 예수님은 하나님의 뜻을 이루시기 위하여 순종하며 십자가 길을 가셨습니다. 그 십자가는 구원의 길이요, 생명의 길이요, 영생의 길입니다. 우리는 십자가 빛 아래 새 창조로 그분 안에 거하는 것입니다.

그러므로 우리의 삶은 십자가를 매일 체험하며 사는 것입니다. 우리는 그 십자가를 생각하며 자기 십자가를 지고 가는 삶을 사는 것입니다.

고후 4:11 "우리 살아 있는 자가 항상 예수를 위하여 죽음에 넘겨짐은 예수의 생명이 또한 우리 죽을 육체에 나타나게 하려 함이라"

우리가 그분의 삶을 살며, 그분의 삶을 성취할 수 있는 것은 그분의 십자가 고난을 따르는 삶을 사는 것입니다. 우리가 예수 안에 거함은 그분과 전적으로 연합하는 것입니다. 그러므로 사나 죽으나 주님을 따라가는 삶입니다. 끝까지 주의 십자가의 푯대를 향하여 부름의 상을 바라며, 달려가는 것입니다.

우리 성경 3절 끝에 '생각하라'라고 되어 있습니다. 원문의 '생각하라'는 명령어로 맨 앞에 나와 있어 강한 강조를 나타내고 있습니다.

예수님을 '생각하라'는 것은 헬라어 원문으로 '깊이 생각한다' 또는 '계산한다'의 뜻입니다. 이는 대상을 단순하게 생각한 것이 아닌, 그 대상에 대해 '깊이 숙고하라'는 뜻입니다.

예수님을 깊이 생각하여야 합니다. 깊이 상고하고 숙고하여야 합니다. 신앙생활에 어떠한 어려움, 즉 고난과 환난과 핍박이 오더라도 인내하며 나아가야 합니다. 경주하며 달려갈 때에 낙심치 말고 좌절치 말고 나아가는 것입니다.

예수님은 달려가는 우리에게 피곤하여 낙심치 않기 위하여, 고난을 참으신 것을 생각하라는 것입니다. 십자가를 바라보며 푯대를 향해 소망으로 삼고 나아가는 것입니다.

경주자는 목표점을 향해 달려갑니다. 특히 마라톤은 장거리 경주입니다. 경주자는 모든 무거운 것과 얽매이기 쉬운 것은 벗어버리고 달려가는 것입니다.

신앙의 경주도 이와 같아서 무거운 것과 얽매이기 쉬운 죄를 벗어버리고, 목표를 향해 나아가는 것입니다. 믿음으로 나가는 자는 인내로 나아가는 것입니다. 믿음의 주요, 온전하게 하시는 예수님을 바라보고 나아가는 것입니다. 십자가의 고난을 참으신 예수님을 바라보고 나아가는 것입니다. 십자가의 푯대를 향하여 날마다 달려갈 길을 가는 것입니다. 하나님이 위에서 부르신 부름의 상을 위하여 달려가는 것입니다.

사도 바울은 선한 싸움 다 싸우고 달려갈 길을 마치고 믿음으로 지켰으니 나를 위하여 의의 면류관이 예비되었다고 하였습니다(딤후 4:7-8).

십자가의 고난을 참으신 예수님을 깊이 숙고하며, 믿음으로 나아가는 것입니다.

II. 징계의 유익

히 12:4-13

④ 너희가 죄와 싸우되 아직 피흘리기까지는 대항하지 아니하고 ⑤ 또 아들들에게 권하는 것 같이 너희에게 권면하신 말씀도 잊었도다 일렀으되 내 아들아 주의 징계하심을 경히 여기지 말며 그에게 꾸지람을 받을 때에 낙심하지 말라 ⑥ 주께서 그 사랑하시는 자를 징계하시고 그가 받아들이시는 아들마다 채찍질하심이라 하였으니 ⑦ 너희가 참음은 징계를 받기 위함이라 하나님이 아들과 같이 너희를 대우하시나니 어찌 아버지가 징계하지 않는 아들이 있으리요 ⑧ 징계는 다 받는 것이거늘 너희에게 없으면 사생자요 친아들이 아니니라 ⑨ 또 우리 육신의 아버지가 우리를 징계하여도 공경하였거든 하물며 모든 영의 아버지께 더욱 복종하며 살려 하지 않겠느냐 ⑩ 그들은 잠시 자기의 뜻대로 우리를 징계하였거니와 오직 하나님은 우리의 유익을 위하여 그의 거룩하심에 참여하게 하시느니라 ⑪ 무릇 징계가 당시에는 즐거워 보이지 않고 슬퍼 보이나 후에 그로 말미암아 연단 받은 자들은 의와 평강의 열매를 맺느니라 ⑫ 그러므로 피곤한 손과 연약한 무릎을 일으켜 세우고 ⑬ 너희 발을 위하여 곧은 길을 만들어 저는 다리로 하여금 어그러지지 않고 고침을 받게 하라

하나님께서는 사랑하시기 때문에 징계를 내리십니다. 역설적이긴 하지만 그러합니다.

믿음의 장인 11장에서 믿음의 위대한 역사를 보았습니다. 하나님의 시험, 곧 테스트를 통과하여 복을 받은 모습을 보았습니다. 하나님께서는 사랑하시므로 징계를 통해서라도 우리를 목표에 도달하게 하십니다.

5절 "…… 내 아들아 주의 징계하심을 경히 여기지 말며 그에게 꾸지람을 받을 때에 낙심하지 말

라"(잠 3:11)

6절 "주께서 그 사랑하시는 자를 징계하시고 그가 받아들이시는 아들마다 채찍질하심이라 하였으니"(잠 3:12)

징계는 직접적인 잘못을 견책하여 이를 바로 잡기 위함일 때가 있고, 또 현 상태보다 더 나은 것으로 나아가게 할 필요성이 있을 때입니다. 징계는 어떠한 경우든 사랑하시기 때문에 내리는 것입니다.

'징계의 이유와 목적과 징계 때 자세와 그 유익'에 대해 살펴보고자 합니다.

1. 징계의 모습

4-6절 "너희가 죄와 싸우되 아직 피흘리기까지는 대항하지 아니하고 또 아들들에게 권하는 것 같이 너희에게 권면하신 말씀도 잊었도다 일렀으되 내 아들아 주의 징계하심을 경히 여기지 말며 그에게 꾸지람을 받을 때에 낙심하지 말라 주께서 그 사랑하시는 자를 징계하시고 그가 받아들이시는 아들마다 채찍질하심이라 하였으니"

징계 : 헬라어 '파이데이아스(παιδείας)'는 '꾸짖음', '교정', '징벌'과 같은 수단으로 '자녀를 교훈하고 교육하는 것'을 뜻함. 여기서는 하나님이 연단하시어 바르게 함을 의미합니다.

참고로 잠 3:11-12, 10:17, 22:15에 나오는 '징계(תוכחת, 토카하트)'는 정책, 훈련, 가르침, 정정, 교정 등의 뜻으로 주로 아비가 자식을 교육하는 데 사용된 단어입니다.

사랑하는 자녀를 가르침으로 훈련하여 바르게 이끄심의 의미입니다.

우리는 하나님의 자녀입니다. 사실 이것은 엄청난 일입니다. 인간은 죄로 말미암아 전적으로 부패되었습니다. 죄의 속성으로 마귀 권세의 지배 아래 놓였던 것입니다.

그러나 예수 그리스도의 속죄로 죄 사함을 받고, 의롭다 함을 입고, 새 생명으로 하나님의 자녀가 된 것입니다.

그러함에도 시시 때때로 죄성이 돋아납니다. 밭의 잡초를 그냥 두면 무성합니다. 뽑고 또 뽑아 버려야 합니다. 죄와의 싸움도 이와 같습니다.

4절 "너희가 죄와 싸우되 아직 피흘리기까지는 대항하지 아니하고"

'죄와 싸움'은 믿음 공동체 안에도 있습니다.

'아직 피 흘리기까지는 대항치 아니하고'는 피 흘리기까지는 마치 사각 안 링에서 권투하는 선수와 같은 표현입니다.

고난을 당한 허다한 증인들과 예수 그리스도의 십자가를 생각해보면, 지금의 고난에 끝까지 잘 인내하고 잘 대처할 것을 말하고 있는 것입니다. 죄에 대항하여 당한 고난이 순교에까지 이르지 못한다 하더라도 성도는 죄와 더불어 죽기까지 싸울 수 있는 신앙의 용기가 요구되는 것입니다.

5절 "또 아들들에게 권하는 것 같이 너희에게 권면하신 말씀도 잊었도다 일렀으되 내 아들아 주의 징계하심을 경히 여기지 말며 그에게 꾸지람을 받을 때에 낙심하지 말라"

아들을 훈육하며 권하는 것 같이 너희에게 권면하신 말씀도 잊었다고 지금 부드럽게 책망하고 있습니다. 훈련 과정에서 인내해야만 하는 고난의 성격을 말하고 있습니다.

"너희에게 권면하신 말씀도 잊었느냐!"

하나님께서는 친밀한 관계 갖기를 원하시기 때문에 개인이나 또는 집단으로 고난을 통하여 훈련시키시고 연단하십니다.

"내 아들아, 주의 징계하심을 경히 여기지 말라."

잠 3:11-12 "내 아들아 여호와의 징계를 경히 여기지 말라 그 꾸지람을 싫어하지 말라 대저 여호와께서 그 사랑하시는 자를 징계하시기를 마치 아비가 그 기뻐하는 아들을 징계함 같이 하시느니라"

욥 5:17 "볼지어다 하나님께 징계 받는 자에게는 복이 있나니 그런즉 너는 전능자의 징계를 업신여기지 말지니라"

부모는 자식을 사랑하고 잘 되기를 간절히 바랍니다. 하나님께서도 그 백성을 사랑하시고 잘되기를 바랍니다. 거역하고 딴 길로 가면 부모는 가만두지 않습니다. 꾸지람을 하고 때로는 매도 듭니다.

하나님께서도 성도가 옆길로 가면 권면하시고 징계를 주어 바른길을 가게 합니다. 그것은 징계를 통하여, 고난을 통하여 훈련을 통하여 연단도 하십니다.

5절 중반절에 하나님께서 우리를 징계하실 때에 이를 가볍게 여기지 말라고 합니다. 그리고 꾸지람을 받을 때에 낙심하지 말라고 합니다.

자식이 잘못하면 어떻게 합니까?

"너, 그러지 말라고 했다."

1차 경고가 나갑니다. 계속하면 그 다음은 말 안 해도 알겠지요?

믿음이 있는 자라면 하나님의 징계 사인(Sign)도 감지해야 합니다.

6절(상) "주께서 그 사랑하시는 자를 징계하시고……"

성경에는 징계와 거의 같은 용어가 있습니다. 징벌은 뒷일을 경계하는 뜻으로 벌을 주는 것입니다. '경책(警責)', 즉 은 정신을 차리도록 꾸짖습니다. '징치(懲治)'는 경계하여 다스림입니다.

본문은, 징계는 사랑하는 자에게 한다고 하였습니다. 하나님께서는 징계를 통해 하나님의 사랑을 나타내고 있습니다. 그러므로 징계가 있다는 것은 하나님이 사랑하신다는 뜻이요, 없다는 것은 사랑하시지 않는다는 그런 의미입니다.

우리가 좀 더 알 것은, 하나님의 징계는 절대 파멸이 목적이 아닙니다. 벌의 의미로 미움에서 출발하지도 아니합니다. 이 세상 부모가 자녀에게 징계를 할 때 말로 타이릅니다. 꾸지람을 합니다. 때로는 회초리로 때립니다. 왜 그렇습니까? 미워서입니까? 아니지요! 사랑하기 때문입니다. 여기서 우리가 주의할 것은 강압이나 폭력을 쓰면 안 됩니다.

6절(하) "…… 그가 받아들이시는 아들마다 채찍질하심이라 하였으니"

하나님은 그 사랑하는 자녀에게 채찍질을 하심이라 하였습니다.

잠 13:24 "매를 아끼는 자는 그의 자식을 미워함이라 자식을 사랑하는 자는 근실히 징계하느니라"

매를 아끼는 자는 그의 자식을 미워한다는 것입니다. 자식을 사랑하므로 근실히 징계를 한다는 것입니다.

하나님의 징계하심을 가볍게 여기지 말고, 잘 살피고, 행여 꾸짖을 때 낙심하지 말라고 하였습니다.

하나님께서는 사랑하는 자녀에게 징계하시고, 때로는 매를 들어 때리기도 합니다. 그러나 알아야 할 것은 미워하심이 아니며 바른 길로 가게 하심이라는 것입니다.

계 3:19 "무릇 내가 사랑하는 자를 책망하여 징계하노니 그러므로 네가 열심을 내라 회개하라"

우리를 사랑하기 때문에 어려움을 주기도 하며, 심신이 아프게도 합니다. 열심을 내어 바른길로 가게 함입니다. 돌이켜 하나님께 향하고 믿음으로 인내하여 달려갈 길을 가야 합니다.

사랑의 징계는 기쁘게 받는 것입니다.

2. 징계의 합당

7-10절 "너희가 참음은 징계를 받기 위함이라 하나님이 아들과 같이 너희를 대우하시나니 어찌 아버지가 징계하지 않는 아들이 있으리요 징계는 다 받는 것이거늘 너희에게 없으면 사생자요 친아들이 아니니라 또 우리 육신의 아버지가 우리를 징계하여도 공경하였거든 하물며 모든 영의 아버지께 더욱 복종하며 살려 하지 않겠느냐 그들은 잠시 자기의 뜻대로 우리를 징계하였거니와 오직 하나님은 우리의 유익을 위하여 그의 거룩하심에 참여하게 하시느니라"

하나님이 우리를 아들과 같이 대우하심에 징계를 참으라는 것입니다. 징계가 없으면 사생아이며, 참 아들이 아니라는 것입니다. 이 땅의 육적 아버지도 징계하여도 공경하는데 하물며 영의 아버지께 복종하는 것은 당연한 것입니다.

육적 아버지의 징계와는 달리 하나님은 우리의 유익을 위하여 거룩함에 참여하시기 위함입니다.

사생자 : 헬라어 '노또스(νοθος)'는 '혼인 외 자녀'로 노예나 첩의 아들을 칭함.

친아들이 아님 : 헬라어 '우크휘오이(οὐκυἱοί)'는 서자(庶子)를 가리킴.

거룩하심에 참여 : 거룩(헬라어 '하기오테토스 ; ἁγιότητος')은 하나님의 본질적인 성품임. 여기서는 그리스도의 대속의 은혜로 성도가 지녀 공유하는 것을 뜻합니다. 하나님의 징

계는 자녀에게 거룩함에 참여하시기 위함의 의미입니다.

자기 아이에게 꾸짖고 매를 들어도 다른 아이에게는 그러하지 않습니다. 왜 그렇습니까? 자기 아이가 아니기 때문입니다. 부모는 자식이 잘 되기를 간절히 바랍니다. 성공하기를 바랍니다. 훌륭한 사람이 되기를 바랍니다. 그릇되게 나가면 부모는 꾸짖고 매를 듭니다. 왜 그렇습니까? 사랑하는 자식이 잘되게 하기 위해서입니다.

이와 마찬가지로 하나님께서 자기 백성에게 고난을 통해 징계를 하신다는 것은 아버지로서의 하나님이 자기 백성을 자녀로 인정하고 계시기 때문입니다. 그러므로 성도는 이 땅에서 당하는 고난을 슬퍼하거나 좌절하지 말아야 합니다. 하나님이 주시는 징계는 사실 기쁘게 여겨야 합니다.

7절 "너희가 참음은 징계를 받기 위함이라 하나님이 아들과 같이 너희를 대우하시나니 어찌 아버지가 징계하지 않는 아들이 있으리요"

이 땅의 육신의 아버지도 자식을 사랑하므로 징계를 합니다. 아비가 징계하지 않는 것은 자기 자식이 아니라는 뜻입니다. 징계를 하는 것은 곧 '너는 내 자식'이라는 표시입니다.

신 8:5-6 "너는 사람이 그 아들을 징계함 같이 네 하나님 여호와께서 너를 징계하시는 줄 마음에 생각하고 네 하나님 여호와의 명령을 지켜 그의 길을 따라가며 그를 경외할지니라"

하나님의 징계를 느낄 때는 더 겸손히 회개하고 하나님 말씀대로 행하며 최선을 다해 섬겨야 합니다.

8절 "징계는 다 받는 것이거늘 너희에게 없으면 사생자요 친아들이 아니니라"

하나님께서는 우리의 참 부모로서의 입장에서 말씀하고 계십니다.

그렇습니다. 징계가 없으면 남의 아이처럼 사생자입니다. 서자 취급입니다. 친아들이 아니기 때문에 징계도 할 필요가 없습니다. 징계가 없으면 어떻게 되는 줄 아십니까? 불량자가 됩니다.

첫째, 아이가 나쁜 말을 할 때 그냥 웃어 넘겨주라. 그러면 자기가 잘한 것인 줄 알고 더욱 욕하고 악한 말을 할 것이다.

둘째, 잘못된 행동을 할 때 책망치 말고 그냥 두라. 그러면 나쁜 행동이 점점 자라서 나중에 자동차를 훔치고 체포될 것이다

셋째, 좋지 않은 프로그램이나 게임 등을 마음대로 보고, 하도록 두어라. 그러면 그 마음이 쓰레기통이 되어버려 구제불능이 될 것이다.

남을 잘 때리는 아이를 그냥 두면 나중에 깡패가 됩니다. 그뿐 아니라 그대로 두면 그 다음에는 살인자가 됩니다. 그러다 사형장의 이슬로 사라질 수도 있습니다. 아이는 잘못할 때 꾸짖고 회초리를 들어야 합니다.

사실 학교 교육에도 매는 필요합니다. 그렇다고 감정적인 체벌은 안 됩니다.

9절 "또 우리 육신의 아버지가 우리를 징계하여도 공경하였거든 하물며 모든 영의 아버지께 더욱 복종하며 살려 하지 않겠느냐"

이 땅의 아버지가 징계하여도 공경을 합니다. 하물며 모든 영의 하나님 아버지의 징계를 순종하는 것은 마땅한 것입니다. 더욱 더 복종하며 살려는 것은 당연한 것입니다. 징계는 유익하게 합니다.

욥 5:17 "…… 하나님께 징계 받는 자에게는 복이 있나니……"

밤이 깊으면 새벽이 오듯이 징계는 복의 서곡입니다.

하나님께서는 징계를 가볍게 여기지 않고 중히 여기는 자에게는 위로와 상급을 주십니다.

하나님께서는 아프게 하시다가 싸매시며 상하게 하시다가 그 손으로 고치시기 때문에 하나님의 크신 섭리와 깊은 뜻을 깨닫고 참는 자가 복이 있습니다.

10절 "그들은 잠시 자기의 뜻대로 우리를 징계하였거니와 오직 하나님은 우리의 유익을 위하여

우리 육신의 아버지가 징계할 때 아무리 잘한다 해도 과오를 할 수 있습니다.

하나님 아버지는 우리를 징계하실 때에 절대로 과오가 없습니다. 우리의 유익을 위하여 징계를 하심을 믿으시기 바랍니다.

하나님의 징계는 사랑으로 하십니다.

하나님의 징계는 완전하고 온전합니다.

하나님의 징계는 거룩하신 성품에 참예케 하시는 것입니다. 거룩은 본질적인 하나님의 성품입니다.

레 11:44 "나는 여호와 너희의 하나님이라 내가 거룩하니 너희도 몸을 구별하여 거룩하게 하고……"

벧전 1:16 "기록되었으되 내가 거룩하니 너희도 거룩할지어다 하셨느니라"

하나님께서는 우리를 자녀로 사랑하시기 때문에 징계를 하십니다.

징계는 누구나 다 받습니다. 그렇지 아니하면 사생자요, 참 아들이 아니라는 것입니다. 사실 사생자는 주와 상관없는 자입니다.

육신의 아버지가 징계를 하여도 공경합니다. 그러므로 하나님 아버지에게는 더욱 더 순종해야 합니다.

육신의 아버지의 징계는 불완전할 수 있습니다 그러나 하나님의 징계는 온전하십니다. 징계는 우리에게 유익을 주시기 위함입니다. 하나님의 거룩하심에 참예케 하시기 위함입니다.

하나님의 징계하심을 바로 알아 더더욱 신앙에 전진할 수 있어야 하는 것입니다.

3. 징계의 결과

11-13절 "무릇 징계가 당시에는 즐거워 보이지 않고 슬퍼 보이나 후에 그로 말미암아 연단 받은 자들은 의와 평강의 열매를 맺느니라 그러므로 피곤한 손과 연약한 무릎을 일으켜 세우고 너희 발을 위하여 곧은길을 만들어 저는 다리로 하여금 어그러지지 않고 고침을 받게 하라"

징계를 당할 때는 힘들고 근심이 됩니다. 그러나 징계 후에는 잘 훈련된 자가 됩니다. 영적 침체를 벗어나 일어납니다. 잘 훈련된 자는 의의 평강한 열매를 맺습니다. 발이 곧은길을 만들고, 저는 다리로 다른 길로 가지 않게 고침을 받습니다.

피곤한 손과 연약한 무릎 : 믿음의 침체된 상태를 뜻함.

어그러지지 : 헬라어 '에크트레포(ἐκτρέπω)'는 '바깥으로 방향을 돌리다'는 뜻임. 정상에서 일정 수순에서 벗어나는 것을 가리킵니다. 성도가 침체된 신앙에서 훈련되어 바르게 됨을 의미합니다.

하나님의 일꾼들은 징계를 통하여 좋은 일꾼이 되게 하십니다. 약점이나 잘못된 부분을 교정하여 바르게 세웁니다. 하나님께서 우리를 너무너무 사랑하시기에 고쳐 쓰십니다. 마치 의사가 환자를 치료할 때 그 병을 고치기 위해 아주 쓴 약도 주고, 아픈 부위 수술도 단행합니다. 이는 환자를 괴롭게 함이 아닙니다. 이때 아프고, 힘들고, 괴로워도 참아야 합니다. 아픈 곳을 완전하게 고침을 받으려면 참아야 하는 것입니다.

징계는 하나님의 사랑의 열매라고 합니다. 인내하고 연단을 거쳐 의의 평강한 열매를 맺는다고 하였습니다.

11절 "무릇 징계가 당시에는 즐거워 보이지 않고 슬퍼 보이나 후에 그로 말미암아 연단 받은 자들은 의와 평강의 열매를 맺느니라"

사실 징계를 받을 때는 괴롭기도 합니다. 슬퍼 보이기도 합니다. 그러나 그로 말미암아 잘 훈련되어 의의 평강한 열매를 맺는다는 것입니다. 의의 평강한 열매는 평강과 의로움으로 이루어지는 성령의 열매입니다. 평강과 의는 종말론적 구원의 선물로 미래에 소유하게 될 하나님의 거룩함에 참여하는 흔적이기도 합니다.

12절 "그러므로 피곤한 손과 연약한 무릎을 일으켜 세우고"

이사야 35:3에서는 약한 손을 강하게 하며 떨리는 무릎을 굳게 하여 준다고 하였습니다.

겔 7:17 "모든 손은 피곤하고 모든 무릎은 물과 같이 약할 것이라"

유다 왕국이 멸망할 때의 상황입니다. 이스라엘 백성의 연약성을 표현한 것입니다. 손이 피곤하고 무릎이 물과 같이 약하다는 것입니다.

본문은 연약한 손과 연약한 무릎을 일으켜 세운다는 것으로, 고난으로 인해 좌절에 빠져 있는 그리스도인에게 일어서서 담대히 나아가라는 권면입니다.

주께서는 우리의 연약을 보살피고, 돌보시고, 힘을 실어 주시기에 우리는 신앙에 바로 서가게 되는 것입니다.

고후 12:10 "그러므로 내가 그리스도를 위하여 약한 것들과 능욕과 궁핍과 박해와 곤고를 기뻐하노니 이는 내가 약한 그 때에 강함이라"

하나님께서는 약한 손을 강하게 하여 주시고, 피곤한 자에게는 능력을 주시며, 무능한 자에게는 힘을 더하여 주십니다.

사도 바울은 내게 능력 주시는 자 안에서 모든 것을 할 수 있다고 하였습니다. 약할 그 때가 오히려 강함이라고 하였습니다.

13절 "너희 발을 위하여 곧은 길을 만들어 저는 다리로 하여금 어그러지지 않고 고침을 받게 하라"

곧은길을 가는 발과 저는 다리로 하여금 흔들리지 않게 걸어가기 위하여 고침을 받으라는 것입니다.

잠 4:26 "네 발이 행할 길을 평탄하게 하며 네 모든 길을 든든히 하라"

갈 길을 헤하려 곧장 바로 나아가라는 것입니다.

그리스도인이 영적 침체기에 계속 머물러 있으면 안 되는 것입니다. 그럴 때는 새로운 도전으로 나아가야 됩니다. 징계 가운데 새로운 힘을 얻어 목표를 향해 군건히 나아가는 것입니다.

징계의 참된 의미를 알고 나아가는 자에게 신앙의 전진이 있습니다.

그 징계를 기도하며 구할 때 신앙의 전진이 옵니다.

그 징계를 겸손히 말씀에 순종하면 전진이 옵니다.

그 징계를 인내하며 찬송하는 자에게 전진이 옵니다.

그 징계를 믿음과 소망과 사랑으로 나아가는 자에게 전진이 옵니다.

그 징계를 감사하며 나아갈 때 전진이 옵니다.

시련과 고난 가운데 있을 때 신앙의 최종 목표를 향하여 매진하는 것입니다.

신앙에는 어떻게 사고하느냐에 따라 차이점이 있습니다.

사는 게 너무 힘들고 지쳐 세상만사가 귀찮아진 시집간 딸이 친정에 왔습니다.

어머니와 대화를 합니다.

딸은 자신의 인생이 얼마나 힘든지 늘어놓았고 살고 싶지 않다고 합니다.

말없이 듣던 어머니가 딸을 주방으로 데려갑니다.

냄비 세 개를 놓고 물을 채웠습니다. 그리고 각각 냄비에 하나는 당근을 넣고, 또 다른 냄비에는 계란을 넣습니다. 또 다른 냄비에는 커피를 넣고 펄펄 끓입니다.

다 익힌 뒤 당근, 계란, 커피를 다른 그릇에 옮겨 담은 후 딸에게 묻습니다.

"뭐가 있니?"

"당근, 계란, 커피요."

어머니가 다시 묻습니다.

"끓이기 전하고 지금은 어떻게 다르니?"

딸이 대답합니다.

"당근은 물렁해졌고, 계란은 단단하게 되었고, 커피는 깊은 커피 향을 내고 있어요."

어머니가 말합니다.

"당근, 계란, 커피가 뜨거운 물이라는 똑같은 고난을 통과하였는데, 당근은 무르고, 계란은 익었고, 커피는 뜨거운 물 자체를 향기로 변화시킨 것이다. 고난이 찾아 왔을 때 어떻게 하는 게 좋겠니? 당근처럼 물러 터지면 안 되고, 계란처럼 심성이 굳어지면 안 되고, 커피 향처럼 자신을 변화시키고 세상을 그리스도 향기로 변화시켜야 한다."

징계는 영적 성숙을 요구하는 영적 훈련입니다. 연단한 자에게는 의의 평강한 열매를 맺는다고 하였습니다. 성숙하지 못하는 피곤한 손, 연약한 무릎, 저는 다리를 재활하고 연단하여 일어나 걷는 것입니다. 신앙의 성숙으로 나아가는 것입니다. 그리하여 신앙의 목표점을 향하고, 주의 재림을 소망하며, 전진하는 것입니다.

하나님은 우리를 사랑하십니다. 역설적이지만 사랑하시기 때문에 징계를 하십니다. 징계는 신앙 퇴보와 영적 침체 때 바르게 세우기 위함입니다. 연약함을 강하게 하기 위함입니다. 징계를 통해 유익을 얻고, 거룩함에 참여하는 것입니다. 의의 평강한 열매를 맺게 하십니다. 징계는 영적 훈련을 통해 성숙케 합니다. 연약한 것을 연단시켜 믿음으로 강건케 합니다. 신앙의 최종적인 목표를 향해 나아가게 합니다.

III. 신앙의 지향(指向)과 배격(排擊)

히 12:14-17

⑭ 모든 사람과 더불어 화평함과 거룩함을 따르라 이것이 없이는 아무도 주를 보지 못하리라 ⑮ 너희는 하나님의 은혜에 이르지 못하는 자가 없도록 하고 또 쓴 뿌리가 나서 괴롭게 하여 많은 사람이 이로 말미암아 더럽게 되지 않게 하며 ⑯ 음행하는 자와 혹 한 그릇 음식을 위하여 장자의 명분을 판 에서와 같이 망령된 자가 없도록 살피라 ⑰ 너희가 아는 바와 같이 그가 그 후에 축복을 이어받으려고 눈물을 흘리며 구하되 버린 바가 되어 회개할 기회를 얻지 못하였느니라

성도가 신앙생활에 있어 지향(指向)해야 할 것은 화평과 거룩함을 좇는 것입니다.

성도가 신앙생활에 있어 배격(排擊)해야 할 것은 불신앙적 쓴 뿌리입니다.

성도가 신앙생활에 있어 삼가 조심(操心)할 것은 음행과 망령됨입니다.

성도는 삶 가운데 원망 들을 만한 일이나, 적을 만들어서는 안 됩니다.

성도는 죄로부터 분리되기를 힘쓰며, 세상과 구별된 삶을 살아야 합니다.

성도는 하나님을 떠나 신성 모독적인 행위를 하면 에서처럼 축복의 기업은 고사하고, 회개할 기회를 얻지 못함을 유의해야 합니다.

'우리가 신앙생활을 함에 있어 추구해야 할 것과 버려야 할 것에 대해 살펴보고자 합니다.

1. 신앙의 지향해야 할 일

14절 "모든 사람과 더불어 화평함과 거룩함을 따르라 이것이 없이는 아무도 주를 보지 못하리라"

예수 그리스도의 지체들인 공동체는 안이든 밖이든 화평을 가져야 하며, 또 하나님의 거룩함으로 구별된 삶으로 주를 바라보며 신앙하는 것입니다.

화평함 : 그리스도의 희생을 통하여 이루어진 평화임.

거룩함 : 헬라어 '하기아스몬($\dot{\alpha}\gamma\iota\alpha\sigma\mu\acute{o}\nu$)'은 '구별' 또는 '분리'라는 뜻임. 좇으라와 합하여 '거룩해져 가는 과정'을 의미합니다. 거룩은 그리스도인들이 소유해야 할 본성입니다.

따르라 : 헬라어 '디오케테($\delta\iota\omega\kappa\epsilon\tau\epsilon$)'는 긴박감을 가지고 최선을 다해 추구하는 것으로, 힘써 향하는 것을 뜻함. 성도는 서로 화평하고 거룩함을 갖도록 힘써 지향함을 의미합니다.

이 세상을 살아가면서 가정이 화평하고, 형제간 우애가 있고, 화목하면 그보다 더 좋은 것은 없습니다.

옛날에는 대식구가 어떻게 살았나 하지요? 그런데 그때가 지금보다 더 화평했습니다. 물론 어디를 가나 갈등은 있습니다. 그러함에도 화목을 유지할 수 있었던 것은 웃어른이 늘 화목하라고 타일렀기 때문입니다.

14절(상) "모든 사람과 더불어 화평함과 거룩함을 따르라……"

화평은 모든 사람과 더불어 하라고 했지요? 화평은 최고의 선이자, 최고의 행복 추구라 할 수 있습니다. 화평은 사람과 사람 관계를 원활히 하는 원동력이 됩니다.

마 5:9(상) "화평하게 하는 자는 복이 있나니……"

여기서 '화평하게 하는 자'라고 하였습니다. 이는 화평을 만들어 가는 사람을 뜻합니다. 왜냐하면 주께서 십자가에서 이루신 화평이기 때문입니다. 예수 그리스도의 희생을 통해서 이루어진 하나님과 인간과의 화평은 그리스도인들과 비그리스도인들 사이에 화평을 이루어가는 것입니다. 그리스도인은 하나님과 화평을 통하여 타인의 행복과 복지를 위하여 소극적이 아닌 적극적인 자세이어야 함을 뜻합니다.

롬 14:19 "그러므로 우리가 화평의 일과 서로 덕을 세우는 일을 힘쓰나니"

공포와 불안이 왕 노릇하는 이 세상에 화평을 갖기란 그리 쉬운 일이 아닙니다. 주께서 주시지 아니하면 진정한 화평은 사실 어렵습니다.

거룩함은 하나님의 속성 중 하나입니다. 거룩함은 구별됨을 의미합니다. 죄와 구별되고 세상과 구별됨을 뜻합니다. 거룩함은 무엇이나 특별한 삶을 살고, 특별한 성격을 가지며, 일상적인 영역과 일상적인 규례에서 구별되어집니다.

레 11:45 "나는 너희의 하나님이 되려고 너희를 애굽 땅에서 인도하여 낸 여호와라 내가 거룩하니 너희도 거룩할지어다"
벧전 1:15 "오직 너희를 부르신 거룩한 이처럼 너희도 모든 행실에 거룩한 자가 되라"

거룩함은 타인과 더불어 화평을 좇는 동시에 스스로 자신을 지키는 구별과 분리를 뜻합니다. 화평함이 없는 거룩함은 독선에 빠지기 쉽고, 거룩함이 없는 화평함은 타협에 빠질 우려가 있습니다.

웨스트코트(B. F. Westcotte)는 "기독교인들은 모든 사람과 함께 화평을 추구하고, 동시에 거룩함을 추구해야 한다"고 하였습니다.

본문은 "화평과 거룩함을 좇으라"고 하였습니다. 모든 사람과 더불어 좇으라고 하였지요? 좇으라는 것은 쉴 새 없이 애써 추구하라는 것입니다. 성도의 삶은 화평과 거룩함을 향해 일로 매진하는 것입니다.

14절(하) "…… 이것이 없이는 아무도 주를 보지 못하리라"

화평함과 거룩함이 없이는 아무도 주를 보지 못한다고 하였습니다. 화평함과 거룩함이 추구하는 성화적인 삶을 말합니다.

교회 안에서의 화평함과 거룩함은 공동체 내에서 아주 중요한 덕목입니다. 거룩하지 아니하면 주를 가까이 할 수가 없는 것입니다.

사 6:3 "서로 불러 이르되 거룩하다 거룩하다 거룩하다 만군의 여호와여 그의 영광이 온 땅에 충만하도다 하더라"

여기서 '거룩하다'를 세 번 반복하고 있습니다. 이것은 삼위의 하나님을 찬양하는 영광의 충만함입니다.

모든 그리스도인들은 거룩함을 추구해야 합니다. 그러기 위해서 세상으로부터 구별된 삶을 살아야 하고, 모든 사람과 더불어 화평해야 합니다.

화평함과 거룩함이 없이는 주를 볼 수 없다고 하였습니다. 화평과 거룩함은 예수 그리스도가 구속 사역으로 이루어 감입니다.

우리는 하나님 백성으로서 최선을 다해 화평과 거룩함을 추구하며 신앙하여야 합니다.

2. 신앙의 배격할 일

15절 "너희는 하나님의 은혜에 이르지 못하는 자가 없도록 하고 또 쓴 뿌리가 나서 괴롭게 하여 많은 사람이 이로 말미암아 더럽게 되지 않게 하며"

신앙생활에 돌아보고 살펴야 하는 것이 많이 있습니다. 그 중에 하나님의 은혜에 이르지 못하는 자가 있는지 살펴보고, 쓴 뿌리가 나서 괴롭게 하므로 많은 사람이 더럽게 되지 않도록 하는 것입니다.

쓴 뿌리 : 헬라어 '피크리아($\pi\iota\kappa\rho\acute{\iota}\alpha$)'는 '쓴', '지독함'의 어원에서 파생된 것임. 신앙 공동체를 와해시키는 사악한 사람과 그 교훈을 가르칩니다. 신앙 공동체가 사악한 무리에 의해 더러워지지 않도록 배격함을 의미합니다.

살다보면 별별 사람을 다 만나게 됩니다.

안타깝게도 세상에 아무런 유익을 주지 못하고 오히려 해독을 끼치는 사람들이 있습니다.

요사이는 잔인한 폭력, 살인, 성폭행, 보이스피싱, 사기꾼들이 많습니다. 남을 괴롭히고 사회를 아주 혼탁케 합니다. 신앙에도 하나님을 두려워하지 않고 교만하여 양심이 무디어진 사람이 많이 있습니다.

15절(상) "너희는 하나님의 은혜에 이르지 못하는 자가 없도록 하고……"

하나님의 은혜에 대한 거부감으로 복음을 멀리하는 자가 있습니다. 중생 체험을 못하고 신앙생활을 하는 자들도 있습니다. 그런 자는 자칫, 교회가 추구하는 화평함과 거룩함을 저해할 수도 있습니다. 하나님의 은혜에 이르지 못하는 자가 없도록 하라는 것입니다.

하님께서 은혜를 베풀어주셨건만 이 은혜에 이르지 못함으로 심히 이보다 더 안타까운 일은 없습니다.

탕자의 비유에서 나오는 맏아들은 아버지와 같이 있으면서도 아버지 것을 누리지 못합니다. 염소 새끼 한 마리도 안 주는 아버지로 여겨 원망을 합니다. 참으로 지지리도 못난 자식입니다. 아버지 것이 다 자기 것인데 말입니다. 아버지는 모든 사랑과 은혜를 다 주었으나, 구하지 아니하고 오히려 불평하며 은혜를 모르고 사는 모습입니다.

오늘날도 하나님께서 은혜를 베풀어주심에도 받지 못하고 벗어나 있는 사람이 있습니다. 우리는 이런 자를 살펴보고 돌보아 권면해야만 합니다.

우리는 예수 그리스도의 구원의 은혜를 받은 자들입니다. 이는 하나님의 전적인 은혜입니다.

하나님의 은혜에 이르지 못하는 자가 없도록 살펴보고 항상 하나님의 은혜 아래 신앙할 수 있도록 권면하는 것입니다.

15절(하) "…… 또 쓴 뿌리가 나서 괴롭게 하여 많은 사람이 이로 말미암아 더럽게 되지 않게 하며"

우상 숭배를 하고, 하나님을 배반하고, 다른 신을 섬기는 자를 쓴 뿌리와 독초에 비유한 성경 구절이 있습니다.

신 29:18 "너희 중에 남자나 여자나 가족이나 지파나 오늘 그 마음이 우리 하나님 여호와를 떠나서 그 모든 민족의 신들에게 가서 섬길까 염려하며 독초와 쑥의 뿌리가 너희 중에 생겨서"

하나님을 떠나 이방신들을 가서 섬길까 염려합니다. 해독을 끼치는 독초와 쑥의 뿌리가 생겨나서 그렇게 될까 염려함입니다. 실로 독초와 쑥은 자생력과 번식력이 강한 야생 식물입니다. 독초는 독성이 강하고 쓴맛을 냅니다. 쑥은 우리나라와 달리 근동에서는 독성이 있습니다. 모든 시대에 걸쳐 독초와 같은 사람으로 인해 사회 전체가 부패되고 타락되어 치명적인 해를 당합니다.

신앙에도 쓴 뿌리로 인해 공동체에 큰 해독을 끼칩니다. 독초의 뿌리와 같은 자의 공통된 특성이 있습니다. 이는 자만입니다. 천사 루시퍼의 타락도 이 자만과 교만 때문입니다. 애굽왕, 앗수르왕, 바벨론왕, 로마황제, 히틀러를 위시한 독재자들 모두 오만과 교만의 극치였습니다.

쓴 뿌리의 성격으로 행 8:23에는 '악독'이 나중에는 '쓴 담즙'이라고 했습니다. 여기서 '쓴 뿌리'는 신앙의 방해로 부패됨을 의미합니다.

행 8:23 "내가 보니 너는 악독이 가득하며 불의에 매인 바 되었도다"

본문의 '쓴 뿌리가 나서 괴롭게 하고'는 많은 사람이 이 쓴 뿌리로 말미암아 부패되고 오염되어 죄 가운데 있게 되는 것입니다.

공동체에서 쓴 뿌리는 당 짓고 파당지어 자꾸만 번져 나가는 성질이 있습니다. 이와 같은 쓴 뿌리는 삼가 조심할 뿐 아니라, 단호히 뽑아버려야 합니다. 이 쓴 뿌리는 제거하지 않으면 한 가지가 아니라 다른 여러 가지로 뻗어나가 아주 나쁜 영향을 끼칩니다.

쓴 뿌리에 대해 조심해야 할 것 또 한 가지는 숨어 뻗기 때문에 이단들이 가만히 들어와 쓴 뿌리를 내리므로 더더욱 조심해야 한다는 것입니다. 이단과 사이비는 쓴 뿌리로 교회에 대단히 큰 해독을 끼칩니다. 말씀과 기도로 성령의 힘을 입어야 합니다.

그리스도의 개개인이 서로 돌아보아 하나님의 은혜에 이르지 못하는 자가 있는지 살펴보라는 것입니다. 은혜를 가볍게 여겨 떠나있지 않도록 하라는 말입니다.

그리고 독초와 쑥의 뿌리와 같은 쓴 뿌리가 나서 괴롭게 하고, 많은 사람이 쓴 뿌리로 더러움을 입을까 두려워하라는 것입니다. 공동체 안에 당 짓고, 미워하고, 다투게 하는 것과 이단이 들어와 쓴 교훈으로 해를 입힐까 통찰하라는 것입니다. 불신앙과 배교가 있지 않도록 조심할 것을 촉구하고 있는 것입니다.

그러므로 항상 하나님의 은혜 가운데 믿음으로 바른 신앙을 하여야 합니다.

3. 신앙의 삼가 조심할 일

16-17절 "음행하는 자와 혹 한 그릇 음식을 위하여 장자의 명분을 판 에서와 같이 망령된 자가 없도록 살피라 너희가 아는 바와 같이 그가 그 후에 축복을 이어받으려고 눈물을 흘리며 구하되 버린 바가 되어 회개할 기회를 얻지 못하였느니라"

음행하는 자는 영적으로 우상 숭배며, 육적으로 성적 부도덕을 행하는 자입니다. 망령된 자는 거룩치 못하고 세속적인 행동을 하는 자입니다. 에서와 같이 장자의 명문을 경홀히 여기는 자는 축복의 기업을 눈물로 구해도 얻지 못했습니다.

망령된 자 : 헬라어 '베벨로스(βεβηλος)'는 '거룩하지 못한' 혹은 '세속적인'임. 이 단어의 어근은 '대문간에서 짓밟히는 것'입니다. 이는 영적인 면보다 현세적인 것에 더 치중하는 자를 뜻합니다.

축복을 이어 받으려고 : 구약에서는 하나님께서 자기 백성에게 약속하신 땅의 소유를, 신약에서는 믿음으로 아들이 받는 약속의 상속을 의미함. 성도는 신앙의 본분에서 벗어나지 않도록 삼가 조심할 것을 의미합니다.

음행하는 자는 육적으로 간음하는 자입니다.

영적으로 우상 숭배를 가리킵니다(삿 2:17, 고전 6:9, 계 21:8).

삿 2:17 "그들이 그 사사들에게도 순종하지 아니하고 오히려 다른 신들을 따라가 음행하며 그들에게 절하고……"

고전 6:9-10 "불의한 자가 하나님의 나라를 유업으로 받지 못할 줄을 알지 못하느냐 미혹을 받지 말라 음행하는 자나 우상 숭배하는 자나 간음하는 자나 탐색하는 자나 남색하는 자나 도적이나 탐욕을 부리는 자나 술 취하는 자나 모욕하는 자나 속여 빼앗는 자들은 하나님의 나라를 유업으로 받지 못하리라"

계 21:8 "그러나 두려워하는 자들과 믿지 아니하는 자들과 흉악한 자들과 살인자들과 음행하는 자들과 점술가들과 우상 숭배자들과 거짓말하는 모든 자들은 불과 유황으로 타는 못에 던져지리니 이것이 둘째 사망이라"

음행하는 자는 성적인 부도덕을 행하는 자이며, 곧 믿다가 변절하는 자입니다.

교회는 거룩함과 성결의 공동체입니다. 교회 안에 세속적인 음행이 자리 잡지 못하도록 해야 합니다.

16절 "음행하는 자와 혹 한 그릇 음식을 위하여 장자의 명분을 판 에서와 같이 망령된 자가 없도록 살피라"

세상에, 세상에 이런 일이입니다.

팥죽 한 그릇에 장자의 명분을 판 어리석은 자가 여기 있습니다.

창 25:29-34 "야곱이 죽을 쑤었더니 에서가 들에서 돌아와서 심히 피곤하여 야곱에게 이르되 내가 피곤하니 그 붉은 것을 내가 먹게 하라 한지라 그러므로 에서의 별명은 에돔이더라 야곱이 이르되 형의 장자의 명분을 오늘 내게 팔라 에서가 이르되 내가 죽게 되었으니 이 장자의 명분이 내게 무엇이 유익하리요 야곱이 이르되 오늘 내게 맹세하라 에서가 맹세하고 장자의 명분을 야곱에게 판지라 야곱이 떡과 팥죽을 에서에게 주매 에서가 먹으며 마시고 일어나 갔으니 에서가 장자의 명분을 가볍게 여김이었더라"

아브라함으로부터 이삭으로 이어지는 족장 때 장자는 기업을 이을 아주 중요한 위치였습니다.

장자의 명분은 하나님이 주신 축복입니다. 이를 가볍게 여기고 망령되이 행했습니다.

안타깝게도 에서는 장자의 명분을 팥죽 한 그릇에 팔아 버림으로써 하늘 기업까지 놓치고 말았습니다. 이러한 에서의 행위는 하나님을 떠난 불신앙으로 배교적인 행위입니다.

오늘날도 수많은 사람들이 에서가 장자권을 경시한 것처럼 하나님이 내려주시는 영적 특권을 경시합니다. 현재의 탐욕에 눈이 어두워 미래를 보지 못하고 세상적인 안목으로 정욕에 사로잡혀 영적 소리를 전혀 듣지 못합니다.

"그것이 내게 무슨 유익이냐?", "그것이 무슨 소용이 되겠느냐?"

에서가 망령되이 장자권을 판 것처럼 세속을 향하다 낭패를 당하고 맙니다.

17절 "너희가 아는 바와 같이 그가 그 후에 축복을 이어받으려고 눈물을 흘리며 구하되 버린 바가 되어 회개할 기회를 얻지 못하였느니라"

야곱은 형을 속이고 아버지를 속였습니다. 그러나 영적인 관점에서 보면 장자의 축복을 기업으로 이어받은 것입니다. 이 사실을 뒤늦게 알게 된 에서는 진정한 회개가 아닌 눈물을 흘리며 아버지 축복을 구하나, 얻지 못하고 야곱을 죽이려고 합니다.

창 27:34 "에서가 그의 아버지의 말을 듣고 소리 질러 슬피 울며 아버지에게 이르되 내 아버지여 내게 축복하소서 내게도 그리하소서"

이미 물 건너간 축복은 울고불고 하여도 소용없는 일이었습니다. 에서가 자신의 장자권을 야곱이 빼앗았다고 하지만, 분명히 팥죽 한 그릇과 바꾼 것입니다. 에서는 장자의 명분을 경홀히 여겼던 것입니다.

망령된 자는 신령한 것이 눈에 보이지 않는다고 눈에 보이는 작은 유익에 눈이 멀어 육신적인 것을 취합니다.

우리도 신령한 것을 가볍게 본 적이 없습니까?

주님 앞에 드려야 할 예배에 소홀히 여긴 적이 없습니까?

우리는 신령한 것이 무엇인지 분명히 알고 신앙해야 합니다. 에서처럼 뒤늦게 후회해도 돌이킬 수 없는 일을 당할 수 있기 때문입니다.

망령된 자는 처음부터 따로 있는 것은 아닙니다. 신령한 것과 세상적인 것, 썩을 것과 썩지 않을 것, 영원한 것과 일시적인 것을 분간 못하는 어리석은 행실이 바로 망령된 행실이며, 그렇게 사는 자가 망령된 자입니다.

영적인 바라봄으로 하늘의 것이 어떠한 것인지 분명히 아는 귀한 믿음의 자녀가 되어야 합니다.

우상 숭배자는 어떠한 경우에도 배격해야 합니다. 망령되이 영적인 것을 육적인 것으로 바꾸지 말아야 합니다. 에서는 장자의 명분을 팥죽 한 그릇에 팔아 하늘의 복을 내어버려서 망령된 자의 모델이 되었습니다. 이는 하나님에 대한 불신앙으로 배교자와 다를 바 없게 된 것입니다. 에서는 축복의 기업을 받으려고 눈물을 흘리며 구하되 버린바가 되어 회개할 기회를 얻지 못하였다고 했습니다.

성도의 신앙생활은 모든 사람과 더불어 화평함과 거룩함을 위하여 힘써야 합니다. 돌아보아 하나님의 은혜에 이르지 못하는 자가 있는가를 살펴보고 쓴 뿌리, 곧 거짓된 교리나, 사악한 무리나, 이단 사설이 공동체를 더럽히지 않도록 쓴 뿌리는 잘라내야 합니다.

음행하는 자, 곧 육적인 간음과 영적으로 우상 숭배나 또는 배교하는 일이 없도록 삼가 조심하고, 믿음이 없이 세속적인 것에 빠져 망령된 행위를 하지 말아야 합니다. 에서와 같이 장자의 명분을 경홀히 여겨 하늘의 기업을 얻지 못하는 자가 되어서는 절대로 안 되는 것입니다.

우리는 하나님의 자녀로서 약속의 기업을 받을 자들입니다. 믿음 안에서 신앙생활 잘하여 그 유업을 받아 누려야 하는 것입니다.

Ⅳ. 시내 산과 시온 산

히 12:18-29

⑱ 너희는 만질 수 있고 불이 붙는 산과 침침함과 흑암과 폭풍과 ⑲ 나팔 소리와 말하는 소리가 있는 곳에 이른 것이 아니라 그 소리를 듣는 자들은 더 말씀하지 아니하시기를 구하였으니 ⑳ 이는 짐승이라도 그 산에 들어가면 돌로 침을 당하리라 하신 명령을 그들이 견디지 못함이라 ㉑ 그 보이는 바가 이렇듯 무섭기로 모세도 이르되 내가 심히 두렵고 떨린다 하였느니라 ㉒ 그러나 너희가 이른 곳은 시온 산과 살아 계신 하나님의 도성인 하늘의 예루살렘과 천만 천사와 ㉓ 하늘에 기록된 장자들의 모임과 교회와 만민의 심판자이신 하나님과 및 온전하게 된 의인의 영들과 ㉔ 새 언약의 중보자이신 예수와 및 아벨의 피보다 더 나은 것을 말하는 뿌린 피나라 ㉕ 너희는 삼가 말씀하신 이를 거역하지 말라 땅에서 경고하신 이를 거역한 그들이 피하지 못하였거든 하물며 하늘로부터 경고하신 이를 배반하는 우리일까보냐 ㉖ 그 때에는 그 소리가 땅을 진동하였거니와 이제는 약속하여 이르시되 내가 또 한 번 땅만 아니라 하늘도 진동하리라 하셨느니라 ㉗ 이 또 한 번이라 하심은 진동하지 아니하는 것을 영존하게 하기 위하여 진동할 것들 곧 만드신 것들이 변동될 것을 나타내심이라 ㉘ 그러므로 우리가 흔들리지 않는 나라를 받았은즉 은혜를 받자 이로 말미암아 경건함과 두려움으로 하나님을 기쁘시게 섬길지니 ㉙ 우리 하나님은 소멸하는 불이심이라

이스라엘 백성이 라암셋에서 출애굽한 후 숙곳 – 에담 – 엘림 – 신광야 – 르비딤을 거쳐 이곳 시내광야에 이릅니다. 출애굽한지 만 2개월이 지나 석 달째 되는 달입니다.

시내 산은 해발 2,291미터입니다. 시내 산은 하나님의 산 호렙입니다(출 3:1).

시내 산에서 모세에게 주어진 모든 언약들과 계명들은 바로 오늘날 우리에게 주어진

구약 모세 오경입니다.

본문의 시내 산에서 하나님과 현현(顯現)은 그 위엄과 권위에 완전히 압도당합니다. 그 광경을 7가지로 묘사하고 있습니다. ① 만질 수 있고, ② 불이 붙는 산, ③ 침침함, ④ 흑암, ⑤ 폭풍, ⑥ 나팔소리, ⑦ 말하는 소리 등입니다.

하나님께서 강림하신 모습은 소리가 땅을 진동하고, 한마디로 두렵고 떨립니다. 그와 반대로 신약은 하나님의 도성인 하늘의 예루살렘, 곧 진동치 못할 나라는 새 언약의 중보이신 예수 그리스도의 피로 세운 것입니다.

본문을 통하여 '옛 언약과 새 언약 그리고 모세와 그리스도의 관계'를 살펴보고자 합니다.

1. 시내 산의 하나님의 현현

18-21절 "너희는 만질 수 있고 불이 붙는 산과 침침함과 흑암과 폭풍과 나팔 소리와 말하는 소리가 있는 곳에 이른 것이 아니라 그 소리를 듣는 자들은 더 말씀하지 아니하시기를 구하였으니 이는 짐승이라도 그 산에 들어가면 돌로 침을 당하리라 하신 명령을 그들이 견디지 못함이라 그 보이는 바가 이렇듯 무섭기로 모세도 이르되 내가 심히 두렵고 떨린다 하였느니라"

이스라엘 백성이 이른 곳은 시내 산 아래 광야입니다. 시내 산에서 하나님이 강림하십니다. 침침함과 흑암과 폭풍과 나팔소리와 음성이 들릴 때, 그 두려움에 더 말씀 않기를 구합니다. 보이는 바가 이러하여 모세도 심히 두렵게 떨었습니다.

불이 붙는 산 : 산위가 마치 불이 붙은 것 같은 시내 산의 장엄한 모습임(출 19:16, 신 4:11).

보이는 바 : 헬라어 '토 판타조메논(το φανταζόμενον)'은 시내 산에서 하나님이 현현하심을 뜻함. 하나님이 시내 산에 현현(顯現)하신 장엄한 모습을 나타내심을 의미합니다.

시내 산은 호렙산이라고도 하며, '하나님의 산'이라고도 합니다. 시나이반도 남단에 위치한 곳입니다. 요사이는 탐험에 의해 아라비아반도 남단에 위치한다고도 주장합니다. 시내 산은 모세가 십계명을 받은 산입니다. 현재 에벨 무사(Jebel Musa, 모세의 산)라고 부르는 이 산은 해발 2,291미터입니다. 시내 산은 2세기경 애굽의 수도사들이 머물러 거처한 데서 기인합니다. 모세가 본 불붙는 가시떨기나무가 있었다고 추측되는 곳에 수도원을 지어 지금 현존하고 있습니다(성 캐서린수도원). BC 4세기경에 세웠던 교회의 자리에 다시 1934년에 세운 모세 기념교회가 있습니다. 이 부근의 산 정상을 시내 산이라고 가장 유력시 보고 있습니다. 성지 순례 때 이곳을 들르고 산 정상에 오릅니다.

출애굽한 이스라엘 백성이 르비딤을 떠나 시내광야에 이르러 산 앞에 장막을 칩니다.

18-19절(상) "너희는 만질 수 있고 불이 붙는 산과 침침함과 흑암과 폭풍과 나팔 소리와 말하는 소리가 있는 곳에 이른 것이 아니라……"

이스라엘 백성이 도착하여 장막을 친 그곳 시내 산에서 강림하신 하나님의 현현의 모습이 7가지로 나옵니다.

첫째, 만질 수 있는 곳입니다. 곧 가까운 거리입니다.

둘째, 불이 붙는 산입니다. 마치 불이 타오른 모습입니다.

셋째, 침침합니다. 이는 검고 빽빽한 구름입니다.

넷째, 흑암입니다. 이는 캄캄한 상태입니다.

다섯째, 폭풍입니다. 이는 회오리바람처럼 갑자기 요동치는 모습입니다.

여섯째, 나팔소리입니다. 성경에서, 하늘에서 나팔소리는 천사들에 의해서입니다.

일곱 번째, 소리입니다.

겔 1:24 "생물들이 갈 때에 내가 그 날개 소리를 들으니 많은 물 소리와도 같으며 전능자의 음성과도 같으며 떠드는 소리 곧 군대의 소리와도 같더니 그 생물이 설 때에 그 날개를 내렸더라"

19절(하) "…… 그 소리를 듣는 자들은 더 말씀하지 아니하시기를 구하였으니"

그 소리는 어떠한지 자세히 나와 있지는 않지만, 백성이 심히 두렵고 떨었던 것입니다.

출 20:19 "모세에게 이르되 당신이 우리에게 말씀하소서 우리가 들으리이다 하나님이 우리에게 말씀하시지 말게 하소서 우리가 죽을까 하나이다"

이스라엘 백성들이 심히 두렵고 떨려 더 말씀하지 아니하시기를 구합니다.

20절 "이는 짐승이라도 그 산에 들어가면 돌로 침을 당하리라 하신 명령을 그들이 견디지 못함이라"

하나님의 시내 산 강림에 사람뿐만 아니라 짐승이라도 함부로 오르면 죽임을 당합니다.

출 19:12 "너는 백성을 위하여 주위에 경계를 정하고 이르기를 너희는 삼가 산에 오르거나 그 경계를 침범하지 말지니 산을 침범하는 자는 반드시 죽임을 당할 것이라"

하나님의 임재 앞 그 지경에 삼가 조심해야 함을 말씀합니다.
하나님께서 시내 산에서 언약을 세우셨습니다.

신 5:3 "이 언약은 여호와께서 우리 조상들과 세우신 것이 아니요 오늘 여기 살아 있는 우리 곧 우리와 세우신 것이라"

시내 산에서 산위 불 가운데서 말씀하실 때 백성이 두려워하였으므로 모세가 대언하였습니다(신 5:4-5).

신 5:22-25 "여호와께서 이 모든 말씀을 산 위 불 가운데, 구름 가운데, 흑암 가운데에서 큰 음성으로 너희 총회에 이르신 후에 더 말씀하지 아니하시고 그것을 두 돌판에 써서 내게 주셨느니라 산이 불에 타며 캄캄한 가운데에서 나오는 그 소리를 너희가 듣고 너희 지파의 수령과 장로들이 내게 나아와 말하되 우리 하나님 여호와께서 그의 영광과 위엄을 우리에게 보이시매 불 가운데에서 나오는 음성을 우리가 들었고 하나님이 사람과 말씀하시되 그 사람이 생존하는 것을 오늘 우리가 보았나이다 이제 우리가 죽을 까닭이 무엇이나이까 이 큰 불이 우리를 삼킬 것이요 만일 우리가 우리 하나님 여호와의 음성을 다시 들으면 죽을 것이라"

하나님께서 시내 산 불 가운데, 구름 가운데, 흑암 가운데서 우레 같은 음성으로 말씀하실 때 이스라엘 백성이 불이 삼킬 것 같고, 음성을 계속 들으면 죽을 것 같아 직접 말씀하지 마시고 모세를 통하여 말씀하기를 구합니다.

21절 "그 보이는 바가 이렇듯 무섭기로 모세도 이르되 내가 심히 두렵고 떨린다 하였느니라"

444_ 왜, 믿음의 주요 온전케 하시는 이인가?

시내 산에서 하나님의 현현은 심히 떨렸고 무서웠습니다. 모세도 그러하였습니다.

하나님께서는 가시적인 모습을 통하여 위엄과 거룩하심을 나타내 보이셨습니다. 하나님의 임재 앞에 과연 누가 서겠습니까? 두려워 떨지 않은 자가 있겠습니까?

마지막 백보좌 심판 때에 설 것을 생각해 봅니다. 경각심을 가지고 신앙해야 될 줄 믿습니다. 언제나 하나님 말씀 앞에 순종하며, 그 앞에 삼가 신앙해야겠습니다.

시내 산에서 하나님의 현현 앞에 이스라엘 백성들은 심히 두려워하고 떨었습니다. 하나님의 우레 같은 말씀을 두려워 들을 수 없었습니다. 그 소리를 듣게 하지 말기를 구하고, 모세로 하여금 대언케 하였습니다.

하나님이 강림하신 시내 산에는 사람뿐 아니라 짐승도 접근하면 죽습니다. 시내 산에서의 하나님의 현현은 모세도 두렵고 떨었다고 하였습니다. 하나님의 임재 앞에 심히 두렵고 떨지 않을 자 아무도 없습니다. 마지막 날에 이르러 하나님의 보좌 앞 심판대 앞에 설 때도 그러할 것입니다. 불신자들은 더욱더 두려워 떨 것입니다.

우리의 믿음이 하나님의 보좌 앞에 바로 서도록 예수 중심으로 신앙하는 것입니다.

2. 시온 산과 하늘도성 예루살렘

22-24절 "그러나 너희가 이른 곳은 시온 산과 살아 계신 하나님의 도성인 하늘의 예루살렘과 천만 천사와 하늘에 기록된 장자들의 모임과 교회와 만민의 심판자이신 하나님과 및 온전하게 된 의인의 영들과 새 언약의 중보자이신 예수와 및 아벨의 피보다 더 나은 것을 말하는 뿌린 피니라"

시내 산 임재가 외적이며 보이는 것이라면 시온 산 이른 곳은 영적이며 내적입니다. 시내 산에서 본 일곱 가지와 여기 시온 산 하늘도성에서도 영원히 생명에 이르는 일곱 가지 과정이 있습니다. 아벨의 의로운 피보다 더 나은 그리스도의 피로 인해 하늘의 거룩함에 이르게 함을 나타내주고 있습니다.

시온 산 : 예루살렘 남서쪽에 위치함. 이곳은 원래 여부스족의 영토였습니다. 요새의 성격이었습니다. 다윗이 점령하고 다윗 성이라 하였습니다. 이곳으로 법궤를 운반, 안치하면서 시온이 되었습니다. 시온은 이스라엘 민족의 중심지이며 정신적 도성이 됩니다. 시온은 영적으로 하나님의 도성이요, 새 예루살렘의 상징입니다.

모임 : 축제나 예배를 위해 백성이 모이는 회집을 의미함. 성도가 바라고 향하는 시온

산과 하늘도성을 의미합니다.

시온은 두 봉우리가 있습니다. 한 봉우리는 모리아 봉우리로 성전이 세워졌고, 또 한 봉우리는 다윗 궁전이 세워졌습니다. 시온은 예루살렘 성이 있는 곳입니다.

시 48:2 "터가 높고 아름다워 온 세계가 즐거워함이여 큰 왕의 성 곧 북방에 있는 시온 산이 그러하도다"

이스라엘 백성들은 시온에서 하나님께서 구원을 베푸시고(시 53:6), 그곳에서 복을 주신다고 하였습니다(시 128:5, 134:3). 신약에서 시온은 하나님의 도성(히 12:22), 곧 새 예루살렘입니다(벧전 2:6). 시온 산은 어린 양이 서신 곳(계 14:1)으로 나타나고 있습니다.

22절 "그러나 너희가 이른 곳은 시온 산과 살아 계신 하나님의 도성인 하늘의 예루살렘과 천만 천사와"

우리가 이른 곳은 어디라고 합니까? 시온 산과 살아계신 하나님의 도성인 하늘의 예루살렘이라고 합니다.

히 11:10에서 '하나님의 계획하시고 지으실 터'라고 하였지요?

히 11:16에서 '더 나은 본향'이라고 하였습니다.

히 13:14에서는 장차 우리가 이을 '영구한 도성'이라고 하였습니다. 이것은 이 세상에 있는 시온 산이 아닌 하늘에 있는 살아계신 하나님의 도성인 하늘의 예루살렘입니다.

계 21:10 "성령으로 나를 데리고 크고 높은 산으로 올라가 하나님께로부터 하늘에서 내려오는 거룩한 성 예루살렘을 보이니"

크고 높은 산은 시온 산입니다. 하나님께로부터 하늘로서 내려오는 성입니다. 그것은 새 예루살렘입니다. 이 땅 시온 산에 세워진 예루살렘도 하나님 예배의 처소의 중심지였습니다. 하늘 예루살렘의 그림자입니다.

오엔(Owen)은 "지상의 시온 산에서는 결코 성취되지 않고, 오히려 모형적으로 성취되었다. 영적으로 그 실체가 새 언약 아래 있는 신자들에게 속한다"고 하였습니다.

22절 끝에 '천만 천사'라고 하였습니다. 천만 천사는 수많은 천사를 의미합니다.

시 68:17 "하나님의 병거는 천천이요 만만이라 주께서 그 중에 계심이 시내 산 성소에 계심 같도다"

하나님의 병거는 천사 운행입니다. 천천만만은 셀 수 없는 많은 천사를 뜻합니다. 하나님께서 그 중앙에 계시며 시내 산 성소에 계심 같이 하늘 성소에 계십니다.

단 7:10 "불이 강처럼 흘러 그의 앞에서 나오며 그를 섬기는 자는 천천이요 그 앞에서 모셔 선 자는 만만이며 심판을 베푸는데 책들이 펴 놓였더라"
계 5:11 "내가 또 보고 들으매 보좌와 생물들과 장로들을 둘러 선 많은 천사의 음성이 있으니 그 수가 만만이요 천천이라"

이스라엘 백성이 이른 곳 시내 산을 영적으로 살아계신 하나님의 도성, 곧 하늘의 예루살렘과 수많은 천사의 모습을 나타내고 있습니다.

23절 "하늘에 기록된 장자들의 모임과 교회와 만민의 심판자이신 하나님과 및 온전하게 된 의인의 영들과"

구원받은 성도들은 이름이 생명책에 기록되어 있습니다. 성도는 누구나 영원한 기업의 후사입니다(히 1:2). 예수 그리스도는 장자이시며 양자된 우리도 동일한 기업을 누립니다.

롬 8:29 "하나님이 미리 아신 자들을 또한 그 아들의 형상을 본받게 하기 위하여 미리 정하셨으니 이는 그로 많은 형제 중에서 맏아들이 되게 하려 하심이니라"

구약에서는 이스라엘은 내 아들, 내 장자라고 하셨습니다(출 4:22). 신약의 성도들도 이 특권을 누리게 된 것입니다.
'모임'은 공동 신앙의 모임을 위한 집회의 성격입니다. 성도는 교회의 지체로서 연합되어 예배하는 공동체입니다.
'만민의 심판자이신 하나님'에 대해 란(Lane)은 "이것은 종말론적 측면을 강조한 표현으로 심판자이신 하나님 앞에 서 있는 모습을 시사한다"고 했습니다.

이 심판은 배교자, 불신자에게는 치명적인 심판이 되어집니다.

'온전하게 된 의인의 영들과'는 신구약 전체로 믿음을 지키다가 죽은 자들의 영입니다. 구약의 선진들은 오실 그리스도, 신약의 성도들은 오실 그리스도, 종말 때는 다시 오실 예수 그리스도를 위해 온전케 된 의인들의 영들입니다.

24절 "새 언약의 중보자이신 예수와 및 아벨의 피보다 더 나은 것을 말하는 뿌린 피니라"

아벨은 흘린 피로 하나님께 신원하였으며, 그 피는 원통과 연결되었습니다(창 4:11-12).

아벨과 동일하게 그리스도께서 죄 없이 죽임을 당했습니다. 그러나 예수 그리스도의 피는 모든 이들에게 구원과 복됨과 은혜를 가져다줍니다. 모든 믿는 자들로 하여금 하나님 앞에 나아가 영원한 구속을 받고 기업을 얻게 됩니다.

앞서는 구약시대 시내 산에서 하나님의 현현하심의 모습을 보았습니다. 신약시대의 이르는 곳은 시온 산입니다. 시온 산은 살아계신 하나님의 도성, 하늘의 예루살렘, 하나님의 성소가 있는 곳입니다. 천만 천사와 생명책에 기록된 장자들의 모임과 교회와 모든 사람을 공의로 심판하시는 하나님과 온전케 된 의인의 영들이 있는 곳입니다. 새 언약의 중보이신 예수 그리스도의 피로, 언약의 보증으로 세우신 곳입니다.

3. 시내 산 진동과 진동치 않는 나라

25-29절 "너희는 삼가 말씀하신 이를 거역하지 말라 땅에서 경고하신 이를 거역한 그들이 피하지 못하였거든 하물며 하늘로부터 경고하신 이를 배반하는 우리일까보냐 그 때에는 그 소리가 땅을 진동하였거니와 이제는 약속하여 이르시되 내가 또 한 번 땅만 아니라 하늘도 진동하리라 하셨느니라 이 또 한 번이라 하심은 진동하지 아니하는 것을 영존하게 하기 위하여 진동할 것들 곧 만드신 것들이 변동될 것을 나타내심이라 그러므로 우리가 흔들리지 않는 나라를 받았은즉 은혜를 받자 이로 말미암아 경건함과 두려움으로 하나님을 기쁘시게 섬길지니 우리 하나님은 소멸하는 불이심이라"

구약의 시내 산과 대비되는 신약의 시온 산을 설명한 후 하나님을 거역치 말고 배역하지 말 것을 말합니다. 이제 시내 산 진동과 다른 땅(산)만 아니라 하늘도 진동하는 말 그 대로 경천동지한다는 것입니다. 그 진동치 아니할 것을 영존키 위해 바꾸어 진동치 못할 나라를 받고 은혜를 받습니다. 이로 경건함과 두려움으로 하나님을 섬겨 기쁘게 하고 심 판을 면함을 의미합니다.

거역하지 말라 : 헬라어 '파라이테오마이(παραιτέομαι)'는 변명하여 거절하다임. 거슬려 반대함을 뜻합니다.

땅에서 경고하신 이 : 하나님이 모세를 통하여 말씀하심임.

하늘로부터 경고하신 이 : 하나님이 아들을 통하여 말씀하심임.

영존하게 : 헬라어로 '메이네(μείνη)'는 하나님의 지속적이고 변치 않은 것을 뜻함.

성도는 옛 언약을 떠나 새 언약으로 지속하는 신앙을 의미합니다.

하나님께는 순종만 있습니다. 거역하면 안 됩니다.

이 세상적인 삶에 거역하지 말아야 할 것이 더러 있습니다. 부모님의 말씀, 윗사람의 말, 영적 지도자의 권면 등을 거역하면 본인에게 대단히 손해가 됩니다. 하물며 하나님을 거역하면 어떻게 되겠습니까?

25절 "너희는 삼가 말씀하신 이를 거역하지 말라 땅에서 경고하신 이를 거역한 그들이 피하지 못 하였거든 하물며 하늘로부터 경고하신 이를 배반하는 우리일까보냐"

'너희는 삼가'라고 하였습니다. 살펴 조심하라는 경고의 말씀입니다.

'말씀하신 이는' 하나님이십니다. 하나님의 말씀을 거역 말라는 것입니다.

'땅에서 경고 하신 이'는 모세를 통하여 외적 방법으로 하신 것입니다.

'하늘을 좇아 경고하신 이'는 하나님의 아들이신 예수 그리스도를 통하여 복음을 계시 하심을 의미합니다.

시내 산에서 율법을 거역하지 못하였는데 하물며 복음을 거역하면 어떻게 되겠느냐는 것입니다.

'경고 하신 이를 배반하는 우리일까보냐'는 곧 하나님을 거역한 자가 받을 심판을 경고 한 것입니다.

성도는 하나님을 거역하고 배교하는 일이 있어서는 절대로 안 됩니다. 더욱더 성령을 훼방하면 용서받지 못합니다.

26절 "그 때에는 그 소리가 땅을 진동하였거니와 이제는 약속하여 이르시되 내가 또 한 번 땅만 아니라 하늘도 진동하리라 하셨느니라"

그때에 그 소리가 땅을 진동하였다는 것은 시내 산 율법 수여 때입니다.
시내 산에서 하나님이 현현하실 때 땅이 진동하였습니다(출 19:18, 삿 5:4, 시 68:8).
하나님의 거룩하신 위엄으로 인해 이스라엘 백성들이 두려워 떨었습니다.

학 2:6 "만군의 여호와가 이같이 말하노라 조금 있으면 내가 하늘과 땅과 바다와 육지를 진동시킬 것이요"

이스라엘 백성이 바벨론에서 돌아와 성전을 개축하였으나, 처음 성전에 비해 너무 초라하여 백성들이 슬퍼하였습니다. 그러나 후일에 되어지는 천지를 진동시킬 것임을 계시한 말씀입니다.
학개서는 과거 시내 산 사건을 들어 땅만 아니라 하늘과 땅 모두 진동할 것임을 말씀하고 있습니다.
학개 선지자는 예수 그리스도의 초림과 재림을 계시하고 있는 것입니다. 하나님께서는 과거의 약속도 반드시 때가 되면 성취하십니다.
본문은 약속하여 말씀하시기를 한 번 땅만 아니라 하늘도 진동하리라고 말씀하고 계시는 것입니다.

27절 "이 또 한 번이라 하심은 진동하지 아니하는 것을 영존하게 하기 위하여 진동할 것들 곧 만드신 것들이 변동될 것을 나타내심이라"

또 한 번이라는 것은 오직 한 번으로 마지막 단회성을 의미합니다.
앞 절의 땅과 하늘 구분과 달리 진동 안 할 것과 진동할 것을 대비하여 하나님께서 시내 산에서 땅을 진동하셨고, 미래에 하늘과 땅을 진동케 하실 것을 말씀합니다.
'진동하지 아니하는 것을 영존하게 하기 위하여'는 진동치 아니하는 것으로 영원히 존속케 하기 위함입니다.
하나님께서 마지막 날에 심판하시는 또 하나의 이유는 변동될 것은 곧 처음 창조된 하늘과 땅과 바다는 진동될 것입니다. 하나님을 거역하는 모든 것들은 진동할 것이며 제거될 것입니다. 그러나 영원히 진동치 아니할 하나님의 나라를 소유함으로 하나님의 불변성을 공유하게 됩니다.

하나님의 주권적 권한 안에는 진동할 것과 진동치 아니할 것이 있습니다.

사 34:4 "하늘의 만상이 사라지고 하늘들이 두루마리 같이 말리되 그 만상의 쇠잔함이 포도나무 잎이 마름 같고 무화과나무 잎이 마름 같으리라"

하나님께서 신약의 계시로서 새 하늘과 새 땅을 이루시는 것입니다.

28절 "그러므로 우리가 흔들리지 않는 나라를 받았은즉 은혜를 받자 이로 말미암아 경건함과 두려움으로 하나님을 기쁘시게 섬길지니"

'흔들리지 않는 나라'는 곧 천국입니다. 흔들리지 않는 나라를 하나님의 주권으로 세우십니다.

단 2:44 "이 여러 왕들의 시대에 하늘의 하나님이 한 나라를 세우시리니 이것은 영원히 망하지도 아니할 것이요 그 국권이 다른 백성에게로 돌아가지도 아니할 것이요 도리어 이 모든 나라를 쳐서 멸망시키고 영원히 설 것이라"

하나님이 한 나라를 세우시며 이 나라는 영원히 존속하게 합니다.
그러므로 경건함과 두려움으로 신앙생활을 하여야 합니다.

29절 "우리 하나님은 소멸(燒滅)하는 불이심이라"

신 4:24 "네 하나님 여호와는 소멸하는 불이시오……"

하나님께서는 경외하고 잘 섬기는 자에게는 생명의 불이 되시고, 불신하고, 배교하고, 성령을 훼방하면 소멸하는 불이 됩니다.
불신과 배도한 자는 유황불에 던짐을 받게 됩니다. 곧 지옥 불에 태움을 받습니다.

사실 인생은 천국이냐, 지옥이냐 선택의 길을 가는 자들입니다.

성도는 하나님의 심판을 늘 염두에 두고 두려움과 경건함으로 하나님의 은혜에 의지하며 살아가는 것입니다.

하나님께서 시내 산에 현현하실 때 이스라엘 백성은 심히 두려워하고 떨었습니다. 하나님의 음성 듣기를 두려워하여 모세로 하여금 대언케 했습니다.

하나님께서 시온 산에 현현하심은 그리스도인에게 기쁨과 영광스러움을 보게 하는 것입니다.

시내 산에서는 외적이고 가시적인 반면, 시온 산은 영적이며 비(非)가시적입니다. 이것은 옛 언약과 새 언약의 차이라고 할 수 있습니다.

새 언약의 계시를 거부한 자들은 마지막 날에 시내 산에서 주어진 계시를 무시한 자들과 마찬가지로 심판을 받습니다. 하나님의 통치를 거부하는 모든 것들은 진동할 것이며 제거됩니다. 새 언약 하에 있는 그리스도인들은 흔들리지 아니할 하나님 나라를 소유케 됩니다.

제13장

경건한 삶에 관한 교훈

I. 신앙의 삶

히 13:1-6

① 형제 사랑하기를 계속하고 ② 손님 대접하기를 잊지 말라 이로써 부지중에 천사들을 대접한 이들이 있었느니라 ③ 너희도 함께 갇힌 것 같이 갇힌 자를 생각하고 너희도 몸을 가졌은즉 학대 받는 자를 생각하라 ④ 모든 사람은 결혼을 귀히 여기고 침소를 더럽히지 않게 하라 음행하는 자들과 간음하는 자들을 하나님이 심판하시리라 ⑤ 돈을 사랑하지 말고 있는 바를 족한 줄로 알라 그가 친히 말씀하시기를 내가 결코 너희를 버리지 아니하고 너희를 떠나지 아니하리라 하셨느니라 ⑥ 그러므로 우리가 담대히 말하되 주는 나를 돕는 이시니 내가 무서워하지 아니하겠노라 사람이 내게 어찌하리요 하노라

성도가 실천해야 할 가장 기본적인 덕목은 형제 사랑입니다. 성도가 취할 미덕은 손님 대접하기를 잘 하는 것입니다. 성도는 주를 증거하다가 고난 받는 자를 위해 관심과 기도를 해야 합니다. 성도는 이 땅의 삶을 성결되이 살아야 합니다. 결혼은 도덕적 순결과 서로에 대한 책임을 가져야 합니다. 돈에 대한 탐욕과 성적 방종은 서로 연관성이 있습니다. 성도는 결코 자기 자신으로 인해 만족하지 아니하고 하나님이 주신 것으로 만족하며 사는 것입니다. 성도는 하나님의 섭리 안에 거할 때 비로소 참된 만족을 얻을 수 있습니다.

하나님께서는 그리스도인들과 함께하시겠다고 약속하신바, 그러므로 세상 어느 누구도 우리를 대적치 못합니다.

하나님께서 함께하시고, 지키시고, 도우심으로 담대히 신앙을 하게 되는 것입니다. '신앙생활의 교훈'에 대해 구체적으로 살펴보고자 합니다.

1. 교제의 삶

1-3절 "형제 사랑하기를 계속하고 손님 대접하기를 잊지 말라 이로써 부지중에 천사들을 대접한 이들이 있었느니라 너희도 함께 갇힌 것 같이 갇힌 자를 생각하고 너희도 몸을 가졌은즉 학대 받는 자를 생각하라"

초대교회의 특색은 뜨거운 형제애의 실천입니다. 과거 신분 여하를 상관치 않고 형제나 자매의 결속을 가졌습니다. 고대 사회에서는 손님을 대접하는 것을 큰 미덕으로 여겼습니다. 초대교회 초기에는 믿음 때문에 갇히고 핍박을 당했습니다. 자기도 갇힌 것처럼 생각하는 것입니다.

형제 사랑 : 헬라어 '필라델피아($\varphi\iota\lambda\alpha\delta\epsilon\lambda\varphi\iota\alpha$)'는 혈연적 관계가 아닌 그리스도 안에 영적, 신앙적 믿음의 가족 관계를 이르는 통칭의 뜻임.

계속하고 : 헬라어 '메네토($\mu\epsilon\nu\epsilon\tau\omega$)'는 '거주하다'의 뜻임. '같이하라'는 의미입니다.

생각하라 : 헬라어 '임네스케스데($\mu\iota\mu\nu\acute{\eta}\alpha\kappa\epsilon\sigma\theta\epsilon$)'는 문자적으로 '마음에 간직하다'는 뜻으로 타인의 고통을 아는 차원을 넘어 그 아픔에 동참하는 사랑을 의미함. 성도는 형제 사랑과 손님 대접과 고난당한 자를 돌보아야 함을 의미합니다.

옛날 희랍 고전에서 형제 사랑이란 말은 단순하게 형제간이나 자매간의 혈연적인 사랑을 의미하였습니다. 이 말이 신약에 와서는 그리스도 안에서 믿음으로 한 가족이 된 식구들 전체를 형제라고 부르기 시작했습니다.

롬 12:10 "형제를 사랑하여 서로 우애하고 존경하기를 서로 먼저 하며"

살전 4:9 "형제 사랑에 관하여는 너희에게 쓸 것이 없음은 너희들 자신이 하나님의 가르치심을 받아 서로 사랑함이라"

벧전 1:22 "너희가 진리를 순종함으로 너희 영혼을 깨끗하게 하여 거짓이 없이 형제를 사랑하기에 이르렀으니 마음으로 뜨겁게 서로 사랑하라"

벧후 1:7 "경건에 형제 우애를, 형제 우애에 사랑을 더하라"

따라서 신약 교회에서는 같은 믿음을 가진 남자들을 형제라 불렀고, 여자들을 자매라 불렀습니다. 이렇게 초대교회가 같은 신앙을 가진 사람들을 형제, 자매라 부른 것은 기독교가 끼친 영향 중의 하나입니다. 초대교회는 다양한 계층의 사람들을 교회 안에서 과거 신분 여하를 상관하지 아니하고 모두가 형제, 자매라고 불렀던 것입니다.

1절 "형제 사랑하기를 계속하고"

형제 사랑은 성도가 갖추어야 할 가장 기본적인 덕목입니다. 형제 사랑은 주께서 십자가에서 피 흘려 죽으신 그 사랑으로 실천하는 것입니다. 형제 사랑은 곧 이웃 사랑입니다. 형제를 사랑할 뿐 아니라 서로 우애할 것과 서로 간 신뢰를 먼저 하는 것입니다. 그리고 계속하는 것입니다.

2절 "손님 대접하기를 잊지 말라 이로써 부지중에 천사들을 대접한 이들이 있었느니라"

유대교에서는 장차 하늘나라에 들어갈 수 있는 덕목 중 하나가 나그네를 잘 대접하는 일이라고 합니다.

초대교회 시절에는 박해로 인해 살던 곳에서 쫓겨나 살아야만 하는 교회 지도자들이 많이 있었습니다. 한 예를 들면 브리스길라와 아굴라(Priscilla and Aquila) 부부는 본래 본도에서 난 유대인이었습니다. 이 부부는 로마에 살고 있었는데 로마 황제 클라우디우스(Claudius)가 모든 유대인은 로마에서 떠나라고 추방령을 내리자 로마를 떠나 고린도에 와서 살다가 사도 바울을 만나 같이 일하며 협동합니다.

롬 16:1-3 "내가 겐그레아 교회의 일꾼으로 있는 우리 자매 뵈뵈를 너희에게 추천하노니 너희는 주 안에서 성도들의 합당한 예절로 그를 영접하고 무엇이든지 그에게 소용되는 바를 도와 줄지니 이는 그가 여러 사람과 나의 보호자가 되었음이라 너희는 그리스도 예수 안에서 나의 동역자들인 브리스가와 아굴라에게 문안하라"

구약에 부지중에 천사들을 대접한 이들이 있었습니다. 대표적으로 아브라함이 그랬습니다(창 18:3). 롯도 그러했습니다(창 19:2). 삼손의 어머니 마노아도 그랬습니다(삿 13:3

이하).

신약에서는 주님께서 나그네를 잘 대접할 것을 명령했습니다(마 25:34-40).

롬 12:13 "성도들의 쓸 것을 공급하며 손 대접하기를 힘쓰라"

3절 "너희도 함께 갇힌 것 같이 갇힌 자를 생각하고 너희도 몸을 가졌은즉 학대 받는 자를 생각하라"

초대교회 성도들은 고통 중에 있는 사람들에게 특별한 동정과 돌봄을 가졌습니다. 초대교회 당시 신앙 때문에 많은 사람들이 옥에 갇혔습니다. 바울과 실라는 몹시 맞고 옥에 갇히기도 했습니다. 어떤 사람은 가난하여 부채 때문에 옥에 갇히기도 했습니다. 그들의 고난을 똑같이 자기의 고난으로 여겨 돌보았습니다. 자기도 같은 육체를 가졌은즉 언제 그 같은 고난을 받을 것인지 모르므로 갇힌 자를 생각하는 것입니다.

우리는 그리스도 안에 한 지체로서 형제, 자매를 사랑하고, 남을 잘 배려하고, 손님 대접하기를 잘 해야 합니다. 부지중에 아브라함이 천사를 대접한 것을 본으로 삼는 것입니다. 자기도 함께 갇힌 것같이 갇힌 자를 돌보고, 그 고난에 동참하는 것입니다. 같은 육체를 가졌으므로 학대받는 자를 동질적으로 생각하는 것입니다. 다른 사람의 고난에 대해서 직접적이든, 간접적이든 또는 정신적이든, 육체적이든 똑같이 여기고 동참하라는 것입니다.

성도는 그리스도의 사랑의 실천으로, 형제 사랑과 섬김과 고난 중에 있는 자들을 돌보며, 진정한 교제의 삶으로 신앙하는 것입니다.

2. 정결의 삶

4절 "모든 사람은 결혼을 귀히 여기고 침소를 더럽히지 않게 하라 음행하는 자들과 간음하는 자들을 하나님이 심판하시리라"

성도의 신앙의 삶은 그리스도 사랑으로의 진정한 교제에 이어 결혼을 귀히 여기고, 성적 순결을 지키고, 음행이나 간음을 피하고, 정결한 삶을 살아갈 것을 강조합니다.

침소 : 헬라어 '코이테(κοίτη)'는 '침대'의 뜻으로 잠자는 곳임. 성적인 정결과 함께 사용된 성 생활의 완곡한 표현입니다.

음행 : 헬라어 '모이코스(μοιχος)'는 광범위한 방종한 성 행위를 뜻함.

간음 : 헬라어 '포르네이아(πορνεία)'는 부부 이외의 사람과 성 행위를 뜻함. 성도는 결혼을 귀히 여기고 성적 정결을 지켜야 함을 의미합니다.

결혼은 법적으로 남녀 사이의 약속으로 맺어진 것입니다. 사실 결혼은 그 이상의 영적 의미를 가지고 있습니다. 결혼이라는 제도를 하나님께서 제정하셨기 때문입니다. 남자를 지으시고, 여자를 지으시고 하나되게 하셨습니다.

창 2:24 "이러므로 남자가 부모를 떠나 그의 아내와 합하여 둘이 한 몸을 이룰지로다"

신약에서도 이 말씀을 세 군데서 인용합니다. 마 19:5, 막 10:7, 엡 5:31입니다. 결혼은 신성한 언약 관계입니다.

요즘 결혼을 앞둔 이들에게 결혼하는 이유를 물어보면, "부모님 성화에 못 이겨 결혼함", "혼자 있는 게 외로워서 결혼함", "너무 예쁜 아기를 보고 결혼하기로 결심했음", "노처녀, 노총각 소리 듣는 게 지겨워 결혼함", "너무 오래 연애해서 이제는 결혼해야죠" 등입니다. 이러다 보니 실제 결혼한 후 몇 년 지나 결혼생활에 만족하느냐고 물어본 통계에 의하면 만족은 20%에 불과하다는 것입니다. 노년기의 이혼도 꾸준히 늘고 있는 안타까운 현실입니다. 이러한 현상은 결혼을 단순한 인간적 결합으로 보기 때문입니다. 사람의 앞이 아닌 하나님 앞에서 언약한 영적 결합임을 알아야 하는 것입니다. 크리스천 가정이 그나마 이혼율이 가장 낮다는 통계결과입니다.

《원만한 결혼 생활》에 대해서 잭 메이홀과 캐롤 메이홀이 쓴 네비게이토 출판사의 소책자가 있습니다. 《친밀한 부부관계의 원리》도 있습니다. 조그마한 책자이나 유익합니다.

4절(상) "모든 사람은 결혼을 귀히 여기고 침소를 더럽히지 않게 하라……"

모든 사람은 결혼을 귀하게 여기라는 것입니다. 그 이유는 결혼제도가 하나님이 인간을 위해 제정하신 신성한 제도이기 때문입니다(창 2:18-25).

마 19:6 "······ 하나님이 짝지어 주신 것을 사람이 나누지 못할지니라······"

결혼은 하나님이 짝지어 주신 것임으로 경홀히 하면 안 됩니다. 인간은 각자 부족한 것이 많습니다. 좀 더 이해하고, 좀 더 배려하고, 사랑하며 사는 것입니다.

초대교회 때 결혼을 경시하는 금욕주의자들이 있었습니다. 그와는 반대로 성을 쾌락의 도구로 악용하고 남용하는 자들도 있었습니다.

본문은 침소를 더럽히지 않게 하라고 합니다. 침소는 잠자는 곳입니다. 더럽히지 않게 하라는 것은 부도덕한 성생활을 하지 말라는 것입니다. 향락의 도구나 기회로 삼지 말라는 말입니다. 가정의 파탄은 여러 가지가 있겠지만 그 중에 성적인 문제가 가장 치명적인 것입니다.

4절(하) "······ 음행하는 자들과 간음하는 자들을 하나님이 심판하시리라"

여기서 성적인 죄에 대하여 두 가지로 말씀합니다.

첫째, 음행하는 자들입니다. 음행은 성적 방종을 뜻합니다. 한마디로 탈선하는 행위입니다.

둘째, 간음하는 자들입니다. 부부 이외 다른 사람과의 부도덕한 불륜관계를 갖는 것입니다.

마 19:9 "내가 너희에게 말하노니 누구든지 음행한 이유 외에 아내를 버리고 다른 데 장가 드는 자는 간음함이니라"

눅 16:18 "무릇 자기 아내를 버리고 다른 데 장가 드는 자도 간음함이요 무릇 버림당한 여자에게 장가드는 자도 간음함이니라"

살전 4:3-6 "하나님의 뜻은 이것이니 너희의 거룩함이라 곧 음란을 버리고 각각 거룩함과 존귀함으로 자기의 아내 대할 줄을 알고 하나님을 모르는 이방인과 같이 색욕을 따르지 말고 이 일에 분수를 넘어서 형제를 해하지 말라 이는 우리가 너희에게 미리 말하고 증언한 것과 같이 이 모든 일에 주께서 신원하여 주심이라"

하나님께서는 음란하고 색욕을 좇는 자에게는 반드시 심판하십니다. 지금도 자기 몸에 죄를 짓는 몸을 함부로 방종하는 자는, 그 대가가 반드시 뒤따르게 됩니다. 음행과 간음하는 일이 있어서는 아니 됩니다. 음행과 간음은 영육 간 죄악임으로 멀리하고 경계해야 합니다.

렘 3:9 "그가 돌과 나무와 더불어 행음함을 가볍게 여기고 행음하여 이 땅을 더럽혔거늘"

돌과 나무와 더불어 행음은 우상 숭배입니다. 모든 사람은 혼인을 귀히 여겨야 합니다. 침소를 더럽히지 말아야 합니다. 곧 성적 정결을 지켜야 합니다. 음행하는 자들과 간음하는 자들은 하나님께서 심판하신다고 하였습니다. 영적 간음은 하나님께서 절대로 용서치 않습니다. 육적 간음도 반드시 보응이 뒤따른다고 하였습니다.

계 22:15 "개들과 점술가들과 음행하는 자들과 살인자들과 우상 숭배자들과 및 거짓말을 좋아하며 지어내는 자는 다 성 밖에 있으리라"

내외적 경건함과 정결한 삶으로 신앙을 하여야겠습니다.

3. 자족의 삶

5-6절 "돈을 사랑하지 말고 있는 바를 족한 줄로 알라 그가 친히 말씀하시기를 내가 결코 너희를 버리지 아니하고 너희를 떠나지 아니하리라 하셨느니라 그러므로 우리가 담대히 말하되 주는 나를 돕는 이시니 내가 무서워하지 아니하겠노라 사람이 내게 어찌하리요 하노라"

그리스도인에게 돈을 사랑치 말라고 한 것은 돈에 대한 탐욕이 타인의 권리를 생각지 아니하고 오직 자신의 욕망만을 위해 채우는 것입니다. 그로 말미암아 세상과 하나님을 겸하여 섬겨 하나님을 멀어지게 하는 원인이 됩니다. 자족하는 삶을 살면 하나님께서 함께하여 주신다는 것입니다.

돈 : 재물과 같은 의미임.

족한 : 헬라어 '아르케오(ἀρκέω)'는 '넘치다'는 뜻임. 넘쳐 만족한 상태입니다. 성도는 돈에 애착하지 말고 주어진 것에 만족하며 살 것을 의미합니다.

성경은 재물 자체가 죄악이라고 말하지 않습니다. 재물은 이 세상을 살아가면서 필요한 것입니다. 돈은 이 세상을 살아가는 데 생존 수단이며 필요한 것입니다. 그런데 왜 돈을 사랑치 말라고 하였을까요?

5절(상) "돈을 사랑하지 말고 있는 바를 족한 줄로 알라……"

돈을 사랑하지 말라는 원문에 두 가지 뜻이 있습니다.

첫째, 오늘 본문 그대로 '돈을 사랑치 말라'는 것이고, 둘째, 방향과 방식의 뜻입니다. 이것은 돈을 벌려고 하는 노력 자체가 잘못된 것이 아니라, 합당히 쓰려고 하지 않고 모아 쌓기만 하는 것을 뜻합니다. 이른바 돈을 너무 사랑하여 돈의 노예가 되는 것을 의미합니다. 또한 돈을 탐하여 친구를 팔고, 가족을 팔고, 부모도 죽이는 탐욕입니다. 요사이는 보험 사기로 인하여 남을 해치고 가족도 죽이는 무섭고 끔찍한 세태입니다. 무슨 틈만 나면 돈 때문에 사람을 죽입니다.

딤전 6:10 "돈을 사랑함이 일만 악의 뿌리가 되나니 이것을 탐내는 자들은 미혹을 받아 믿음에서 떠나 많은 근심으로써 자기를 찔렀도다"

돈을 사랑하다 못해 탐내는 자들이 미혹을 받아 믿음에서 떠나서 많은 근심으로 자기를 찔렀다고 합니다. 탐욕은 믿음을 떠나게 합니다. 성경은 돈과 하나님을 겸하여 섬길 수 없다고 합니다.

눅 16:13 "…… 너희는 하나님과 재물을 겸하여 섬길 수 없느니라"

계속하여 또 무어라고 합니까?

5절(상) "…… 있는 바를 족한 줄로 알라"라고 합니다. 족하다는 것은 모든 욕심에서 벗어난 마음의 상태입니다.

하나님께서 우리에게 주신 것, 즉 작은 것이라도 만족하게 여기는 마음가짐입니다.

사도 바울은 이렇게 말합니다.

빌 4:11-12 "내가 궁핍하므로 말하는 것이 아니니라 어떠한 형편에든지 나는 자족하기를 배웠노

니 나는 비천에 처할 줄도 알고 풍부에 처할 줄도 알아 모든 일 곧 배부름과 배고픔과 풍부와 궁핍에도 처할 줄 아는 일체의 비결을 배웠노라"

자족이라는 것은 욕심과 탐심을 물리치고, 타인의 입장에서 생각하고, 자신을 돌아보아 만족하라는 것입니다. 주어진 삶에 만족을 누리며 자유함을 갖는 것입니다.

동양 옛글에 이런 명언이 있습니다.

군자(君子)여하(如何)장(長)자족(自足) : 군자는 여하이 항상 자족하고,
소인(小人)여하(如何)장(長)부족(不足) : 소인은 여하이 항상 부족하고,
족(足)이(而)부족(不足)상(常)부족(不足) : 족해도 부족다 하면 항상 부족하고,
부족(不足)지족(知足)매(每)유여(有餘) : 부족해도 족한 줄 알고 지내면 매양 여유가 있느니라.

우리나라 고사에 "나물 먹고, 물마시고, 팔베개하고, 누우니 대장부 살림살이 이만하면 족하다"라고 하였습니다.

유대인 탈무드에 "누가 참 지도자냐? 모든 일에 배우는 자이다. 누가 참 강자냐? 자기를 제어하는 자다. 누가 참 부자냐? 자기가 가진 것에 만족하는 자다"라고 합니다.

자족하는 삶은 만족하는 삶입니다. 자족하는 삶은 풍부함에 처하는 삶입니다.

5절(중하) "…… 그가 친히 말씀하시기를 내가 결코 너희를 버리지 아니하고 너희를 떠나지 아니하리라 하셨느니라"

모세가 죽고 후계자인 여호수아에게 하나님이 하신 위로의 말씀입니다.

신 31:8 "그리하면 여호와 그가 네 앞에서 가시며 너와 함께 하사 너를 떠나지 아니하시며 버리지 아니하시리니 너는 두려워하지 말라 놀라지 말라"

수 1:5 "…… 내가 너를 떠나지 아니하며 버리지 아니하리니"

성도가 하나님을 전적으로 신뢰하는 믿음만 있으면 물질문제에 관한 염려는 안 해도

됩니다. 주신 것으로 족할 수 있기 때문입니다. 성도가 자족할 수 있는 근거는 믿음 때문에 만족할 수 있는 것입니다.

세상 사람들은 늘 만족이 없습니다. 항상 불만이 많습니다. 그리스도인들은 하나님이 함께하시므로 족한 줄 알고 사는 자족함입니다.

6절 "그러므로 우리가 담대히 말하되 주는 나를 돕는 이시니 내가 무서워하지 아니하겠노라 사람이 내게 어찌하리요 하노라"

하나님은 나를 돕는 자시니 누구를 무서워하겠느냐? 즉, 사람이 내게 어찌 하겠느냐 하는 말입니다.

시 118:6 "여호와는 내 편이시라 내가 두려워하지 아니하리니 사람이 내게 어찌할까"

하나님을 믿는 자를 누구도 대항할 수 없습니다. 그러므로 담대히 살아갈 수 있는 것입니다. 물질적 유혹에서 자유하는 자는 언제든지 두려움이 없이 자족하며 행복을 누릴 수 있는 것입니다.

재물에 집착하지 말고 있는 바를 자족할 줄 아는 것입니다. 우리가 자족할 수 있는 근거는 하나님께서 함께하시기 때문입니다. 우리의 필요를 알고 계시는 하나님은 채워주시고 지켜 주십니다.

어떠한 형편에 처하던지 자족하는 삶을 살아가는 것이 중요합니다.

형제 사랑은 기독교 윤리의 최고의 강령입니다. 우리는 진정한 의미에서 형제, 자매 사랑을 지속해야 합니다.

손님 대접은 사랑 실천의 중요한 미덕입니다. 고난당하는 자가 있으면 내가 당하고 있는 것처럼 돌보라는 것입니다.

결혼은 하나님이 제정하신 것으로 귀히 여기고, 부부의 성적 정결은 꼭 지켜야 할 것입니다. 음행과 간음은 육적이든, 영적이든 절대로 하지 말라고 하였습니다.

재물을 탐욕하지 말고, 돈의 노예가 되지 말고, 돈이 우상이 되어서도 안 됩니다. 자족하며 살라고 하였습니다. 그 자족은 하나님께서 함께하시고 지키십니다.

성도는 전능하신 하나님을 믿는 믿음으로 자족할 수 있는 것입니다.

경건의 내외적 모습으로 하나님을 의지하며, 성숙한 믿음으로 신앙의 삶을 살아가는 것입니다.

II. 믿음의 지향(指向)

히 13:7-16

⑦ 하나님의 말씀을 너희에게 일러 주고 너희를 인도하던 자들을 생각하며 그들의 행실의 결말을 주의하여 보고 그들의 믿음을 본받으라 ⑧ 예수 그리스도는 어제나 오늘이나 영원토록 동일하시니라 ⑨ 여러 가지 다른 교훈에 끌리지 말라 마음은 은혜로써 굳게 함이 아름답고 음식으로써 할 것이 아니니 음식으로 말미암아 행한 자는 유익을 얻지 못하였느니라 ⑩ 우리에게 제단이 있는데 장막에서 섬기는 자들은 그 제단에서 먹을 권한이 없나니 ⑪ 이는 죄를 위한 짐승의 피는 대제사장이 가지고 성소에 들어가고 그 육체는 영문 밖에서 불사름이라 ⑫ 그러므로 예수도 자기 피로써 백성을 거룩하게 하려고 성문 밖에서 고난을 받으셨느니라 ⑬ 그런즉 우리도 그의 치욕을 짊어지고 영문 밖으로 그에게 나아가자 ⑭ 우리가 여기에는 영구한 도성이 없으므로 장차 올 것을 찾나니 ⑮ 그러므로 우리는 예수로 말미암아 항상 찬송의 제사를 하나님께 드리자 이는 그 이름을 증언하는 입술의 열매니라 ⑯ 오직 선을 행함과 서로 나누어 주기를 잊지 말라 하나님은 이같은 제사를 기뻐하시느니라

성도의 믿음생활은 하나님의 구속 사역에 관한 말씀을 전해주던 선진들을 기억하고 그 신앙을 본받으라고 권면합니다. 그들은 신앙에 최선을 다했습니다. 성도는 좋은 신앙의 모범을 본받는 것입니다. 예수 그리스도는 어제나, 오늘이나, 영원토록 동일하십니다. 여러 가지 교훈에 이끌리지 말고, 하나님 말씀에 바로 서가야 합니다.

구약 때 대제사장은 속죄일에 짐승의 피를 가지고 지성소에 들어갔으며, 제물은 영문 밖에서 불살랐습니다. 예수 그리스도께서도 피로써 백성을 거룩하게 하려고 성문 밖에

서 고난을 받으셨습니다. 십자가에서 피 흘려 죽으시고 우리를 구원하심으로 성도들은 하늘도성을 바라보고, 항상 하나님께 찬미의 제사를 드리며 나아가는 것입니다.

'선진의 믿음과 찬미의 믿음'에 대해 살펴보고자 합니다.

1. 선진의 믿음

7-8절 "하나님의 말씀을 너희에게 일러 주고 너희를 인도하던 자들을 생각하며 그들의 행실의 결말을 주의하여 보고 그들의 믿음을 본받으라 예수 그리스도는 어제나 오늘이나 영원토록 동일하시니라"

인도하는 자는 하나님의 말씀을 전하는 자입니다. 그리스도인들은 하나님의 말씀을 전달한 그들의 믿음을 본받아야 합니다. 예수 그리스도에 의하여 주어진 구속의 완성을 알아야 하는 것입니다.

행실의 결말 : 어떻게 살았고 어떻게 죽었는가의 행한 것을 뜻함.

영원토록 : 불변성을 뜻함. 성도는 선진의 믿음을 본받고 불변하신 예수님을 바라봄을 의미합니다.

성숙한 신앙생활은 믿음의 선배들로부터 영향을 많이 받습니다.

믿음의 선배들이 하나님 말씀을 잘 전해준 것을 기억해야 합니다.

믿음의 선배들이 신앙의 절개를 지킨 것을 기억해야 합니다.

믿음의 선배들로부터 신앙의 좋은 점을 본받으며, 현재 나의 신앙의 정도를 가늠해 보면서 더욱더 전진하는 것입니다.

7절 "하나님의 말씀을 너희에게 일러 주고 너희를 인도하던 자들을 생각하며 그들의 행실의 결말을 주의하여 보고 그들의 믿음을 본받으라"

'하나님의 말씀을 너희에게 일러 주고'는 하나님 말씀을 전하여 준 것을 뜻합니다.

'너희를 인도하던 자들을 생각하며'는 하나님의 말씀으로 전하여 주고 인도하던 것을 생각하는 것입니다.

믿음의 선진들은 수없이 많습니다. 곧 모세를 생각하고 여호수아를 생각합니다. 엘리야를 생각하고 엘리사를 생각합니다. 이사야, 예레미야, 에스겔, 다니엘을 생각하며 12선지자들도 생각합니다. 그 외 수많은 구약의 인물들 그리고 신약의 사도들과 사역자들이 있습니다. 그들로 하여금 하나님의 구원사역과 말씀의 역사를 다시 기억하는 것입니다.

우리나라 근대사에도 주기철 목사님, 손양원 목사님 등 수많은 믿음의 선배들이 있었습니다. 그분들의 믿음을 본받는 것입니다. 그리하여 우리가 나아가야 할 신앙의 좌표를 찾아가는 것입니다.

'그들의 행실의 결말을 주의하여 보고'에서 행실은 '삶', '거주', '처신' 등을 뜻합니다. '결말'은 '종국', '마지막'의 뜻입니다. 그러므로 행실의 결말은 그 행위의 마지막을 의미합니다.

신앙의 최후(순교든지) 마지막까지 믿음을 견지한 신앙의 지조를 지켜가는 모습을 주의 깊게 살펴보는 것입니다. 그리하여 그분들의 믿음을 본받아 신앙하는 것입니다.

계 6:9 "…… 하나님의 말씀과 그들이 가진 증거로 말미암아 죽임을 당한 영혼들이 제단 아래에 있어"

하나님의 말씀을 전하다 죽임을 당한 영혼들의 모습입니다.

터툴리안(Tertulian) 교부는 "순교자의 피가 교회의 종자"라고 하였습니다.

선진들의 순교적인 믿음을 본받고 신앙의 뿌리를 착근시켜 나아가는 것입니다.

우리는 선지자와 사도의 터 위에 세움을 입고, 개혁주의 신앙과 바른 신학의 터전 위에 서가고, 선진들의 신앙을 본받아 믿음으로 굳건히 나아가는 것입니다.

8절 "예수 그리스도는 어제나 오늘이나 영원토록 동일하시니라"

예수 그리스도는 그 근본이 영존이십니다. 과거, 현재, 미래에 영원토록 동일합니다.

빌 2:6 "그는 근본 하나님의 본체시나 하나님과 동등됨을 취할 것으로 여기지 아니하시고"

전능하신 하나님은 처음이요, 마지막으로 영존하신 분입니다.

사 44:6 "이스라엘의 왕인 여호와, 이스라엘의 구원자인 만군의 여호와가 이같이 말하노라 나는 처음이요 나는 마지막이라 나 외에 다른 신이 없느니라"

계 1:8 "주 하나님이 이르시되 나는 알파와 오메가라 이제도 있고 전에도 있었고 장차 올 자요 전능한 자라 하시더라"

그러므로 그분은 그 존재 자체가 영원하시며, 불변이시며, 무한하심입니다.

'어제나'는 예수님이 이 땅에 오셔서 자기 목숨을 많은 사람의 대속물로 주사 단번에 속죄하여 주신 구속 성취를 뜻합니다. 곧 과거 속죄공효가 영원하다는 그런 의미입니다.

'오늘이나'는 '지금'도 하나님 보좌 우편에 계시고 우리를 위해 중보하십니다.

히 7:25 "그러므로 자기를 힘입어 하나님께 나아가는 자들을 온전히 구원하실 수 있으니 이는 그가 항상 살아 계셔서 그들을 위하여 간구하심이라"

8절에 '영원토록'은 시간적 관계를 초월하여 존재함입니다. 영원성은 시간만이 아닌 공간도 마찬가지로 제한을 받지 않은 영원성입니다. 불변성은 자존성과 영원성에 연관되는 것입니다.

예수 그리스도는 '만왕의 왕'으로, 만주의 주로, 구원과 심판의 주로 세상에 다시 오사 세세무궁토록 통치하실 것입니다.

계 17:14 "그들이 어린 양과 더불어 싸우려니와 어린 양은 만주의 주시요 만왕의 왕이시므로 그들을 이기실 터이요 또 그와 함께 있는 자들 곧 부르심을 받고 택하심을 받은 진실한 자들도 이기리로다"

예수 그리스도께서는 어제나, 오늘이나 영원하시며 동일하십니다.

이로써 믿음의 선진들의 믿음을 본받고 더욱더 성숙한 신앙으로 나아가는 진보가 있어야 하는 것입니다.

예수님은 어제나, 오늘이나 영원토록 불변이십니다. 예수님은 심판의 주로 영광 가운데 다시 오십니다. 그러므로 믿음으로 소망 가운데 신앙하는 것입니다.

2. 십자가의 믿음

9-13절 "여러 가지 다른 교훈에 끌리지 말라 마음은 은혜로써 굳게 함이 아름답고 음식으로써 할 것이 아니니 음식으로 말미암아 행한 자는 유익을 얻지 못하였느니라 우리에게 제단이 있는데 장막에서 섬기는 자들은 그 제단에서 먹을 권한이 없나니 이는 죄를 위한 짐승의 피는 대제사장이 가지고 성소에 들어가고 그 육체는 영문 밖에서 불사름이라 그러므로 예수도 자기 피로써 백성을 거룩하게 하려고 성문 밖에서 고난을 받으셨느니라 그런즉 우리도 그의 치욕을 짊어지고 영문 밖으로 그에게 나아가자"

신앙생활에서 여러 가지 외적 요소들이 방해가 됩니다. 이단에 빠지지 말고 복음의 바른 진리에 든든히 서가야 합니다. 과거 이스라엘 백성은 속죄일이 되면 대제사장은 짐승의 피를 가지고 들어가 속죄하고 제물은 영문 밖에서 불살랐습니다. 그러므로 예수님도 그의 백성을 거룩하게 하려고 성문 밖에서 고난을 받으셨습니다. 성도는 예수님의 십자가를 바라보며 나아가는 자들입니다.

음식 : 헬라어 '브로마(βρῶμα)'는 단순히 먹는 음식이 아니라, 여기서는 복음에 배치되거나 장애가 되는 규례에서의 생겨남임.

영문 : 헬라어 '파렘볼레(παρεμβολη)'의 원문은 '진영', '야영'의 뜻임. 문자적으로 '병영의 문', '성문'을 뜻합니다.

성도는 바른 신앙을 가지고 십자가의 믿음으로 나아감을 의미합니다.

신앙생활에는 종교적 행사나 세미나 등 여러 방법으로 다양한 모임들이 많습니다. 이러한 와중에 이단이나 사이비로 미혹하는 일들도 있습니다. 가짜가 너무 그럴듯하게 참인 것처럼 속이기 때문에 속기 십상입니다. 깜빡 잘못하면 이단사설에 빠지기 쉽습니다. 한 번 빠지면 나오지 못합니다.

9절 "여러 가지 다른 교훈에 끌리지 말라 마음은 은혜로써 굳게 함이 아름답고 음식으로써 할 것이 아니니 음식으로 말미암아 행한 자는 유익을 얻지 못하였느니라"

'여러 가지 다른 교훈'은 '에세네(Essenes)파'나 그와 비슷한 종파와 연관된 혼합주의적인 영지주의 이단에서 비롯된 것으로 봅니다. 식물과 의식을 통하여 깨끗하게 할 수 없고, 외적인 것으로 정결케 한다고 해서 양심적인 정결에 유익을 주지 못하는 것입니다. 그리스도인의 영적인 유익은 하나님의 은혜로만 되는 것입니다.

10절 "우리에게 제단이 있는데 장막에서 섬기는 자들은 그 제단에서 먹을 권한이 없나니"

우리에게 있는 제단은 어떠한 제단입니까? 이것은 예수 그리스도의 속죄의 구속으로 드린 십자가를 뜻합니다. 그 위에 있는 제물은 십자가에서 드린 주의 몸입니다.

여기서 '장막에서 섬기는 자들'은 주로 동물의 피와 각을 떠 반복되는 제사를 드리는 레위 제사장들입니다.

'이 제단에서 먹을 권한이 없나니'는 예수께서 직접 자기 몸으로 제물을 삼았기 때문에 구약적 제사법으로 먹을 수 없다는 것입니다.

그리스도인들은 음식이나 그에 따른 규례에 의하여 거룩해지는 것이 아니며, 오직 예수 그리스도의 희생제사에 의하여 거룩해지는 것입니다. 이는 구약에서 제사 규례나 정결 규례보다 우월하고 온전케 됨을 뜻합니다.

11절 "이는 죄를 위한 짐승의 피는 대제사장이 가지고 성소에 들어가고 그 육체는 영문 밖에서 불사름이라"

구약 때 속죄를 위한 짐승의 피는 제사장들이 제단에 피를 뿌리고 짐승 각 부위는 선별하여 영문 밖에서 불태웠습니다.

레 6:30 "그러나 피를 가지고 회막에 들어가 성소에서 속죄하게 한 속죄제 제물의 고기는 먹지 못할지니 불사를지니라"

16:27 "속죄제 수송아지와 속죄제 염소의 피를 성소로 들여다가 속죄하였은즉 그 가죽과 고기와 똥을 밖으로 내다가 불사를 것이요"

출 29:14 "그 수소의 고기와 가죽과 똥을 진 밖에서 불사르라 이는 속죄제니라"

이러한 속죄제사는 예수 그리스도를 예표하는 것입니다.

12절 "그러므로 예수도 자기 피로써 백성을 거룩하게 하려고 성문 밖에서 고난을 받으셨느니라"

영문 밖에서 희생제물을 불살라 버린 것과(11절) 성문 밖에서 그리스도의 대속적인 죽음의 고난을 연결하여 설명하고 있습니다. 성문 밖에서의 예수 그리스도의 대속적인 죽음의 고난을 연결하여 설명하고 있는 것입니다.

그리고 성문 밖에서의 예수 그리스도의 십자가의 죽음은 구약 때 대제사장이 속죄일에 반복적인 속죄 사역의 성취로 나타나신 것입니다.

예수님은 예루살렘 성문 밖 골고다 언덕 위 십자가에서 보혈을 흘려 인류의 죄를 속하셨습니다. 예수님은 인류를 구원케 하시고, 거룩케 하시려고 십자가의 길을 가셨던 것입니다. 그 길은 영문 밖의 좁은 길 골고다의 언덕길이었습니다.

13절 "그런즉 우리도 그의 치욕을 짊어지고 영문 밖으로 그에게 나아가자"

'치욕'은 업신여기며 욕보임입니다. 수치와 멸시천대를 받음입니다. 영문 밖으로 그에게 나아감은 예수 그리스도께서 받은 수치와 치욕으로 지신 십자가를 우리도 지고 그 고난에 동참하는 것입니다. 각자 자기를 부인하고 십자가를 지고 가는 길입니다. 영문 밖 그에게로 나아가 하늘도성을 향해 가는 길입니다.

바른 신앙으로 여러 가지 교훈에 미혹되지 않도록 믿음을 굳게 해야겠습니다.

구약 때 제사장이 속죄제 제물은 각을 뜨고 선별한 후 영문 밖에서 불살랐습니다.

예수님은 자기 피로써 백성을 거룩하게 하시려고 성문 밖에서 고난을 받으셨습니다. 수치와 멸시천대 치욕을 당하셨습니다. 그러므로 우리도 그 능욕을 지고 영문 밖 그에게로 나아가는 것입니다. 우리도 각자 십자가를 지고 주의 길을 가는 것입니다. 그 길은 구원의 길이요, 생명의 길이요, 영생의 길이기 때문입니다.

3. 찬미의 믿음

14-16절 "우리가 여기에는 영구한 도성이 없으므로 장차 올 것을 찾나니 그러므로 우리는 예수로 말미암아 항상 찬송의 제사를 하나님께 드리자 이는 그 이름을 증언하는 입술의 열매니라 오직 선을 행함과 서로 나누어 주기를 잊지 말라 하나님은 이같은 제사를 기뻐하시느니라"

그리스도인들이 추구하는 장차 올 도성은 사라질 그런 도성이 아닙니다. 하나님께서 지으시고 터가 있는 도성입니다. 이러므로 성도는 예수 그리스도로 인하여 항상 찬미의 제사를 하나님께 드리는 것입니다. 이는 그 이름을 증거하는 입술의 열매입니다. 그리하여 선행과 나눔의 삶을 사는 것입니다. 이 같은 제사는 하나님이 기뻐하십니다.

장차 올 것 : 하나님께서 설계하시고 세우신 견고한 하늘의 성, 곧 하늘도성을 의미함.

입술의 열매 : 감사제와 감사 찬송시에 사용한 말에 대한 셈어적인 표현임(잠 12:14, 13:2). 성도는 하나님께 항상 찬미의 제사를 드려야 함을 의미합니다.

과거 이스라엘 백성은 예루살렘 도성을 바라보며 살았습니다. 그곳에는 성전이 있었습니다. 도성을 바라보며 신앙하였습니다. 그러나 그리스도인들이 추구하는 것은 이와는 다른 도성입니다. 그것은 이 땅에 있는 일시적인 도성이 아니라 하나님께서 지으시고 경영하시는 터가 있는 도성입니다. 곧 하늘도성입니다.

14절 "우리가 여기에는 영구한 도성이 없으므로 장차 올 것을 찾나니"

우리가 사는 이 땅 위에 세워진 도성은 영구한 것이 아닙니다. 성도의 시민권은 하늘에 있기 때문에 하늘도성을 바라보며 본향을 향해 나아가는 것입니다. 우리는 모두 이 땅에서 어느 기간 동안 잠깐 머물다 그곳으로 갑니다.

'장차 올 것을 찾나니'는 새 하늘과 새 땅, 새 예루살렘성을 향하여 찾는 것입니다.

15절(상) "그러므로 우리는 예수로 말미암아 항상 찬송의 제사를 하나님께 드리자……"

우리를 하늘도성으로 인도하시는 예수 그리스도로 말미암아 항상 찬송의 제사를 하나님께 드리는 것입니다.

엡 5:19 "시와 찬송과 신령한 노래들로 서로 화답하며 너희의 마음으로 주께 노래하며 찬송하며"

시와 찬송과 신령한 노래들로 서로 화답합니다. 그리고 마음으로 주께 노래하며 찬송하는 것입니다. 그리스도인들이 찬송의 제사를 드린다는 사실은 그리스도께서 드린 희생제사가 하나님께 온전히 열납되심을 뜻합니다.

'항상'은 찬송의 제사가 지속적이어야 함을 뜻합니다. 항상 찬송의 제사를 드린다는 것은 하나님의 은혜를 계속적으로 받으며 하나님의 언약의 불변성을 확신하는 것입니다. 찬송의 제사는 내 중심, 내 의식이 아닌 하나님 중심, 하나님의 의식으로 바꾸는 것입니다. 찬송의 제사는 입술의 열매입니다.

15절(하) "…… 이는 그 이름을 증언하는 입술의 열매니라"

다윗은 하나님의 이름을 이렇게 송축합니다.

시 145:1-2 "왕이신 나의 하나님이여 내가 주를 높이고 영원히 주의 이름을 송축하리이다 내가 날마다 주를 송축하며 영원히 주의 이름을 송축하리이다"

날마다 주를 송축하고 영원히 주의 이름을 송축한다고 하였습니다. 본문은 그 이름을 증언하는 입술의 열매라고 합니다. 성도는 임마누엘하신 주의 이름을 높이고 찬양하는 것입니다. 하나님은 항상 찬송의 제사를 드리는 자에게 축복하시고 영적 성숙으로 우리를 인도하여 주십니다.

◎ **찬송가 M4장의 탄생동기**

보험회사에 근무하는 베벌리 셰아(Beverly Shea)라는 회사원이 있었습니다.

1930년대 당시 미국은 극심한 불황으로 회사마다 혹독한 구조조정과 임금삭감에 많은 사람들이 어려움을 겪었습니다.

어느 주일날 아침, 그는 찬송가를 연습하기 위해 피아노 앞에 앉았습니다. 그러나 회사 문제로 좀처럼 마음의 안정을 찾을 수 없었습니다. 그때 건반 위의 조그마한 종이쪽지 하나를 발견했습니다.

"주 예수보다 더 귀한 것은 없네. 이 세상 부귀와 바꿀 수 없네……."

그것은 어머니 레아 밀러(Rhea Miller)가 괴로워하는 아들을 위해 적어 놓은 시였습니다.

어머니는 아들이 삶의 우선순위를 분명하게 정하기를 원했던 것입니다.

찬송은 샘이 터지듯 기도가 터지고, 기쁨이 충만하며, 사랑이 넘쳐나게 합니다.

찬송은 약한 자가 강해지며, 근심의 사람이 기쁨의 사람이 됩니다.

찬송은 시련과 고통 가운데 힘을 얻고 강건해집니다.

찬송은 성령의 강한 역사가 나타납니다. 영적 충만을 얻게 됩니다.

항상 찬송의 제사를 하나님께 드리며 그 이름을 증거하는 입술의 열매가 되어 찬미하는 믿음이 되어야 합니다.

16절 "오직 선을 행함과 서로 나누어 주기를 잊지 말라 하나님은 이같은 제사를 기뻐하시느니라"

성도가 두 번째 드릴 제사는 선행과 구제입니다. '나눠줌'은 베푸는 것으로 물질적 구제까지 수반하는 행위입니다. 이는 곧 전인적인 선행을 의미합니다.

그리스도인들은 구원의 은혜에 대한 감사의 응답으로 '말'로는 물론, '행함'으로 하나님을 기쁘시게 하는 것입니다.

우리 모두는 하나님이 세우신 하늘도성을 향해 가는 자들입니다. 그러므로 예수 그리스도로 말미암아 항상 찬송의 제사를 하나님께 드립니다. 이는 그 이름을 증거하는 입술의 열매라고 하였습니다.

오직 선을 행하고 나눠주기를 권하는 삶으로 하나님을 기쁘시게 하는 믿음의 생활을 하는 것입니다.

우리는 믿음의 선진들을 기억하고 그분들의 좋은 신앙면을 본받아 믿음생활을 하는 것이 중요합니다. 예수님은 어제나, 오늘이나 영원토록 동일하십니다. 영원히 변함이 없고 신실하신 주를 앙모하며 신앙하는 것입니다. 다른 교훈에 미혹하지 말고 진리의 말씀에 굳건히 서가는 것입니다.

구약의 모든 제도는 모형이요, 그림자로, 구속사적으로 예수 그리스도께서 완성하시고 성취하셨습니다. 구약의 속죄제는 골고다 십자가로 인해 온전히 속죄되었습니다. 그러므로 각자 자기 십자가를 지고 주님을 따르는 것입니다. 저 하늘도성을 앙망하며 찬송의 제사를 항상 하나님께 드리며 나아갑니다. 우리의 찬송은 그 이름을 증명하는 입술의 열매입니다.

III. 마지막 권고와 축복

히 13:17-25

⑰ 너희를 인도하는 자들에게 순종하고 복종하라 그들은 너희 영혼을 위하여 경성하기를 자신들이 청산할 자인 것 같이 하느니라 그들로 하여금 즐거움으로 이것을 하게 하고 근심으로 하게 하지 말라 그렇지 않으면 너희에게 유익이 없느니라 ⑱ 우리를 위하여 기도하라 우리가 모든 일에 선하게 행하려 하므로 우리에게 선한 양심이 있는 줄을 확신하노니 ⑲ 내가 더 속히 너희에게 돌아가기 위하여 너희가 기도하기를 더욱 원하노라 ⑳ 양들의 큰 목자이신 우리 주 예수를 영원한 언약의 피로 죽은 자 가운데서 이끌어 내신 평강의 하나님이 ㉑ 모든 선한 일에 너희를 온전하게 하사 자기 뜻을 행하게 하시고 그 앞에 즐거운 것을 예수 그리스도로 말미암아 우리 가운데서 이루시기를 원하노라 영광이 그에게 세세무궁토록 있을지어다 아멘 ㉒ 형제들아 내가 너희를 권하노니 권면의 말을 용납하라 내가 간단히 너희에게 썼느니라 ㉓ 우리 형제 디모데가 놓인 것을 너희가 알라 그가 속히 오면 내가 그와 함께 가서 너희를 보리라 ㉔ 너희를 인도하는 자들과 및 모든 성도들에게 문안하라 이달리야에서 온 자들도 너희에게 문안하느니라 ㉕ 은혜가 너희 모든 사람에게 있을지어다

시(詩) '나는 주님의 것'

나는 주님의 것!
그 사실이 모든 불편을 잠재우고,
열에 들뜬 영혼을 안식으로 달래주네.

나는 주님의 것!
자녀들의 응답일세.
그들은 알고 느낀다네. 아버지의 뜻이 최선임을

나는 주님의 것!
그 말이 뜻하는 모든 의미를 가르쳐 주소서.
그것은 사랑, 충성, 거룩함, 섬김, 온 맘으로 기쁘게 순복하는 것
그리고 그분께 전적으로 순종하는 모든 것을 말한다네.

- 루시 베넷(Lucy A. Bennett)

믿음의 길을 인도하는 자들에게 순종하고 복종하라는 것은 믿음에 더 유익을 얻기 위함입니다.

인도자는 영혼을 위하여 경성(警醒)하기를 자기가 마치 하나님 앞에서 계산하는 자 같이 합니다. 그들을 근심치 않게 하고 즐거움으로 일하게 하여야 유익이 있다는 것입니다. 때로는 인도자들도 기도 요청을 합니다.

큰 목자이신 예수 그리스도께서 언약의 피로 죽은 자 가운데서 이끌어 내신 평강의 하나님이 모든 선한 일에 온전케 하시며 정한 뜻을 행하십니다.

예수 그리스도 안에서 이루어지는 영광이 세세토록 있을 것과 선한 일과 함께 하나님의 뜻을 행하며, 영광을 돌리며, 문안과 축원을 합니다.

'마지막 권고와 축복'의 내용에 대해 살펴보고자 합니다.

1. 인도자에게 순종함

17-19절 "너희를 인도하는 자들에게 순종하고 복종하라 그들은 너희 영혼을 위하여 경성하기를 자신들이 청산할 자인 것 같이 하느니라 그들로 하여금 즐거움으로 이것을 하게 하고 근심으로 하게 하지 말라 그렇지 않으면 너희에게 유익이 없느니라 우리를 위하여 기도하라 우리가 모든 일에 선하게 행하려 하므로 우리에게 선한 양심이 있는 줄을 확신하노니 내가 더 속히 너희에게 돌아가기 위하여 너희가 기도하기를 더욱 원하노라"

우리의 영혼을 위하여 경성하는 인도자들에게 즐거움으로 일하게 하고 근심하게 하지 않도록 하라는 것입니다. 근심하게 되면 유익이 없다는 것입니다.

사실 지도자에게는 본인도 기도를 해야 하지만, 인도받는 자의 기도도 요청되는 것입니다. 교회 지도자들을 위한 기도는 꼭 해야 하는 것입니다.

경성하기를 : 헬라어 '아그뤼프누신(ἀγρυπνουσιν)'은 '잠에서 깨어 있다'는 뜻임. 양떼들을 돌보기 위해 밤을 지새우는 목자상을 은유적으로 표현한 것입니다. 신약에서는 주로 종말적인 '깨어있음'을 가리킵니다(막 13:33, 눅 21:36, 엡 6:18).

청산(淸算) : 채권, 채무 관계를 깨끗이 정리함. 과거의 모든 일을 깨끗이 씻어 버림의 뜻입니다. 영혼 인도자는 깨어있는 자세로 순종과 기도함을 의미합니다.

영적 지도자는 사명을 잘 감당하기 위하여 각별히 노력합니다. 교회의 지도자는 주께서 값을 주고 사신 영혼들을 위하여 일을 합니다. 그러므로 인도자에게 순종하는 것이 옳습니다.

17절 "너희를 인도하는 자들에게 순종하고 복종하라 그들은 너희 영혼을 위하여 경성하기를 자신들이 청산할 자인 것 같이 하느니라 그들로 하여금 즐거움으로 이것을 하게 하고 근심으로 하게 하지 말라 그렇지 않으면 너희에게 유익이 없느니라"

영적 인도자들에게 순종하고 복종하라고 합니다. 왜 그렇습니까?

첫째, 우리 영혼을 위하여 경성하기를 자기가 청산할 자인 것 같이 함입니다. '경성'이란 정신을 차려 깨어 있는 것입니다. 양떼를 돌보기 위해 밤을 지새우는 목자상을 은유적으로 나타낸 것입니다. 신약에서는 주로 종말론적인 '깨어 있음'을 나타내고 있습니다.

막 13:33 "주의하라 깨어 있으라 그 때가 언제인지 알지 못함이라"

눅 21:36 "이러므로 너희는 장차 올 이 모든 일을 능히 피하고 인자 앞에 서도록 항상 기도하며 깨어 있으라 하시니라"

엡 6:18 "모든 기도와 간구를 하되 항상 성령 안에서 기도하고 이를 위하여 깨어 구하기를 항상 힘쓰며 여러 성도를 위하여 구하라"

영혼을 인도하는 자들은 성도를 위하여 깨어 살피고 기도합니다. 어떤 과오를 발견했을 때에는 마치 자기가 청산할 자인 것 같이 합니다.

'청산'은 과거의 모든 일을 정리하는 것으로, 여기서는 인도자들이 그간 한 일에 대해 하나님 앞에서 계산하는 것처럼 한다는 것입니다.

둘째, '그들로 하여금 즐거움으로 이것을 하게 하고 근심으로 하게 하지 말라.' 인도자는 교회 일을 함에 있어 성도들이 잘 따라주면 좋은데 그렇지 않으면 근심할 수밖에 없습니다. 주의 종들은 주의 가르침대로 사역함에 있어 성도가 영적으로 성장되어 갈 때면 보람과 기쁨이 있는 것입니다. 주의 종들은 교사이며, 목회자이고, 인도자입니다. 그렇기 때문에 하는 일이 즐거움으로 할 수 있게 도우라는 것입니다.

기쁜 마음으로 일하지 못하게 될 때 오는 결과는 무엇이라고 합니까? 17절 끝에 "너희에게 유익이 없느니라"라고 하였습니다.

사실 교역자가 근심하게 되면 성도들에게 유익이 없는 것입니다. 인도자의 근심은 곧 영적인 영향에 미치게 되기 때문입니다. 잘못 가는 길에 경종을 울리거나 경고하지도 못하게 됩니다. 그뿐 아니라 기도가 막히게 됩니다. 일에 능률도 오르지 않습니다. 반면에 인도자들이 기쁨으로 사역하도록 하면 많은 유익이 있습니다.

18절 "우리를 위하여 기도하라 우리가 모든 일에 선하게 행하려 하므로 우리에게 선한 양심이 있는 줄을 확신하노니"

영적 인도자는 자신을 위하여 기도할 것을 부탁합니다. 기도를 부탁하고 또 기도해 주는 것이 초대교회 때는 미풍이었습니다.

롬 15:30 "형제들아 내가 우리 주 예수 그리스도와 성령의 사랑으로 말미암아 너희를 권하노니 너희 기도에 나와 힘을 같이하여 나를 위하여 하나님께 빌어"
살전 5:25 "형제들아 우리를 위하여 기도하라"

18절(하)에 "우리에게 선한 양심이 있는 줄을 확신하노니"라고 했지요? 선한 양심은 진리와 비진리를 가려내는 영적 분별력입니다.

벧전 3:16 "선한 양심을 가지라……"

21 "…… 하나님을 향한 선한 양심의 간구니라"

딤전 1:19 "믿음과 착한 양심을 가지라……"

3:9 "깨끗한 양심에 믿음의 비밀을 가진 자라야 할지니"

딤후 1:3 "…… 청결한 양심으로……"

본문은 선한 양심이 기도를 부탁할 수 있는 근거가 됨을 알 수 있습니다. 교회의 공적 지도자들을 위해 기도함은 옳습니다.

19절 "내가 더 속히 너희에게 돌아가기 위하여 너희가 기도하기를 더욱 원하노라"

어찌 보면 지도자에게는 성도의 기도가 더 절실할 수 있습니다. 서로 간 중보기도를 하기를 바랍니다.

영적 지도자에게 순종함은 옳습니다. 그리고 주의 일은 기쁨으로 해야 합니다. 근심이 커지게 되면 피차 유익이 없기 때문입니다.

지도자는 성도들을 위해서 기도하고, 성도는 지도자를 위해서 기도해야 합니다. 주의 일은 어느 한 사람의 힘으로 되는 것이 아닙니다. 합심하여 할 때 그 효과가 배가 됩니다. 주님 안에 하나가 되어서 합심해서 하는 것입니다.

2. 마지막 기원(송영)

20-21절 "양들의 큰 목자이신 우리 주 예수를 영원한 언약의 피로 죽은 자 가운데서 이끌어 내신 평강의 하나님이 모든 선한 일에 너희를 온전하게 하사 자기 뜻을 행하게 하시고 그 앞에 즐거운 것을 예수 그리스도로 말미암아 우리 가운데서 이루시기를 원하노라 영광이 그에게 세세무궁토록 있을지어다 아멘"

교회를 향한 지도자의 기도 대상은 예수 그리스도이시며, 언약의 피로 죽은 자 가운데서 이끌어 내신 하나님이 모든 선한 일을 온전케 하심입니다. 그리고 하나님의 뜻이 이루시기를 원하심으로 송영합니다.

양들의 큰 목자 : 일반적인 목자와 달리 예수님의 목자 되심을 칭함.

이끌어 내신 : 헬라어 '아나고(ἀνάγω)'는 낮은 데서 높은 데로 데려감을 뜻함. 이를 부활의 의미로 씁니다.

세세무궁 : 영원성을 뜻함. 성도는 큰 목자이신 예수 그리스도 안에 영원히 거함을 의미합니다.

구약에서는 하나님이 목자가 되십니다.

겔 34:15 "내가 친히 내 양의 목자가 되어 그것들을 누워 있게 할지라 주 여호와의 말씀이니라"

신약에서는 예수님이 목자가 되십니다.

요 10:11 "나는 선한 목자라 선한 목자는 양들을 위하여 목숨을 버리거니와"

본문에서는 예수님을 양의 큰 목자로 표현합니다.

20절 "양들의 큰 목자이신 우리 주 예수를 영원한 언약의 피로 죽은 자 가운데서 이끌어 내신 평강의 하나님이"

'영원한 언약의 피'는 예수 그리스도께서 십자가에서 피 흘려 세우신 언약의 피로 속죄 사역의 영원한 효력을 가지는 새 언약입니다. 그 언약의 피로 죽은 자 가운데서 이끌어 내신, 곧 부활을 의미합니다. 예수 그리스도의 부활은 영원한 언약의 증거입니다.

'평강의 하나님'은 구원하시고 평화를 주시는 분이심을 뜻합니다.

롬 15:33 "평강의 하나님께서 너희 모든 사람과 함께 계실지어다 아멘"

평강의 하나님은 우리와 함께하시며 구원받은 자들로 영원한 안식과 화평을 누리도록 인도하십니다.

롬 16:20 "평강의 하나님께서 속히 사탄을 너희 발 아래에서 상하게 하시리라……"

하나님의 평강은 사단 세력으로부터 우리를 보호하시고 이기게 하십니다.

본문의 교리적인 면을 잠시 살펴보면 이러합니다.

양의 큰 목자는 기독론을, 영원한 언약의 피는 속죄론을, 죽은 자 가운데서 이끌어 내심은 죽음과 부활의 종말론을, 평강의 하나님은 신론을 담고 있습니다.

또 20-21절은 송영에 해당됩니다. 송영은 하나님을 찬양하며 영광을 돌리는 간결한 표현입니다. 주로 송영은 노래와 시편의 기도 끝에 사용되고 있습니다.

하나님께 영광과 존귀를 세세토록 돌리며 끝맺음을 함입니다.

21절 "모든 선한 일에 너희를 온전하게 하사 자기 뜻을 행하게 하시고 그 앞에 즐거운 것을 예수 그리스도로 말미암아 우리 가운데서 이루시기를 원하노라 영광이 그에게 세세무궁토록 있을지어다 아멘"

서두에 '모든 선한 일'은 인간적 윤리행위를 뜻함이 아닙니다. 하나님이 주시는 다양한 은사인 '각양 좋은 선물', '달란트' 등을 총망라해서 하는 그런 의미입니다.

'온전하게 하사'는 '충분하게 공급하다'는 원어의 뜻입니다. 받은 은사가 다양한 조화 속에 성취하는 것을 의미합니다.

웨스트코트(B. F. Westcotte)는 '온전하게 하다'를 '조화로운 완성'이라고 하였습니다. 기형적이고, 일방적이고, 단조로운 성장이 아닌 조화로운 성장을 뜻합니다.

하나님께서는 공동체가 필요로 하는 모든 것을 은혜로 공급하여 주셔서 온전함으로 그 뜻을 나타내십니다.

21절(중) "…… 그 앞에 즐거운 것을 예수 그리스도로 말미암아 우리 가운데서 이루시기를 원하노라……"

하나님 앞에 즐거운 것, 곧 예수 그리스도로 말미암아 우리 가운데에 이루시기를 원하시는 것을 행함은 기쁨이요, 소망입니다.

우리가 이 땅에 사는 근본적인 삶의 목적은 하나님의 뜻을 이루어 나가서 기쁘시게 하는 것입니다. 그러기 위해서는 하나님의 뜻을 이루신 예수 그리스도를 따라가는 삶을 사는 것입니다. 곧 닮아 가는 삶을 살아가는 것입니다.

21절(하) "…… 영광이 그에게 세세무궁토록 있을지어다 아멘"

이 말씀은 '오직 하나님께 영광(Soli Deo Gloria)'이라는 요약된 축원입니다.

고전 10:31 "그런즉 너희가 먹든지 마시든지 무엇을 하든지 다 하나님의 영광을 위하여 하라"
빌 4:20 "하나님 곧 우리 아버지께 세세 무궁하도록 영광을 돌릴지어다 아멘"

모든 영광을 오직 하나님께만 영원히 돌리는 것입니다.

롬 11:36 "이는 만물이 주에게서 나오고 주로 말미암고 주에게로 돌아감이라 그에게 영광이 세
세에 있을지어다 아멘"

양의 큰 목자이신 우리 주 예수 그리스도의 영원한 언약의 피로 구원하신 평강의 하나
님이 모든 선한 일에 우리를 온전케 하십니다.
하나님께서는 그 뜻하신 바를 반드시 이루고 성취하십니다. 우리 가운데 그 뜻을 이루
시기를 원하고, 예수 그리스도로 말미암아 영광이 하나님께 세세무궁토록 있을 것을 송
영합니다.

3. 문안과 축원

22-25절 "형제들아 내가 너희를 권하노니 권면의 말을 용납하라 내가 간단히 너희에게 썼느니라
우리 형제 디모데가 놓인 것을 너희가 알라 그가 속히 오면 내가 그와 함께 가서 너희를 보리라 너
희를 인도하는 자들과 및 모든 성도들에게 문안하라 이달리야에서 온 자들도 너희에게 문안하느니라
은혜가 너희 모든 사람에게 있을지어다"

앞의 내용에 대해 다시 한 번 권면의 말을 합니다. 디모데의 소식을 전한 후 서로 간
만나기를 바라고 모든 성도에게 문안합니다. 하나님의 은혜가 모든 사람에게 있기를 간
절히 바라는 축도로서 끝을 맺습니다.
권면의 말 : 헬라어 '투로구 테스 파라클레세오스(τουλόγου τῆς παρακλήσεως)'. 교회에

서의 권면은 위로의 말과 같습니다(행 15:32). 무슨 일을 권하고, 격려하며, 위로함을 뜻합니다.

썼느니라 : 헬라어 '에페스테일라(ἐπέστειλα)'는 '글로 전하다', '⋯⋯에게 편지하다'의 뜻임. 여기서는 히브리서를 쓴 것을 의미합니다.

은혜 : 헬라어 '카리스(χάρις)'는 유대인의 인사말 평강(헬라어 '에이레네, εἰρήνη')에 해당됨. 은혜는 하나님의 주권적인 배려입니다. 이 은혜는 보호와 인도, 무한한 사랑의 표현입니다. 성도에게 권면과 문안, 축도는 하나님의 은혜임을 의미합니다.

권면은 무슨 일을 권하고 격려하여 힘쓰게 하는 말입니다. 사실 신앙의 성숙을 위해 하는 말입니다. 권면의 말을 잘 듣고 신앙하면 유익이 되는 것입니다.

그런데 보세요. 권면의 말을 용납하라고 합니다. 권면의 말을 들으라는 것입니다.

그뿐입니까? 이 방대한 분량의 히브리서를 간단히 썼다고 합니다.

22절 "형제들아 내가 너희를 권하노니 권면의 말을 용납하라 내가 간단히 너희에게 썼느니라"

"권하노니 권면의 말을 용납하라"고 하지요?

사실 그대로 받아들이고 순종하는 것이 오히려 합당합니다.

지금까지 히브리서 전체를 보면서 우선 그 말씀의 높이와 넓이와 깊이가 있음을 보았습니다.

많은 구약의 인용과 신약의 내용들을 보았습니다.

신학적으로 보면 교리적 핵심이 기독론이었고 믿음의 장과 구원론과 종말론적인 성격을 담고 있었습니다.

'간단히 썼다'고 하는 것은 지극히 겸손한 표현입니다.

히브리서 전체의 권면의 내용을 요약해서 살펴봅니다.

첫째, 그리스도의 탁월성을 바로 알도록 권면합니다. 그리스도는 우리 믿음의 대상이시며, 믿음의 주이시고, 온전하게 하시는 예수님을 바라보라고 권면합니다.

둘째, 예수님은 우리의 대제사장이 되시며 십자가에서 희생제물이 되시어 지성소에 나아갈 길을 여셨습니다. 그러므로 예수님의 십자가를 바라보고 나아갈 것을 권면합니다.

셋째, 경기장의 선수와 같이 인내로 경주할 것과 사랑과 선행으로 신앙할 것과 하늘도성을 바라보며 나아갈 것을 권면합니다. 특히 선진들의 믿음을 본받으라고 합니다.

참으로 수많은 믿음의 권면을 하고 있음을 우리는 알 수 있었습니다.

히 3:1 "······ 우리가 믿는 도리의 사도이시며 대제사장이신 예수를 깊이 생각하라"

◎《벤허》출간의 비밀

미국 인디에나 주지사의 아들로 태어나 변호사가 되었고, 남북전쟁 때에는 북군의 장군이 되었던 루이스 윌리스는 한 친구에게 예수가 하나님의 아들이 아닌 사람의 아들임을 밝히는 소설을 쓰기로 작정하였다고 합니다.

그가 그 소설을 쓰기 시작했을 때 그는 예수 그리스도에 대해 알고 있는 것이 거의 없었습니다. 알고 있는 것은 친구가 들려준 한 말뿐입니다.

"기독교는 얼마 후에 이 세상에서 존재를 감출 것이다"라고 한 비판적인 말뿐이었습니다. 그러다가 그는 용기를 내어 예수님의 생애를 추적하고, 연구하며, 그 배경을 알려고, 성경을 읽는 동안에 예수 그리스도의 신성을 믿게 되었고, 그가 하나님의 아들임을 시인하게 되었습니다. 성육신과 십자가 고난과 죽음과 부활 승천과 재림을 믿게 되었습니다.

윌리스는 자신에게 일어난 변화를 고스란히 소설의 주인공에게 반영하였습니다.

1880년 출판된《벤허》가 바로 그것입니다. 영화는 아주 웅장하고 감동적입니다.

23절 "우리 형제 디모데가 놓인 것을 너희가 알라 그가 속히 오면 내가 그와 함께 가서 너희를 보리라"

'우리 형제 디모데'라고 하였습니다. 여기서 짚고 넘어가야 할 것이 하나 있습니다. 본서의 저자가 누구인지 확실히 모르는 것이 정설입니다. 그러나 아직도 많은 이들이 여전히 '바울'을 저자로 보고 있습니다. 사도 바울은 디모데를 형제라 하지 않고 아들로 부릅니다.

※ 1차 전도 여행 때 처음 만난 바울은 노인이었고, 디모데는 청년이었습니다.

딤전 1:2 "믿음 안에서 참 아들 된 디모데에게 편지하노니······"
   18 "아들 디모데야 내가 네게 이 교훈으로써 명하노니······"
딤후 1:2 "사랑하는 아들 디모데에게 편지하노니······"

본문의 형제는 믿음공동체의 호칭입니다.

디모데가 놓였다는 것은 복음을 전하다가 투옥된 것 같습니다. 언제, 어디서, 어떻게 투옥되었는지 자세한 기록은 없습니다.

본문은 디모데가 석방되어 오고 있는 중이라 하였고, 가서 '디모데를 만나 함께 보게 되리라'고 하는 것입니다.

24절 "너희를 인도하는 자들과 및 모든 성도들에게 문안하라 이달리야에서 온 자들도 너희에게 문안하느니라"

너희를 인도하는 자는 현 교회의 지도자입니다. 그 지도자는 물론 모든 성도에게 문안할 것을 말합니다. 공동체 안에 모든 성도들에게 문안은 교회를 화평하게 하고 주를 기쁘시게 하는 것입니다.

이달리야(Italy)에서 온 신자들이 머물고 있는 자들과도 문안함을 말합니다.

25절 "은혜가 너희 모든 사람에게 있을지어다"[1]

[1] 어떤 사본에는 25절 끝에 '아멘'이 있습니다.

성도는 하나님의 은혜 가운데 신앙하는 자들입니다.

딛 3:15 "나와 함께 있는 자가 다 네게 문안하니 믿음 안에서 우리를 사랑하는 자들에게 너도 문안하라 은혜가 너희 무리에게 있을지어다"

딤후 4:22 "나는 주께서 네 심령에 함께 계시기를 바라노니 은혜가 너희와 함께 있을지어다"

축원은 사실상 예수 그리스도께서 베푸신 구원의 은총 아래 머물기를 바라는 기원입니다.

신앙 공동체는 인도자의 권면의 말을 받아들여야 합니다.

인도자와 모든 성도에게 문안은 교회를 화평케 합니다. 하나님의 은혜가 교회 공동체 위에 있어야 합니다. 모든 하나님의 자녀들에게 '오직 은혜'가 있기를 간절히 기원합니다.

이제 갈무리합니다.

영적 지도자는 경성하여 영적 돌봄에 최선을 다하며, 하나님 말씀으로 진실함이 배어 있어야 합니다. 공동체 모두에게 유익을 얻기 위해 기도하며, 말씀을 깊이 묵상하고, 믿음에 주요, 또 온전하게 하시는 이인 예수님을 바라보아야 합니다. 양의 큰 목자이신 예수 그리스도의 십자가의 피로 생명 가운데 있게 하신 하나님께 세세토록 찬양과 감사와 영광을 돌리는 것입니다.

교회 공동체 안에서 교제하며 화평하므로 하나님의 평강이 풍성히 넘쳐나기를 간절히 기원합니다.

좋으신 하나님 아버지!
생명의 길 진리의 길을 가게 하시니 감사하옵나이다.
우리에게 새 삶의 장이 펼쳐지게 하옵시고,
주의 십자가의 빛으로 새롭게 하옵소서.
공동체에 화평을 주옵시고 새 힘과 용기를 주옵소서.
순종의 신앙으로 나아가게 하시고 믿음으로 승리하게 하옵소서.
예수 그리스도의 이름으로 기도하옵나이다.